욕망의 섬, 비통의 언어

욕망의 섬, 비통의 언어

김동현 비평집

서문

　　　　　　내 글이 세상을 향해 던지는 '짱돌'이었으면 했다. 벽은 높고 단단했다. 내가 던지는 '글'은 벽을 넘지 못했다. 아예 벽에 닿지도 않을 때가 많았다. 9회 말 패전처리 투수처럼 느껴지기도 했다. 이미 승부가 결정 난 마운드에서 공을 던지는 심정이었다. 힘없는 문장은 무기력했고 나는 자주 절망했다. 하지만 공을 놓을 수는 없었다. 어쩌면 내 손에 쥐어진 문장을 오랜 시간, 더 단단히, 뭉쳐야 했는지 모를 일이었다. 이 책에 묶인 글들은 제주로 돌아온 지난 4년 동안, 내가 던진 '문장'들이다. 몸을 던진 날들이 적어 부끄럽다.

　　제주에 와서 나는 두 개의 환(幻)과 대면했다. 제주의 바깥이 만들어 놓은 환(幻), 그리고 제주가 스스로 만든 환(幻). 여기 실린 글들은 그 환(幻)과 대결한 기록들이다. 외부의 환(幻)보다 내부의 환(幻)과 다투는 일이 더 버거웠다. 환멸(幻滅)의 감상(感傷)이 아니라 환(幻)

욕망의 섬, 비통의 언어

을 멸(滅)하는 마음이었다. 많은 글들을 싸우듯이 썼다.

제주는 섬이다. 그게 섬사람들의 '삶의 조건'이다. 흔히 뭍의 시선과 섬의 그것과의 차이를 들여다봐야 한다고 말한다. 하지만 내부와 외부를 나누는 일은 쉽지 않다. 그것은 점의 분할이 아니라 선과 면의 접합이기 때문이다. 제주를 바라보는 내부식민지적 시선은 분명히 존재한다. 하지만 '제주적'이라고 말하는 것들이 실은 오랫동안 외부의 차별적 시선을 스스로 내면화한 '만들어진 전통'인 경우도 적지 않다. 게다가 현재를 살아가는 우리들의 현실적 욕망도 결합되어 있다.

비자림로를 확장한다면서 삼나무를 베어냈다. 수령 30-40년은 족히 넘는 나무들이었다. 5분 빨리 가겠다는 인간의 욕망이 수백 그루의 나무들을 잘라냈다. 드론으로 촬영한 비자림로의 벌목 현장 사진이 한동안 전국적인 이슈가 되었다. '뭐라도 하자'는 심정으로 시민들이 비자림로에 모였다. 바느질을 하고 노래를 불렀다. 인근 마을 주민들은 트럭을 동원해 경적을 울리며 그들의 모임을 방해했다. 마을 주민들의 숙원 사업을 '외부인'들이 방해한다는 게 그들의 이유였다. 때아닌 삼나무 유해론도 등장했다. 삼나무 꽃가루가 아토피와 비염을 일으킨다는 거였다.

1960년대부터 시작된 '위로부터의 개발' 계획에 제주의 지식인들은 적극적으로 호응했다. 제주도종합개발계획부터 시작해서 제주국제자유도시특별법에 이르기까지 '발전'은 하나의 당위였다. '사람, 상품, 자본의 자유로운 이동과 기업의 이윤을 보장하기 위해 규제를 완화'

하는 게 목적인 '제주국제자유도시'는 서울의 욕망을 '욕망한' 제주의 일그러진 자화상이다. 물론 저항도 있었다. 저항의 이력이 정계 입문으로 이어지기도 했다. 하지만 그들은 권력에 쉽게 무너졌다.

제주를 상상할 때 뭍과 섬의 시선이 동시에 빠지는 오류가 있다. 그것은 제주를 단일한 표상으로 상상한다는 점이다. 왜곡과 저항이 모든 차이를 균질하게 만들어 버리는 이 폭력의 동시성을 어떻게 이해해야 할까. 제주는 지주-소작인 관계가 형성되지 않아 계급·계층적 분화가 이뤄지지 않았다고 '상상'한다. 제주 사람들은 오랫동안 육지에서 파견된 관리들로부터 일상적 착취와 수탈을 받아왔다고 말하기도 한다.

이런 시각은 '모변'으로 기록되어 있는 1813년 양제해 의거와 1898년 방성칠 난, 1901년 신축항쟁의 전개 과정을 잠깐만 보더라도 오류라는 것을 알 수 있다. 제주의 실정을 모르는 관리들을 이용해 사리사욕을 채웠던 '상찬계(賞贊契)'가 존재했었다는 사실만 보더라도 권력의 위계는 일상적으로 작동했다. 그들은 지역의 기득권을 유지하기 위해 유배인들과 '전략적' 친밀 관계를 유지했다. 현기영의 표현을 빌리자면 "그걸 연줄삼아 원 자리 하나 엽관해 보려는 속셈"을 지닌 현실적 이해관계였다. 어쩌면 지역이야말로 가장 첨예한 현실적 욕망들이 부딪히는 삶의 현장인지 모른다. 로컬을 바라보는 일은 그래서 우리의 욕망, 그 민낯의 그림자와 만나는 일이었다. 이 글이 '작은' 차이의 봉합이 아니라 작은 '차이'의 다름을 말하는 일이었으면 했다.

여기저기 발표했던 글들을 한데 묶다 보니 비슷한 부분도 더러 있다. 생각을 더해가는 과정에서 생기는 불가피한 동어반복이라고 이해했으면 한다. 명색이 비평집인데 문학 텍스트를 분석한 글이 적다. 비평이 텍스트 안에 갇혀 있어서는 안 된다고 생각한 결과지만 비평가의 책무를 다하지는 못했다. 앞으로 보다 성실한 비평의 자세를 다짐해 본다.

책을 묶는 과정에서 개인적으로 큰일을 겪었다. 2018년 7월 부산에서 뇌경색으로 쓰러졌다. 천만다행으로 회복됐다. 중환자실에 누워 있을 때 제일 먼저 든 생각이 '쓰고 싶다…'였다. 하늘이 다시 기회를 줬다고 믿는다. 병원에서 부산의 선후배들에게 큰 신세를 졌다. 서정원 형의 보살핌이 컸다. 응급실로 실려 왔을 때 곁을 지켜준 임성용 소설가와 부산의 청년작가 회원들, 김지운 감독, 김수우 시인. 그리고 객지에서 쓰러진 후배를 진심으로 걱정해준 제주의 선배들. 이분들의 도움이 없었다면…. 생각만 해도 아찔하다. 이 자리를 빌려 감사의 인사를 드린다.

2019년 1월

김동현 비평집
욕망의 섬, 비통의 언어

1부 '제주', 환상을 겨누다

2부 지역, 새로운 미래를 상상하다

3부 지역의 언어와 지역의 상상

1부

'제주', 환상을 겨누다

박제된 기억과
순수의 정치학[1])

– 국가는 제주 4·3을 어떻게 부르는가

'희생', 이념의 순수지대

2018년 4월 3일 문재인 대통령이 제주 4·3 추념식에 참석했다. 고 (故) 노무현 대통령에 이어 현직 대통령으로서는 두 번째였다. 4·3항 쟁 70주년을 맞아 제주에서는 문재인 대통령의 추념식 참석 여부가 중요한 관심이었다. 이명박·박근혜가 집권하는 동안 제주 4·3은 '불편한 역사'였다. 이명박 대통령은 임기 동안 4·3위령제에 한 번도 참석하지 않았다. 이명박 정부 첫 해인 2008년에는 한승수 국무총리가, 2009년에는 이달곤 행정안전부 장관이, 2010년에는 국무총리 실장이 4·3 위령제에 참석했다. 2009년에는 제주 4·3 중앙위원회 위원장인

---

1) 이 글은 2018년 4월 27일 제주작가회의가 개최한 〈동아시아의 항쟁과 문학〉에 서 발표한 〈항쟁 그리고 개발-제주 4·3문학의 현재성〉의 문제의식을 바탕으로 내용을 대폭 수정, 보완했다.

국무총리가 위령제 대신 모터쇼에 참가해 지역 사회의 거센 반발을 사기도 했다. 박근혜 정부 역시 마찬가지였다. 대통령 선거 기간에 제주 4·3 평화공원을 찾은 것이 전부였다. 보수 정권이 들어선 이후 일부 극우 단체들의 4·3 폄훼 시도도 이어졌다. 4·3 평화공원에 안치된 남로당 간부나 무장대 관련자들의 위패를 내려야 한다는 이른바 '불량위패' 논란이 그것이다.

이러한 일련의 움직임은 이명박 정부 집권 초기에 어느 정도 예상됐던 일이었다. 2008년 당시 여당인 한나라당은 제주 4·3위원회를 폐지하자는 제주 4·3특별법 개정안(신지호 의원 대표발의, 2008년 11월 20일)을 제출했다. 정부에서 운영 중인 과거사 관련 위원회 운영의 효율성이 필요하다는 명분이었다. 그해 9월에는 국방부가 제주 4·3을 "남로당의 지시에 의한 좌익세력의 반란"이라고 규정하고 교육과학기술부에 제주 4·3 관련한 교과서 내용을 수정하도록 요구했다. 2017년 69주년 추념식에 참석했던 황교안 대통령 권한 대행은 추도사 대부분을 영어교육도시, 첨단과학기술단지 조성, 제주 신항만, 제2공항 건설 등을 언급하는 데 할애했다.

문재인 정부 출범은 보수 정권 9년 동안 이어진 제주 4·3에 대한 폄훼와 왜곡을 바로잡을 수 있는 기회라고 인식되었다. 문재인 대통령도 후보 시절 추념식 참석을 약속한 적이 있었고, 보수 정권에서 계속된 4·3 폄훼와 왜곡을 겪으면서 제주에서는 대통령의 추념식 참석 자체를 정권교체의 상징으로 인식했다. 70주년이 주는 무게감만큼 대통령 참석이 던질 메시지에 대한 기대도 컸다. "제주의 봄을 알리고 싶다."고 시작한 문재인 대통령의 추도사는 4·3의 전개와 피해, 그리고 오랫동안 지속되었던 억압의 세월을 차례로 언급했다. 제주 4·3 진상규명 운동에 매진해온 제주 공동체의 노력도 언급했다. 제주4·3연구소, 제주민예총, 제주4·3도민연대 등을 일일이 언급했고 현기영, 김석범, 강요배, 조성봉, 오멸, 임흥순, 고(故) 김경률 감독이 이뤄냈던 예술적 성취도 거론했다. 노무현 대통령에 이어서 제주도민들과 제주 4·3 유족들에게 사과했다.

2017년 황교안 대통령 권한 대행의 추도사에 실망했던 유족들과 제주도민들은 문재인 대통령 추도사를 들으며 감격했다. 언론들의 보도도 크게 다르지 않았다. 2008년 한승수 국무총리가 4·3위령제에 불참하고 서울모터쇼에 참석했던 사실을 기억하는 도민들로서는 당연한 반응이었다. 문재인 대통령은 추도사에서 "4·3의 진상규명과 명예회복이 중단되거나 후퇴되는 일은 없을 것"이며 "4·3의 진실은 어떤 세력도 부정할 수 없는 분명한 역사의 사실로 자리를 잡았다는 것을 선언"했다. '선언'이라는 수사는 최고 통수권자의 강력한 의지의 표명이다. 이러한 강력한 수사에도 문재인 대통령의 추념사는 근본적인 한계를 지니고 있었다. 그것은 과거 노무현 대통령의 사과 발표문을 관통하는 '무고한 희생'이라는 전제가 반복되고 있다는 점이다.

2003년 노무현 대통령의 사과 발표문은 가해의 주체인 군과 경찰은 은폐된 채 남로당 무장봉기와 이를 진압하는 과정에서 벌어졌던 무력충돌에 의한 희생이라는 수사를 전면에 내세우고 있다. 가해의 구체적 책임을 추상적 상징체계로 수렴하는 이러한 정치적 수사는 이후 제주지역에서 '희생담론'이 본격화되는 계기로 작용했다.[2] 국가에 의

---

2) 고(故) 노무현 대통령 사과문의 한계에 대해서는 《제주, 우리 안의 식민지》, 글누림, 2016에서 자세히 다룬 바 있다.

해 제주 4·3이 공식 추념의 대상이 되면서 이러한 '희생담론'은 강력한 이데올로기로 작용하기 시작했다. 이는 단순히 제주의 문제만은 아니었다. 제주, 오키나와, 대만에서 자행된 국가폭력에 대한 진상규명과 과거청산이 법적 제도로 수렴되는 과정에서 '희생의 정치학'이 대두되었다. [3] 이는 국가폭력의 진상규명과 추념 의례가 가해의 주체였던 국가의 승인을 받는 순간 기억의 안전한 삭제가 이뤄지고 있음을 보여준다.

제주 4·3 항쟁의 경우도 마찬가지다. 조선의 완전한 독립, 통일정부를 갈망했던 항쟁의 기억이 제도권으로 들어서는 순간, 국가는 항쟁의 주체성을 소거했다. 제주 4·3 평화공원이라는 추념의 상징물 안에서 항쟁은 위험하고 관리되지 않는 기억이었다. 이를 대신한 것이 '무고한 희생'이라는 안전한 기억이었다. 평화공원 개원 당시 일부 전시물을 둘러싸고 벌어졌던 이념 논쟁이나 속칭 '불량위패' 논란을 상기해보자. 제도적 의례가 정착될수록 저항, 자치, 통일이라는 역사적 의의가 상실되었다는 [4] 지적은 '희생담론'의 한계를 잘 말해준다.

문재인 대통령은 "70년 전 이곳 제주에서 무고한 양민들이 이념의 이름으로 희생당했"다면서 "이념이란 것을 알지 못해도 도둑 없고, 거지 없고, 대문도 없이 함께 행복할 수 있었던 죄 없는 양민들이 영문도 모른 채 학살을 당했"다고 규정했다. 문재인 대통령의 추념사는 제주 4·3특별법 제정 이후 '진상규명'과 '명예회복'의 이원화 속에서 '희

---

3) 高誠晩, 《犠牲者のポリティクス-齊州 4·3/沖縄/臺灣 2·28 歴史清算をめぐる苦惱》, 京都大學學術出版會, 2017.
4) 고성만, 위의 책, 5쪽.

생자'라는 균질적 존재로 호명하는 '진상규명'과 '명예회복'의 한계를 보여준다. "죄 없는 양민"이라는 표현에서 알 수 있듯이 국가는 여전히 '순결하고 순수한' '양민'만을 추념의 대상으로 호명한다. '양민'은 죄 없고, 선량한, 안전하게 관리 가능한 몸이다. 권력이 부를 수 있는 몸이며, 권력이 언제든 버릴 수 있는 몸이다. 몸이되, 몸이 아닌 몸. 신체 없는 신체성 혹은 신체성 없는 신체. 어느 경우가 되었든 몸은 이념의 순수지대일 때 위령과 위무의 대상이 된다.

제주 4·3항쟁은 '사건'이라는 이름으로 국가 의례의 대상이 되었다. 제주 4·3특별법 제정, 그리고 정부 차원의 진상조사보고서 확정까지 '항쟁', '폭동', '학살'의 기억들은 서로 투쟁했다. 군사독재 정권 시절 제주 4·3은 '폭동'이었다. 이를 부정하는 일은 용인되지 않았다. 하지만 억압은 저항을 낳았고 저항은 또 다른 억압의 빌미가 되었다. 진상 규명 운동 초기 중요한 과제는 '공산주의자들의 사주에 의한 폭동'이라는 반공 편향성을 극복하는 것이었다. 제주 4·3항쟁을 해방 이후 미군의 동아시아 정책과 경찰과 서청의 가혹행위, 그리고 당시 제주의 사회적·경제적 상황의 이해에서 출발한 것도 이 때문이다. 제주 4·3 진상규명운동사에서 중요한 역할을 한 제민일보의 연재 '4·3은 말한다'에서도 관련 부분은 비중 있게 서술되고 있다.[5]

---

5) 《4·3은 말한다》는 4·3에 대한 반공적 시각의 극복을 중요하게 다루고 있다. "4·3 발생 이후 40여 년 동안 4·3 연구는 정부에 의해 철저히 통제되어 왔다. 그러면서 관변자료들은 4·3의 원인을 '공산계열의 사주에 의한 폭동'으로 규정, 더 이상 논의를 제한해 왔다. 그러나 최근 들어 4·3의 연구성과가 축적되면서 이런 이데올로기 이분법에 의한 도식적 해석이 얼마나 맹목적 분석이었나를 잘 설명해 주고 있다.

'빨갱이'라는 낙인을 지우기 위한 기억 투쟁이 원래부터 이념의 순수 지대를 겨냥한 것은 아니었다. 그것은 군인, 경찰의 '위법한' 폭력성을 담론의 장에 적극적으로 드러내기 위한 방편이었다. 그런 점에서 기억 투쟁은 권력의 아카이브에 대한 저항이었으며 내셔널 히스토리의 폭력에 대한 투쟁이었다. 김석범의 〈까마귀의 죽음〉, 〈간수 박서방〉을 이어 4·3문학의 기념비적 작품인 〈순이삼촌〉에 이르기까지 문학은 기억에 관한 한 아카이비스트의 역할을 자임했다. 그리고 그 역할은 지금도 계속되고 있다. 구체적이고 개별적인 죽음을 기억하고, 그것을 기록하는 기록의 증언자로서 4·3문학을 비롯한 진상규명 운동의 역사가 이룩한 성과는 지대하다.

하지만 4·3이 제도적 의례로 자리매김하면서 구체적 죽음과 비극의 양상들은 '희생'이라는 추상으로 수렴되기 시작했다. 이는 제주 4·3을 '희생'이라는 단일한 추상으로 획일화하는 또 하나의 폭력이었다. 4·3

새로운 연구들은 4·3의 발발 원인에 대해서 남로당 제주도당의 무장봉기의 무모성 못지않게 한반도 문제를 둘러싼 미군정의 실정(失政), 관공리의 부패와 경찰의 가혹행위, 그리고 서청의 만행 등을 함께 분석해야 한다는 입장을 보이고 있다. 특히 1947년 경찰의 발포로 비롯된 '3·1사건'과 이에 항거한 '총파업 사건'을 군정 당국이 평화적인 방법으로 해결하지 않고 외지세력을 대거 유입, 물리력에 의존한 데서 파급된 도민들과의 갈등구조에 대해서도 비중을 두고 살펴봐야 한다는 점이 강조되고 있다." 이와 같은 시각은 4·3을 1948년의 무장봉기를 기점으로 하지 않고 1947년 3월 1일의 발포사건을 기점으로 한 전 도민적 저항과 이에 대한 탄압, 그리고 무장봉기와 군경의 토벌이라는 제주 4·3진상조사보고서의 4·3의 정의를 가능하게 하였다. 제민일보 4·3 취재반, 《4·3은 말한다》2, 전예원, 1994, 50쪽.

진상규명 운동이 극우 반공이라는 이데올로기적 편향을 극복하기 위한 과정이었다는 점을 염두에 둔다면 문재인 대통령의 추도사에 등장하는 '무고한 희생'이라는 수사는 의도하든 의도하지 않았든 이데올로기의 순수지대 안에서만 희생을 용인하는 권력의 태도를 그대로 보여준다.

'국민'이라는 자기증명

김경훈 시인은 "제주4·3은 아무런 이유 없이 억울하게 죽은 것이 아니라" "죽어서 아무런 이유가 없어져버린 것이 억울한 것"('아무런 이유 없이' 中)이라고 썼다. 억울하게 죽은 것이 아니라 죽음의 이유가 없어져 버린 것이 '억울'하다는 표현이 의미하는 바는 크다. 이것은 '무고한 희생'이라는 '희생담론'의 문제를 정확히 간파하는 서술이다. 제주4·3은 "아무런 이유 없이 억울하게 죽은 것"이 아니라 죽음의 이유 자체가 상실되어 버린 '사건'이다.⁶⁾ 한성훈은 "제노사이드의 가장 중요한 '악'은 희생자 집단에서 사회적 생명력이 사라진다는 사실"⁷⁾이라고 말한 바 있다. 그는 해방 이후 남한에서의 민간인 학살 희생자와 유가족들이 자신들의 정체성과 국가가 요구하는 정체성의 불일치라는 갈등 상황이 지속되고 있는 점에 주목하면서 유가족들이 국민이라

---

6) 여기서 사용하고 있는 '사건'이라는 용어은 현재 정부가 정의하고 있는 중립적 호명으로서의 제주 4·3 '사건'이라는 의미와 다르다.
7) 한성훈, 《학살, 그 이후의 삶과 정치》, 산처럼, 2018, 289쪽.

는 자기 증명과 타협, 혹은 자기부정을 보여주기도 한다고 말한다.

이는 제주 4·3에서도 그대로 나타난다. 현기영은 《지상에 숟가락 하나》에서 제주 지역의 중심 장소인 관덕정을 배경으로 두 가지의 극단적 장면을 그려낸다. 하나는 이덕구의 시신이 관덕정 광장에 '전시'된 장면이고, 다른 하나는 해병대 3·4기 출정식이다. 김달삼의 탈출 이후 무장대 지도자였던 이덕구의 체포는 토벌대에게 제주 4·3 진압의 성공을 나타내는 상징이었다. 십자가에 내걸린 그의 시신. 그리고 공포에 휩싸여 그 죽음을 바라보는 주민들의 모습은 강요배의 연작 '동백꽃 지다'에서도 잘 나타나 있다. 이 장면을 현기영은 "관권의 불의에 저항하던 섬 공동체의 신화"의 몰락으로 묘사한다. 그리고 같은 장소에서 열린 해병대 3·4기 출정식을 "선배세대와의 폭력적 단절"이라고 서술한다. 빨갱이로 죽지 않기 위해서 빨갱이를 때려잡는 '군인'이 되어야 했던 역설적 상황은 4·3 이후 계속된 죽음의 모순이 어디에서 비롯되었는지를 잘 보여준다.

이런 점에서 본다면 문재인 대통령의 추념사는 그 자체로 논리적 모순을 안고 있다. 희생자들을 이념을 모르는 "죄 없는 양민"들이라고 전제할 때 "4·3의 진실은 어떤 세력도 부정할 수 없는 분명한 역사의 사실로 자리를 잡았다."는 "선언"은 그 자체로 불가능하다. 제주 4·3은 통일독립국가 건설을 위한 통일운동이었다. 단선단정을 반대하고 이승만과 친일경찰, 그리고 배후인 미군정의 탄압에 대한 저항이었다. 이를 진압하는 과정에서 제주는 '빨갱이의 섬'으로 간주되었다. '반공국가 대한민국의 건설', '친미정권 수립'을 위해서라면 제주 섬쯤은 지도에서 없어져도 상관없었다. '전도에 휘발유를 뿌려서라도 빨갱이를 섬멸하라.'라는 말이 이를 상징적으로 보여준다.

문재인 대통령의 추념사는 1980년대 이후 제주 4·3 진상규명 운동을 대중적으로 확대시키기 위한 방법적 차원에서 채택된 '양민학살' 프레임을 반복하고 있다. 87년 항쟁 이후 제주 4·3 진상규명 운동에 대한 관심이 확산되면서 '양민 학살론'은 '민중항쟁론'보다 폭넓은 대중적 지지를 얻게 되었고 정치적으로 4·3 문제를 풀어 나갈 수 있는 현실적 방법으로 선택되었다.[8] 이는 제주 4·3특별법 체제가 '양민 학살'이라는 한계를 지니게 된 결정적 계기였다. 당시에도 이에 대한 비판의 목소리가 있었다. 제주 4·3 학살은 명백한 국가 범죄였다. 하지만 특별법이 제정되면서 '국가'는 진상규명의 주체가 되어 버렸다. 과거 가혹한 폭력을 행사했던 당사자가 이제는 인권과 화합의 주체가 되어 버렸다. 이 과정에서 구체적 가해의 책임은 사라져 버렸다.

　물론 국무총리 산하에 제주 4·3 진상조사위원회가 만들어지면서 오랫동안 제주 4·3의 진실을 규명해왔던 민간 전문가 집단들이 대거 합류했다.《제주 4·3 진상조사보고서》와 방대한 분량의《제주 4·3사건 자료집》발간 등의 작업은 이들 전문가 그룹의 노력이 있었기에 가능했다. 하지만 2013년 6월 당시 안전행정부가 제주 4·3위원회 김종민 전문위원을 해임한 사례에서도 알 수 있듯이 '진상규명'과 '명예회복'의 주체는 가해자인 국가였다.

---

8) 양정심, 〈제주 4·3특별법과 양민학살 담론, 그것을 뛰어넘어〉,《역사연구》7, 2006, 277쪽.

'우리'라는 공동체의 분열

　제주 4·3 진상규명 운동은 오랫동안 '인정 투쟁'이었다. 70주년을 맞아 전개된 "제주 4·3은 대한민국의 역사입니다"라는 캠페인은 그것을 잘 보여준다. '제주=대한민국'이라면 '4·3'은 당연히 '대한민국의 역사'이다. 불필요한 동어반복을 하면서 '제주 4·3=대한민국 역사'로 규정하고 있다. 여기에는 제주 4·3'은'이 아니라 제주 4·3'도'라는 동일화의 욕망이 강하게 자리 잡고 있다. 당연한 것을 당연하다고 반복하는 것은 그 당연함이 제주, 제주 사람들에게는 당연하지 않을 수도 있다는 경험으로 다가왔기 때문이다. 문충성 시인의 표현을 빌리자면 "우리가 우리를 토벌"했었다는 '우리'라는 공동체 분열의 경험이 밑바닥에 자리 잡고 있다.

　그런데 여기서 하나의 질문을 던져보자. 과연 제주 4·3은 대한민국의 역사인가. 1948년 8월 15일 남한만의 단독정부 수립을 계기로 2018년 현재까지 한반도 남쪽을 실질적으로 지배하고 있는 권력 체제가 대한민국이라면 과연 제주 4·3은 대한민국의 역사인가. 결론적으로 말하자면 제주 4·3은 대한민국의 역사가 아니다. 이승만, 박정희, 전두환, 노태우, 김대중, 노무현, 이명박, 박근혜로 이어지는 반공국가 대한민국은 해방 이후 제주가 상상했던 정치체제가 아니었다. 보수정권이 탄핵되면서 집권한 문재인 정부 역시 마찬가지다. 제주 4·3은 해방 이후 미소 연합국의 분할 점령과 이후 좌우대립 속에서 통일독립국가를 열망했던 인민의 저항이었다. 3·1절 발포 사건 직후 벌어진 3·10 총파업은 학교, 은행, 공장, 노동자, 미군정청 통역이 합세한 "민관 합동의 대파업"이었다.[9] 이 파업에는 제주 출신 현직 경찰들도 참여했다.

당시 이들의 요구조건은 여섯 가지였다.

① 민주경찰 완전 확립을 위하여 무장과 고문을 즉시 폐지할 것
② 발포 책임자 및 발포 경관을 즉시 처벌할 것
③ 경찰 수뇌부는 인책 사임할 것
④ 희생자 유가족 및 부상자에 대한 생활을 보장할 것
⑤ 3·1 사건에 관련한 애국적 인사를 검속치 말 것
⑥ 일본경관의 유업적 계승활동을 지양할 것**10)**

당시 3·10 총파업은 전도적 저항이었다. 미군정과 친일경찰의 폭력에 대한 인민의 저항이었다. 해방 이후 미군정의 점령이 빚어낸 또 다른 식민의 상황, 그리고 이를 권력을 잡을 호기(好期)로 여겼던 이승만 세력에 대한 거부의 몸짓이었다. 3·10 총파업은 역설적으로 탄압의 빌미가 되었다. 육지부의 응원경찰이 증원되었고 미군정은 물리력으로 파업 사태를 조속히 진압하려 했다. 3·1 발포사건이 제주 4·3 봉기의 원인이 된 이유가 바로 여기에 있다.

---

9) 제민일보 4·3취재반, 《4·3은 말한다》, 전예원, 1994, 297쪽.
10) 《제주신보》, 1947년 3월 12일.

'통일운동'으로서의 제주 4·3항쟁

제주 4·3은 대한민국의 역사가 아니다. 4·3은 분단을 거부한 통일운동이며, 미군정과 이승만의 야합으로 탄생한 반공국가 대한민국을 거부한 거대한 항쟁이었다. 그러나 항쟁은 미비했고 탄압은 가혹했다. 탄압은 '절멸'에 가까웠다. 학살 피해자들은 3만 명을 넘었다. 미군정과 이승만은 그들을 반공국가 수립을 위한 '제물'로 삼았다.

반공국가 대한민국의 책임을 묻기 위한 노력은 계속되었다. 제주 4·3특별법이 제정되었고 4월 3일은 국가가 공인한 공식 추념일이 되었다. 이는 제주가 대한민국의 일원이 되고자 하는 오랜 인정 투쟁의 결과였다. 그것은 숙명적으로 '순응과 저항'을 동시에 겨냥할 수밖에 없었다. 제주 4·3의 정명(正名)이 쉽지 않은 이유가 여기에 있다. 정명을 위해서는 대한민국은 과연 무엇인가라는 근본적 질문을 던져야 한다. 이것은 이승만으로부터 시작된 대한민국의 정통성을 문제 삼는 일이다.

김석범은 《화산도》에서 다음과 말한다. "과거에 조국과 민족을 팔아먹은 앞잡이들의 피로 얼룩진 반공이, '민족주의'라는 의상을 걸치게 됨으로써, '자유주의' 건설, '자유조국'의 건설에 강력한 지렛대가 되고 있다는 점에, 이 사회의 가장 깊은 타락과 병의 근원이 있었다." 해방 이후 미군정의 점령과 친일파들의 득세, 그리고 이승만의 권력욕. 그 졸렬한 욕망의 실체가 바로 신생 대한민국이다. 제주에서의 학살은 해방 이후 '친일'과 '반공'이라는 "타락과 병의 근원"이 만들어낸 것이다.

여전히 "죄 없는 양민"이라는 수사가 대두되는 한 제주 4·3은 항쟁이 거세된 안전하고 박제된 기억만이 추념의 대상이 되고 만다. 그것이 역사라면 우리는 무엇을 해야 할까.

이제는 물어야 한다. 따져야 한다. 물리적 폭력을 독점한 국가를 근원에서부터 회의하지 않는다면 제주 4·3은 영원히 '무고한 희생'의 수사로 덮일 수밖에 없다. "이념이라는 것을 알지 못"한 "죄 없는 양민"이란 없다. 지금도 그러하지만 이데올로기의 순수지대란 존재하지 않는다. 우리의 삶은 치열한 이데올로기의 쟁투 현장이다.

그런 점에서 제주 4·3을 이야기할 때 "'이념적 잣대'를 들이대서는 안 된다."고 말하지 말아야 한다. 극우를 공격하기 위해 이념의 순수지대를 강조할수록 제주 4·3은 더 고립될 것이다. 극우들의 표현처럼 '순수한' 희생자만 용인될 것이다. "죄 없는 양민"들만 위령의 대상이 될 것이다. 더 철저히 이념에 입각해서 제주 4·3을, 저항을 말해야 한다. 지난 촛불 광장에서 수백만 명이 모여서 '이게 나라냐'라고 외쳤듯이 우리는 말해야 한다. '제주 4·3은 대한민국의 역사가 아니다.', '제주 4·3은 통일운동이다.', '제주 4·3은 민주 항쟁이다.' 그럴 때야 비로소 제주 4·3은 수많은 이 땅의 또 다른 '4·3'과 만날 것이다. 그것이 제주 4·3의 전국화이고 세계화다.

해녀는
어떻게 말해지는가

들어가며

제주 해녀는 어떻게 말해져왔는가. 그동안 제주 해녀에 대한 연구는 인류학, 민속학, 사회학, 여성학적 관점에서 다양한 연구 성과가 축적되어 왔다.[1) 해녀에 대한 관심은 단지 학적(學的) 관심에 그치지 않았다. 2013년 '제주 해녀문화'가 유네스코 인류무형유산 등재 한국 대표목록에 선정되면서 해녀를 유네스코 인류무형유산으로 등재하자는 제주 지역 내외의 움직임도 활발해졌다. 이에 앞서 제주특별자치도의회는 지난 2009년 '해녀문화 보존 및 전승에 관한 조례'를 제정하기도 했다. 제주문화의 특수성을 대표하여 왔던 제주 해녀가 이제는 한국의 중요한 무형유산으로 인식되고 있다. 이러한 노력은 2016년 11월 30일 제주 해녀문화가 유네스코 인류 문화유산으로 등재되면서 결실을 맺었다.

제주 해녀를 유네스코 문화유산으로 등재하는 과정에서 제주 해녀는 '억척스러운 제주 어머니'[2] 상(像)에서 국가 간 '문화전쟁'의 경쟁에서 민족적 자긍심을 지켜줄 존재로까지[3] 인식되고 있다.

결론적으로 말한다면 제주 해녀는 하나의 고정된 실체가 아니라 사회적, 정치적 욕망에 의해 필요에 따라 호명된 발견의 대상물이었다. 이원진의《탐라지》를 시작으로 하여 옛 문헌에 나타난 제주 해녀에 대한 역사적 고찰은 제주 해녀를 전근대와 근대를 가로지르는 하나의 원형으로서 인식하게 하였다. 이 같은 인식은 잠수 혹은 잠녀라는 존

---

1) 그동안의 해녀 연구를 정리하면 다음과 같다. ①민속학-김영돈·고광민·한림화 공저(1996),《제주의 해녀》, 제주도. 김영돈(1999),《한국의 해녀》, 민속원. 김영돈·김병국·서경림(1986), 〈해녀 조사연구〉,《탐라문화》. ②사회학-조혜정(1988), 〈발전과 저발전 : 제주 해녀 사회의 성 체계와 근대화〉,《한국의 여성과 남성》, 문학과지성사. 권귀숙(1996), 〈제주해녀의 신화와 실체: 조혜정 교수의 해녀론을 중심으로〉,《한국사회학》제30집 봄호. 고승한(2004), 〈제주 해녀의 사회문화적 의미와 가치 변화〉,《제주발전연구》통권 제8권. ③인류학-유철인(1998), 〈물질하는 것도 머리싸움: 제주해녀의 생애 이야기〉,《한국문화인류학》31-1호. 안미정(1998), 〈제주해녀에 대한 이미지와 사회적 정체성〉,《제주도연구》15. ④ 종합적 성격의 연구-강대원(1973),《해녀연구》, 한진문화사. 강대원(2001),《제주잠수권익투쟁사》, 제주문화. 최근의 연구 성과로는 이성훈(2014)이 엮은《해녀연구총서》전 5권, 숭실대학교 한국문예연구소 학술총서, 학고방. 좌혜경(2006) 외,《제주해녀와 일본의 아마》, 민속원. 안미정(2010), 〈해방 전후 제주 잠수(해녀)들의 부산 정착의 사회사적 고찰: 지역 간 경계를 넘은 이동과 갈등을 중심으로〉,《탐라문화》37. 안미정(2012), 〈열린 바다위의 분쟁: 식민지 관행과 해양자유론의 재고찰〉,《일본학》34. 안미정(2013), 〈해항도시의 이주자: 부산시 해녀 커뮤니티의 존재 양상〉,《역사와 경계》89. 등이 있다.
2) '잠녀를 만나다-울릉도 독도의 제주 해녀들',《제민일보》, 2009. 5. 18.
3) 제주특별자치도·(사)세계문화유산보존사업회(2015),《통사로 살피는 제주해녀》.

재로 기록되어 왔던 제주 해녀와 식민지 경제 구조의 변화 속에서 등장한 제주 해녀를 동일시하는 이유가 되어왔다.

오랫동안 제주 해녀는 지역 내에서조차 천대시되었다. 자식에게 해녀 물질을 물려주는 일은 하나의 천형을 되물림하는 것이었다. 현재 제주 해녀가 고령화되고 있고 이에 따라 해녀 문화의 상실을 우려하는 연구자들이 늘고 있는 것도 제주 해녀의 직업적 인식이 상대적으로 낮다는 사실을 보여준다.

하지만 유네스코 인류무형유산 등재 추진과 함께 제주 해녀를 새롭게 인식하려는 움직임이 일어나고 있다. 특히 지역 내 여성사의 한 일원으로 제주 해녀를 인식하는 경향도 커지고 있다.[4] 이런 점에서 본다면 제주 해녀에 대한 인식은 사회문화적 집적물인 동시에 그것을 가능케 한 사회적 동인(動因)과 결부되어 있다.

1960년대까지 언론에 비쳐진 해녀의 모습은 원시적인 나잠 어업에 종사하고 있는, 지역 내에서도 특이한 존재였다. 그러던 것이 1970년대 이후 제주 지역 내의 경제개발 담론이 대두하면서 제주 해녀의 경제적 측면에 대한 관심과 함께 관광자원으로서의 해녀에 대한 논의가

---

4) 이 같은 움직임에는 제주도의 주도에 의해 제주 해녀를 제주 여성문화, 혹은 여성사의 일원으로 발견하려는 일련의 작업들이 2000년대 이후 지속적으로 진행되고 있는 데에서도 확인할 수 있다. 이러한 작업의 성과들은 다음과 같은 결과물로 나타났다. 제주도·제주도여성특별위원회, 《제주 여성, 일상적 삶과 그 자취》, 2002, 《제주여성의 삶과 공간》, 2007. 제주특별자치도, 《제주여성 전승문화》, 《제주문화상징》. 이와 더불어 제주특별자치도는 2001년에 '해녀문화 세계화 방안' 토론회와 '해녀문화의 유네스코 등재 어떻게 준비할 것인가'라는 토론회를 연이어 개최한 바 있다.

진행되어 왔다. 제주 해녀는 민속학적 차원에서 먼저 접근되었고 이를 바탕으로 여성학, 인류학, 사회학적 차원의 연구 성과들이 축적되어 왔다. 이러한 연구 성과들은 생활사적 측면 또는 문화인류학적 측면에서 제주 해녀를 살펴보고 있다. 이들 연구에서는 제주 해녀를 균일한 대상으로 상정하고 그것의 공통적인 속성을 통해 제주 해녀의 특성을 도출하고 있다. 이러한 태도들은 해녀라는 집단의 특성을 도출하고 이를 체계화하는 데에는 장점을 지닌다. 하지만 이들 연구는 제주 해녀에 대한 스테레오 타입의 인식―제주 해녀를 억척스럽고 강인한 여성으로 상정하거나 제주 여성의 대표성을 지닌 존재로 인식하는 것―을 재확인할 우려가 있다.

제주 해녀에 대한 사회적 인식의 과정, 즉 미디어, 문학, 구술자료 등에 나타난 해녀 표상을 살펴보는 일은 이러한 자기 인식의 구축과정을 문제 삼는 것이라 할 수 있다. 이를 통해 제주 해녀에 대한 인식의 변화과정, 나아가 제주 해녀를 상상하는 사회적 욕망의 동인(動因)을 확인할 수 있을 것이다. 이는 제주 해녀를 둘러싼 사회적 욕망의 변화를 살펴보는 일인 동시에 제주 해녀에 대한 인식의 시작을 규명하는 일이 될 것이다.

여기에서는 제주 해녀를 '근원'(origin)이 아니라 '시작'(beginning)이라는 측면에서 살펴보고자 한다. 이는 그동안 인류학적, 사회학적, 민속학적 연구들이 제주 해녀의 생활문화, 조업 형태, 민속학적 특징 등을 살펴보면서 제주적인 로컬리티의 원형질로서의 제주 해녀를 상정해온 데에 대한 비판을 전제로 한다. 그것은 그동안의 논의들이 '순수한' 제주 해녀 문화를 상정하고 그것의 특징에 천착해왔다는 것을 의미한다. '순수'한 문화를 상상하는 것은 그 자체로 '문화'를 고정적인 실체로 인식하는 일이다. "문화가 정치적·이념적 명분들이 서로 뒤섞이는 일종의 극장"**5)**이라는 점을 염두에 둔다면 '문화'를 인식한다는 것은 그 자체로 정치성과 이념성이 착종된 오염 상태를 전제로 해야 한다. 이때 오염이란 원형의 훼손이나 망실을 의미하는 것은 아니다. 제주 해녀를 인식할 때 '제주 해녀'만을 고려 대상으로 삼아서는 안 된다. '서울-중심/제주-주변'이라는 위계와 함께 지역 내에서 '남성/여성'이라는 또 다른 위계가 작동하고 있다는 점을 염두에 둬야 한다.

그동안 제주 해녀 표상은 해녀를 균질적인 존재로 포섭하고자 하는 공동체의 욕망, 더 나아가 국가 공동체의 내부로 포섭하려는 과정에서 구축되어 왔다. 해녀는 단일하고 균질적인 집단이 아니다. 거기에는 수많은 이질적 존재들이 뒤섞여 있으며 자본의 위계뿐만 아니라 '남성/여성'의 차이 또한 존재한다.

'해녀'의 발견과 상상의 공동체

2003년 이후 제주 해녀를 유네스코 인류무형유산으로 등재하자는 움직임이 일어나기 이전까지 제주 해녀에 대한 지역 내 인식은 차별적이었다. 제주가 국민국가 내에서 내부식민지적 차이와 차별을 겪어왔다는 점을 염두에 둔다면 제주 해녀는 이중의 차별을 감내해야 했던 존재들이었다. 제주 해녀는 일종의 서발턴이었다.

---

5) 에드워드 사이드, 박홍규 역(1994), 《문화와 제국주의》, 문예출판사, 24쪽.

제주 해녀가 제주 여성을 대표하는 존재로 인식되기 시작한 것은 그다지 오래된 일이 아니다. 제주 지역에서도 제주 해녀는 '비존재로 존재'하는 대상이었다. 이는 여러 사례에서도 확인될 수 있다. 1964년 제주에서 해녀를 소재로 한 영화 〈해녀〉가 촬영될 당시 제주도청은 영화 출연진과 지역 문화계 인사들을 모아놓고 좌담회를 열었다. 이 좌담회의 참석자 명단에는 한 명의 해녀(김사희)가 등장한다. 하지만 이날 좌담회 내내 그는 한 마디도 발언하지 않는다. 실제로 이날 좌담 회에서 해녀가 발언을 하였는지 아니면 발언의 기회조차 얻지 못했는 지는 확인할 수 없다. 중요한 것은 해녀를 소재로 한 영화가 제작되고 있는 와중에서도 해녀 대표로 참석한 해녀는 좌담회 내내 '침묵'했다 는 점이다. **6)**

해녀가 영화화될 때 해녀는 정작 침묵한다. 김사희가 이날 좌담회에 서 발언을 했느냐, 하지 않았느냐는 사실 자체가 문제 되는 것은 아니 다. 오히려 김사희가 발언을 했거나 하지 않았거나 그의 발언은 지역 내 남성 지식인의 발화에서 배제된다는 사실이 중요하다. 당시 좌담회 가 지역이 외부의 주체에 대해 적극적으로 개입하는 미학적 실천의 장 이었다는 점에 주목한다면 김사희는 이러한 실천적 주체의 자리에서 조차 배제되어 있다는 점에 주목해야 한다. 이는 로컬리티를 규정함에 있어 지역 내부에서도 포섭과 배제의 논리가 그대로 작동하고 있음을 보여주는 것이다. 해녀의 존재를 규정하는 지역의 주체들은 해녀가 아 니라 해녀에 대해 말하고 있는 '지식인-남성'이다. 이런 점에서 지역에

---

6) 제주도청 편(1964. 7.), 《제주도》 제15호, 68~76쪽.

서 '지식인-남성'의 지위를 획득하지 못한 자는 주체가 되지 못한다.[7] 1964년 제작된 영화 〈해녀〉가 개봉되자 당시 좌담회에 참석했던 이치근이 "생활 없는 해녀"의 모습을 확인하고 배신감을 느꼈다고 토로한 것을 감안한다면 '해녀'의 발언을 의도적으로 배제하는 이러한 배치의 문제는 더욱 의미심장하다. 그것은 제주 해녀가 지역 내에서 오랫동안 차별적인 존재로 인식되어 왔고 그러한 차별의 방식이 '지식인-남성/해녀-여성'이라는 구도 속에서 이뤄졌음을 의미한다.

제주 해녀에 대한 1960년대의 인식이 과연 특정한 시기에 이뤄졌던 일회적인 일이었던가. 그렇지 않다. 제주 해녀에 대한 차별적 인식은 상당히 오랜 기간 동안 일상의 영역에서 이뤄져왔다. 그것을 잘 보여주는 것이 1980년대 탑동 매립 과정에서 일어났던 제주 해녀들의 투쟁이다.

1989년 제주시 탑동 매립 과정에서 생존권을 지키기 위해 나섰던 제주시 삼도동 잠수회 소속 해녀들의 투쟁은 지방정부, 경찰뿐만 아니라 수협, 어촌계로부터도 비난을 받았다. 이와 관련하여서는 1989년 민주헌법쟁취 국민운동 제주본부가 펴낸 기관지 《제주의 소리》에 실린 삼도동 전 잠수회장 강달인의 인터뷰를 주목할 필요가 있다. 당

---

7) 지역에서 여성의 발화가 의도적으로 배제되어 있다는 점은 앞으로 로컬리티 연구에 있어서 중요한 과제라고 할 수 있을 것이다. 스피박이 '서발턴은 말할 수 있는가'라고 질문할 때 그것은 말할 수 없는 자인 동시에 말해야 하는 자로 규정할 수 있다. 이러한 점을 염두에 둔다면 여성 화자의 침묵은 일정 부분 강요된 것이라고 할 수 있다. 이는 지역 내부에서 중심-주변의 위계가 폭력적으로 반복되고 있으며 이러한 위계의 반복이 로컬리티의 다양성을 의도적으로 배제하는 결과를 초래할 수도 있다는 점을 보여준다.

시 57세였던 강달인은 25세에 남편을 여의고 생계를 유지하기 위해 해녀 생활을 시작했다고 말한다. 그는 생존권을 지키기 위해 탑동 매립 반대운동에 나섰다고 하는데 반대운동과 관련해서 지역 수협, 어촌계로부터도 비난을 받았다며 다음과 같이 말한다. "우리 농성하는 걸 시청에서도 잘못햄져, 경찰이영, 수협에서도, 어촌계까지도 잘못햄져, 이웃사람덜도 돈받아 먹고 너무한다는 식으로 곧는거라."[8] 탑동 매립은 해녀들의 경제적 기반을 송두리째 파괴하는 행위였다. 해녀들의 투쟁은 그 자체로 생존권 투쟁이었고 절박한 싸움이었다. 하지만 해녀들의 투쟁은 강달인의 증언에서 보듯이 외로운 싸움이었다. 탑동 매립 투쟁 과정의 어려움을 호소하던 강달인은 그 이유를 다음과 같이 덧붙인다.

간담회가 잘 되어시민 좋겠주만, 시장이나 도지사나 국회의원이니 허는 사름덜이 나와줄거 닮지 않아. 아무것도 모르는 무식자덜이렌 우리 해녀덜을 깔봐그네 홀시 대허는거 닮은디 언제 그 사름덜이 우리신디 잘햄덴 헌적이서. 보상금 받았젠허주만 벌써 몇 달째 일 못허고 싸우는디 해녀덜 사는게 말로다 못허게 곤란허주.[9]

지역의 권력자들이 해녀를 "아무것도 모르는 무식자"들이라고 "깔보고"있는 것 아니냐는 강달인의 말은 지역에서 권력과 젠더의 위계가 일상적이고 실질적으로 작동하고 있음을 보여주는 방증이라고 할

---

8) 민주헌법쟁취 국민운동 제주본부(1989), 《제주의 소리》, 15쪽.
9) 위의 글.

수 있다. 이처럼 제주 해녀에 대한 사회적 인식은 제주 지역 내에서도 미비하였다. 그렇다면 이러한 해녀에 대한 사회적 인식은 어떻게 변모하였을까.

식민지 시기 제주 해녀는 '인어'의 현현이자 자연의 미인[10]으로, 혹은 제국 일본의 전쟁에 동원된 남성을 응원하는 강인한 여성으로 인식되어 왔다.[11] 또한 근로의 여신[12]으로 혹은 한국적 문화유산의 원형질로서 호명되어 왔다. 이처럼 제주 해녀는 고정된 실체라기보다는 시대적 욕망이 발견한 정치적이고 이념적인 형태로 발견되어 왔다. 즉 제주 해녀는 사회적 욕망이 발견한 또 다른 상상의 공동체라고 할 수 있을 것이다.

그동안 제주 해녀를 거론함에 있어 가장 먼저 언급되어 왔던 것은 고문헌 속에 나타난 제주 해녀의 모습이었다. 예를 들어 1702년(숙종 28년) 제주 목사 이형상의 《탐라순력도》는 제주 해녀의 근원(origin)을 설명하는 중요한 참고자료로 활용되어 왔다. 《탐라순력도》의 하나인 '병담범주(屛潭泛舟)'는 취병담(현재 용연)에서의 뱃놀이를 기록한 그림이다. 여기에는 문헌으로 남아있는 가장 오래된 해녀의 그림이 등장한다. 이원조(1792~1872)의 《탐라록》에도 취병담에서의 뱃놀이 장면이 기록되어 있다. 이 기록에서는 잠녀 수십 명을 불러, 해삼과 전복을 받는다는 내용을 확인할 수 있다. 이를 통해 '병담범주'의 그림 속 해녀들이 해삼과 전복을 채취하고 있었음을 확인할 수 있다.

---

10) 《매일신보》, 1926. 12. 6.
11) 《매일신보》, 1944. 7. 19.
12) 제주도청 편, 위의 책.

옛 문헌에 나타난 제주 해녀에 대한 기록들은 제주해녀박물관에서 펴낸《제주해녀사료집》에 자세히 나와있다. 《고려사》와《조선왕조실록》, 김상헌의《남사록》, 앞서 살펴본 이원진의《탐라지》에도 해녀에 대한 기록을 살펴볼 수 있다. 제주목사 이건(李健)이 쓴《제주풍토기》(1629년)에는 "해녀들은 생전복을 채취해 관가에 바치고 그 나머지를 팔아서 의식을 해결하고 있다."면서 이로 인해 해녀들이 생활고를 겪고 있다는 사실을 적고 있다. 이처럼 옛 문헌 속에 기록된 해녀들은 힘든 노동을 하고, 전복과 해삼 등 수확물을 관가에 바쳐야 하는 수탈과 착취의 피해자로 그려지고 있다. 그런데 이러한 기록들을 살펴볼 때 주의할 게 있다. 그것은 이러한 기록들이 외부인의 시선에서 제주 해녀를 대상화하고 있다는 점이다.

식민지 시기 제주 해녀가 민속학적 관심의 대상으로 등장하면서 검토되었던 것도 일차적으로 이러한 과거 문헌의 기록들이었다. 그동안 제주 해녀에 대한 논의도 이러한 문헌의 기록을 우선으로 하여 제주 해녀의 특징을 살펴보고 있다. 그러나 이러한 접근은 제주 해녀라는 존재의 근원을 상정하고 있음을 전제로 한다. 이는 제주 해녀를 역사적으로 고정된 실체로 인식하고 있음을 보여준다. 해녀라는 명칭 대신 잠수, 혹은 잠녀로 불러야 한다는 논의 역시 근대 이전 제주에 존재해왔던 잠녀, 잠수와 근대 이후의 해녀를 동일시하고 있음을 보여준다.

제주 해녀를 일본 식민 자본주의와 가장 가까우면서도, 조선의 변경에 위치했던 제주가 근대화하는 과정에서 나타난 새로운 집단이었다고 인식하는 것은[13] 제주 해녀에 대한 인식이 근대적 산물이기 때문이다. 제주 해녀는 지역이 근대와 마주하는 과정에서 '발견'된

욕망의 섬, 비통의 언어

집단이다. 따라서 제주 해녀를 유네스코 인류무형유산으로 등재하는 것과 근대 이후 제주 해녀를 호명하고 '발견'하는 사회적 욕망의 실체를 밝히는 것은 다른 문제이다.

수탈, 착취, 그리고 남성적 욕망

그렇다면 근대 이후 해녀의 모습은 어떻게 그려지고 있을까. 제주 해녀박물관이 펴낸《제주해녀사료집》[14]은 제주 해녀와 관련한 신문 자료 중에서 일제강점기 이후의 자료를 중심으로 수록하고 있다. 우선 매일신보에는 입어료 인상 요구 등 경제적 요인과 관련하여 자주 언급되고 있다.

> 제주도 및 각소에 주재하는 해녀가 연합하여 명년도 울산 연안의 해초 조업료의 인하를 전라남도청에 탄원코자 일체 서류를 작제하여 목하 조인 중이라는데 그 내용을 문한즉 본녀의 입어료는 일 전 4원30전이라는 파격의 요금을 징수하였으나 당시 어기가 절박함으로 맘고를 인하고 즉시 조업에 착수하였으나 그 결과가 근년 희견하는 대불어로 전납료 (해독불가) 즉 명년도는 충분 조사한 후 입어료금 인하를 한탄함이더라. [15]

---

13) 권귀숙, 〈제주 해녀의 신화와 실체〉,《한국사회학》제30집, 1996, 235쪽.
14) 제주해녀박물관,《제주해녀사료집》, 2009.
15) 매일신보, 1913년 8월 31일.

해녀 입어료 문제는 미디어에서 자주 다뤄지는 부분이다. 이는 해녀의 노동이 자본주의적 경제 질서에 편입되어 있음을 보여준다. 즉 조선 시대 해녀들의 생산물이 진상품이었다면 이제는 교환가치의 대상으로 되어 갔다는 것을 의미한다. 생산물의 교환가치가 본격적으로 대두되기 시작한 것은 1890년대 초반이다. 일본 무역상들이 등장하면서 해녀들의 생산물은 환금성을 띤 상품의 성격을 지니게 되었다.[16]

해녀들이 자본주의적 질서에 편입되기 시작하면서 입어료 분쟁을 다루는 미디어의 기사들도 늘어난다. 이런 사실들은 역설적으로 해녀들이 경제적 이익을 바탕으로 제주뿐만 아니라 다른 지역까지 출가 물질을 하게 되는 이동의 동선을 생산하게 된다. 물론 이 과정에서 잠수기선을 동원한 일본의 기업형 어업들이 등장하면서 제주 해녀의 생산량이 줄어들었다는 수탈적 관점에서 이를 바라보는 시각도 있다.[17] 이는 제주에서 유배생활을 했던 김윤식의 글에서도 확인할 수 있다.

> 어제 고기잡이 일본 사람 수십 명이 성안에 들어와 흩어져 다니며 관광을 했다. 이 가운데서 세 사람이 문경(나인영)과 필담을 했다. 그 중 한 사람이 나이는 15세이나 글을 잘 하는데 자기말로 나가사키에 살고 있으며, 배마다 하루에 전복을 잡는게 30페미(한 페미는 20개), 즉 600개라고 한다.

---

16) 진관훈, 〈일제하 제주도 경제와 해녀노동에 관한 연구〉, 《정신문화연구》 94, 2004, 51쪽.
17) 박찬식, 〈제주해녀의 역사적 고찰〉, 《역사민속학》 19, 2004, 135~164쪽.

제주의 각 포구에 일본 어선이 무려 3~4백 척이 되므로 각 배가 날마다 잡아버리는 게 대강 이런 숫자라면 이미 15~6년의 세월이 지났으니, 어업에서 얻은 이익의 두터움이 이와 같은데 본지인은 스스로 배 한 척 구하지 못하고 팔짱끼고 주어 버리고 있으니 어찌 애석하지 않으랴.[18)]

기존 연구에서 분석하고 있듯이 수탈적 관점에서 제주 해녀들의 어획량이 절대적으로 줄어들었고 그 이유로 출가 해녀들이 늘어났다는 것은 일면 타당한 지적이라고 할 수 있다. 그것은 제주 해녀들의 출가가 1887년 경남 부산의 목도(牧島)가 시초였다는 사료에서도 확인할 수 있다.[19)] 초기 한반도 남부에 국한되었던 출가는 북부, 일본, 다롄, 블라디보스토크까지 확대되었고 그 수는 1920년대에 2500명에서 30년대에는 4000명으로 늘어나기에 이른다.[20)]

이러한 이동의 동선은 1923년 제주-오사카 직항노선이 운행되면서 제주의 노동력이 일본 경제권에 편입되기 시작했다는 점을 감안한다면 매우 이른 시기에 해녀들의 상시적 이동이 가능했다는 점을 보여준다. 정주에서 상시적 이주의 대상으로 해녀의 노동력이 발산되었다는 사실은 해녀들이 탈경계적 주체로서 등장하게 되었다는 점을 의미한다. 하지만 이러한 현실적 이주와 탈경계는 종종 자본주의적 경제 체제의 주체로서 호명되는 데까지는 이르지 못했다.

---

18) 김윤식, 《속음청사》, 광무 3년(1899년) 8월 29일.
19) 양홍식·오태용, 《제주향토기》, 프린트본, 1958; 박찬식, 앞의 글에서 재인용.
20) 박찬식, 앞의 글, 152쪽.

그것은 그들의 경제 활동이 식민지 경제 체제라는 한계, 그리고 경제 구조 안에서의 여성 노동자로서의 위계가 동시에 작용하고 있었기 때문이다. 앞서 인용했던 1913년 매일신보 기사는 1912년 일어났던 울산 소요 사건의 결과를 소개하고 있다. 즉 출가 해녀들이 지방 어민과의 분쟁을 겪으면서 그 지역 어업조합에 입어료를 주지 않으면 어업활동을 할 수 없었던 사정이 담겨 있는 것이다.[21]

해녀들의 경제 활동은 단순히 식민지적 수탈이라는 구조 속에서 이뤄진 것이 아니다. 해녀들은 자신들이 채취한 해조류를 객주에게 판매하였다. 하지만 이 객주들은 채취량과 가격을 속이기도 하였고 출가 해녀를 모집하는 과정에서 고리의 선수금을 주고 사실상 노동력 착취나 다름없는 횡포를 부리기도 했다.[22] 박찬식에 따르면 객주들은 일본인 상인들과 관련을 맺고 있었다. 해녀들의 생산물을 객주들이 일본인 조합에 판매하는 행위만 있었던 것이 아니다. 이와 같은 사실을 잘 보여주는 것이 동아일보 1920년 4월 22일자 기사이다. 당시 기사에는 '가련한 해녀의 운명-죽도록 애써서 잡놈만 살찌워 보호할 방책에 성의 없는 당국'이라는 제목으로 해녀들의 상시적 수탈을 자세하게 소개하고 있다.

조선에서 가장 큰 섬이오, 가장 남쪽에 있는 제주도는 어린 아해들까지라도 모르는 이가 없거니와 그 섬에서는 거의 바다의 소산으로 생애를 삼으며 특별히 그곳에서는 사나이보다 여자가 많이 활동

---

21) 강대원, 《제주잠수권익투쟁사》, 제주문화, 2001 참조.
22) 박찬식, 앞의 글, 153쪽.

하여 물 속에도 들어가고 멀리 본토로 장사도 다닌다함은 우리가 이미 들은 지 오래이며 해녀의 활동으로 생산하는 돈이 일년에 수백만 원에 달한다고 한다. 그런데 이와 같이 매년에 바다에 나가서 해조류와 어물을 잡는 여자의 수효는 만여명에 달하고 그 중에 매년 사월부터 구월까지 부산, 울산 등지에 나아가서 활동하는 여자의 수효가 사천명 이상이나 되며 6~7장 이상이나 물 속으로 들어가서 전복과 기타 해조를 따내는 동시에 여러 가지로 바다 속의 발견도 많이 하였다. 그런데 이네의 수입은 한 사람이 평균 300원 값어치를 생산함으로 사천 명의 총 수입은 실로 120만원의 큰 돈을 생산하여 실로 조선 수산계에 적지 않은 숫자를 차지할 뿐만 아니라 적게 말하면 그네의 활동은 제주도의 생명이오, 다시 말하면 조선 산업계에 중대한 현상이다. 그러나 해녀의 생활을 자세히 들여다보면 매우 비참한 일이 많이 있다. 해녀가 부산 등지에 나아오면 물상객주(物商客主)에게 의지하여 4~5삭 동안을 유숙도 하고 돈도 꾸어 쓰는 터인데 소위 물상객주라는 자들의 교활한 농락으로 말미암아 해녀들은 반년동안이나 부모와 자식을 이별하고 고향을 떠나 멀리멀리 바다를 건너와서 뜨거운 볕 햇살을 태워가며 벌어 놓은 돈을 거의 다 소비하고 고향으로 돌아갈 때에는 도리어 객주에게 빚을 더 얻어쓰고 빈 손만 쥐고 돌아가게 될 비참한 운명에 있다. **23)**

기사에는 출가 해녀들의 현실을 비교적 상세하게 소개하고 있다.

---

23) 동아일보, 1920년 4월 22일.

출가 해녀들의 숫자가 1만여 명에 이르고 그들의 평균 출가 기간이 6개월 정도라는 사실을 확인할 수 있다. 하지만 이러한 출가 해녀들이 자신의 경제적 활동에 따른 정당한 대가를 받았던 것은 아니었다. 이른바 '물상객주'들의 농간 때문에 빈 손으로 제주에 오거나 심지어 더 큰 빚을 지는 것이 당시의 현실이었다. 그렇다면 해녀들의 노동력 착취에 앞장섰던 물상객주들은 누구인가. 다시 기사 내용으로 돌아가 보자.

> 소위 물상객주라는 사람들은 거의 다 제주도 사람이오, 해녀의 남편 노릇 하던 사람이 많으니 그들은 해녀를 다섯 명만 거느리게 되면 곧 왜채(倭債)라도 아무 보증도 없이 내일 수가 있게 된 형편이 있으니 일본사람들은 객주에게 돈을 취하여 주고 물건을 헐하게 가져가는 맛에 해녀의 객주라 하면 금송아지를 가진 사람보다도 더 믿고 돈을 주게 되었다. 해녀들은 이와 같이 반부랑자가 다 된 객주에게 돈을 얻어쓰고 나중에 셈은 물건으로 하는 것이 예투인데 교활한 객주와 일본 사람들은 어떠한 농락을 하였던지 실상 백근되는 물건을 구십근만 회계하는 버릇을 만들고 (하략)**24)**

해녀들의 상시적 착취에 앞장섰던 사람들은 바로 제주의 남성들이었다. 객주로서의 거간꾼 노릇을 하면서 여성인 해녀의 노동력을 수탈하는 주체로 지역 남성의 존재가 언급되고 있다. 하지만 지금까지

---

24) 동아일보, 1920년 4월 22일.

해녀 연구에서 이러한 젠더적 위계에 의한 수탈 관계가 직접적으로 언급된 적은 없다. 오히려 출가 해녀들의 비참한 생활상을 접한 제주도의 유지들이 출가 해녀 보호를 위해 제주도해녀어업조합을 결성하였다는 부분을 보다 중요하게 언급하고 있다.[25]

물상객주들의 일상적 착취와 이를 개선하기 위해 제주 유지들이 해녀어업조합 결성에 나섰다는 두 개의 사실 중에서 그동안 해녀 권익 보호에 나선 지역 내부의 움직임에만 주목하였던 것이다. 보다 면밀한 연구가 필요한 부분이겠지만 1932년 해녀 항일운동을 일제에 저항했던 민족적 항거로 바라보고 있는 부분도 이와 같은 지역 내부의 젠더적 위계, 그리고 그로 인해 발생한 권력의 문제와 연관시켜 살펴볼 필요가 있다.

이처럼 해녀를 바라보는 시선은 그들을 경제적 주체이자 수탈의 대상으로, 보호해야 할 존재로 여기면서 확대, 재생산되었다. 이러한 관점은 식민지 시기 지속적으로 확산되어 왔는데 1937년 중일전쟁 이후 해녀 표상은 다른 양상으로 변모한다. 일단 다음 기사를 살펴보자.

바다의 기념일을 앞두고.

푸른 물결이 깨여져 어른거리는 포말을 날리는 바위 위에 해녀는 서 있다. 검정 속옷에(潛水服) 수건으로 머리를 질끈 동여매고 눈(潛水鏡)을 쓴 해녀의 한 손에는 녹슬은 '빗창'이 들려 있고 허리춤에는 해저와의 일전을 개시하려는 직전 무사처럼 무장을 갖춘 해녀의 입

---

25) 출가 해녀 조합 결성 관련 내용도 앞서 살펴본 동아일보 기사에서 등장한다.

모습에 바다처럼 젊은 웃음이 떠돌았다. 그리고는 어깨 너머로 둘러맨 두루박과 그물망태가 허공을 갈기고 물 위에 떨어진다. 검붉은 해녀의 육탄은 바다 속으로 뛰여들었다. 심산유곡에 온듯, 푸른 섬 속도 해면도 '코발트' 빛 하늘도 모두 정적에 지친 한낮- 지금, 짝을 부르는 사슴떼의 울음과도 같은 해녀들의 휘파람 소리만 바람이 일 듯 수없이 합주되어 들려오고 있다. 다도해의 중심이 된 완도는 요즈음 고등어 도미 멸치 생북잡이가 한창이라 해녀들도 생북 소라를 찾어 여기에 모여든다. 태평양의 섬덩이들이 황국홍망의 결전장이 되어 있다면 이 곳의 적고 큰 섬덩이들도 이 전쟁을 승리에로 밀고 나가는 전력의 추진기지라 아니할 수 없다. 이 섬 이 바다를 지키는 자 해녀의 씩씩한 모습은 그대로 해국 여성의 상징-만리의 파도 넘어 남편을 오빠를 제일선에 내보내고 감연히 '바다의 전력증강'에 분투하는 해녀들의 정렬에 찬 노래 소리는 오늘도 조류를 타고 그들 남편과 오빠의 결전장으로 힘차게 흘러가 있다. **26)**

이 기사는 '완도에서 최금동 발'이라고 기자의 이름이 분명하게 드러나 있다. 총력전 이후 미디어에서 자주 확인할 수 있듯이 여기에서 해녀는 '총후 여성'의 표상으로 그려지고 있다. 일상적 착취와 수탈로 인해 비참한 생활을 해야 하는 불우한 여성의 모습은 전장에서 싸우는 병사를 격려하는 강인한 신체를 지닌 여성으로 탈바꿈한다. 이러한 변화의 양상은 식민지 시기 해녀 표상이 당대의 욕망, 특히 남성적

---

26) 매일신보 1944년 7월 19일.

욕망이 발견한 시각적 폭력에 의해 재현된 것이라는 점을 보여준다. 이는 현기영이 《바람 타는 섬》에서 해녀의 공동체 의식과 상생의 정신을 그려내는 것과 비교한다면 지금 우리의 상상 속에 자리 잡은 해녀의 이미지, 이를테면 강인한 여성, 모성성의 존재로서의 해녀 표상이 만들어진 상상의 산물이라는 점을 보여준다.

> 깊은 물일수록 좋은 미역이 많은지라 잠녀들은 어느 한쪽에 몰리지 않고 나이나 능력에 따라 얕은 데서 멀리 깊은 데까지 골고루 바다 위에 퍼져 작업했다. 가깝고 얕은 데는 예순 넘은 할머니들이나 열서너 살짜리 아기 잠녀들의 몫이고 멀고 깊은 데는 숨이 길고 자맥질 잘하는 상군 잠녀들의 몫이었다. 이날뿐만 아니라 평소에도 상군 잠녀가 '할망바당'(할머니바다)에 들어 물질하는 것은 철저한 금기로 삼았다. 일흔 살 가깝도록 물질을 놓지 못하는 것이 잠녀들의 생활인지라 기운 없는 할머니들을 위해 얕은 물에다 '할망바당'을 따로 마련해 놓은 것이었다. **27)**

1932년 해녀 항일항쟁을 다루고 있는 《바람 타는 섬》에서는 해녀들의 공동체 문화에 대한 언급이 상세하게 나타나 있다. 이러한 언급은 1960년대 제주 지역의 미디어에서도 드러나지 않는 부분들이다. 제주해녀박물관에서 펴낸 자료를 살펴보더라도 이 당시 지역 미디어의 해녀 관련 기사들은 대부분 어업권 등 경제적 측면에서의 관심에서

---

27) 현기영, 《바람 타는 섬》, 창작과비평, 46~47쪽.

촉발되었다. 해녀가 지니고 있는 공동체적 상생과 더불어 사는 삶의 가치에 대한 관심은 논외의 대상이었다.

신화화되고 있는 제주 해녀

제주 해녀는 고정된 실체가 아니라 시대의 욕망에 의해 새롭게 발견되고 해석되었다. 제주 해녀는 지역의 근대화 과정에서 대두된 새로운 집단이라는 점에서 근대 이전의 잠수, 잠녀와는 구별된다.

제주 해녀에 대한 신화적 접근은 갈수록 고령화되고 있는 제주 해녀와 해녀 문화의 현재적 단절의 대안이 되기 힘들다. 오히려 신화화되고 박제화된 해녀 표상의 문제를 지적하고 이를 반성함으로써 제주 해녀와 해녀 문화의 창조적 계승이라는 과제에 부응할 수 있을 것이다. 해녀와 해녀 문화를 고정된 실체가 아니라 유동하는 존재로, 창조적이고 역동적인 대상으로 인식하는 것은 그동안 제주 해녀에 대한 스테레오 타입의 인식의 한계를 돌파하기 위한 하나의 방법이 될 것이다.

이러한 관점의 전환은 제주 해녀를 통해 지역의 로컬리티가 인식되는 과정을 살펴보는 작업이 될 것이라는 믿음 때문이다. 제주 해녀라는 제주적 특성이 지역 내외부에서 발견되는 양상에 주목함으로써 제주 해녀를 매개로 제주라는 지역이 발견되는 양상, 즉 지역 로컬리티 인식의 과정을 살피는 데 도움이 될 수 있을 것이다.

1964년 작 영화 〈해녀〉가
드러내고 있는 것과 감추고 있는 것

〈해녀〉와 〈해녀〉 이후

1964년 신필림은 영화 〈해녀〉를 제작, 상영했다. 〈해녀〉는 당시 영화 제작 관행으로서는 이례적으로 제주 현지 촬영 방식으로 제작되었다. 〈해녀〉의 감독은 60년대 멜로드라마를 주로 만들었던 박영환이었고 각본은 전범성이 맡았다.[1] 제작을 맡은 신필림의 대표는 신상옥이었다.[2] 당대 최고의 제작사와 최은희, 최지희, 박노식, 허장강 등 인기 배우들

---

1) 박영환은 1922년생으로 원래는 촬영기사 출신이었다. 그의 감독 데뷔작은 〈촌색시〉(1958년)였다. 대표작은 한국전쟁을 소재로 한 〈이별의 종착역〉(1960년)이다. 이 영화에는 당대 최고 인기 배우였던 최무룡, 조미령, 김승호가 출연하였다. 각본을 맡은 전범성은 1929년생으로 1956년 경향신문 장편소설 현상공모에 《탄착점》이 당선되면서 작가의 길을 걸었다. 1959년 이봉래 감독과 함께 영화 〈행복의 조건〉을 작업하면서 시나리오 작가로 입문한다. 김종원 외, 《한국영화감독사전》, 국학자료원, 2004, 박영환·전범성 편 참조.

이 출연하는 〈해녀〉 제작 소식은 지역의 관심을 끌기에 충분했다.

〈해녀〉 촬영을 위해 제작진과 출연진들이 제주를 찾은 것은 1964
년 6월 4일이었다. 이들의 내도를 신문은 "대통령 부럽지 않은 시민
의 다정한 환영"이었다고 보도했다. 배우들을 만난 기자가 출연 배우
중 한 명인 최지희의 부친이 제주 사람이라는 소문이 한창이라고 말
하고 있다는 것으로 미뤄본다면 제주 지역에서 〈해녀〉에 대한 관심
이 어느 정도였는지 짐작할 수 있다.**3)** 또한 제주도청 공보과는 해녀
제작진과 제주 지역의 문화계 인사들이 참석한 좌담회를 개최하기도
하였다.**4)**

〈해녀〉에 대한 지역의 관심은 '해녀'를 영화 소재로 삼았다는 것에
그치지 않았다. 영화제작이 제주에서 촬영된다는 사실뿐만 아니라
영화를 통해 제주에 '관광 붐'이 조성될 것이라는 기대감도 있었다.**5)**

---

2) 신상옥은 1950년대 후반부터 1960년대까지 한국영화계를 주도했던 인물이다. 그
   가 설립한 신필림은 영화제작에 기업화를 도입하고 해외합작을 추진하였다. 1960
   년대 신필림은 한국영화의 30%를 제작하며 한국영화의 부흥기를 이끌었다. 박유
   하, 〈스펙터클과 독재-신상옥 영화론〉, 《영화연구》 49호, 2011. 9. 93쪽.

3) 《제주신문》, 1964. 6. 6.

4) 〈영화 〈해녀〉의 주변담〉, 《제주도》 제15호, 1964. 7. 68~76쪽.

5) 〈해녀〉 제작 당시의 신문은 제주에서의 첫 현지 촬영이라고 전하고 있다. 하지만
   〈해녀〉 촬영 당시 제주를 찾은 배우 전옥의 증언에 따르면 제주에서 촬영된 영화는
   〈해녀〉가 처음이 아니다. 전옥은 30년 전에도 제주에서 촬영된 영화가 있다고 말하
   고 있다. 전옥은 이를 이월화가 주연한 〈해연(海燕)의 비곡(悲曲)〉이라고 밝히고
   있지만 영화의 정확한 제목은 '해의 비곡'이다. 조선키네마 주식회사가 제작한 이
   영화는 제주 여인과 서울에서 내려온 오빠 친구와의 이루어질 수 없는 사랑을 다루
   고 있다. 감독은 일본인 왕필럴이다. (본명은 다카사 간조우(高佐貫長)) 《제주신
   문》, 1964. 6. 6. ; 《동아일보》, 1925. 1. 1. 〈조선의 극계〉 참조.

〈해녀〉 제작진과 함께한 좌담회에서 사회를 맡은 이치근(도청 공보과)은 관광개발의 붐이 일고 있는 시기에 영화 〈해녀〉가 제주지역에서 촬영되고 있다는 점에 주목한다. 당시 좌담회에서 중요하게 논의되었던 것도 바로 영화 상영이 가져올 경제적 효과에 대한 관심이었다.

그런데 막상 영화가 개봉되자 관심은 비판의 목소리로 바뀐다. "꼭 믿었던 애인에게서 보기 좋게 당한 것 같은 느낌"이라며 〈해녀〉를 "생활 없는 여행 해녀(旅行海女)"라고 강도 높게 비판한다.**6)** 이는 영화가 '해녀'를 다루는 방식에 대한 반응이었다. '해녀'에 대한 리얼리티의 부족을 비판하고 있는 데에서도 알 수 있듯이 〈해녀〉에 대한 반응은 개봉 전후로 극명하게 갈린다. 이러한 인식의 차이는 어디에서 비롯되는가. 〈해녀〉가 그리고 있는 '해녀'의 모습이 어떻기에 이처럼 불만을 토로하였는가. 이 글은 이러한 물음을 시작으로 논의를 전개하고자 한다.

〈해녀〉에 나타난 '해녀'의 표상과 이에 대한 지역의 반응을 살펴보는 것이 이것이 1960년대 제주 로컬리티 인식을 보여주는 텍스트라는 판단 때문이다. 1962년 수립된 제1차 종합개발계획과 이로 인한 지역에서의 개발에 대한 기대감은 역설적으로 '제주적인 것'에 대한 관심으로 표출되었다. 특수성에 대한 자각이 위로부터의 개발이라는 강요된 선택에 대한 대응적 차원에서 이뤄졌고 이러한 중심의 포획과 대결하는 로컬리티의 배태가 중앙으로부터의 승인이라는 한계 속에

---

6) 《제주신문》, 1964. 8. 23.

서 성장했다는 사실을 염두에 둘 때[7] 〈해녀〉는 로컬리티를 둘러싼 지역 내외부의 긴장 관계를 보여주는 텍스트라고 할 수 있다.[8]

이를 위해 여기에서는 〈해녀〉의 오리지널과 검열본 시나리오의 내용을 우선 검토하고 작품에 나타난 '해녀' 표상의 구현 방식을 살펴볼 것이다. 또한 이렇게 구현된 '해녀' 표상을 지역에서 어떠한 방식으로 받아들였는지를 확인하고자 한다.[9]

---

7) 김동현, 〈로컬리티의 발견과 내부식민지로서의 '제주'〉, 국민대학교 박사학위논문, 2013, 64~65쪽.

8) 〈해녀〉의 상영본은 현재 확인할 수 없다. 1960년대 상영된 영화들의 상영본이 다른 영화를 제작하기 위해 재활용되기도 했다는 점을 감안한다면 〈해녀〉 상영본도 비슷한 이유로 사라졌을 것으로 추정된다. 여기에서는 오리지널 시나리오와 검열본 시나리오를 중심으로 논의를 전개한다. 인용할 경우는 오리지널과 검열본으로 나누고 신 넘버와 쪽수를 명기한다.

9) 여기에서는 전제할 것은 '해녀'가 단일하고 균질한 대상이 아니라 외부와 지역의 주체에 의해 상상적으로 구현된 상상의 산물이라는 점이다. 지역의 특수성을 상상하는 외부와 지역의 방식은 서로 다르다. 로컬리티가 결국 로컬을 욕망하는 자에 의해 발견되는 하나의 양상이라는 점을 염두에 둔다면 '해녀' 표상 역시 선험적으로 지역에 주어진 것이 아니다. 그것은 오히려 지역과 외부의 시선이 첨예하게 대립하는, 외부-주체와 지역-주체의 미학적 실천의 과정에서 형성된 것이라고 할 수 있다. 랑시에르는 예술의 영역에서 미학과 정치의 연관성을 논의하면서 감성의 분할이라는 용어를 사용하고 있다. 그는 사회체계와 규범이 감성의 분할을 만들어내며 이는 말할 수 있는 자와 말할 수 없는 자, 즉 참여/비참여를 구분하는 하나의 체계로서 작동한다고 한다. 이러한 감성의 분할을 감성의 재분할 과정을 통해 구획된 두 경계를 허무는 것이며 이는 미학의 정치성의 문제라고 이야기하고 있다. 여기에서는 랑시에르의 논의를 참고로 하여 '해녀' 표상이 상상적으로 구현된 상상의 산물이며 상상적 산물의 투쟁과정에서 표출된 것이라는 점에 착안하여 지역 내부와 외부에서 각각 상상적으로 구현한 해녀의 표상을 둘러싼 긴장 관계를 드러내고자 한다.

〈해녀〉의 오리지널과 검열본 시나리오

〈해녀〉의 필름은 현재 확인할 수 없다. 확인 가능한 것은 오리지널 시나리오와 검열본 시나리오뿐이다. 영화 상영본을 검토할 수 없다는 점은 이 글의 한계가 될 것이다. 이러한 한계에도 불구하고 오리지널과 검열본 시나리오를 검토함으로써 미흡하나마 1960년대 '제주'는 특수성이 어떠한 방식으로 호명되었고 상상적으로 구현되었는지 살펴볼 수 있을 것이다. 우선 두 개의 시나리오를 검토해보도록 하자.

오리지널과 검열본 시나리오는 다음의 표에서도 확인할 수 있듯이 등장 인물의 이름과 인물 관계, 구성 등에서 차이가 있다.

〈표 1〉 오리지널 시나리오

등장 인물	직업	주요 인물과의 관계
고을례	24세·해녀	제주에 온 가짜 대학원생 이종선과 사랑에 빠진다. 이종선이 부모님에게 결혼 허락을 맡기 위해 서울로 떠난 후 소식이 끊어지자 서울로 향한다. 서울에서 춘화라는 가명으로 기생 일을 하지만, 서울 생활에 지쳐 섬으로 돌아온다.
고정례	22세·해녀	을례의 동생. 섬을 떠나서 살기를 욕망한다. 밀수업을 하는 박상철과 함께 섬을 떠나려고 하다가 을례의 목숨을 건 만류로 섬에 남게 된다.

랑시에르, 오윤성 역, 《감성의 분할》, 도서출판b, 2012.; 랑시에르, 유재홍 역, 《문학의 정치》, 인간사랑, 2011 참조.

등장 인물	직업	주요 인물과의 관계
고갑생	29세·어부	올례와 정례의 오빠. 태풍으로 가지고 있던 배가 큰 피해를 입는다. 어선 융자를 빌려준다는 명목으로 정례를 어업조합장에게 시집 보낼 것을 종용하는 한 영감의 제안을 받고 고민에 빠진다. 박상철과는 군대 동료.
권재열	26세·어부	분이의 오빠. 올례와 정례 사이에서 갈등하는 인물. 한때 섬을 떠나 생활했으나 육지 생활에 만족하지 못하고 되돌아왔다. 섬사람의 육지에 대한 동경을 허영심 때문이라고 인식한다.
안창복	27세·어부	재열의 동료.
박상철	28세·밀수업	호색한. 갑생의 친구. 제주와 목포를 오가며 밀수업을 하는 인물. 제주로 가던 중 배 안에서 우연히 올례를 만나 수작을 부린다. 제주에서 정례를 만나서는 정례에게 청혼을 하고 함께 육지로 가자고 유혹한다.
장준호	24세·상철의 하수인	별명 꼬마. 상철과 함께 밀수업을 한다.
이종선	26세·가짜 대학원생	서울에서 내려온 부잣집 대학원생으로 속이고 올례에게 접근한다. 올례에게 결혼을 약속하지만 서울로 떠난 후 소식을 끊어버린다.
점순	22세·댄서	장준호와 동거하는 여인. 피난 시절에 제주에서 지냈고 정례와는 중학교 동창. 상철과 준호의 비밀을 알고 있는 인물.
양노인	67세·올례의 어머니	양노인과 갑생에게 정례를 어업조합장 아들의 후처 자리로 들일 것을 주선하는 인물.
기타		한영감(47세·진주호 선장), 분이(24세·해녀), 옥실(30세·해녀), 부씨(60세·해녀회장), 해녀 A·B·C, 대폿집 아주머니, 김마담(요정 주인), 향미(기생)

욕망의 섬, 비통의 언어

등장 인물	직업	주요 인물과의 관계
경희	해녀	섬을 떠났다가 4년 만에 귀향한다. 복녀의 집에 잠시 몸을 맡긴다.
복녀	해녀·경희의 친구	봉춘에게 연정을 품고 있다. 봉춘이 경희에게 마음을 준 사실을 알고는 경희와 크게 다툰다.
옥희	해녀	경희의 친구이나 서울에서 돌아온 경희를 시샘하는 인물.
봉춘	어부	복녀와의 혼인 제안을 거절하고 서울에서 돌아온 경희에게 마음을 준다. 경희의 과거를 알고도 여전히 경희를 사랑한다.
원삼	어업조합장	어항의 권력자. 봉춘에게 자신의 조카인 복녀와 혼인할 것을 권유한다. 봉춘이가 경희와 결혼하겠다고 하자 봉춘이를 자신의 배에서 일하지 못하게 한다.
꼬마	건달	서울에서 경희를 앞세워 돈벌이를 했던 인물. 서울로 돌아가자는 제안을 경희가 거절하자 경희의 나체사진을 마을에 돌린다.
잠바	꼬마의 하수인	꼬마와 함께 원삼의 사무실 금고를 훔치기로 모의한다.
기타	금식(어부·복녀의 동생), 순이(해녀·봉춘의 동생), 외인 ㄱ·ㄴ, 마나님, 해녀 조장, 사장, 동리여자 ㄱ·ㄴ·ㄷ	

오리지널 시나리오는 잠수복 차림의 해녀들이 오돌또기 민요를 부르며 노를 저어 가는 장면에서 시작한다. 신 1에서부터 신 12까지, 신 9의 진주호 선상 장면을 제외하면 수중과 수면을 오가며 작업을 하는 해녀들의 모습이 그려지고 있다. 신 11에서 신 14까지 귀향하는 을례와 상철의 우연한 만남이 이어지는 연락선 장면과 신 61부터 신 71까

지 서울에서 기생으로 일했던 을례의 회상 장면을 제외하면 117신 모두 제주를 배경으로 하고 있다.

오리지널 시나리오에서 드러난 구체적 장소들은 제주항, 천제연 폭포, 소정방 폭포, 정방 폭포, 천지연 폭포, 안덕 계곡, 송당 목장, 토끼섬, 용머리 등이다. 제주 전 지역을 영화의 배경으로 삼았다는 것을 확인할 수 있다. '해녀'의 수중 작업과 제주를 배경으로 촬영했다는 점은 〈해녀〉가 개봉되었을 당시 중요한 홍보 전략으로 작용하기도 하였다. 경향신문에 실린 광고에는 "제주 올 로케 감행", "수중 특수촬영 성공"이라는 문구가 강조됐다.

이와 같이 〈해녀〉는 지역을 구체적 배경으로 하고 있으나 그것이 장소성에 대한 본질적 접근이라고는 보기 힘들다. 이러한 공간의 배치는 등장인물과 구체적 사건과의 필연적 관계에서 등장하기보다는 단순한 배경으로만 구현되고 있다. 안덕 계곡과 송당 목장, 토끼섬 등은 상철이 감언이설로 정례를 유혹할 때 함께 유람하는 곳들로 등장한다. 정례는 이들 장소를 돌아다니며 "제주에 살면서도 미처 보지 못한 곳들"이라고 말한다. 상철과 정례의 이 같은 태도는 장소를 로컬의 특수성과 역사성이 녹아 있는 구체적이며 상대적인 장소들로 인식하기보다는 관광적 시선(이러한 관광적 시선은 종종 위계의 시선을 동반한다.)으로 일관하고 있다. 이러한 점에서 〈해녀〉는 장소성에 대한 무감각과 무이해로 일관하고 있다고 할 수 있다.[10] 이는 〈해녀〉가 개봉되었을

---

10) 에드워드 렐프, 《장소와 장소상실》, 논형, 2005, 188쪽 참조. 렐프는 장소에 대한 진정하지 못한 태도는 장소감이 아니라, 장소성에 대한 무이해라고 강하게 비판했다.

욕망의 섬, 비통의 언어

<그림 1> 경향신문에 실린 〈해녀〉 광고

때 '해녀'로 상징되는 '제주적인 것'에 대한 지역 내부의 불편한 감각을 예비하는 것이라고도 볼 수 있을 것이다. 오리지널 시나리오가 구체적 장소들을 등장시키고 있는 데 비해 검열본 시나리오는 구체적 장소를 등장시키고 있지 않다. 이러한 점을 염두에 두더라도 오리지널 시나리오의 배경들이 필연적 이유에서가 아니라 편의적인 선택에 의해 촬영되었다는 사실을 알 수 있다.

오리지널과 검열본 시나리오는 고향에 돌아온 전직 해녀(을례/경희)가 해녀로서의 삶을 살기로 결심한다는 점에서 동일하다. 하지만 오리지널에서는 육지를 동경하는 또 다른 인물인 정례가 등장하지만, 검열본에서는 육지를 동경하는 인물이 등장하지 않는다. 오리지널에서는 을례가 육지의 삶을 동경하는 정례와의 갈등이 주를 이루지만 검열본에서는 봉춘을 사이에 두고 경희를 질투하는 복녀의 질투심이 극을 이끌어 간다.

정례	언닌 아무것두 모르면 가만 있어요.
을례	아무것두 모르는 언니로 생각하구 이 언니 얘기를 좀 더 들어봐! 육지를 동경하는 마음은 지금의 너보다두 그전의 내가 훨씬 더 했을 거야! 그랬기 때문에 나는 집까지 뒤쳐나갔어. 그러나 역시 내가 체험한 육지는 이 섬만 못했어.
정례	(두 귀를 막고) 듣기 싫어. 듣기 싫어!
을례	……
정례	내가 육지를 동경하는 것은 좀 달라요. 언니의 동경은 그저 막연한 것이였기 때문에 허영에 지나지 않았어! 하지만 내 경우는 그 동경 속에 내 일을 원한 꿈이 깃들어 있는 거예요!

(오리지널, #87, 99~100쪽)

상철과 함께 육지행을 결심한 정례가 을례와 다투는 이 대목에서 을례는 자신의 육지 생활의 경험을 들어 정례의 육지행을 만류한다. 하지만 정례는 '취직'과 '사랑'이라는 자신의 욕망을 내세우며 육지행을 고집한다. 이러한 갈등 구조는 '섬'에 대한 인식의 차이에 기인한 것이다. 을례에게 '섬'은 만신창이가 되어 내려온, 상처받은 육신을 의탁할 수 있는 곳이지만 정례에게 '섬'은 마음에도 없는 사람과 결혼을 해야 하는 억압의 공간이다. 이에 비해 검열본에서는 봉춘이 경희에 대해 연정을 품고 있다는 사실을 안 복녀가 경희에게 다시 육지로 돌아갈 것을 강요한다. 복녀에게 경희는 섬에서의 생활을 방해하는 훼방꾼이며, 안정적인 생활에 균열을 가져오는 이질적인 존재이다.

복녀	너 이대루 서울로 돌아가 줘!
경희	……
복녀	나는 봉춘씨를 생각해서 하는 소리야. 너두 내가 말하는 것을 알아듣겠지.

경희 말없이 걷기 시작한다.

그 얼굴은 비통하다.

복녀	(따라가) 단념하기 어려우리라고는 나도 잘 알구 있어… 허지만… 허지만… 나두
경희	복녀야. 나는 봉춘씨와 헤어져야 된다면 아예 죽는 것이 낫겠어…
복녀	……
경희	서울에서의 생활에서 꿈도 희망도 모두 다 잃어버린 내가 겨우 발견한 것이 단 하나의 산 보람 바로 그것이 봉춘씨야… 복녀가 하는 얘기도 잘 알어! 나두 처음엔 그렇게 생각했었어. 그러나 지금은 안돼. 난 봉춘씨와 헤어질 수가 없어 헤어진다면 죽는 때야…

복녀 풀없이 고개를 수그리고 듣고 있다.

그 손이 부들부들 떤다.

돌연히 비통하게 외친다.

복녀	나두 단념 못하겠어, 경희! 부탁이야 너만 없다면 봉춘의 마음이 달라질 거야. 제발 내게 봉춘씨를 돌려 줘! 웅 돌려줘!
경희	복녀한테 미안하게 생각해 허지만 이것만은.
복녀	부탁이야! 빌께, 경희.

경희	복녀 용서해 줘.

(검열본, #100, 29~30쪽)

경희와 복녀와의 갈등은 극 후반에 극적인 방식으로 표출된다. 질투심에 사로잡힌 복녀는 동생인 금식이 어업조합장에게 빌린 엽총을 훔친다. 복녀는 밤바다에서 헤엄을 치고 있던 경희를 조준, 사격하고 경희는 총상을 입고 쓰러진다. 질투는 복녀를 극단적 선택으로 몰고 갔다. 치정으로 치닫던 결말은 금식이 이 사실을 알게 되고 이후 어업조합장의 금고를 노리고 강도짓을 했던 꼬마 일당이 경희를 발견하면서 복잡하게 전개된다.

금식은 복녀에게 해녀의 친구는 부모형제보다 소중한 존재라고 말하며 누나에게 해녀의 자격이 없다고 비난한다. 금식의 비난에 뒤늦게 후회를 한 복녀는 해변으로 뛰어가고 마침 꼬마에게 잡혀 서울로 함께 갈 것을 강요당하는 경희를 발견한다. 복녀는 경희를 구하러 뛰어가고 이 광경을 보고 있던 꼬마 일당 중 한 명인 잠바가 가지고 있던 권총을 발사한다. 총을 맞은 복녀는 사망하고 꼬마 일당은 뒤늦게 달려온 봉춘과 순사들에게 잡힌다.

질투에 사로잡혀 친구를 살해하려 한 복녀가 해녀의 정체성을 각성하고 결국 죽음에 이른다는 설정은 다분히 작위적이다. 복녀가 죽어가면서 "해녀란 어떤 괴로움이 닥쳐오더라도 절대로 울지 않는 거래."라고 하면서 숨을 거두는 장면 역시 생경한 결말이라고 할 수 있다. 이에 비해 오리지널은 정례를 지키기 위해 을례가 상철을 구멍 난 배에 태우고 스스로 죽음을 선택하면서 정례의 육지행을 막는 것으로 끝이 난다.

상영본을 확인할 수 없어서 두 시나리오의 어떤 장면이 실제 영화에 반영되었는가는 알 수 없다. 다만 〈해녀〉가 개봉된 이후 보도된 영화 리뷰를 살펴볼 때 오리지널 시나리오가 실제 영화 촬영 과정에 상당 부분 반영됐을 것으로 추정할 수 있다.

〈해녀〉는 당시 인기 배우들과 새로운 촬영기법, 그리고 '제주'라는 장소를 강조한 홍보 전략, 무엇보다 당대 최고의 제작사인 신필림이 제작한다는 사실만으로도 지역의 관심을 끌기에 충분했다. 영화 촬영이 한창 진행되고 있을 당시 〈각본으로 본 영화 해녀〉라는 기사가 실렸다는 사실은 지역에서의 관심이 어느 정도였는지를 보여준다.[11]

'관능'과 '야만', 창조된 '해녀' 표상

등장인물과 구체적 갈등구조의 차이에도 불구하고 오리지널과 검열본 시나리오 모두 섬을 탈출하고자 하는 해녀들의 욕망과 좌절을 다루고 있다. 오리지널 시나리오가 육지에 대한 동경을 '서울 남자'라는 외부의 자극에 의해 촉발된 사건으로 본다면 검열본은 육지의 경험을 간직한 귀향자를 내세워 육지/섬의 관계망을 설정하고 있다는 점이 다를 뿐이다. 세부적인 사건의 차이에도 불구하고 두 시나리오는 외부의 시선이 '해녀'를 상상적으로 재구현하는 방식을 보여준다.

---

11) 《제주신문》, 1964. 6. 20.

오리지널과 검열본 시나리오에서 확인할 수 있는 것은 관능과 위계의 시선이다. 두 시나리오는 모두 해녀의 작업 모습을 첫 장면으로 선택하고 있고 해녀의 수중 작업을 비교적 생생하게 묘사하고 있다. 여기에서 해녀들은 관능 혹은 관음의 존재로 대상화되고 있다.

> 바다 속
> <u>나란히 스며드는 균형이 잡힌 나체.</u>
> 해초가 흔들거리는 틈을 빠져나가는
> <u>두 해녀의 몸이 신비스럽도록 아름답다.</u>
> (검열본, #20, 9쪽, 밑줄 인용자)

꼬마	디스 이즈 코리안 아가씨
외인 ㄱ	오- 원더풀, 벌거숭이…
	손뼉을 치며 좋아한다.
	해녀들은 사진 촬영에는 서두르지 않으나
	이런 일행은 처음이다.
	일동 외인을 선두로 들어온다.
	꼬마가 경희에게로 가까이 온다.
꼬마	해녀 아가씨. 한 장 찍게 해주세요.
경희	안돼요,
	하며 흘겨본다.
외인 ㄴ	아가씨 플리즈 픽처
복녀	오-케이
	하며 고함지르고 외인의 요구대로 바다를 빽으로 포즈를 취한다.

외인 ㄷ   아가씨 오픈 플리즈.

복녀 혀를 내민다. 외인들 눈이 휘둥그래진다. 딴데 서 순이 옥
희 경옥이와 카메라든 사람들 서로 다툰다.

(검열본, #42, 28쪽)

검열본 시나리오에서 경희와 복녀가 헤엄치는 장면은 '신비스럽고
아름다운 나체'로 묘사된다. 특히 검열본의 〈해녀사진촬영대회〉 장
면에서는 '해녀'가 관음의 대상이 되고 있음을 확인할 수 있다. '해녀
사진 촬영 회사'라는 완장을 두른 '꼬마'가 외국인들을 상대하면서 해
녀 사진을 찍는 장면에서는 이국의 우월적 시선이 전면에 등장한다.
외국인들이 해녀에게 입을 벌려보라고 말하는 것은 해녀를 타자화함
으로써 이국적 취향을 드러내고 남성적 판타지를 투사하는 것이라고
할 수 있다. 이러한 태도는 다분히 오리엔탈리즘적인 시선이다. 이 장
면에서는 외국인/육지인/해녀라는 식민지적 관계망이 드러나는 동시
에 남성/여성이라는 젠더적 위계도 드러난다. 이국, 특히 식민지를 적
극적으로 여성화함으로써 제국주의의 우월적 시선을 확인하려고 했
다는 점을 감안한다면 이러한 시선은 지역성을 발견하는 식민주의적
(무)의식을 보여준다.

여성성에 대한 과도한 관심은 〈해녀〉의 홍보 전략에서도 확인할 수
있다. 당시 신문 광고는 "올해의 삼복피서는 남제주도에서, 구리빛 아
가씨들의 반라의 곡선미"라는 자극적인 문구를 내세웠다. (〈그림 2〉 참조)

관능의 시선은 해녀를 발견하는 강력한 동기로 작용한다. 오리지널
시나리오의 경우, 호색한으로 그려지고 있는 상철은 줄곧 '해녀'를 욕
정의 대상으로 바라본다. 상철이 제주로 오는 연락선에서 을례를 처

〈그림 2〉 동아일보에 실린 〈해녀〉 광고

욕망의 섬, 비통의 언어

음 만나게 되는 것도, 정례를 유혹하겠다고 마음을 먹게 되는 계기 역시 '해녀'로 상징되는 섬-여성이 환기하는 관능 때문이다.

상철은 "거친 바다바람에 들썩인 블라우스" 때문에 을례에게 접근하며, 섬에서 정례를 처음 만났을 때 정례의 오빠 갑생을 앞에 두고서는 "큰 재산을 가졌다."면서 "몸의 균형이 꽉 잡혔"다고 말한다. 여성을 대상화하는 이러한 발화에 섬-남성은 적극적으로 반응하지 않는다. 육지-남성의 관능적 시선이 발산될 때 섬-남성은 마치 존재하지 않는 것처럼 그려진다. 갑생을 앞에 두고 상철이 정례에 대해 이야기할 때도 갑생은 그의 말을 대수롭지 않게 받아들인다. 육지-남성의 관능적 시선은 섬-남성의 존재를 의도적으로 배제하거나 무화시킴으로써 구현된다. 밀수업을 하는 준호와 상철이 나누는 다음의 대화를 보자.

준호 그럼 그 전에 그 비바릴 요절 내구 가야죠!

상철 암! 그런데 고집통머리가 세서 영 말을 들어먹어야지?

준호 한두 번 쓱싹하구 버리기엔 아까운 여자에요.

상철 그래서 육지루 끌구 나갈까해. 어차피 여기서는 친구에
      대한 체면두 있구.

(오리지널, #88, 102쪽)

이 둘의 대화는 이후의 장면에서 별다른 제재를 받지 않는다. 결과적으로 정례를 유혹해 섬을 빠져나가려는 상철의 시도가 좌절로 끝나는 것은 '섬-여성'인 을례의 목숨을 건 시도 때문이다. '섬-남성'의 존재가 부각되는 것은 육지에 대한 동경을 '허영'이라고 규정하는 대목에서이다.

재열	섬사람들의 막연한 육지에의 동경은 일종의 허영인거야. 지금 생각하면 내가 육지에 나간 것두 그런 허영에 지나지 않았어. 어떤 뚜렷한 목적이 있었던 게 아니었으니까! 그랬기 때문에 고작 남의 집 여관 보이루 있으면서 보람 없는 고생만 하다가 다시 이 고장으로 되돌아온 거야. 그래서 지금의 나는 내 잔뼈가 자란 저 바다를 지키며 저 바다에서 나의 살 길을 개척하리라 결심하구 있는 거야.

(오리지널, #22, 23쪽)

남자가 살기에는 섬이 너무 작다고 느끼지 않느냐는 정례의 질문에 재열은 "육지에의 동경은 일종의 허영"일 뿐이라고 말한다. 육지에 대한 동경을 '허영'이라고 규정하면서도 이들은 '섬-여성'이 섬을 떠나려는 행위에 개입하지 않는다. 을례가 가짜 대학원생 이종선에게 속아 섬을 떠날 때에도 재열은 을례에게 "꼭 가야만 되겠"느냐고 물으면서도 을례의 서울행을 적극적으로 만류하지 않는다. '섬-남성'이 '섬-여성'의 문제에 개입하는 것은 오히려 혼사 문제이다. 갑생은 을례가 혼인을 하지 않겠다고 하자 을례에게 병신이 아니냐고 따져 묻는다. 이 장면 이후 을례는 결국 서울행을 감행한다. 또한 갑생은 정례와의 혼인 문제에 대해서는 폭력적으로 개입하기도 한다. 다음 장면을 살펴보자.

갑생	그까짓 어부하고 결혼해서 뭘 해? 옥실이 못 봤어? 결혼한 지 삼년이 못 돼서 과부가 되어버린…
양노인	정례야 너의 언니 말이 참말이냐?
을례	어부라고 다 바다 귀신이 되나요?

갑생	넌 아가리 닥치고 있어!
정례	오빠 큰 소리에 은근히 약이 오른다.
정례	오빠! 제가 별안간 그렇게 주체스러워졌어요?
갑생	뭐?
정례	그렇지 뭐예요? 난데없는 혼인 얘길 꺼내 놓군 우격다짐 으로 큰소릴 치시니!
양노인	원 너두, 마땅한 자리가 나섰으니 그러는 게지. 아무려면 주체스러워 그렇겠니?
정례	(새침해 토라지며)
양노인	어업조합장아들 있지 않니? 아마 너희들두 알게다.
정례	(휙 돌아 앉으며) 오빠 융자 받구 싶어 그러세요?
갑생	뭐라굿?
정례	빰 위에 갑생의 손뼉이 번개 친다.

(오리지널, #40, 43~44쪽)

정례가 어부인 재열을 마음에 두고 있다는 사실을 안 갑생은 재열
보다는 어업조합장의 아들과의 혼인을 염두에 두며 정례를 몰아세운
다. 정례가 양노인과 갑생의 의도를 선박 융자금 때문이 아니냐고 따
져 묻자 갑생은 정례에게 폭력을 행사한다. 이 장면에서처럼 '섬-남
성'은 혼사 문제에만 개입할 뿐이다. '육지-남성'의 관능적 시선에는
무관심하며 '섬-여성'의 육지행에 대해서는 머뭇거린다. 이런 점에서
본다면 〈해녀〉에서 '섬-남성'은 무존재로 존재한다고 할 수 있다.
　〈해녀〉에서 '섬-여성'의 존재는 '해녀'로 상징되고 이러한 상징성은
위계의 시선 속에서 배치된다. 오리지널과 검열본 시나리오 모두에

는 해녀들의 대결 장면이 그려진다. 동료 해녀가 수확한 해산물을 훔치는 장면에서 해녀들은 육박전을 방불케 하는 싸움을 벌인다. 이 싸움 장면에서 부각되는 것은 '해녀'의 야수성이다.

백사장에 늘어놓은 해초들. 헤쳐 놓은 복녀. 복녀 옆에서 일하던 옥희가 슬쩍 복녀의 미역을 훔쳐 제 앞에다 널어논다.

눈치 챈 복녀가 달려와 옥희의 넓적한 엉덩이를 힘껏 갈긴다.

옥희   이러기야.

하며 복녀에게 모래를 끼얹는다.

복녀   이 도둑년이

하며 옥희의 머리채를 휘감는다.

모래 위에서 서로 웅켜잡고 뒹구는 야성의 해녀.

주위를 둘러싼 해녀들.

"잘 한다…" "복녀야 지면 바보야!" 등 응원하는 해녀들.

쫓아온 해녀조장 (그만두지 못해!)

하며 물통을 들여 양인의 머리에 쏟는다. 이때야 떨어진 서로 노려보는 복녀와 옥희.

조장   또 한 번 싸워봐라 다시는 물속에 들어가게 하나!

복녀   팔뚝에 상처를 입으로 빤다. **야성적인 눈이 반짝거린다.**

(검열본, #6, 2쪽, 강조 인용자)

이때 옆자리에서 쉬고 있던 이웃 마을의 해녀가 얼른 일어서더니 을례가 흘리고 간 미역을 주어서 슬쩍 제 몫에다 보탠다.

그 기미를 눈치 챈 을례 대뜸 이웃마을 해녀의 궁뎅이를 발길로 내지른다. 이웃 마을 해녀 그 바람에 얼굴을 모래밭에 박으며 폭 꼬꾸라진다.

을례	애, 이 도둑년아!
해녀	(확 모래를 끼얹으며) 내가 어쨌기에 도둑년이야!
을례	(해녀의 머리채를 휘어잡고) 왜 남의 미역을 훔쳐 가느냐 말야!
해녀	(마주 덤비며) 훔치긴 누가 훔쳐? 흘린 것 주었다!
해녀	이년이 누굴 때려?

을례와 해녀 서로 치고 받고 넘어지며 모래밭에 뒹군다. 삽시간에 몰려드는 해녀들.

해녀 A	잘한다 죽여라, 죽여버렷!

(뭐! 죽여버렷?) 하고 나서는 이웃마을 해녀.

해녀 A	이건 또 뭐야?

하며 삿대질을 할 새 해녀 A의 머리채를 휘잡는 이웃마을 해녀. 그것을 계기로 해녀들의 패싸움이 벌어진다.

(오리지널, #44, 51~52쪽)

    장면 순서만 다를 뿐 오리지널과 검열본 시나리오 모두 해녀들의 패싸움 장면이 나온다. 이 장면에서 두드러지는 것은 '야성'이다. 해녀들의 싸움 장면을 제시하면서 '야성(野性)적인' 시선을 강조하는 것은 그들의 싸움이 화해할 수 없는 극한의 대립이라는 것을 보여준다. 서로 치고받는 을례와 해녀와의 모습을 보자마자 해녀들이 이구동성으로 "죽여버렷!" 하고 이야기하는 것은 '야성'의 다른 표현이다. 야성적 해녀의 모습을 부각시키고 있는 이 대목에서 '해녀'의 후진성을 드러냄으로써 카메라는 '해녀'와의 관계에서 우월적 시선을 차지할 수 있다. 이러한 장치들은 동양, 혹은 식민지의 야만/야수성을 강조함으로써 제국주의적 우월의식을 유지하려 하는 오리엔탈리즘적 시선이다. 오리엔탈리즘이 학문, 제도, 작품 등 제도적인 분야와 결부함으로써 그 효력을 발휘한다는 지적[12]을 염두에 둔다면 시나리오의 첫 장면에서부터 마지막까지 카메라는 효과적으로 우월적인 위치를 점유한다. 이때 카메라의 위치는 '감독/작가'의 시선인 동시에 '해녀'를 스크린에서 감상하는 관객의 시선으로까지 이어진다. 관객은 '감독/작가'의 시선을 이어받음으로써 '해녀'를 대상화할 수 있는 안정적 위치를 지니게 된다. '문명/야만'의 구도 속에서 '해녀'를 대상화하는 것은 을례가 이종선과의 만남에서 라디오 스위치를 끌 줄 몰라 당황한다거나 양식당에서 포크와 나이프를 사용할 줄 모르는 모습 등에서도 잘 나타나 있다.

배반당한 주체

〈해녀〉가 '관능'과 '야만'의 위치에서 '해녀'를 대상화함으로써 '해녀'를 상상적으로 재현하고 있다면 과연 제주의 지식인들은 〈해녀〉에서 무엇을 보려고 하였는가.

이때 간과해서는 안 되는 것은 단순히 문화(학)적 해석의 문제만을 염두에 두어서는 안 된다는 점이다. 문화(학)적 해석으로만 바라본다

12) 에드워드 사이드, 박홍규 역, 《오리엔탈리즘》, 교보문고, 2001, 359쪽.

면 〈해녀〉가 '관능'과 '야만'의 표상으로 '해녀'를 상상하는 오류를 범하고 있다고 바라볼 수 있다. 이러한 판단이 잘못된 것은 아니다. 하지만 여기에는 정치적 배제와 포섭의 문제가 있음을 의식해야만 한다.[13] 〈해녀〉를 논의하는 것은 주체와 주체의 본질을 묻는 근원적 질문을 던지기 위해서이다. '감독/작가'가 '해녀'를 문화(학)적으로 소환할 때 주체의 본질은 어떻게 달라지는가. 그리고 '지역-주체'는 이렇게 상상된 주체의 재현을 어떻게 받아들이고 있는가. 이러한 질문은 결국 60년대라는 시대적 맥락 속에서 로컬리티란 무엇이었는가를 묻는 작업일 것이다.

우선 〈해녀〉가 촬영되고 있을 당시 출연진과 제주 문화계 인사들이 이야기를 나누었던 좌담회 자리로 돌아가 보자.[14] 좌담회에서 주로

---

13) 여기서 '정치'는 제도적 장치로서의 제도가 아니다. 샹탈 무페가 이야기했듯이 '정치적인 것'(The political)의 의미로 정의되는 '정치'이다. 샹탈 무페는 칼 슈미트가 말한 '정치적인 것'이라는 개념을 적극적으로 해석하며 대의제도인 '정치'와 구분되는 '정치적인 것'에 대해 논의한다. 그에 따르면 '정치적인 것'이란 일상의 영역에서 작동하는 것이다. 정치가 본질적으로 적-아군이라는 구도, 즉 포섭과 배제의 문제를 다루고 있다는 점에서 '해녀'에 대한 상상적 재현 역시 포섭-배제의 구도 속에서 논의될 수 있을 것이다. 샹탈 무페, 이보경 역, 《정치적인 것의 귀환》, 후마니타스, 2007 참조.

14) 앞의 글, 《제주도》 제15호, 1964. 7. 68~76쪽. 이날 좌담회의 참석자는 다음과 같다. △고정일(제주신문편집국장) △김영돈(제주도민속학회대표) △ 김사희(해녀대표) △나애심(배우) △박영환(감독) △박옥초(배우) △박지현(배우) △안경호(제작부장) △양중해(예총제주도지부장) △이택준(제주어업조합전무) △최은희(배우) △최지희(배우) △현평숙(제주도교육위교육과장) △현평효(제대교수) △홍순만(제주도공보과장) △사회 이치근(공보과). 참석자의 직책은 《제주도》지의 표기를 그대로 따른다.

언급된 것은 〈해녀〉의 리얼리티 문제와 관광적 효과였다. 제주 지역의 인사들은 좌담회에서 〈해녀〉가 '해녀'라는 소재를 다루는 데 있어서 사실성을 확보해야 할 필요가 있다고 지적한다. 특히 〈해녀〉 제작 당시 배우들이 입었던 '구멍 뚫린 갈중이' 복장은 '해녀'의 실생활과는 다르다는 점을 강조한다. 또한 촬영지에서 배우들이 주민들이 협조를 하지 않는다고 털어놓자 제주 지역 인사들은 그들의 의상 문제를 지적한다.

> **양중해** 그건 이런 점도 있어요. 〈당신네는 호화로운 배우로서 부유한 사람이요. 우리네는 땅이나 파고 바다에나 드는 보잘 것 없는 존재〉라는 집념에서 일종의 열등의식에서 오는 결과이겠습니다. 그리고 촬영 시 차리고 나선 의상도 평복이란 게 고작해서 구멍 뚫린 옷이라, 사실과 어긋나게 초라한 모습이어서, 아마 그런 데서도 좋지 못한 인상을 받은 때문이기도 할 겁니다. (74쪽)

배우들의 의상뿐만 아니라 영화 전반에 걸쳐 리얼리티의 문제는 중요한 관심사였다. 김영돈은 〈해녀〉의 관광적 효과에 대해서는 일정한 이해를 보이는 반면 '제주 해녀의 리얼리티'가 영화에 반영될 수 있을 것인가에 대해서는 회의적인 반응을 보인다.

> **김영돈** 시나리오를 아까 이 장소에서 얼른 본 것뿐입니다. 대체적인 스토리가 제주도의 아름다운 관광 소재를 배경에 깔면서 그 속에 해녀들을 등장시키고 육지 남성과의 애

정문제를 그린 거더군요. 여기서 얼른 느껴지는 것은 제주도의 아름다움을 알린다는 부차적인 효과를 노리고 있는 반면에 참다운 제주 해녀의 리얼리티가 이 영화에서 어느만큼 붙잡히겠느냐 하는 문제가 염려됩니다.

제주 해녀들의 문제는 오히려 절실한 데가 있어요. 생활을 위해서 생명을 바치는 악착스러운 생활인들입니다. 본토 남자와 사랑을 속삭이고 어쩌고 하는 달콤한 얘기는 해녀들의 실상을 말하는데는 너무 한가로운 얘기들입니다. 말하자면 해녀들의 놀라운 투지력[15] 같은 게 더욱 논의되어야 할 문제라고 보아집니다. (중략) 해녀는 강력한 생활인이란 것뿐입니다. 허니까, 해녀를 너무 신비의 대상으로만 다루는 일이 없기를 바랍니다. (71쪽)

해녀를 신비의 대상이 아니라고 못 박으면서 "놀라운 투지력"을 지닌 "강력한 생활인"으로 규정하고 있다. 이처럼 이날 좌담회는 해녀라는 상징, 즉 제주의 특수성을 둘러싸고 지역과 외부-육지의 시각이 교차하고 있다. 이런 점에서 본다면 이날의 좌담회는 제주라는 특수성이 영화화되는 방식을 지역의 시각에서 '개입'하려는 일련의 시도였다고 할 수 있다. 외부의 시선과 지역의 시각에서 해녀는 서로 다르게 규정된다. 지역의 시각에서는 제주적 특수성이 영화라는 예술 체계에 기입될 때 주체의 문제를 우려한다.

---

15) 본문에는 斗志力으로 되어 있으나 문맥상으로 투지력이 적절하다.

양중해	(전략) 다만 자연과 인생 전반에 걸친 넓고 많은 소재 가운데서 작가나 연출가가 선정한 소재, 더욱 구체적으로 말하면 카메라의 앵글에 포착된 자연의 어느 일면은 여지의 자연이나 인생 이상으로 과장될 수밖에 없는 것이라 생각합니다. 더욱 아름답게 혹은 더욱 선하게 또는 반대로 더욱 추하게 또는 더욱 악하게…… 이와 같은 상태로 말입니다.

그러나 이번의 〈해녀〉의 경우는 그게 큰 문제가 안 되는 무난한 작품이 될 수 있을 것 같다고 생각합니다. 그것은 제목은 〈해녀〉이지만 해녀 생활을 통하여 무슨 인생이나 사회상의 깊은 문제를 터치한 것이 아니고, 그야말로 멜로 드라마식으로 도내에 산재한 명승지 풍경 속에 해녀의 직업을 가진 두어 여성을 배합시켜 본 것 이상의 야심 같은 것이 없음을 직감할 수 있기 때입니다. (중략) 해녀와 같은 제주도 특유의 소재를 다루려면 제주 해녀의 생활을 잘 알고 있는 사람, 더욱 욕심 같아서는 제주 출신의 작가의 손에서 다루어지게 되어야 될 줄 생각합니다. (72~73쪽)

양중해는 주체에 의한 과장은 불가피한 것이라는 점을 인식하고 있다. 지역이 예술적으로 재현될 때 그것은 예술 표현의 주체에 의해 상상적으로 재구현된다. 이는 예술의 자율적 영역을 인정하는 태도이다. 하지만 제주적 특수성에 대한 이해의 필요성, 더 나아가 그것이 제주 지역의 손으로 다루어질 필요가 있다고 말하는 것은 예술적 재

욕망의 섬, 비통의 언어

현이 지역의 특수성을 왜곡할 수도 있다는 우려의 시선인 동시에 예술의 실천적 양식에 개입하려는 지역 내부의 미학적 실천의 방식이라고 할 수 있다. 제주라는 로컬리티를 둘러싸고 육지와 섬의 '발견' 방식은 예술적 재현의 장에서 첨예하게 대립한다. 이는 해녀라는 표상을 두고 벌이는 '정치적인 것들'의 대결의 장이라고 할 수 있다. 하나의 대상을 사이에 두고 외부의 상상과 지역의 상상은 분할한다. 그리고 이러한 분할은 또다시 주체의 자리를 두고 경쟁하는 역학 관계에 놓이게 된다. 이는 영화라는 예술 체계에서 예술적 실천의 주체인 감독/각본의 자리를 두고 외부와 내부가 대결하는 것이며 이러한 대결은 주체의 자리를 지역의 시선으로 개입하고 로컬리티를 규정하려는 미학적이며 정치적인 실천이다.

이날 좌담회에서 또 한 가지 주목할 것은 지역에서 누가 발화하고 있는가라는 점이다. 참석자 중에 해녀 대표가 있었지만 시종일관 침묵으로 일관한다.[16] 해녀가 영화화될 때 해녀는 정작 침묵한다. 이는 김사희가 이날 좌담회에서 발언을 했느냐, 하지 않았느냐는 사실 자체를 문제 삼는 것이 아니다. 좌담회가 지역이 외부의 주체에 대해 적극적으로 개입하는 미학적 실천의 장이었다는 점에 주목한다면 김사희는 이러한 실천적 주체의 자리에서조차 배제되어 있다.

해녀의 존재를 규정하는 지역의 주체들은 해녀가 아니라 해녀에 대해 말하고 있는 지식인-남성이다. 이런 점에서 지역에서 지식인-남성의 지위를 획득하지 못한 자는 미학적 실천의 주체가 되지 못한다.[17]

---

16) 이날 참석자 중에서 지역 여성은 해녀 대표인 김사희뿐이다.

좌담회라는 양식을 통해 지역-주체가 예술적 주체의 자리에 개입하려한 시도는 성공적이었는가. 결론적으로 말하자면 지역-주체의 노력은 실패로 끝나버렸다. 〈해녀〉가 개봉하자 지역의 반응은 흡사 "애인에게 배신당한 기분"이었다며 비판의 목소리를 높였다. 좌담회 참석자이기도 했던 이치근의 〈해녀〉 감상기를 살펴보도록 하자.[18] 좌담회에서 해녀의 리얼리티 문제가 거론되었던 것과 같이 이치근도 〈해녀〉의 리얼리티 문제를 먼저 지적한다.

(전략) 헌데 이걸 아무리 선의의 안목으로 좋게 볼려고 해도 그러면 그럴수록 더 꽤씸해지기만 한다. 꼭 믿었던 애인에게서 보기 좋게 당한 것 같은 느낌과 흡사하다. 영화 〈해녀〉는 이름이 해녀이지, 도대체 어느 나라 해녀인지 알 수가 없다. 일본 해녀 같기도 하고 인도해녀 닮기도 하다. 제주도의 근로의 여신이요, 정신지주를 상징할 수도 있는 우리 고장의 해녀의 모습은 그 편린마저 찾아 볼 수가 없다. 〈마부〉, 〈어부〉 영화 같은 리얼리티가 왜 없는가?

---

17) 지역에서 여성의 발화가 의도적으로 배제되어 있다는 점은 앞으로 로컬리티 연구의 중요한 과제라고 할 수 있을 것이다. 스피박이 '서발턴은 말할 수 있는가'라고 질문할 때 그것은 말할 수 없는 자인 동시에 말해야 하는 자로 규정할 수 있다. 이러한 점을 염두에 둔다면 여성 화자의 침묵은 일정 부분 강요된 것이라고 할 수 있다. 이는 지역 내부에서 중심-주변의 위계가 폭력적으로 반복되고 있으며 이러한 위계의 반복이 로컬리티의 다양성을 의도적으로 배제하는 결과를 초래할 수도 있다는 점을 보여준다. 가야트리 차크라보르티 스피박 외, 태혜숙 역, 《서발턴은 말할 수 있는가?》, 그린비, 2013.
18) 《제주신문》, 1964. 8. 23.

욕망의 섬, 비통의 언어

〈해녀〉가 "제주도의 근로의 여신"이며 "정신지주"인 해녀를 왜곡하고 있다는 사실에 그는 분노한다. 앞서 좌담회에서 '해녀'를 "근로의 여신"이라고 하였던 현평숙의 발언을 염두에 둔다면 이와 같은 반응은 일면 예견된 것이기도 하다. 하지만 이치근의 분노는 단순히 〈해녀〉에 대한 비판에 그치지 않는다. 제주를 대상화하는 영화적 시도 자체를 문제 삼는다.

　　주인공의 생활상이 없는 상상적인 픽션을 놓고 우리는 작품이라고 하지 않는다. 〈해녀〉의 경우 제주해녀의 생활상이 어떻게 형상 부조되어 있는가? 기가 막힌 현상으로 되어 있다.

　　하루에 몇 푼 정도의 수입인지도 알 수가 없다. 바다 속의 숨죽인 작업이 얼마나 고된지조차 알 길이 없고 심지어는 해녀들의 현실성이나 페이소스 같은 건 더더구나 천만리의 피안(被岸)**19)** 그저 패를 지어 바다 위에서 매스게임을 일삼는 노리개로 동원된 게 우리들 어머니 누나들이었고 이유제시가 없는 패싸움의 육체전을 공소(空疎)하게 노출시켜 놓았을 뿐이다. 그것뿐인가? 시나리오에서의 을례의 동생 정례(최지희)는 여고출신이었는데 하이힐을 신을 줄도 모른다. 샌드위치를 먹을 줄도 몰라 상추 싸먹듯 비비 쓸어 입에 담게 해놓았다. 이런 모습이 과연 제주도 해녀의 생활일까? 마치 여행 온 여인이 심심풀이로 연극 아닌 장난을 감행해본 양상이다.

---

19) 彼岸의 오기.

〈해녀〉가 "생활상이 없는" '해녀'를 묘사하고 있으며 매스게임에 동원되거나 패싸움을 벌이는 존재들로 묘사되고 있다고 비판의 목소리를 높인다. '해녀'를 야만의 자리에 놓아 대상화하고 있는 영화에 대한 실망은 '사투리' 구사 문제로까지 옮겨간다. 이치근은 "발음어감이 좋지 못하다는 것도 문제는 아니다."라며 "언어 전달의 의미 내용만은 바르게 했어야 옳았을 것이 아닌가."라고 말한다. 이러한 비판은 단순히 리얼리티의 부족만을 문제 삼는 것이 아니다. 오히려 〈해녀〉에 나타난 '해녀'가 지역-주체가 상상하고 있던 '해녀'의 모습과 다르다는 사실을 확인했기 때문이다. '해녀'를 "근로의 여신"이라고 말하고 있는 것은 지역-주체가 발견하고자 하는 '해녀'의 모습이 무엇이었는지를 보여준다. "근로의 여신"이라는 상상적 규정을 벗어나는 것은 모두 비판의 소재가 된다. 당초 좌담회에서 관광적 부수 효과가 클 것이라고 기대했던 점도 이러한 측면에서 거론된다.

애당초 철저한 〈멜로드라마〉 해녀에게서 우리는 크게 기대한 것은 없었다. 허나 부차적인 관광선전만이라도…하는 일말의 기대는 없는 바도 아니었다. 그것이 어떻게 되었는가? 정방·천지·안덕·목장들의 경지(景地) 육지부 가(假) 대학원생에게 농락되어 쏘다닌 을례의 〈랑데부〉의 세팅으로 화(化)하였는데 이것도 제주 해녀들의 생활과는 거리가 멀다. 여행 해녀가 아니면 잡종 해녀의 한유(閑遊)다. 생활과 밀착된 자연이라야 관광효과도 크는 법이다. 슬쩍 스쳐가는 스냅 사진 효과인데 이런 정도는 전기(前記) 절승경색(絶勝景色)에게 너무나 미안한 일이 아니겠는가. 도시 제주도 특유의 지방색이 그리어지지 않았다.

관광적 효과에 대한 기대감을 숨기지 않았던 좌담회의 내용과 비교하면 이와 같은 비판은 생경하기까지 하다. 당초부터 〈해녀〉에 기대를 걸지 않았다고까지 말하고 있는 것은 역설적으로 〈해녀〉에 대한 지역-주체의 기대의 정도를 보여주는 것이다. 이러한 실망에도 불구하고 그는 "육지를 동경하는 섬 색시들의 허영을 규탄하고 해녀들의 행복"이 "제주섬에 있다는 것을" "계몽"했다는 점에서는 "깨알 같은 테마"였다고 평가한다. '해녀'의 생활상, 즉 리얼리티가 부족하다고 지적하면서 섬-여성의 허영을 지적했다는 점은 긍정적으로 바라보고 있다. '해녀'를 "근로의 여신"이라고 상상하면서도 "섬색시의 허영"에 대해서는 비판의 시선을 보이고 있다. 이는 '해녀'와 '섬-여성'을 구분하여 상상하고 있음을 보여준다. 지역 지식인이 "근로의 여신"으로서 '해녀'를 '발견'하려는 욕망을 보여주는 대목은 그들이 말하는 리얼리티가 'Reality'가 아닌 'reality'였음을 드러내고 있다. 즉 그들의 리얼리티는 지역 지식인-남성의 위계를 인정할 때만 용인되는 '리얼리티 reality'인 셈이다.

'상상'된 해녀와 '발견'된 해녀

　지금까지 1964년 작 영화 〈해녀〉를 중심으로 지역과 외부의 시선이 '해녀'를 어떻게 상상적으로 재구현하였으며 이를 두고 외부와 지역의 주체가 어떻게 대결하였는지를 살펴보았다. 이 글은 〈해녀〉의 상영본이 남아있지 않은 상황에서 시나리오만을 염두에 두고 논의를 전개하였다는 점에서 일정한 한계를 지닐 수밖에 없다.

〈해녀〉가 제주적 특수성을 전면에 내세운 영화였고 관련 시나리오를 확인할 수 있다는 점을 감안한다면 오리지널과 검열본 시나리오에 대한 치밀한 분석이 필요하다. 이러한 점은 향후의 과제로 남기기로 하고 여기서는 '해녀'를 상상하는 외부-주체와 내부-주체의 상상적 분할과 대결의 문제를 중심으로 살펴보았다.

'야만'과 '관능'의 시선으로 외부-주체가 '해녀'를 상상하였다고 한다면 내부-주체는 "근로의 여신"으로서 '해녀'를 '발견'하였다고 할 수 있다. 이러한 두 주체 간의 상상적 분할은 내부-주체가 외부-주체의 예술적 재현 과정에 적극적으로 개입하면서 대결의 양상을 보였다. 하지만 재분할을 시도하는 내부-주체의 미학적 실천 노력은 그다지 성공적이지 못했다. 그럼에도 불구하고 내부-주체가 예술적 재현 행위 과정에 주체적으로 개입하려 했다는 점에서는 그 의미가 크다고 할 수 있다.

1960년대는 위로부터 강요된 개발과 지역에서의 개발에 대한 기대감이 조응하고 있었던 시기였다. 제주도가 '제2의 하와이'가 될 수도 있다는 기대감도 커져갔던 이러한 시대 상황 속에서 영화 〈해녀〉는 지역을 '발견'하고 지역 외부와 내부의 욕망을 보여준다는 점에서 의미 있는 텍스트이다.

'재일제주인'들은
어떻게 불려졌는가

들어가며

재일 혹은 재일조선인이라는 용어는 그 자체로 논쟁적이다. 식민지 지배의 결과물로 일본에 거주하게 된 소수 민족으로서 '조선인'을 거론할 때 '재일조선인', '재일코리안', '재일한국인' 혹은 '자이니치 코리안' 등으로 호명하는 것에서 알 수 있듯이 '재일'은 "복수의 민족명"[1] 으로 언급된다. 일본의 식민지 지배의 결과 식민지 종주국 일본에 거주하게 된 민족적 집단[2]으로서 '재일조선인'을 거론하기도 하며 '재일

---

1) 조관자, 〈'민족주체'를 호출하는 '재일조선인'〉, 《일본학》 32, 동국대학교 일본학연구소, 2011 참조.
2) 서경식, 〈재일조선인이 나아갈 길: '에스닉 마이너리티'인가 '네이션'인가〉, 《창작과 비평》 26, 창작과비평, 1998.

코리안' 혹은 '재일한국인', '자이니치 코리안' 등으로 다양하게 호명되기도 한다. 이는 '재일' 혹은 '재일조선인'이라는 용어 자체가 식민지 체험과 분단이라는 역사적 사실과 착종되어 있음을 보여준다. '재일조선인'을 메이지 시대 이후 조선에서 자의 혹은 타의에 의해 일본으로 이주한 후 일정 기간 거주했던 사람들[3]이라고 규정한다고 하더라도 1945년 8월 일본의 패전과 1960년 이후 경제적 이유 등으로 남한에서 일본으로 건너간 이들을 어떻게 바라보느냐에 따라 다양한 용어가 사용될 수 있다.

이 글은 식민지적 상황에 의해 조선에서 일본으로 건너갔고 해방 이후 조선으로 귀환하지 못한 이들, 특히 제주 출신들을 논의의 대상으로 삼는다. 대상을 좁힌다면 1960년대 쿠데타 세력이 집권한 이후 추진되었던 재일제주인과의 경제 교류 양상이 될 것이다. 1923년 이후 오사카 방적공장을 중심으로 많은 제주인들이 일본으로 이주해갔다. 식민지적 상황이 기인한 지리적 영역의 확장은 상시적인 이동과 교류의 방식을 가능하게 했다. 하지만 해방 이후 국민국가의 경계가 확정되면서 이들의 존재는 오랫동안 잊혔다. 특히 제주 4·3항쟁을 피해 밀항을 선택한 이들이 일본에 정착하면서 '재일제주인'들은 남한이라는 국민국가의 외부적 존재로 인식되어 왔다. 하지만 1960년대 이후 경제적 교류는 '재일'의 존재들을 적극적으로 호명하기 시작했

---

3) 水野直樹·文京洙, 《在日朝鮮人: 歷史と現在》, 岩波新書, 2015. 이 책에서 선택하고 있는 '재일조선인'이라는 용어 역시 1990년대 이후 일본 내에서 '재일'이라는 정체성을 둘러싼 갈등을 봉합하기 위한 것이다. 이러한 점만 보더라도 일본 내에서 거주하는 소수자 집단으로서 '코리안'을 지칭하는 용어의 정의는 간단치 않은 문제이다.

고 이러한 호명의 방식은 종종 자발성과 향토애의 발현으로 이해되어 왔다.

여기에서는 1960년대 이후 시작된 제주와 재일제주인의 경제교류를 중심으로 이러한 교류가 어떠한 방식으로 구현되어왔는가를 살펴보고자 한다. 이를 위해 김석범과 양석일 등 재일제주인의 소설, 그리고 1960년대 이후 제주도청에서 발간했던 기관지《제주도》지에 나타난 '재일교포 담론'을 중심에 두고 논의하고자 한다. **4)**

'재일'의 양상과 시작: 제주, 그리고 일본

배는 동란의 고향을 버리고 떠나가는 사람들을 가득 실어 백 명에 가까웠지만, 대부분은 '뱃삯'이 없었다. 언제까지나 이어질 일은 아니었다. 저주받은 이 섬을 떠나려는 자는 많이 떠나라. 그리고 살아

---

4) 여기에서 말하는 '재일' 혹은 '재일조선인'이라는 용어는 식민지적 상황에 의해 일본으로 건너간 조선인들을 염두에 두는 것으로 '재일조선인' 사회 속에서 '재일제주인'의 차별성을 드러내기 위해서 논의에 따라 '재일제주인'을 사용할 것이다. 이렇게 규정하더라도 이미 '재일조선인'은 총련과 민단, 그리고 지역 간 일본에서 다양한 이주의 형태로 나타나기 때문에 단일한 표상으로 호명하기에는 곤란하다는 점은 인정한다. 특히 재일조선인 사회 속에서 재일제주인의 고향 혹은 조국에 대한 인식의 차이는 분절적으로 사고되기 어려운 지점이 있다. 이러한 우려에도 불구하고 이 글에서는 식민지 이후 일본으로 건너간 이주의 형태를 '재일' 혹은 '재일조선인'이라는 용어를 혼용하되 재일조선인 사회에서 차별화되는 재일제주인의 모습을 나타날 때에는 '재일제주인'이라는 용어를 사용한다.

남아라. 저주받은 민족. 산에 있던 조직이 뿔뿔이 흩어져 하산해 온 자. 수용소에서 일단 석방되었지만 섬을 떠나는 자. 경찰에 쫓기고 있는 자. 뱃삯을 내고 섬을 떠나는 자. 남승지는 몇 명인가 같은 그룹은 아니지만, 산의 동지를 만난 모양이었다. 그러나 거의 말이 없었다. [5]

　김석범의 《화산도》는 침묵 속에서 일본으로 밀항하는 무장게릴라들의 모습을 그려낸다. 제주 4·3항쟁은 군경 토벌대의 가혹한 탄압으로 실패했다. 조직은 붕괴되었고 살아남은 자들은 목숨을 부지하기 위해 밀항선을 타야만 했다. "동란의 고향을 버리고 떠나가는 사람들"은 서둘러 "저주받은 섬"을 떠났다. 이렇게 섬을 떠난 사람들은 그들의 도착지가 "한민족의 생활 원형이 조금도 흐트러지지 않"은 또 다른 제주일 것이라고 생각했다. 하지만 현실은 냉혹했다. 밀항 단속에 걸려 오무라 수용소에서 강제 송환을 기다리거나[6] 운 좋게 일본 사회에

---

5) 김석범, 김환기·김학동 역,《화산도》12, 보고사, 2015, 353쪽.
6) 오무라 입국자 수용소는 1950년 나가사키현 오무라시에 설치되었다. 1970년대까지 주로 강제송환이 결정된 한반도 출신자들을 수용했다. 해방 후 강제송환을 경험했던 밀항자들은 사세보(左世保) 인양원호국에 일시 수용되었다. 밀항자들의 기억 속에 인양원호국은 대체로 '오무라 수용소'로 각인되고 있다. 조경희, 〈불완전한 영토, '밀항'하는 일상: 해방 후 70년대까지 제주인들의 일본 밀항〉,《사회와 역사》106, 한국사회사학회, 2015. 6. 참조. 현무암은 오무라 수용소를 "제국주의 국가에서 국민국가로 수축되는 과정에서 형성된 일본의 출입국 관리 정책의 산물"이라고 규정한다. 그에 따르면 오무라 수용소는 단순한 출입국 관리정책 차원을 넘어서 재일조선인에 대한 일본의 통제와 관리의 역할까지 담당하였다. 오무라

정착했다 하더라도 민족적 차별과 민단과 총련으로 나눠진 또 다른 대결의 양상이 그들 앞에 놓여있었다.⁷⁾

양석일의 《피와 뼈》는 식민지 시기와 해방, 그리고 고착화된 남북 분단 상황에 이르는 과정 속에서 '김준평'이라는 인물을 통해 재일제 주인의 삶을 그려내고 있다. 김준평, 고신의 등 소설 속에 등장하는 인물들이 일본으로 도항할 수 있었던 이유는 1923년 제주-오사카 정기 항로 개설 때문이었다. 일본은 1910년대부터 조선인의 일본 이민을 원칙적으로 금지했다. 1922년 자유도항제가 실시되면서 부산과 제주는 조선과 일본의 직항 기점이 되었다. 제주-오사카 항로를 오갔던 선박이 바로 기미가요마루(君が代丸)이다.⁸⁾ 제주-오사카 항로 개설

수용소에는 단순 밀항자뿐만 아니라 '피폭자 수첩'을 구하기 위해 일본으로 밀항한 피폭자, 베트남 파병을 피해 밀항한 '망명자'들도 수용되었다. 특히 일본 내에서 범죄자나 공공의 부담이 되는 자들도 강제송환의 대상이 되었다. 현무암, 〈밀항·오무라수용소·제주도〉, 제주대학교 재일제주인센터 편, 《재일제주인과 마이너리티》, 2014, 95~135쪽.

7) 양석일의 《피와 뼈》에서는 한국전쟁 직후 일본에서 벌어졌던 재일조선인 사회 내에서의 이념적 갈등과 폭력 양상이 그려지고 있다. 고신의를 비롯한 재일조선인들이 한국전쟁을 규탄하는 조련 지구 집회에 참석하자 조선인 폭력조직이 각목으로 무장하고 이들을 습격한다. 소설 속에서 고신의는 이들을 "이승만 일당이 고용한 폭력단"이라고 규정한다. 양석일, 김석희 역, 《피와 뼈》, 자유포럼, 1998, 43~46쪽.

8) 기미가요마루는 1923년 아마가사키(尼崎) 기선부(汽船部)에 의해 취항했다. 1923년 제주-오사카 항로에 취항한 기미가요마루를 시작으로 1924년에는 조선우선(朝鮮郵船)의 강쿄마루(咸鏡丸, 749톤급)가 취항했고 이후 이를 대체해 게이조마루(京城丸, 1033톤급)가 운항했다. 杉原達, 《越境する民—近代大阪の朝鮮人史研究》, 新幹社, 1998, 109~118쪽 참조.

이 본격화되면서 1934년 일본 거주 제주인은 제주도 인구의 25%에 달했다.**9)** 이들의 도항 배경은 경제적인 이유였다. 《피와 뼈》에서는 '김준평'의 친구인 '고신의'의 도항 배경을 이렇게 서술한다.

고신의가 일본에 건너온 것은 1926년 가을이다. 당시에는 아직 그렇게 많은 제주 사람들이 오사카에 건너와 있었던 것은 아니다. 그래도 오사카에 건너가 일하면서 1, 2년에 한 번 설날에 고향으로 돌아오는 사람들의 모습은 옷차림부터 달랐다. 남자들은 대개 양복에 중절모를 썼고, 여자는 하얀 치마 저고리를 입고 있었다. 그리고 개중에는 손목시계를 찼거나 금반지를 낀 사람도 있었다. 고향 사람들 눈에 그들의 모습은 눈부셔 보였다. 특히 손목시계나 금반지는 선망의 대상이었다. 마을에서 제법 잘 산다는 사람들 중에도 손목시계나 금반지를 낀 사람은 별로 없었다. 오사카에서 귀향한 이들은 여봐란 듯 마을을 활보하며 다니고, 친척들을 초대하여 잔치를 열었다. 그것이 허영심 때문이라고 해도, 고신의의 욕망을 자극하기에는 충분했다. 자기도 어떻게든 오사카에 가서 새로운 운명을 개척하고 싶었다.**10)**

고신의가 "오사카에 가서 새로운 운명을 개척하고 싶"다고 마음먹을 수 있었던 것은 '제국' 안에서의 일상적 도항과 귀환이 가능했기 때

---

9) 고광명, 《재일제주인의 삶과 기업가 활동》, 제주대학교 탐라문화연구소, 2013, 47쪽.
10) 양석일, 앞의 책, 260쪽.

문이다. 당시 제주인들의 도항은 상호부조의 성격을 강하게 지니고 있었다. 고신의가 오사카로 올 수 있었던 이유도 "오사카 쓰루하시(鶴橋)나 나카모토초(中本町) 일대"의 "제주도 출신"이 만든 "상호부조적 조직"의 도움이 있었기에 가능했다.[11] 스기하라 토루는 제주-오사카 직항로를 오갔던 기미가요마루(君が代丸)를 "문명을 주입하여 일본의 영향력을 섬에 심어놓는 매체"이자 민족운동의 투사와 경제적 성공을 염원하는 수많은 사람들을 실어간 선박이라고 규정한다.[12]

이렇게 일본으로 건너간 재일 1세대에게 일본은 '제국'의 내부가 아니라 '고향'의 연장으로 인식되었다. '제국'의 경계를 가로질렀던 횡단의 경험이 해방 이후 일본에서 귀향한 사람들에게 또 다른 '탈출'의 선택지가 되었음은 《화산도》에서 살펴볼 수 있다.[13] 양준오가 "이카이노는 먼 고향의 바닷가"라고 말할 수 있는 이유도 바로 이 때문이다.[14] 하지만 해방된 조국에서 '제국'에서의 '민족적 동질성'을 떠올리는 것은 어쩌면 '상상'의 소산이 아닐까. 이것은 '재일'의 자리가 다분히 위태로운 선택의 연속이었다는 점에서 생각해볼 필요가 있다. 여기서 위태로운 선택이라는 것은 두 가지 측면에서 설명할 수 있다. 하나는 '재일'의 자리가 일본/조선이라는 민족적 차별을 전제로 하고 있다는

11) 위의 책, 261쪽.
12) 스기하라 토루(彬原達), 앞의 책.
13) 《화산도》에서 이방근이 무장게릴라 탈출계획의 목적지로 일본을 선택할 수 있었던 것도 식민지 시기 탈경계의 경험이 작용하고 있기 때문이다.
14) 김석범, 《화산도》 2, 459쪽.

점이고 또 하나는 '재일'의 내부에서 발생하는 무수한 차이의 문제이다. [15)]

《피와 뼈》에서는 고신의를 비롯한 조선인 직공들이 부당한 해고를 당하는 장면이 등장한다. 퇴직금조차 받지 못하고 쫓겨난 이들은 회사의 조치에 항의하기 위해 공장으로 달려가지만 회사 측이 고용한 폭력 조직에 의해 린치를 당한다. [16)] 해고 사건은 기미가요마루에 대항해 제주인들 스스로 세운 동아통항조합에 대한 탄압으로 이어지고 고신의는 사건 주동자로 몰려 구속된다. 해고사건으로 경찰에 연행되면서 고신의가 동료들과 나누는 대화는 민족적 차별이 계급적 차별과 동시에 작용하고 있음을 보여준다.

"체포된 건 우리 뿐인가?"
고신의가 다른 동료들을 걱정하고 있었다.
"몰라. 본때를 보이려고 우리만 체포한 게 아닐까. 반죽음을 당한

---

15) 김석범은 《화산도》에서 조선인, 특히 제주인들이 많이 거주하고 있었던 이카이노 거주지를 "한민족의 생활원형"이 살아있는 곳으로 인식한다. 이러한 인식은 제주 4·3의 폭력성을 "서울정권의 차별적 인식"이라고 규정하는 것과 차이를 드러낸다. 해방 이후 미군정과 대한민국 정부 수립을 식민지적 연속에서 바라보고 있는 것에 비해 일본에서의 경험, 즉 과거 식민지 시절의 '제국'에서 '민족적 동질성'을 확인하는 공간으로 '이카이노'를 바라보고 있다. 이는 양석일의 경우와 비교할 수 있다. 해방 후 조선의 상황에 대해 이야기를 나누는 대목에서 다음과 같은 부분을 확인할 수 있다. "돌아갈 곳이 없다면, 앞으로 어떻게 될까. 제주도 출신에게 조국이라면 제주도를 말한다. 옛날부터 육지 사람들에게 차별을 당해 온 제주 사람이 조선을 고국이라고 말하기는 어려웠다." 《피와 뼈》2, 174쪽.
16) 양석일, 위의 책, 226~231쪽.

우리는 체포되고, 회사가 고용한 깡패들은 내버려두나? 회사도 경찰도 깡패도 모두 한통속이야. 조선 사람을 눈엣가시로 여기고 있어. 당분간 나갈 수 없는 거 아닐까?"[17)]

이러한 진술은 식민지 시기 '재일'의 위상이 '제국'의 관리와 통제의 범주를 벗어나지 못하고 있음을 보여준다.

또 주목할 부분은 무뢰한 김준평의 폭력의 대상이 조선인, 특히 여성에게 한정된다는 점이다.[18)] 순댓집을 운영하면서 홀로 아이를 키우는 이영희를 아내로 삼게 되는 것도 김준평의 강요에 의한 성관계 때문이었다. 아내와 자식에 대한 가장의 책임을 방기한 김준평 때문에 이영희는 자식을 잃기도 한다. 수가 틀리면 맨손으로 숯을 집어들고 상대방을 위협하는 "보기드문 무뢰한"인 김준평이지만 그의 폭력은 조선인에게 한정된다. 김준평은 이영희와의 사이에서 태어난 아들이 사고로 6개월 만에 세상을 떠났다는 소식을 듣고 광분한다. 김준평은 자신의 아들을 죽게 만들었다는 이유로 이영희에게 폭력을 행사한다. 하지만 이를 본 일본인 다키자와 헤이키치가 만류하자 그는 "일본인에게 손을 댈 수도 없어서 할 수 없이 방으로" 들어간다.[19)]

---

17) 양석일, 《피와 뼈》 1, 253~254쪽.

18) 물론 김준평은 어묵공장을 세워 경제적인 성공을 거둔 이후에 일본인 여성 기요코를 첩으로 두고 뇌경색으로 거동을 하지 못하는 기요코를 살해하기도 한다. 하지만 이때 김준평의 폭력성은 조선/일본이라는 민족적 차이가 빚어낸다기보다는 남성/여성이라는 젠더적 위계가 작동하고 있다고 봐야 할 것이다.

19) 양석일, 《피와 뼈》 2, 40쪽.

이와 함께 소설에서는 재일 1세대와 2세대 간의 세대 갈등도 드러난다. 아버지의 일상적 폭력에 시달려야만 했던 성한에게 아버지라는 존재는 없어져도 좋을 존재였다. 어묵공장 노동자에서 사용자로 변신한 김준평은 임금인상을 요구하는 조선인 노동자들의 요구를 일언지하에 거절한다. 이에 앙심을 품은 조선인 노동자 원길남과 김준평의 대결 장면에서 성한은 "빨리 해치워! 푹 찔러버려!"라고 외친다. 아버지의 반복된 폭력에서 벗어나고 싶었던 성한의 이러한 외침은 재일조선인의 세대 갈등의 심각성을 보여준다.[20] 재일조선인의 세대 간 문제는 이회성의 경우에도 확인할 수 있다. 〈죽은 자가 남긴 것〉에서 주인공 '나'는 이렇게 말한다.

> 우리 집은 재일교포의 어느 가정보다도 어둡고 우울한 가정이 아닐까? 육십만에 달하는 재일교포, 예전에는 이백 몇 십만 명으로도 불렸던 백의민족 조선인. 그 조선인 중에서 우리 식구들만큼 불행하고 희망이 없는 가족도 없지 않을까? 실제로 그런 생각은 스무 살 무렵의 나를 질식시킬 만큼 큰 압박감이었다.[21]

〈죽은 자가 남긴 것〉의 주인공 '나'와 김준평의 아들 성한의 감각은 재일조선인 2세대의 세대의식을 보여준다. 그들에게 아버지는 "일제강점기 때에 조선인이 몸에 익혔던 난폭함을 가장 뿌리 깊고 오래도

---

20) 이러한 세대갈등은 재일제주인 사회에서만 나타나는 현상이라기보다는 재일조선인 사회 전반적인 흐름이라고 보아야 할 것이다.

21) 이회성, 김숙자 역,《죽은 자가 남긴 것》, 소화, 1996, 271쪽.

록 계속해서 지닌 최후의 인간"[22]일 뿐이다. 식민지 시기와 해방을 거치면서 '재일'의 위치는 성(性)과 세대에 따라 다양한 양상으로 인식되었다. 제주 4·3 이후 일본으로 건너간 이들 역시 상시적인 차별에 시달려야 했다. 무장대 지도자 이덕구의 조카였던 강실은 고향 제주에서 "폭도새끼", "빨갱이"라는 차별을 당해 부산으로 이주한다. 거기에서도 "제주 똥돼지"라는 괴롭힘을 당하자 1958년 일본으로 밀항한다. 하지만 그의 일본에서의 삶 역시 차별의 연속이었다. 하나는 '조센진'이라는 민족적 차별이었고 다른 하나는 '섬사람'이라는 지역적 차별이었다.[23]

무장봉기의 실패를 경험한 남승지는 침묵 속에서 이방근이 마련해준 밀항선을 타고 일본으로 향했다. 그의 밀항이 성공한 밀항이었을까, 아니면 또 다른 차별과 착취의 시작이었을까. '재일'의 자리를 묻기 위한 질문은 여기서부터 시작되어야 할 것이다.

'재일교포'와 '교류'의 발견

그동안 제주 사회와 재일제주인의 교류에 대해서는 경제교류의 규모와 형태에 대한 논의가 진행되어 왔다. 이는 재일제주인의 이주 역

---

22) 이회성, 앞의 책, 275쪽.
23) 스나미 케스케, 〈60주년 맞은 제주 4·3 사건: '죽음의 섬' 탈출해 일본에 온 '제주'의 애환〉, 《민족21》, 민족21, 2008. 5. 103쪽.

사 속에서 경제교류가 지역의 근대화를 촉진시켰다는 점에 주목한 것이다.[24] 하지만 '재일'이 직면한 다양한 차별의 양상 속에서 '교류'를 촉발하게 한 이유, 즉 지역에서 재일제주인에 대한 경제 교류가 '발견'되기 시작한 원인에 대해서는 상대적으로 관심이 적었다. 여기에서 '발견'이라는 용어를 사용하는 것은 지역과 재일제주인 사회의 경제 교류가 향토애와 근대화에 대한 그들의 열망만으로는 설명할 수 없는 지점들을 확인하기 위함이다.

식민지 시기와 해방, 그리고 분단 시대를 거치면서 남한 사회에서 '재일'의 존재는 '경계'의 대상이었다. 이는 박정희 군사정권 집권 이후 본격적으로 지역과 재일제주인과의 교류문제가 부각되기 시작하던 때에 '재일교포'를 바라보는 시각에서 확인할 수 있다.

---

24) 이와 관련한 연구로는 고광명, 《재일제주인의 삶과 기업가 활동》, 제주대학교 탐라문화연구소, 2013; 김희철·진관훈, 〈재일제주인의 경제활동에 따른 제주 투자의 변화에 관한 연구〉, 《상업교육연구》21, 한국상업교육학회, 2008. 9.; 진관훈, 〈재일제주인들의 고향 제주에의 기증에 관한 연구〉, 《재일제주인의 삶과 제주도》, 제주발전연구원 외 학술세미나 자료집, 2005; 진관훈, 《근대 제주의 경제 변동》, 도서출판 각, 2004 등이 있다. 특히 고광명의 재일제주인 기업과 기업가에 대한 연구를 주목할 수 있다. 박정희 정부 이후 시작된 재일조선인의 경제 교류에 대한 연구로는 김인덕, 〈박정희 정부의 경제개발과 구로공단: 해방 이후 재일동포의 국내 경제활동과 관련하여〉, 《숭실사학》32, 숭실사학회, 2014; 나가노 신이치로, 《한국의 경제발전과 재일한국인기업인》, 말글 빛냄, 2010. 등이 있다. 재일조선인의 기억 역시 남한 사회의 근대화를 촉진시킨 재일조선인의 자부심을 드러낸다. 재일동포모국공적조사위원회, 《모국을 향한 재일동포의 100년 족적》, 재외동포재단, 2008. 재일조선인의 기억 속에서 경제 교류는 모국애와 향토애의 발현으로 표상된다.

과거 정부는 이들을(재일조선인, 인용자) 赤色視한 나머지 그들을 경계하기에만 급급하였을 뿐 그들의 내면을 알려 하고 그들을 따뜻이 맞이하려고 하지 않았다.

재일교포가 어쩌다가 그들이 낳아서 자란 고향을 찾아오는 일이 있으면 경찰은 그들을 출두시켜 죄인처럼 심문하였고 또 요시찰 인물로 취급하여 뒤를 밟기가 바빴다고 한다. 물론 선량한 교포로 가장하여 침투하는 五列에 대한 경계가 긴요한 것이지만 그렇다고 모처럼 고향을 방문한 교포들이 한결같이 五列視되어 경찰의 등살에 부대껴서 결국은 불안 속에 차가운 인상을 안고 모국을 떠나곤 했던 것을 상기할 때 당시의 當路者들은 반성하지 않으면 안될 것이다.

따라서 재일교포들은 고국을 방문하는 것이 즐거운 일과가 될 수 없었고 또 왠만한 일 가지고는 고향을 찾으려 하지도 않았다.

더구나 4·3 사건 이후에 도일하였거나 고향의 현 사정에 어두운 교포들은 고향에 찾아갔다가는 수사기관에 붙들려 족친다는 비언 때문에 고향을 방문한다는 것은 염두에도 내지 못했던 것이다.[25]

이 글은 재일제주인을 과거 정부가 "적색시(赤色視)"했다면서 과거 정부와 군사정권의 처우가 달라졌음을 설명한다. 하지만 이러한 설

---

25) 김영관, 〈재일교포에 대한 나의 신념〉, 제주도청,《제주도》15, 1964. 7. 59쪽. 김영관은 해군 출신으로 제12대 제주도지사를 역임했다. 재임기간은 1961년 5월부터 1963년 12월까지이다. 이 글이 발표됐을 때는 해군 소장으로 합동참모부 소속 군수기획국장이었다.

명 역시 '선량한 재일교포'와 이른바 '적색분자'의 구분을 전제로 하고 있다. 교포를 가장한 간첩을 경계해야 한다는 진술은 여전히 재일제주인에 대한 경계의 시선을 놓지 않고 있음을 보여준다. 재일제주인에 대한 새로운 인식의 전환을 요구하는 이 글은 5·16 군사 쿠데타로 정권을 잡은 박정희 군사정권이 장면 정부 이후 결렬되었던 한일회담 성사를 위해 노력하던 당시 시대 상황에서 검토되어야 한다. 1961년 일본을 방문한 박정희는 이케다 수상과 회담을 열고 한일회담의 사무적 토의를 연내에 마무리하고 본격적인 일본의 한국 경제협력을 요청했다.[26] 1962년 당시 김종필 중앙정보부장과 오히라 마사요시(大平正芳) 일본 외상 간의 회담에서 '김-오히라' 메모가 교환된 것도 박정희의 강력한 한일 회담 의지의 결과였다.[27]

이승만의 강력한 혐일 정책과 군사정권의 일본에 대한 전향적 태도를 염두에 둔 이 글에서 확인할 수 있는 것은 '재일교포'에 대한 '교류'가 경제적 측면, 그것도 반공국가 대한민국의 안정적 관리라는 측면에서 호명되기 시작했다는 점이다. '재일교포'를 모두 '적색시'해서도 안 되지만 "선량한 교포를 가장한 五列의 침투"는 용납될 수 없다. 재일교포'에 대한 다소 전향적 태도에도 불구하고 재일제주인에 대한 지역의 인식은 차별적으로 작용했다. 이러한 차별적 인식의 근저에

---

26) 〈한일회담 사무적 토의는 연내로, 재산권심의 호전 日 항목별 주장에 호응〉, 《경향신문》, 1961. 11. 21. 1면.
27) 이정희, 〈한일협정반대운동의 추진과 전개: 운동주체, 운동양태, 이념정향을 중심으로〉, 《글로벌 정치연구》, 한국외국어대학교 글로벌정치연구소, 2015, 8~9쪽.

는 반공국가 이데올로기가 강하게 자리 잡고 있었다.**[28]**

　이는 단지 1960년대에만 국한되는 것은 아니었다. 1980년대까지도 이러한 시선은 여전하였다. 이를 잘 보여주는 것이 바로 김창생의 단편 〈세 자매〉이다. 소설 속에서 화덕, 화선, 화순 세 자매는 일본의 절에 안치되었던 부모님의 유골을 고향인 제주도로 모시기로 결정한다. 세 자매를 대신해 장남 천수는 제주로 향한다. 조선적을 지니고 있었던 천수는 한국으로 국적을 바꾼 후 제주행 비행기를 탈 수 있었다. 고향에 부모님의 유골을 모신 이들은 부모님의 묘지를 관리하는 먼 친척에게 소액의 외환어음을 보낸다. 하지만 이는 곧 반공국가의 이념 검증 대상이 되고 만다.

> 　서울 올림픽이 끝나고 한 달쯤 지났을 때, 천수는 국제전화를 받았다. 제주도에서 묘를 봐주고 있는 남자였다. 몹시 피곤한 목소리로 "편지에 쓴 여러분의 뜻은 감사하게 받았습니다. 여기 있는 저희들이 앞으로도 묘를 잘 보살피겠습니다. …… 다만, 이제부터 돈을 일절 보내지 마십시오." 그 말만을 전하고, 상대방은 전화를 끊으려고 했다. 천수가 당황해서 속사정을 물었다고 한다. 수화기 저쪽에

---

28) 해방 이후 남한 정부는 재일조선인에 대해 '기민(棄民)정책'으로 일관하였다. 친일파를 등용한 이승만 정권은 일본과의 적대적 관계를 정권 유지의 차원에서 정치적으로 활용하였고 박정희 정권 역시 대다수 재일조선인들을 '적색(赤色)'의 시선으로 바라보았다. 이러한 기민정책에 대해서는 재일조선인 사회가 친북적인 성향을 지녔기 때문에 반공 정책을 추진하는 남한 정부의 의도적 정책이었다고 보기도 한다. 오카다 유키, 〈해방 이후 재일조선인 사회의 '조국'관 형성: 제주 4·3 사건이 미친 영향을 중심으로〉, 연세대학교 대학원 석사논문, 2015.

서 남자가 숨을 크게 들이쉬는 것 같았다. 가라앉은 목소리로 중얼거리듯이 "이제 막 석방되었습니다."라고 남자는 대답했다.[29]

　고향 제주의 묘지기가 경찰에 체포된 이유는 일본에서 보내온 소액 외환어음 때문이었다. "향촛대 값"밖에 되지 않은 금액이었지만 경찰은 "일본의 친척은 공산주의자인가, 빨갱이인가."라고 물었다. "배후관계를 캐묻고 호적장부"를 조사한 이후에서야 경찰은 묘지기를 석방하였다. 이는 1960년대 이후 본격화된 경제 교류가 반공국가의 철저한 관리와 통제 아래에서만 가능했다는 점을 보여준다. 반공국가의 시각에서 보자면 재일은 여전히 북한과 연계된 '총련'의 근거지이자 반공국가를 위협할 수 있는 적색지대였다. 따라서 '재일교포'에 대한 전향적 태도는 반공국가의 관리와 통제를 전제로 작동하는 것이었다.

　88 서울올림픽이 개최되고 한국의 경제발전을 미디어를 통해 접했던 화덕, 화선, 화순 세 자매는 한국 정부가 "한국이 밝게 열려진 사회임을 전 세계에 보이기 위해 종래와는 다른 유연한 정책"을 실시하고 있다는 사실에 혹시라도 고향 땅을 밟을 수 있을지도 모른다는 기대감을 갖는다. 하지만 이들 세 자매의 고향 방문은 '조선적 포기'를 전제로 하지 않으면 안 되는 것이었다. 이들이 반공국가의 강요된 선택을 거부하는 순간 반공국가는 이들에게 '오열(五列)'과 '적색'이라는 시

---

29) 김창생, 〈세 자매〉, 《재일동포작가 단편선》(양석일 외, 이한창 역), 소화, 1996, 203~204쪽.

선을 거두지 않기 때문이다.

'재일'에 대한 여전한 경계의 시선에도 불구하고 '재일교포'를 호명하는 이유는 무엇일까. 여기에는 경제적 이유가 크게 작용했다. 쿠데타 세력이 정권을 잡은 직후인 1962년 제1차 경제개발 5개년 계획과 1964년 제주도종합개발계획의 수립으로 경제개발을 위한 투자재원 확보의 필요성이 대두되었다. 국가주도의 경제개발을 추진하기 위해 자금이 필요했던 박정희 정권이 한일협상에 서둘렀던 이유도 이 때문이다.[30] 이와 별도로 제주 지역에는 1964년 제주도종합개발계획 발표로 인해 근대화에 대한 기대감이 팽배했다. 제주도청이 1962년부터 발행한《제주도》지에는 지역 근대화에 대한 열망이 그대로 드러난다. 1964년 당시 제주도지사였던 강우준은 도정방침을 '복지제주 건설'이라고 밝히면서 이를 위해 농어촌의 근대화, 건설 사업의 추진, 관광개발 등의 필요성을 역설하고 있다.[31] 그런데 특이한 것은 여기에서 '재일교포와의 유대 강화' 방안이 제시되고 있다는 점이다. 강우준 도지사는 "본도 개발을 위한 의욕적인 투자 상호 교류를 통하여 재일교포와의 유대강화에 가일층 힘을 기울일 것"이라는 점을 분명히 하고 있다.

'재일교포'와의 유대 강화를 위한 방식으로 '의욕적인 투자 상호 교류'를 제시하는 대목은 1960년대 재일의 소환이 경제적 필요성에 의해 제기되었음을 보여준다. 경제성장을 위한 재일조선인과의 경제교

---

30) 김인덕,〈박정희 정부의 경제개발과 구로공단: 해방 이후 재일동포의 국내 경제 활동과 관련하여〉,《숭실사학》32, 숭실사학회, 2014. 6. 참조.

31) 제주도청,《제주도》13, 1964. 4. 8~13쪽.

류 필요성은 재일제주인과 제주와의 인적 교류 확대로 이어지기도 했다. 1961년 이후 실시된 '재일교포 방문'은 1964년까지만 하더라도 일곱 차례였고 제주도에서 산업경제시찰단을 조직해 일본을 방문한 것도 두 차례였다. 이러한 교류의 확대로 일본에서 제주로 유입된 자금은 현금이 한화 1300만 원, 기계류를 포함한 현물이 8500만 원 상당, 묘목이 140만 원 정도였다(1964년 4월 말 기준)[32] 재일제주인과의 경제교류 확대를 위해 제주도는 1962년 일본에서 결성된 재일제주도개발협회 주요 인사를 제주도로 초청해 좌담회를 개최하기도 한다. 좌담회에는 강우준 제주도지사를 비롯해 제주도경찰국장, 제주방송총국장 등 지역 유지들이 대거 참석했다. 참석자의 면면만 보더라도 재일제주인과의 경제교류에 대한 관심이 어느 정도였는지 짐작할 수 있다.[33] 이날 좌담회에서 특기할 점은 제주도경찰국장의 발언이다. 경찰국장은 재일조선인의 입국과 관련하여 많은 편의를 제공하고 있다며 다음과 같이 말한다.

(전략) 본도 경찰은 교포들에 대한 입국심사를 하지 않을 방침입니다. 둘째 연쇄적인 책임문제입니다. 가족 가운데 어느 한 사람으로 인한 사상문제를 전 가족에게까지 영향을 미치게 해서는 안 되겠다는 것입니다. (중략) 셋째 요시찰인에 대해 관용을 베풀고 있습니다. 현재 그 대상자가 3200명이나 되는데 극렬분자로 인정되는 20

---

32) 〈향토개발과 재일교포〉, 제주도청, 《제주도》 14, 1964. 5. 41쪽.
33) 위의 글.

여명만을 제외하고는 여기에 대한 감시를 해소하고 있습니다. (중략) 넷째 현재 본도출신 교포가 약 15만이나 된다고 하지만 정식으로 등록된 사람은 극히 적다고 합니다. 제주도개발협회에서는 나머지 교포들의 명단을 파악하셔서 제주도 출신 교포수의 완전한 파악에 많이 협조해 주시기 바랍니다. [34]

교포들에 대한 입국 심사를 간소화하고 심지어 연좌제 문제까지도 관용을 베풀고 있다는 경찰국장의 발언은 해방 후 재일조선인의 법적 지위 문제 등을 감안한다면 의도된 왜곡 혹은 제한된 조치일 가능성이 농후하다. 해방 이후 밀항은 그 자체로 불법이었다. 사상문제 등으로 인해 해방 이후 도일한 밀항자들 대다수는 불법 체류자의 신분으로 일본에서의 재류자격이 제한되었다. 특히 일본 정부와 GHQ의 재일한국인 재류관리 조치에 의해 1947년 5월 2일 외국인등록령이 강화되었다. 외국인 등록을 하기 위해서는 해방 이전부터 일본에 거주하고 있다는 증명이 필요했고 밀항으로 온 사람들, 특히 거주 증명을 할 수 없었던 사람들은 숨어 지내야만 했다. [35] 경찰국장이 여기에서 말한 "등록문제"란 밀항으로 인한 불법 체류자들의 외국인등록을 지칭하는 것으로 보아야 할 것이다.

주목할 것은 '재일교포'와 지역과의 경제적 교류가 '향토애'로 표상

34) 위의 글, 37~38쪽.
35) 이지치 노리코, 〈재일제주인의 이동과 생활〉, 《제주와 오키나와》, 제주대학교 탐라문화연구소·재일제주인센터, 2013, 309~310쪽.

되는 자발성으로 표현된다는 점이다. 1923년 제주-오사카 직항로 개설로 많은 제주인들이 일본으로 도항하면서 제주 경제는 오사카 경제권과 밀접한 관련을 맺게 되었다. 특히 제주인들의 도항과 그 후 정착 과정이 상호부조적 성격을 띠면서 제주와 재일제주인과의 경제적 교류는 마을 친목회, 향우회 등을 중심으로 전개되었다. 1937년에 발행된 《제주도세요람》에 따르면 1927년 재일제주인의 송금액 규모는 77만4784엔으로 일인당 송금액은 평균 27엔이었다. 1933년에는 송금액이 85만7000엔으로 늘어났고 일인당 송금액도 29엔에 달했다.[36] 송금액 이외에 제주로 귀향할 때 소지하고 들어온 금액도 있었던 것으로 추정한다면 식민지 시기 재일제주인의 도항과 귀향이 제주 경제에 상당한 영향을 미쳤다는 점을 알 수 있다.[37]

하지만 1960년대 이후의 경제교류는 그 필요성이 지역 내부, 특히 제1차 경제개발 5개년 계획과 제주도종합개발계획 수립으로 인한 위로부터의 기획에 의해 촉발되었다. 그리고 이러한 위로부터의 기획은 '애향심'과 '향토애'라는 자발성을 수렴하는 방향으로 전개되었다. 1962년에 《제주도》지에 실린 〈재일교포의 자본도입문제〉는 1960년대 이후의 경제교류가 국가 기획의 소산이라는 점을 보여준다.

제1차경제개발 5개년 계획을 성공하기 위하여서는 연간 1억여 만 불의 외자도입의 성공에 있으며 외자유치가 불가능하다면 이 5개년 계획도 모래 위에 세워진 궁전에 불과하다고 한다. 그동안 혁명정부

---

36) 제주도청, 《제주도세요람》, 1937.
37) 김희철·진관훈, 앞의 글, 481쪽.

는 대내적으로는 외자도입법의 개정을 비롯하여 외자도입의 기준령 외자도입 〈센터〉와 외자도입국의 신설 대외적으로는 대미교섭에 있어서의 우호적인 협조 정부 경제 사절단 및 민간 경제 사절단의 자유우방 파견 자유우방과의 통상조약 체결 해외경제관 파견의 강화 등 눈부신 정도의 계획과 활발한 움직임을 보이고 있다.

그런데 제1차 5개년 계획 중 외자조달액은 약 7천억불로서 올해는 1억불의 외자도입을 꾀하고 있다. 그런데 여기에서 특히 주목할 만 한 것은 62년에 민간투자액 2천여 억원의 돈을 어떻게 투자할 수 있도록 할 것인가가 큰 두통거리가 되고 있는 중이다.[38]

여기에서는 경제개발 5개년 계획의 성공을 위해 민간 투자, 특히 외자유치의 필요성을 강조하고 있다. 박정희 정권이 한일회담을 추진하면서 '재일교포투자도입문제'를 중요한 국책과제로 제시한 것도 바로 이 때문이다. 특히 지역에서의 토착적 자본의 형성이 전무한 상황에서 "재일제주출신 교포"들은 '향토개발'의 주역으로 호명되었다. "제주도의 개발에 뜻있는 향토 출신 실업인들의 발기를 요청"하면서 '재일교포'들은 "모국의 경제재건과 향토의 자원개발"을 담당해야 할 "국민적 의무"를 지닌 자들로 불려진다. 이러한 인식은 재일제주인이 경제 개발의 요구에 부응하는 한에서 '국민'으로 호명되고 있음을 보여준다. 이러한 호명 앞에서 밀항선을 타고 제주를 떠난 남승지와 '제국' 내에서 민족적 차별과 경제적 격차를 감내해야 했고 해방 이후에

---

38) 한치문, 〈재일교포의 자본도입문제〉, 제주도청, 《제주도》, 1962. 5. 124쪽.

도 경제적 빈곤에 시달려야 했던 수많은 '재일'의 목소리들은 거세된다. 예를 들면 말년에 중풍에 걸리고 일본인 첩 '사다코'로부터도 외면당한 김준평'들'은 이러한 호명의 대상이 되지 못했다. 그가 북송을 선택했던 것은 '지상낙원'이라는 북조선의 선전을 믿었던 때문이기도 하지만 남한에서 '재일'의 호명이 경제적 필요성에 의해 '발견'되었기 때문이기도 할 것이다.

자발성의 양상과 동원의 수사학

국가의 기획은 재일제주인을 교류의 대상으로 '발견'했다. '개발과 조국근대화'는 민족적 목표였고 이를 달성하기 위해서 국가주도의 개발동원 체제가 가동되었다. 이때의 동원에 대해서 조희연은 "국가를 중심으로 한 위로부터의 사회조직화와 재편"이라고 설명하며 이를 위해 국가는 "특정한 국가적 목표를 향해 사회를 특정한 방향으로 변화시키는 기획자이자 선도자로서의 역할"을 한다고 말한다.[39] 이러한 동원의 방식은 종종 국가 주도의 기획에 포섭된 개인의 강요된 자발성으로 구현된다.[40] 그렇다면 '제국의 시대'와 '냉전의 시대'를 관통한

---

39) 조희연, 《동원된 근대화》, 후마니타스, 2010, 33쪽.
40) 국가의 기획과 개인의 강요된 자발성에 대해서는 여러 논의가 있다. 특히 새마을 운동이 박정희의 단독 기획이 아니라 1930년대 농촌진흥운동 세대의 경험과 길 항하며 진행되었으며 국가주도의 기획과 때로는 충돌하면서 기획 자체의 균열을 가져왔다는 점은 김영미의 《그들의 새마을운동》에서 소상하게 밝히고 있다. 김영미, 《그들의 새마을운동》, 푸른역사, 2009.

재일제주인은 국가 기획의 호명에 어떻게 반응했을까. 그리고 그들의 자발성은 과연 어떠한 형태로 나타난 것일까.

양석일의 단편 〈제사〉에서는 흥미로운 부분이 등장한다. 그것은 제사를 지내기 위해 모인 재일제주인들의 고향 방문담을 이야기하는 대목이다.

> "당신은 재미를 보았지만, 나는 3개월 전 고향에 갔었는데 몸에 지닌 것을 전부 털리고 왔소."
>
> 오랫동안 만나지 못했던 고향 사람들은 가진 돈을 몽땅 털어 가는 것만으로는 부족했던지 입고 있던 코트, 손목시계, 라이타는 물론이며 내의까지 가져갔다며 그들을 욕했다.
>
> "고향 사람들은 모두 알코올 중독자들인데 집에서 빚은 싸구려 술에 건강을 해쳐 눈이 벌겋게 짓물러 백내장에 걸린 사람도 있었지요."
>
> 그는 가까운 장래에 고향인 제주도를 모나코나 라스베가스와 같은 관광지로 만들어야 한다고 주장했다. 그것만이 그들을 구하는 길이라는 것이다.
>
> "저 미개의 땅에……" 하고 그는 말했다.
>
> "문명의 빛을 주는 것이야." 하고 그는 역설했다. 그에게 문명이라는 것은 자본의 논리이며 고층 빌딩을 말하는 것이다. 고속 윤전기가 찍어 내는 지폐보다도 빨리 회전하는 소비와 생산 같은 것이었다.[41]

---

41) 양석일, 〈제사〉, 《재일동포작가 단편선》, 소화, 1996, 17쪽.

1981년 발표된 짧은 단편에서는 재일제주인의 고향에 대한 인식이 가감 없이 드러난다. 그것은 재일제주인이 고향의 후진성을 문제 삼으며 "문명" 이식자의 역할을 담당한다는 점이다. 이는 일본이라는 선진국에서의 생활에 대한 자신감의 표현이기도 하며 재일제주인이 1960년대 이후 지속된 제주 근대화의 선도자라는 자기규정이기도 하다. 때문에 알코올 중독에 걸린 고향 사람들은 전근대적 의식에 머물고 있는 존재들이며 그들을 구하기 위해서는 근대의 이식이 필요하다고 말한다. 전근대적 사고방식에 사로잡힌 고향 사람들에 대한 비판적 시선은 그들에게 "문명의 빛"을 줘야 한다는 자신감으로 작용한다. 하지만 이러한 인식은 재일제주인 내부에서조차 즉각적인 비판에 직면한다. 한국의 눈부신 경제발전을 선전하며 박정희 대통령으로부터 표창까지 받았다고 떠벌리는 남자에게 조총련 활동가 '박씨'는 이렇게 말한다.

한국은 세계 각국에서 마구 돈을 빌려오고, 또 외화를 벌어들이기 위해서는 노동자와 처녀도 태연히 팔아 먹고 있지 않은가. 더구나 극소수의 몇몇 인간들이 민중을 수탈하고 막대한 이권을 멋대로 남용하고 있다. 경제원조라는 허울 아래 오직(汚職)이 판을 치고 정계와 재계는 뼛속까지 썩어 있다. 아이들은 제대로 학교에 가지도 못하고, 누더기를 걸치고 배를 주리고 있으며, 길거리에 나와 구두닦이와 껌팔이를 하고 있다. 하지만 부모들은 따끈따끈한 잠자리에 배깔고 누워 여자와 맛있는 음식으로 마음껏 호사하고 있다. 우리 공화국의 부모는 검소한 생활을 하고 있으며, 위대한 김일성 주석의 배려로 힘써 일하며 또한 아이들은 근검성실한 부모의 보호 아래 청

결한 옷과 배부른 식사와 좋은 교육을 받고 있다.[42]

다분히 체제 선전적인 항변이지만 여기에는 1960년대 이후 시작된 박정희 정권의 개발동원체제의 모순에 대한 재일제주인 사회의 인식이 드러난다. 그것은 박정희 정권의 근대화가 체제 모순에 직면할 수밖에 없다는 근본적 한계에 대한 지적이다. 민단 소속이었기에 남한을 방문할 수 있었던 재일제주인과 총련 소속으로 일본에 거주했던 재일제주인 사이의 간극은 1960년대 이후 벌어졌던 경제교류가 다분히 국가 기획의 근대화 목표를 벗어날 수 없었다는 점을 보여준다.

1960년대 이후 재일제주인의 경제 교류는 민단 소속으로 한정되어 있었다. 1962년 일본에서 창설된 제일제주도민회의 가입 조건은 민단의 국민등록을 완료한 자에 한했다.[43] 재일제주도민회의 창립 배경에 대해서는 다음과 같은 설명을 참조할 필요가 있다.

> 1961년 5·16혁명이 일어나고 제주도에는 김영관 도지사가 취임하고 한국정부에서 제주도의 발전에 커다란 관심을 돌리기 시작함으로써 일본에 거주하는 제주도출신 교포들의 향토에 대한 관심도 비상히 높아졌습니다.
>
> 당시까지 일본에서의 제주도출신들은 출신 향리를 중심으로 대부분의 교제를 하여왔고, 이러한 〈마을 친목회〉를 중심으로 고향에 대한 동경을 이야기해 왔지만 이때부터 차츰 마을 단위의 모임이 아니

---

42) 양석일, 앞의 글, 18~19쪽.
43) 김두중, 〈재일제주도민회의 10년과 전망〉, 제주도청, 《제주도》 57, 1972. 10. 54쪽.

라 제주도 전체적인 모임을 가져야 한다는 움직임이 나타나가기 시
작한 것입니다.

　이때까지는 단순한 향수가 모임의 목적이었고 동향인들끼리의 교
제가 중심이었다면, 1960년대에 들어서면서 부터는 우리들도 비록 외
국에 거주하고 있으나 향토의 발전에 기여해야 한다는 사상이 대두하
게 된 것입니다. 이러한 제반정세가 1962년 2월에 드디어 大阪지방을
중심으로 해서 〈재일본제주도민회〉의 창립을 보게 한 것입니다. **44)**

　60년대 이후 시작된 경제교류의 대상은 재일제주인 사회, 그중에서
도 민단을 주축으로 한 재일제주도민회와 재일친선협회 등의 조직이
었다. 물론 이전에도 마을 단위의 친목 모임은 있었다. **45)** 마을 단위
친목 모임이 제주도 차원의 조직으로 발전하게 된 계기는 제주에서
재일제주인과의 경제교류 필요성을 인식하던 1960년대 이후이다. 지
역에서의 '재일'에 대한 관심이 재일제주도민회 결성으로 이어졌다는
설명은 그들 조직 결성에 제주에서의 '재일' 인식의 변화가 일정한 영
향을 주었음을 의미한다. 이를 재일제주도민회 관계자는 "향토 발전
기여"라고 설명한다. 그들의 '향토 발전 기여'는 제주에 '문명의 빛'을
이식하는 일이었다. 근대의 전달자라는 그들의 자부심은 자발적 움
직임에 의한 것만은 아니었다. 제주도종합개발계획이라는 국가 정책
의 시행이 그들의 '애향심'을 촉발하는 계기가 되었다. 특히 박정희 정

---

44) 위의 글, 54쪽.
45) 대표적인 것인 제주시 애월읍 고내리 출신들로 구성된 고내리친목회로 이들은 해
　　방 이전에 이미 마을을 단위로 한 강한 결속력을 보였다. 고광명, 앞의 책, 81쪽.

권 아래에서 교포 재산반입 문제가 중요하게 대두되면서 재일조선인의 남한 내 투자가 가능하게 된 제도적 변화도 크게 작용하였다.[46]

재일제주인과의 경제교류 확대 필요성은 제주도 차원의 문제만은 아니었던 것으로 보인다. 1965년 3월 제15차 경제장관회의에서 제주도 개발을 위한 해외교포의 반입물품을 특별허가하고 감세 혜택을 주는 특례조치가 결정됐다는 사실을 보더라도 제주도 개발과 재일제주인의 제주 투자문제는 정권 차원의 관심사였다.[47]

때문에 제주도청에서 펴낸 기관지《제주도》지에 도쿄에서 결성된 재일친선협회나 오사카를 중심으로 조직된 재일제주도민회 등과 관련한 내용들이 자세하게 소개되는 것은 우연이 아니다. 그것은 제주도청이 앞장서 국가 주도 기획을 실천하는 행위였으며 이를 통해 재

---

46) 재일조선인의 재산반입문제는 해방 이후 귀국동포들의 권리 차원에서 처음 논의되기 시작했다. 하지만 군사 쿠데타로 집권한 박정희는 한일회담을 통한 경제협력을 논의하면서 외자도입의 손쉬운 통로로서 재일조선인에 주목했다. 일본의 고도성장기에 자본축적을 한 재일조선인의 국내 자본 투자를 위해서는 기존 귀국자에 한해서 인정되었던 재산반입제도를 손볼 필요가 있었다. 특히 1960년대 이후 시작된 재일조선인 경제교류에서 제주도 개발을 위한 재일제주인의 역할은 컸다. 이러한 상황에서 재산반입의 조건인 '귀국자' 제한이 철폐된 것이 1963년 7월 조치였다. 7월 조치 이후 1963년 말까지 국내에 반입된 금액은 278만 달러였다. 당시 외국인 직접투자가 500만 달러였다는 점을 비교한다면 상당한 규모다. 하지만 재산반입이 시작되면서 물가 상승을 우려한 박정희 정권은 12월 조치를 통해 재산반입의 조건을 귀국자로 한정하고, 비귀국자의 경우는 과세가격 5천만 원 이상의 자기 소유 재산을 반입할 때만 재산반입으로 규정한다는 예외 규정을 두었다. 신재준, 〈1963-65년, 박정희 정부의 교포재산반입제도 운용〉,《한국문화》69, 2015. 3. 참조.

47) 위의 글, 271쪽.

일제주인의 자발성을 '애향심'으로 동원하는 동원의 방식이었다. 이러한 동원의 양상은 1972년 제주도청에 교민계가 설치되었다는 점에서도 확인할 수 있다. 이 조직의 임무는 해외교포의 실태조사, 지역사회개발에 대한 참여의식 고취, 지역사회 발전에 대한 PR, 고향 방문교포 상담 등이었다.[48] 일본 내에서 그들이 직면했던 불안한 법적 지위와 민단과 총련으로 양분된 재일조선인 사회의 냉전적 상황의 지속은 관심의 대상이 아니었다. 제주도청의 관심은 재일제주인을 지역사회 개발에 참여시키기 위한 동원의 효율적 운용이었다. 지역사회 발전 상황을 재일제주인 사회에 알리고 그들의 고향방문-이때의 방문 역시 제한적인 범위에 국한되었다.-에 편의를 제공하는 것 역시 바로 이러한 동원의 연장선상이었다. 재일제주인 문제를 지속적으로 언급하고 있는 《제주도》지에서 자주 등장하는 '애향심'이란 결국 동원을 위한 수사에 불과한 것이었다.[49] 이러한 동원의 수사학은 국가

---

48) 강창수, 〈제주도의 교민행정〉, 제주도청, 《제주도》 57, 1972. 10. 47쪽.

49) 참고로 《제주도》지에서 재일교포 문제에 대한 기사를 정리하면 다음과 같다. 기사 제목과 호수만 명기한다. 한치문, 〈재일교포 자본도입문제〉 2; 김영관, 〈재일교포와의 유대강화의 길〉 5; 강상보, 〈재일교포의 실태〉 13; 김태진, 〈재일교포와의 유대문제〉 14; 김영관, 〈재일교포에 대한 나의 신념〉 15; 강상보, 〈재일교포의 실태 분석〉 17; 고원일, 〈향토개발에 따른 재일교포의 사명〉 25; 정승배, 〈6회 체전과 재일교포팀의 출전〉 56; 강창수, 〈제주도의 교민행정〉; 김두중, 〈재일제주도민회의 10년과 전망〉; 김병웁, 〈제주도와 재일본 제주도민〉; 송희주, 〈재일본 제주도민의 향수〉 57; 강창수, 〈재일교포를 맞는 향인의 자세〉; 고영은, 〈재일교포의 향토 개발 참여〉; 김문규, 〈재일교포와 애향심〉; 김봉학, 〈제주도 개발과 재일교포의 투자〉; 송석범, 〈재일교포의 참여실적〉; 홍순만, 〈재일교포와 향토와의 가교〉 64; 송무훈, 〈교민업무와 재일동포〉 72.

기획에 의해 고안된 측면된 있지만 재일제주인의 자발적 선택에 의해
발화되기도 했다.

하지만 동원의 수사학은 동원의 주체와 대상, 반공국가의 규율 사
이에 긴장을 내포할 수밖에 없었다. 이를테면 1960년대 이후 재일교
포에 의해 도입되기 시작한 감귤 기증과 관련한 세관 당국과의 갈등
은 '재일'과 제주의 교류에 대한 남한 정부의 이중적 태도를 보여준다.
일본에서 감귤묘목을 들여오기 위해서는 일본과 남한에서의 검역을
통과해야만 했다. 특히 남한 정부의 수입허가를 얻는 일은 쉽지 않았
다. 감귤 묘목 반입을 둘러싼 갈등에 대해서는 다음과 같은 증언을 확
인할 수 있다.

> 감귤묘목을 둘러싸고 행정기관이 서로 갈등을 빚는 일은 늘상 벌어
> 지던 일이다. 재일동포들의 감귤묘목을 기증받는 기관인 제주도와
> 세관 간에는 번번이 시비가 붙었다. 도에서는 즉시 통관과 면세(免稅)
> 를 주장한 반면, 세관은 규정에 없는 불합리한 조처이므로 받아들일
> 수 없다는 태도를 보였다. 이처럼 갈등현상이 자주 벌어진 까닭은 묘
> 목 반입을 처리하는 체계적인 행정시스템이 미미했던 탓이 컸다.
> 얼마나 분쟁이 많았으면 1965년 3월 박정희 전 대통령이 직접 손
> 을 걷어 부치고 나섰다. 박 대통령은 그해 제주도를 방문한 자리에
> 서 구두(口頭)로 특별지침을 내렸다. **50)**

박정희 정권은 경제개발을 명분으로 내세우면서 재일교포와의 경
제적 교류를 타진하였다. 하지만 이러한 경제적 교류는 그 자체로 반
공국가 내부의 균열을 전제로 하지 않으면 안 되었다. 감귤묘목 반입

을 둘러싼 세관과의 갈등은 '재일'과의 경제적 교류가 법과 제도의 개선을 필요로 하는 것을 의미한다. 자본의 교류는 식민지 시기의 상호부조적 성격에서 국민국가의 경계 획정을 통해 그 성격이 전환되었다. 재일동포공적조사위원회는 이를 '불합리한 규제'로 인식하고 이러한 규제완화의 개선자로서 '박정희 대통령의 특별지침'을 거론하고 있다. 하지만 이러한 특별지침의 존재 자체가 제주와 재일제주인들과의 경제교류가 국가의 통제와 관리를 전제로 하고 있음을 보여준다.

'정신적 환향'과 강요된 조국애

반공국가는 경제적 교류의 대상으로 '재일'을 호명하기 시작하였다.

---

50) 재일동포모국공적조사위원회, 《母國을 향한 在日同胞의 100年 足跡》, 재외동포
재단, 2008, 157쪽. 재일동포공적조사위원회의 주체는 다음과 같다. 위원장 김진
홍(초대 오사카한국총영사), 부위원장 이선희(박정희 의장 교민담당특보), 감사
현선일(재일민단 본국사무소 소장), 간사 이민호(통일일보 서울지사장), 위원 황
선구(해외교포문제연구소장), 신혜일(재일한국인본국투자협회장), 신진우(재일
한국인본부투자협회 부장), 김정희(재외동포재단 과장), 자문 박병헌(재일민단
상임고문), 조일제(전 국회의원), 손대준(한·일협회 회장), 오기문(재일민단 전 부
인회장). 위 책의 작성 주체에서도 확인할 수 있듯이 박정희 정권 시절부터 본격
화된 재일교류의 과정을 '조국 근대화'에 기여한 재일동포의 애향심으로 그려내
고 있다. 하지만 이들의 증언을 바탕으로 한 이 책에서는 박정희 정권 시절 재일
동포 정책의 이중성은 드러나지 않는다. 많은 기억들이 박정희 정권 아래에서 전
개되었던 재일교포와 경제적 교류, 그리고 남한 사회의 근대화에 기여한 긍정적
인 측면에서 기술되고 있다.

호명의 대상은 제한적이었다. '문명의 빛'을 전달해야 한다는 재일제주인의 사명감은 반공국가의 호명에 대한 자발적 선택이었다. 하지만 이러한 자발성은 반공국가를 위협하지 않는 한에서만 용인되었다. 그리고 이것은 종종 '조국애'의 강요로 이어졌다.

제주와 재일제주인과의 경제적 교류가 확대되면서 제주도청에는 1972년부터 교민행정계가 설치되었다.[51] 당시 부서 담당자였던 송무훈은 재일제주인과의 경제 교류의 확대에 대해 이야기하면서 '재일동포의 정신적 환향'을 강조한다. '정신적 환향'의 정체는 '주체성 있는 조국애와 향토애'였다.

> 우리나라가 북한 공산주의자들과 대결하고 있는 현실을 조금이라도 이해하는 자라면 우리의 현실을 조금이라도 왜곡할 수가 없다. 따라서 교포들은 이러한 조국의 현실을 바로 인식하고 주체성 있는 배달 겨레로서의 긍지를 가지고 이국(異國)에서라도 항상 총화를 이루어주었으면 한다. 누가 뭐라던 간에 조국은 엄연한 나의 조국이요, 조상은 엄연히 핏줄을 이어받은 나의 분신이기 때문에 조국과 겨레가 없는 백성은 없다.[52]

그가 말하는 조국은 어디인가. 말할 것도 없이 반공국가 남한이다. 그가 말하는 주체성이란 반공이라는 '국시(國是)'의 내면화이다. 이러

---

51) 송무훈, 〈교민업무와 재일동포: 업무수행에서의 몇 가지 소감〉, 제주도청,《제주도》72, 1977, 113쪽.

52) 위의 글, 114쪽.

한 호명의 방식은 해방 이후 재일조선인들의 일본 내에서의 법적 지위 문제, 나아가 그들이 직면했던 시대적 맥락을 소거한다. 제주 4·3 당시 밀항을 선택한 재일제주인들이 남한 사회에서 오랫동안 금기시되어 왔던 4·3에 대해 일찍부터 주체적 자각을 하기 시작한 것을 감안한다면 이는 편의적 발상이다. 《화산도》에서 그려지고 있는 것처럼 밀항선을 타고 일본으로 향했던 남승지'들'은 학살을 피하기 위해 불가피하게 일본을 선택하였다. 이들의 일본행은 고향에서의 학살 참상을 증언하는 실체적 증거였다. 4·3체험 세대의 일본행이 재일제주인 사회에 한국 정부에 대한 불신과 반감을 확산시켰고 자연스럽게 조총련에 대한 지지로 이어졌다는 지적[53]은 역설적으로 밀항선을 타고 떠난 남승지'들'이 조국의 호명을 받기 위해서는 반공을 받아들이지 않으면 안 되었다는 것을 의미한다.

그동안 제주 지역과 재일제주인과의 경제 교류는 향토애의 순수성과 근대에 대한 열망으로 해석되어 왔다. 하지만 이는 해방 이후 '재일'의 의미와 시대적 맥락을 외면한 분석이다. 제1회 제주 4·3평화상 수상자인 김석범이 《화산도》 완역 발간을 기념하기 위한 학술대회에 참석하지 못한 사실을 보더라도 '재일'의 호명은 제한적으로 발화되어 왔음을 알 수 있다.[54] 그런 점에서 재일제주인의 제주 경제에 대한 기여와 동기는 보다 면밀히 분석될 필요가 있다. 이 글의 문제의식도 여기에 있다.

---

53) 오카다 유키, 앞의 논문, 69쪽.
54) 경향신문, 2015. 10. 15.

재일제주인에 대한 역사와 경제사 등 학제간 연구의 필요성에도 불구하고 지역에서는 그들을 근대적 개발의 기여자로서 일관되게 호명해왔다. 경제개발이라는 관점에서만 재일제주인을 바라보는 것은 '재일'의 의미를 협소화할 우려가 있다.

표준어의 폭력과
지역어의 저항

지역어-표준어의 외부

제주 출신 시인인 김광협은 그의 시 '국어'에서 '말하지 않고 들리지 않는' 국어의 존재를 의식한 바 있다.

> 國語여,
> 너 어두운 밤의 고행자여.
> 밤은 깊어 貧者의 一燈을 혀고
> 만나는 나의 國語,
> 그는 말하지를 않는다.
> 말하되 들리지를 않는다.
> 너는 어이 홀로이
> 어두운 밤길을 떠도는 放浪者였더냐.

나는 그를 찾아 헤매고 그는 나를 피해 어데로인지 가버린다.

이 어둡고 끝없는 밤에.[1]

  김광협에게 '국어'는 말하지 않고 들리지 않는 언어였다. 시인에게 '국어'는 찾아 헤매야만 도달할 수 있는 존재였다. 시인이 국어를 찾기 위해 밤을 밝힐 때 '국어'는 '너'라는 2인칭의 세계와 '그'라는 3인칭의 세계를 부유한다. 시인은 '국어'를 만날 수 없다. '국어'는 끝내 찾을 수 없는, 주체의 인식 바깥을 맴도는 존재이다.

  이 글을 김광협의 '국어'에서 시작하려는 이유는 제주 4·3문학을 '언어'의 관점에서 검토함으로써 제주 4·3문학의 현재성과 가능성을 모색하기 위함이다. 그동안 제주 4·3문학은 국가폭력의 양상을 증언하는 진실규명의 측면에서 많이 논의되어 왔다. 여기서는 국가폭력의 관점이 아닌 '언어', 즉 표준어/지역어의 관계 속에서 살펴보려 한다. 제주 4·3문학을 논의하기에 앞서 김광협의 시 '국어'를 먼저 거론하는 이유는 이 시가 지역어/표준어라는 (무)의식적 위계를 드러내기 때문이다.

  김광협은 제주 4·3문학을 거론할 때 논의되지 않는 작가이다. 그는 제주 농촌을 서정적으로 드러내는 데 천착했고 직접적으로 4·3을 소재로 한 작품을 창작하지 않았다. 그럼에도 여기에서 김광협을 먼저 거론하는 까닭은 그가 '지역어-문학자'와 '국어'의 존재, 즉 표준어/지역어의 위계를 상징적으로 보여주고 있기 때문이다.

---

1) 김광협,《천파만파》, 현대문학사, 1973, 18~19쪽.

국어가 주체의 외부를 떠도는 존재라는 의미는 무엇인가. 그것은 '모(국)어=국어'라는 인식이 학습된 것이며 국어와 모(국)어 사이에 근본적인 균열이 잠재되어 있음을 보여준다. 국어와 모(국)어의 균열을 감지하고 있는 시인에게 국어는 끊임없이 헤매며 찾아야 하는 대상이지만 끝내 다다를 수 없는 존재일 뿐이다.

이때 시인의 선택지는 무엇이 될 수 있을까. 시인이 '국어'의 외부성을 인식하는 것은 시인으로서의 상상력의 수행과 사고의 확대가 결국 어떤 한계에 다다를 수밖에 없다는 절망의 토로이다. 그리고 이러한 절망은 역설적으로 모(국)어와 국어가 균일하지 않으며 '국어'와 타협할 수 없는 지역어의 존재가 있음을 인식하는 것이다.

'국어'가 하나의 곤혹[2]으로 다가왔을 때 시인이 선택한 것은 지역어의 세계였다. 김광협 자신이 제주민요시집이라고 명명한 《돌할으방 어디 감수광》(태광문화사, 1984)은 바로 이러한 선택의 결과물이다. 그는 책 서문에서 "제주 사람들이 쓰는 말(言語) 그대로를 가지고, 제주 사람들의 한 시대의 생각(思想)과 삶의 모습(生活)을 그려본 것"이라고 밝히고 있다. '국어'의 외부성 앞에서 좌절했던 시인은 지역어의 세계로 눈을 돌렸다. 제주민요시집을 엮는 이유를 밝히고 있는 짧은 서문에서 그는 이렇게 덧붙이고 있다.

---

2) 여기서는 잠정적으로 '곤혹'이라는 용어를 사용한다. 지역어와 표준어 사이의 긴장 관계에만 주목한다면 길항이라는 용어가 적절할 것이다. 하지만 여기에서는 지역 주체가 표준어와 지역어라는 이중의 언어체계를 받아들이는 방식, 특히 차별의 내면화 과정과 표준어가 지역주체의 신체에 기입되는 과정을 둘러싼 심리적 태도에 주목하면서 잠정적인 용어로서 '곤혹'을 사용하고자 한다. 영어식으로 표현하자면 'perplexity' 정도의 개념으로 상정하고 논의를 전개한다.

말이란 사고이며 삶 그 자체다. 삶의 기본 키(舵)다. 그러기에 여기서는 '제주'라는 한 지역 사람들이 어느 한 시간대에 어떠한 삶의 키를 지니고, 어떠한 생각으로 삶을 살아갔나를 살펴보게 된다.

주석도 달아보고 서울말로 옮겨도 보았는데 맛이 달라진다. 옮겨 보니 율조도 맞지 않고, 뜻도 그렇고, 맛이나 멋이 사뭇 떨어진다. 하는 수 없는 일이다. **3)**

서문에서 나타나듯이 '말'과 '서울말'의 대비는 결국 '지역어'와 '표준어'의 차이를 인식하는 것이다. 주석을 달면서까지 그는 제주어 시 쓰기에 몰두했다. "맛이 달라"지고, "율조도 맞지 않고", "맛이나 멋이" 떨어져도 어쩔 수 없이 제주어로 시를 쓸 수밖에 없었던 이유는 무엇이었던가. 그것은 '표준어-국어'로는 수렴될 수 없는 지역어의 독자성을 인식했기 때문이다. 이러한 비타협적 글쓰기에 대해서 송상일은 다음과 같이 평가한다.

도대체 국어란 자국 밖의 세계 말들에 대해서는 방어적인 한편 대내적으로는 방언·속어·비어 등을 솎아내는 소탕전의 성격을 띤다. 그리하여 넓은 의미의 국어에 속했던 이 불가촉 천민의 말들은 공민권을 박탈당하고 국어의 밑바닥 또는 변두리를 떠도는 신세가 되고 만다. 그러나 표준말이란 무엇인가. 그것은 〈규범〉이며, 그것도 서울 중류사회의 〈교양있는 사람〉이 쓰는 말을 규범으로 하는 규범이

3) 김광협, 앞의 책, 3쪽.

다. 사투리로 말하고 쓰기로 고수할 경우, 그것은 이 규범 문화의 독점에 대한 항의를 내포한다. **4)**

송상일은 지역어를 "불가촉 천민의 말"이자 "공민권을 박탈당"한 언어이며, "국어의 밑바닥", "변두리를 떠도는 신세"라고 자조적으로 말하고 있다. 그는 '국어'로 수렴될 수 없는, 그래서 표준어의 한계를 드러내는 시 쓰기에 대해서 "번역 불가능성"이라는 꼬리표를 붙인다. **5)** 이 '번역 불가능성'이란 결국 '표준어-국어'의 형상과 지역어의 형상이 분절되어 있음을 의미한다. 즉 '표준어-국어'는 별도의 학습이 전제되어야 한다. 김광협이 시에서 '국어'를 끊임없이 찾아 헤맬 수밖에 없다고 토로한 것도 '국어'가 모(국)어로서 선험적으로 주어진 것이 아니라 학습의 집적물이라는 사실을 인지하고 있기 때문이다. 끊임없이 학습을 해야만 하는 '국어'는 그러한 이유 때문에 역설적으로 학습으로는 극복할 수 없는 외부에 존재한다. 이러한 외부성이야말로 바로 불가능의 영역이다. '번역의 불가능성'이란 '국어'와 '지역어' 사이의

---

4) 송상일, 〈'살아진다'의 부정과 긍정〉,《돌할으방 어디 감수광》, 183~184쪽.
5) 김광협의 제주어 글쓰기에 대해서는 이성준, 〈'제주어 문학'의 가능성과 한계-김광협의《돌할으방 어디 감수광》을 중심으로-〉,《배달말》51권, 2012 등의 연구가 있다. 이성준은 텍스트에 대한 문학적 접근을 통해 제주어 문학의 가능성을 타진하고 있다. 김광협의 시세계에 대해서는 김지연, 〈김광협의 농민시 고찰-《농민》을 중심으로〉,《영주어문》, 2014와 〈1960년대 제주시단-김광협, 김용길의 작품소고〉,《영주어문》, 2004 등이 있다. 지역어 글쓰기의 가능성을 모색하는 것과는 별도로 지역어 글쓰기에 대해서는 문학사상적인 측면에서 고찰할 필요가 있다.

간극을 넘어설 수 없다는 의미이다. 이때의 불가능성이란 '국어'라는 중심에 포섭되고자 하지만 결국은 포섭될 수 없는, 근원적 불가능성일 수밖에 없다. '국어'의 외부에서 '국어'를 지향하지만 본질적으로 좌절할 수밖에 없는 존재. 김광협의 시 '국어'는 바로 이러한 좌절의 인식 위에 놓여 있다.

제주 4·3문학을 거론하기에 앞서 '국어'의 문제를 꺼낸 이유는 중심-주변의 위계 속에서 제주 4·3문학, 더 나아가 제주문학을 상상하는 것이 아니라 한국-제주의 관계망 속에서 바라볼 필요가 있기 때문이다. '국어'의 외부성과 비타협적인 지역어의 관계를 인식하였듯이 국민국가의 외부로 존재하는 제주·제주문학의 가능성을 타진해 보자는 것이다. 국가와 제주를 나란히 놓는 것은 제주를 국민국가의 내부가 아니라, 국민국가의 외부, 즉 대한민국의 낯선 타자로서 제주·제주문학을 상상하기 위함이다. 이는 기존의 제주 4·3문학의 성과를 바탕으로 국민국가로 수렴될 수 없는 비타협적 문학의 가능성을 살펴볼 필요가 있기 때문이다.

국어가 하나의 곤혹으로 다가왔던 것처럼 제주 4·3문학에 있어서도 국가는 곤혹스러운 존재였다. 국가는 가해자이기도 하였으며 진상규명의 법적 주체이기도 했다. 제주 4·3 진상규명이 지역 내에서의 투쟁의 산물이라는 점은 부인하기 힘들다. 그리고 이러한 노력의 결과가 제주 4·3진상규명 특별법 제정으로 이어졌다는 점도 부정할 수 없는 사실이다. 그럼에도 가해자 국가가 진상규명의 주체로 자리를 바꾸었을 때 제주 4·3, 나아가 제주 4·3문학에 있어 국가는 곤혹스러운 존재일 수밖에 없다.

제1회 4·3평화상 수상자로 선정된 김석범을 두고 벌어진 일련의 논란을 상기해 보자. **6)** 평화상 논란과 함께 보수단체의 단골 메뉴로 등장하는 것이 '제주 4·3불량위패' 주장이다. 이들은 헌법재판소의 2001년도 결정을 근거로 지속적으로 '불량위패' 문제를 제기하고 있다. **7)** 4·3특별법 제정 이후 헌법재판소는 이미 희생자에 포함될 수 없는 사람들을 분명히 밝혔다. 이러한 사례들은 제주 4·3, 나아가 4·3 문학에서 국가의 존재를 문제 삼을 필요가 있다는 점을 보여준다.

이를 염두에 두고 다시 '국어'의 문제로 돌아가 보자. 한국-제주라는 관계망 속에서 김광협의 〈국어〉를 적극적으로 해석한다면 '국어'를 통한 동일성의 확인과 그의 좌절로 요약될 수 있다. 국민국가의 동일성이 '국어'를 통해 가능해진다는 것을 감안한다면 이러한 좌절의 경

---

6) 2015년 2월 김석범이 제1회 제주 4·3평화상 수상자로 결정되자 일부 단체들은 그의 평화상 수상에 문제가 있다고 목소리를 높였다. 행정자치부도 제주도에 평화상 수상 과정 전반에 대해 감사를 요청하기도 했다. 《미디어제주》, 2015. 4. 15. 참조

7) 당시 헌법재판소는 4·3 당시 서북청년단 단장 출신인 문봉제를 비롯한 진압세력 등이 제기한 제주 4·3특별법에 대한 헌법 소원과 관련한 판결에서 "사건 기간 중 제주 4·3 사건과 관련한 사망자 가운데 자유민주주의적 기본질서와 이에 부수되는 시장 경제 질서 및 사유재산 제도를 반대한 자 가운데 그 정도를 살펴 희생자 결정 대상에서 제외해 나가는 방법을 채택하는 것이 우리 헌법의 이념과 이 법의 입법 목적에 부합할 것"이라고 판결했다. 이와 관련해서 희생자의 범위에 제외되어야 할 대상을 구체적으로 명시했다. 헌법재판소가 밝힌 대상은 다음과 같다. "무장유격대에 가담한 자 중에서 수괴급 공산 무장 병력 지휘관 또는 중간 간부로서 군경의 진압에 주도적·적극적으로 대항한 자. 모험적 도발을 직간접적으로 지도 또는 사주함으로써 제주 4·3 사건 발발의 책임이 있는 남로당 제주도당의 핵심 간부, 기타 무장 유격대와 협력하여 진압 군경 및 동인들의 가족, 제헌선거 관여자 등을 살해한 자, 경찰 등의 가옥과 경찰관서 등 공공시설에 대한 방화를 적극적으로 주도한 자", 헌재 2001. 9. 27. 2000헌마238 등 판례집13-2, 383, 402~405쪽.

험은 결국 국민국가의 외부, 국민국가로 포섭될 수 없는 존재의 가능
성을 시사한다.

국민국가의 외부성을 상상할 수 있다면 국민문학의 외부성 또한 상
정해 볼 수 있을 것이다. 이를테면 김석범이 "재일조선인은 언어에 가
위 눌린 존재"이며 "일본어에 대해서 조선인이기 때문에 직관적인 위
화감을 지닌 존재"라고 말할 때[8] 이는 국민국가 혹은 국민문학의 경
계로서 재일조선인 글쓰기의 곤혹스러움을 토로하고 있는 것이다. 김
광협이나 김석범 모두 국어/국가의 외부성을 인식하고 그에 대한 작
가로서의 대응 방식을 문제 삼고 있다. 두 사람이 느끼는 국어에 대한
곤혹스러움은 동일화를 강요하는 국가 언어가 지닌 폭력성에 대한 인
식과 태도를 보여준다. 문학이 현실을 재구하고, 재편하는 궁극의 수
단으로서 언어를 염두에 둔다면 이러한 '국어/국가'의 곤혹스러움은
어떤 의미이고, 어떻게 극복되어 왔는가.

지역어의 '발견'과 내부식민지인이라는 자각

'국어'가 하나의 곤혹으로 다가올 때 지역어는 처지 곤란한 존재, 극
복되어야 할 대상이다. 언어유희가 될 수 있다는 비판을 감수하고 말
하자면 지역어는 곤혹의 곤혹, 즉 이중의 곤혹에 놓여 있을 수밖에 없
다. 이러한 이중의 곤혹 상태를 보여주는 것은 현기영의 〈순이삼촌〉,

---

8) 金石範, 〈私にとってのことば〉, 《民族、ことば、文學》, 創樹社, 1976, 7쪽.

〈해룡 이야기〉등에서 살펴볼 수 있다. 먼저 〈해룡 이야기〉의 주인공 문중호의 경우를 살펴보자. 고향을 떠나 서울에서 중산층으로 살고 있는 문중호는 '사투리-지역어'를 버림으로써 '국어'의 세계에 진입하고자 한다.⁹⁾

> 그는 촌스러운 고향 사투리를 훌훌 떨쳐 버리고 남다른 정열로 열심히 서울말을 익혔다. 수년 동안 가정교사라는 남의 집 고용살이를 하면서 서울말만 배운 게 아니라 눈칫밥 먹으며 서울말로 비굴하게 아첨하는 법까지 터득했다. 대학 졸업 후 직장을 가진 다음에도 얼마간 그 집에 눌러 있었는데, 그것은 소원대로 그 집 맏딸과 결혼했기 때문이었다. 남편의 본적을 따르기를 싫어하는 아내의 비위를 맞추려고 선선히 본적까지 옮기고 나니 그는 깔축없는 서울 사람이 되어 버렸다. 그러나 메뚜기가 제아무리 뛰어 봐야 고작 풀밭이라던

---

9) 제주 4·3문학을 표준어와 지역어의 관점에서 살펴본 연구로는 이명원의 〈4·3과 제주방언의 의미작용-현기영의 《순이삼촌》을 중심으로〉와 고명철의 〈제주문학의 글로컬리티, 그 미적 정치성-제주어의 구술성과 문자성의 상호작용을 중심으로〉 등이 있다. 이명원은 《순이삼촌》을 분석하면서 제주사투리, 즉 지역어와의 재회가 제주 4·3의 기억을 복원시키는 "존재론적이자 동시에 역사적인 기원으로서의 복귀"가 가능했다고 보고 있다. 고명철은 제주어를 통한 구미중심의 (탈)근대문학이라는 체제의 균열과 내파(內波)의 가능성을 타진하고 있다. 여기서는 기존의 논의를 바탕으로 지역어와 국민국가의 외부에 존재하는 비타협적 주체의 문제를 표준어와 지역어의 문제를 통해 살펴보고자 한다. 이명원, 〈4·3과 제주방언의 의미작용-현기영의 《순이삼촌》을 중심으로〉, 《제주도연구》 제19집, 2001. 6.; 고명철, 〈제주문학의 글로컬리티, 그 미적 정치성-제주어의 구술성과 문자성의 상호작용을 중심으로〉, 《영주어문》 제24집, 2012. 8. 참조.

가. 아무리 고치려고 해도 여전히 자기가 사는 동네 '모래내'를 '모레네'라고 하고 전에 살던 '갈현동'을 '갈년동'이라 하고 '확실히'를 '확실니'라고 발음하고 있는 한 고향의 올가미에서 벗어난다는 것은 가당치 않은 일이었다. **10)**

　문중호는 "남의 집 고용살이를 하면서" "서울말"을 배워야 했고, 심지어 "비굴하게 아첨하는 법까지 터득"할 수밖에 없었다. 문중호의 서울말에 대한 강박은 '국어-표준어'가 '지역어-사투리'에 부여한 열등성과 부정성을 내면화한 때문이다. 문중호는 지역어를 버리고, 본적을 옮기면서까지 '서울말-국어'의 세계로 진입하고자 한다. 하지만 아무리 사투리를 고치려고 해도 신체에 각인된 음성적 표식마저 제거할수는 없다. 완벽한 표준어 음성체계란 존재할 수 없다. 매끈한 국어의세계는 결국 상상된 것이다. 때문에 문중호는 표준어와 지역어 사이의 넘을 수 없는 간극을 서울말 습득이라는 신체적 번역으로 극복하고자 한다. 하지만 앞서도 살펴보았듯이 번역은 불가능하다. 벗어나려고 해도 신체에 각인된 음성 표식은 문중호를 옭아맨다. "고향의 올가미"란 결국 지역어와 표준어라는 두 세계의 번역 불가능성을 의미하는 것일 터. 사투리를 의식적으로 회피하면서 서울말을 습득하려는 문중호의 시도는 지역어가 국어의 외부에 비타협적으로 존재하고있음을 역설적으로 보여준다. 국어에 대한 곤혹은 〈순이삼촌〉의 '나'의 경우도 마찬가지이다.

10) 현기영, 〈해룡 이야기〉, 《순이삼촌》, 창비, 2006(개정판), 147쪽.

그날 이후 나는 여태 막연히 기피증 현상으로만 나타나던 고향에 대한 선입견을 대폭 수정하기로 했다. 삼촌의 존재가 나에게 늘 고향을 의식하게 해준 셈이었다. 서울생활 십오 년 동안 한 번도 써보지 못하고 묵혀 두었던 사투리도 쓰기 시작했다. 고향말은 주로 삼촌하고 얘기할 때만 썼지만 민기놈에게도 사투리를 꽤나 많이 가르쳐 주었다. 그렇다. 나는 내 아들이 허여멀끔한 아내를 닮아 빈틈없이 서울내기가 되어 가는 것이 딱 질색이었다. 에미를 닮아선지, TV를 너무 봐선지, 다섯 살 나이에 벌써 안경을 써야 할 지경으로 눈이 나쁜 녀석, 아내는 피아노를 가르쳐 줄 계획이지만 나는 녀석에게 투박한 고향 사투리를 가르치고 싶었다. 아들놈마저 제 애비의 고향을 외면할 수는 없는 일이었다. 그렇다. 서울말 일변도의 내 언어생활이란 게 얼마나 가식적이고 억지 춘향식이었던가. 그건 어디까지나 표절인생이지 나 자신의 인생은 아니었다.[11]

‘순이삼촌’의 존재는 오랫동안 잊고 있었던 사투리의 기억을 상기시킨다. “서울말 일변도의” “언어생활”이 “가식적이고 억지 춘향식”이었다는 ‘나’의 고백은 지역어를 억압하면서 살아왔다는 사실을 보여준다. 이는 국어-표준어의 세계가 신체에 각인된 지역어를 억압하는 상징적 폭력의 강도를 짐작하게 한다. 〈해룡 이야기〉와 〈순이삼촌〉의 두 인물은 ‘국어-표준어’와 ‘지역어-사투리’의 세계에서 분열된 지역 주체의 모습을 보여준다. 이를 “유년의 기억과 중심-지향의 기만성 사

---

11) 현기영, 《순이삼촌》, 창비, 2006, 49쪽.

이의 갈등"이라고 보는 견해는 일면 타당하다.[12] 하지만 갈등은 문중호가 해룡의 존재를 외면하지 않겠다고 다짐하는 순간 또 다른 차원으로 옮아간다.

겁낼 게 아니라 불같이 노여워하고 무섭게 증오해야 한다. 그래야 나의 주눅 든 피해의식을 극복할 수 있다. 해룡의 탈을 벗기고 그 흉측한 정체를 알아봐야겠다. 막연히 육지 토벌군이니 서북군이니 할 게 아니라 구체적인 인명과 사례를 알아보자. 오늘 당장 고향 녀석들 모이는 데 이 이야기를 꺼내야 하겠다. 해룡에 대해서 얘기하고 듣고 되새기자. 다음부터는 모일 때마다 각자 사례를 한 가지씩 취재해 가지고 나오도록 하면 어떨까? 각자 가슴속에 묵혀 둔 피해의식을 떳떳한 증오로 바꾸기 위해서, 그러나 증오가 보복이 되지 않도록 하기 위해서, 용서하기 위해서, '용서하지만 잊지 않기 위해서', 집 나가신 날을 기일로 제사 올리는 아버지의 억울한 혼백, 항상 자학의 채찍질에 시달리는 어머니의 자격지심, 나의 육지 콤플렉스를 위하여. 그 육지 콤플렉스라는 것은, 30년 전 그 세거릿길에서 어린 나의 뇌리에다 화인(火印)으로 뿌지직 태워 놓은 상흔이었다.[13]

해룡의 탈을 벗기고 흉측한 몰골과 마주하겠다는 선언은 억압된 기억과 정면으로 마주하겠다는 주체의 의지이자 '국어-표준어'라는 상징 폭력의 세계에 대한 거부이다. 지역어를 매개로 과거의 기억을 응

---

12) 정선태, 〈표준어의 점령, 지역어의 내부식민지화〉, 《어문학논총》 27집, 120쪽.
13) 현기영, 〈해룡 이야기〉, 《순이삼촌》, 창비, 2006, 150쪽.

시하는 것은 지역어를 통한 은폐된 기억의 복원이자, 국어의 세계를 거부하는 지역 주체의 당당한 선언이다.

〈순이삼촌〉에서 '나' 또한 지역어를 억압하는 국어의 상징폭력을 내면화한 존재였다. 하지만 '나'가 제사를 지내기 위해 제주로 돌아온 순간, '나'의 기억은 지역어의 생생한 질감과 마주한다.

> 잿빛 바다 안으로 날카롭게 먹어 들어간 시커먼 현무암의 갑(岬), 저걸 사투리로 '코지'라고 했지. 바닷가 넓은 '돌빌레(岩盤)'에 높직이 쌓여 있는 저 고동색 해초 더미는 '듬북눌'이겠고, 겨울바다에 포말처럼 둥둥 떠 있는 저것들은 해녀들의 '태왁'이다. 시커먼 현무암 바위 틈바구니에 붉게 타는 조짚불, 뭍에 오른 해녀들이 불을 쬐는 저 곳을 '불턱'이라고 했지. 나는 잊어 먹고 있던 낱말들이 심층의식 깊은 데서 하나하나 튀어나올 때마다 남모르는 쾌재를 불렀다. 이렇게 추억의 심부(深部)로 들어가면 들어갈수록 내 머릿속은 고향의 풍물과 사투리로 그들먹해지는 것이었다.[14]

'코지', '돌빌레', '듬북눌', '태왁', '조짚불', '불턱'. 지역어의 생생한 질감은 '나'의 기억을 환기하는 구체적 언어 감각으로 다가온다. 문중호가 지역어를 버림으로써 악몽과도 같은 고향을 망각하려 애썼다면 '나'는 지역어를 신체에 환기시킴으로써 은폐된 기억과 마주한다. 외면과 환기라는 상반된 인식, 그리고 그것을 극복해 가는 두 인물의 모

---

14) 현기영, 《순이삼촌》, 창비, 2006, 44쪽.

습은 지역어가 국어-표준어로 수렴될 수 없는 곤혹스러운 존재라는 사실을 (무)의식적으로 인지하고 있음을 보여준다.

이는 국어가 지역어를 타자화하는 방식이 단순히 언어의 문제에 국한되는 것만이 아니라는 것을 암시한다. 국가의 동일성을 가능케 하는 것은 국어-표준어의 존재이다. 국어가 지역어를 타자화하는 방식은 결국 국가가 지역을 식민화하는 상징체계의 일환이다. '국민국가=표준어'와 '내부식민지=제주'라는 모순 속에서 문중호와 '나'는 표준어의 세계에 굴복하려 했다. 내부식민지인으로서 국어-국가의 상징폭력을 내면화했던 그들이 은폐된 기억을 발굴하는 계기는 지역어에 대한 주체적 인식이다. 이러한 점에서 본다면 지역어는 국가가 제주를 식민화하고 있음을-이러한 상황은 종종 은폐된다-보여주는 식민화된 화석이다. 지역어가 식민의 화석이라고 할 때 화석의 존재는 두 가지의 길이 가능함을 의미한다. 하나는 화석의 존재를 버림으로써 식민지 본국의 내부에 진입하려는 방식이며 또 하나는 국가-지역의 은폐된 식민 관계를 드러내는 발굴의 증거물로서 인식하는 것이다. 이는 지역어를 '국어'의 내부로 기입하는 행위와 지역어가 국어의 외부에 존재한다는 사실의 인식이라고 달리 말할 수 있다. "섬 사람이 아니고 싶었다."는 문중호의 고백과 자신의 삶을 표절인생이라고 규정하는 '나'의 인식은 결국 국가의 내부, 혹은 국가로부터 자기 존재를 승인받고자 하는 피식민의 몸부림, 피식민자의 곤혹스러운 시도이다.

비타협적 지역(어)의 가능성

김석희의 〈땅울림〉은 4·3 당시 입산자였고 독립국가를 꿈꾸었던 현용직이라는 인물을 전면에 내세우고 있다. 제주매일 기자 김종민의 취재기를 바탕으로 진행되는 이 작품은 비타협적 지역의 존재, 지역의 가능성을 타진하고 있다는 점에서 주목할 만하다. 탐라공화국을 꿈꿨던 현용직과 제주섬의 순결성이 개발에 의해 훼손되는 상황에 괴로워했던 김종민이라는 두 인물의 삶을 대비하고 있는 이 작품에는 다음과 같은 대목이 등장한다.

> 그토록 커다란 희생을 겪었으면서도 결국은 승리자가 다스리는 나라의 한 지역으로 남아 있는 제주도의 현실은 무엇인가? 그때 희생당한 넋들은 어디로 가야 하는가? 또 그들의 무고한 희생을 한으로 곱씹으며 살아오고 있는 제주도민들의 가슴앓이는 누가 어떻게 치유할 수 있는가?[15]

제주 4·3의 비극성은 단순히 희생자의 수가 많았기 때문만이 아니다. 해방기 나라 만들기라는 과제 속에서 제주인 스스로 국체(國體)를 선택하고자 했던 자주적 시도는 국가의 폭력에 의해 좌절되었다. 이 것은 인민의 자주성에 대한 국가-권력의 폭력적 개입이었다. 뒤에서도 언급하겠지만 제주 4·3특별법 제정과 대통령의 사과, 그리고 국가

---

15) 김석희, 〈땅울림〉, 제주작가회의 편, 《깊은 적막의 끝》, 도서출판 각, 119쪽.

추념일 지정 등에도 불구하고 제주 4·3이 여전히 현재 진행형일 수밖에 없는 것은 바로 이러한 인민의 자주성을 용인하지 않는 국가-권력의 속성 때문이다.

김석희의 〈땅울림〉은 국가-지역의 관계망 속에서 국가-권력의 문제를 정면으로 다루고 있다. "그토록 커다란 희생을 겪었으면서도 결국은 승리자가 다스리는 나라의 한 지역으로 남아 있는 제주도의 현실은 무엇인가?"라는 물음은 제주 4·3과 4·3문학의 지향점을 어디에 두어야 하는지를 보여준다. 이 질문은 바꿔 말하자면 국가가 용인하는 한에서 지역으로 인정될 때 지역민의 희생, 지역민의 자주적 선택은 배제와 차별의 구조 속에서 잊힐 수밖에 없는가, 라는 근본적인 회의감의 표출이다. "승리자가 다스리는 나라의 한 지역"이라는 인식은 지역이 승리자의 시혜 안에서만 존재를 인정받고 있다는 자조적 표현이다. 그리고 승리자의 시혜란 종종 근대에 대한 열망으로 손쉽게 치환되기도 한다. "휘발유를 뿌려서라도 섬멸해야 한다."고 했던 국가-권력이 승리에 도취되어 제일 먼저 했던 일도 바로 국가가 선취한 근대를 지역에 '베푸는' 일이었다.

제주 4·3 진압에 성공한 이승만은 1959년 8월 4일 제주를 찾았다. 이승만의 일성은 "모두 힘을 합쳐 제주도를 꿈과 같은 새 세상이 되도록 해야 한다."는 것이었다.[16] 이승만이 말한 '세 세상'이란 결국 섬멸된 지역을 국가 주도의 기획으로 재편하려는 시도였으며 지역을 국가의 내부로 포섭하려는 승리자의 유혹이었다. 이러한 시도는 1960년

---

16)《조선일보》, 1959. 8. 4.

4·19 혁명의 성과를 짓밟은 쿠데타 세력에 의해서 적극적으로 활용되기 시작한다. 1962년 5·16 횡단도로 개통은 개발의 성과를 보여주는 상징만이 아니었다. 5·16이라는 이름의 상징성에서도 알 수 있듯이 국가-권력은 지역을 철저하게 국가 기획 아래에 두고자 했다. 이러한 국가 주도의 개발프로젝트는 1964년 제주도종합개발계획의 수립과 1990년대 제주도개발특별법, 2000년대의 제주국제자유도시특별법이라는 일련의 과정을 통해서 진행되었다.

이러한 일련의 시도들 속에서 개발은 하나의 당위로 인식되었다.[17] 그 과정에서 국가의 폭력성은 종종 은폐되었다. 개발이 전면적으로 부각될수록 국가의 폭력성은 은폐되고 국가는 지역을 배제와 차별의 구조 속에 고착화시킨다. 〈땅울림〉에서 '나'가 제주도적인 순결성의 상실을 절감하는 것은 바로 개발과 기억의 은폐, 그리고 국가의 폭력성이 지속적으로 지역을 긴박하고 있음을 보여준다.

> 그러나 나는 침을 삼키듯, 입안에 고여 있는 그 의문을 삼켜버렸다. 그 대답이 지금에 와서 무슨 소용이 있는가? 아니, 40년이 지난 오늘의 제주도는 그때와 무엇이 달라졌는가? 겉으로는 드러나 있지만 않을 뿐 한은 한 대로 깊숙이 박혀 있을 것이고, 땅이며 문화며 생활에 이르기까지, 외지인의 침식을 피해 제주도적인 순결로 남아 있

---

17) 1960년대 본격화되기 시작한 지역 개발 담론에 대한 제주 지식인들의 환호와 기대에 대해서는 〈지역을 바라보는 두 개의 시선-1960년대 제주를 중심으로〉에서 논의한 바 있다. 한국지역문학회,《한국지역문학연구》제5집, 2014. 11. 5~22쪽.

는 게 과연 무엇인가? 그런데도 제주도는 자신의 순결을 지키고 가꾸기 위해 무엇을 하고 있는가?**18)**

　국가의 폭력성이 지역을 긴박하는 방식은 〈해룡 이야기〉와 〈순이 삼촌〉에서 문중호와 '나'가 국어-표준어의 상징체계에 속박되었던 것과 동일하다. 이는 표준어-지역어의 억압 구조와 국가-지역의 그것이 다르지 않음을 보여준다. 〈땅울림〉에서 '나'는 "제주도적인 순결"을 지켜야 할 대상으로 인식한다. "제주도적 순결"의 상실은 제주 4·3 당시와 소설 속 시간의 격차에도 불구하고 여전히 해소되지 않은 국가와 지역의 근본적인 불화이다. 그것은 국가로 수렴될 수 없는 것이며 지역개발이라는 당위를 내세워 지역을 국가의 내부로 포섭하려는 국가주의적 기획에 끝내 저항할 수 있는 하나의 진지이다. 그것은 "겉으로는 드러나 있지만 않을 뿐" 숨겨져 있는 한을 드러내는 기억의 복원인 동시에 역사적으로 각인된 지역적 특수성을 국가와 차별하여 사유하는 방식이다.

　식민과 피식민의 관계가 음험한 이유는 그것이 직관적으로 드러나는 것이 아니라 고도의 상징 체계로 은폐되기 때문이다. 이 은폐를 정면으로 바라보지 못한다면 여전히 지역은 승리자의 시혜 안에서만 존재할 수밖에 없다.

　국가로 수렴될 수 없는 지역의 존재를 하나의 "순결성"이라고 부를 수 있다면 〈땅울림〉은 철저히 비타협적인, 국가의 외부로서 지역을

---

18) 김석희, 〈땅울림〉, 139쪽.

바라보아야 할 필요성을 제기하고 있다. 그것은 번역 불가능한 지점이며 국가의 용인이나 승인과는 관계없이 자생하는 지역 생존의 방식이 가능함을 시사한다. 이는 지역을 비타협적으로 인식함으로써 위로부터의 강요에 대한 부정과 거부가 시작된다는 점을 보여준다. 김석희가 〈땅울림〉에서 지역적 순결성을 거론하고 있다면 현기영은 공동체적 신화라는 이름으로 이를 그려내고 있다.

> 관덕정 광장에 읍민이 운집한 가운데 전시된 그의 주검은 카키색 허름한 일본군 차림의 초라한 모습이었다. 그런데 집행인의 실수였는지 장난이었는지 그 시신이 예수 수난의 상징인 십자가에 높이 올려져 있었다. 그 순교의 상징 때문에 더욱 그랬던지 구경하는 어른들의 표정은 만감이 교차하는 듯 심란해 보였다. 두 팔을 벌린 채 옆으로 기울어진 얼굴. 한쪽 입귀에서 흘러내리다 만 핏물 줄기가 엉겨 있었지만 표정은 잠자는 듯 평온했다. 그리고 집행인이 앞가슴 주머니에 일부러 꽂아놓은 숟가락 하나, 그 숟가락이 시신을 조롱하고 있었으나 그것을 보고 웃는 사람은 없었다.
>
> 그리하여 그날의 십자가와 함께 순교의 마지막 잔영만을 남긴 채 신화는 끝이 났다. 민중 속에서 장두가 태어나고 장두를 앞세워 관권의 불의에 저항하던 섬 공동체의 오랜 전통, 그 신화의 세계는 그날로 영영 막을 내리고 있었다.[19]

19) 현기영, 《지상에 숟가락 하나》, 실천문학사, 1999, 83~84쪽.

관덕정 광장에 내걸린 무장대 지도자 이덕구의 시신을 기억해 내며 현기영은 "장두를 앞세워 관권의 불의에 저항하던 섬 공동체의 오랜 전통"의 세계가 무너져 내림을 직관적으로 간파한다.《지상에 숟가락 하나》가 보여주는 이 직관의 통찰은 역설적으로 섬 공동체의 오랜 전통, 그날로 영영 막을 내린 신화의 세계를 다시금 불러오는 것이 지역의 존재 이유임을 드러낸다. 그것이야말로 개발의 당위성으로 은폐된 국가의 존재를 문제 삼는 길이기 때문이다.

하지만 개발의 당위는 여전히 강고하다. 김경훈이 "위에서의 실험이/아니라//기만의 열매가/아니라//아래부터의 장엄//그 거대한/결실//피가 모자라다/아직도 고프다"[20]라고 여전히 노래하고 있는 것은 역설적으로 개발의 당위를 내세워 은폐되고 있는 국가의 존재가 현재진행형이라는 사실을 보여준다. 그렇다면 국가에 긴박된 지역의 해방은 어떻게 가능할 것인가.

'지역어-제주/표준어-국가'라는 위계를 넘어

지역어의 사유는 국어의 내부로 포섭될 수 없다. 그것은 제주어가 국어의 외부에 비타협적으로 존재하듯이 제주의 지역성 역시 국가의 외부에 존재한다는 것을 의미한다. 여기서 비타협적이라는 것은 단순히 포섭 혹은 편입의 불가능성을 의미하지 않는다. 오히려 비타협

---

20) 김경훈, 〈제주특별자치도 5-민주주의는〉,《그날 우리는 하늘을 보았다》, 도서출판 각, 2014, 130쪽.

적 부정이 새로운 가능성을 타진하는 추동력으로 작용할 수도 있음을 염두에 둔 것이다. 이것을 '부정의 가능성'이라고 명명할 수 있을 때 제주 4·3문학이 확장될 수 있기 때문이다.

이런 점을 감안할 때 주목할 필요가 있는 것은 메도루마 슌의 〈희망〉이다. 이 작품은 미국인 아기를 유괴, 살해한 후 분신 자살을 선택하는 다소 충격적인 내용의 짧은 단편이다. 그는 여기에서 "지금 오키나와에 필요한 것은 수천 명의 데모도 수만 명의 집회도 아니다. 미국인 아기 한 명의 죽음이다."라고 언급한다.[21] 오키나와의 미군기지 반대 투쟁 역사 속에서 가장 과격한 형태의 투쟁을 그려내면서 작가가 의도했던 점은 무엇이었던가. 왜 하필이면 미군 아이의 납치 살인이라는 극단적 형태를 선택해야 했던 것인가. 이러한 물음에 대해 그는 미군기지 건설을 반대하는 오키나와 내부의 투쟁이 절망적 상황으로 내몰리고 있었을 때, 상상력으로 미군을 제거하기 위한 궁극적인 가능성을 타진하기 위함이라고 털어놓고 있다.[22] 그는 또 〈희망〉이 쓰

---

21) 메도루마 슌, 〈희망〉, 서경식, 임성모·이규수 옮김, 《난민과 국민 사이》, 돌베개, 2006, 66쪽.

22) 〈대담 메도루마 슌〉, 《지구적 세계문학》 제5호 봄호, 2015, 366쪽. 메도루마 슌의 발언 내용을 옮기면 다음과 같다. "일본의 정치상황에서 보자면 헤노코 상황은 절망적 상황입니다. 그렇게 되면 상상력으로는 미군을 없애버릴 수밖에 없는가라고 생각하게 됩니다. 이것이 〈희망〉을 쓸 때의 문제의식입니다. 일본에는 현재 조직적으로 무언가를 일으킬 에너지조차 없습니다. 그렇게 되면 집단이 아닌 개인이 나설 수밖에 없는가라는 문제가 됩니다. 물론 그렇게 궁지에 몰려서 개인 한 명이 일을 저지르게 되면, 운동 자체가 괴멸당하게 됩니다. 그러한 모든 것을 열어놓고 가능성을 상상해 보는 것이 문학의 힘이라고 생각합니다. 이런 문제를 상상해보지 않으면 오키나와 문제의 궁극적인 지점을 헤아릴 수 없습니다."

여질 당시는 일본 정부가 헤노코 기지 건설 강행을 위해 오키나와에서 G8 정상회담을 개최하기로 한 때였다고 밝히고 있다.[23]

〈희망〉이 보여주고 있는 폭력의 행사에 대해 서경식은 식민지적 관계를 전복하기 위해 피식민자가 선택한 폭력으로 규정하며 다수자가 원주민에 준 비폭력의 내면화와 비폭력주의를 넘어서기 위한 가능성으로 해석한다.[24] 즉 〈희망〉이 보여주는 극단적 폭력은 단순히 폭력에 대한 옹호가 아니다. 그것은 폭력을 통해 오키나와가 처해 있는 상황을 탈식민화하려는 몸부림이며 일본-오키나와라는 식민지적 은폐를 전복하기 위한 피식민자의 선택이다.

여기서 우리는 "탈식민화는 새로운 인간의 창조"라는 파농의 지적을 상기할 필요가 있다.[25] 파농이 새로운 인간을 창조해야 한다고 강조할 때 전제조건이 되는 것은 새로운 언어와 인간성이다. 그런 점에서 〈희망〉은 원주민에게 내면화된 비폭력주의를 거부하는 폭력적 인간성 창조를 통해 탈식민의 가능성을 타진하는 것이라고 볼 수 있다. 이는 고도로 정치화되고 은폐된 식민지적 위계를 극단적 부정, 철저한 비타협적 방식으로 돌파하려는 문학적 상상력의 힘이다.

제국주의의 식민지지배가 약탈의 폭력적 방식으로 전개되었다면 지금-여기의 식민주의는 고도로 은폐된 문화적 장치를 통해 작동한다. 이런 점을 감안할 때 육지-제주의 관계를 차별과 은폐의 관계망에서 파악해야 할 필요가 있다. 니시카와 나가오가 로버트 흄을 거론

23) 위의 글, 365쪽.
24) 위의 책, 64쪽.
25) 프란츠 파농, 남경태 옮김, 《대지의 저주받은 사람들》, 서울: 그린비, 2004, 50쪽.

하며 문명화가 식민주의의 이데올로기라고 선언하는 것을 상기해 본다면[26] 육지-제주의 관계는 '육지-근대/제주-전근대'라는 차별적 구도, 즉 내부식민지적 관계망 하에 놓여 있다는 사실의 자각에서 출발해야 함을 알 수 있다.

제주 4·3문학의 새로운 가능성은 바로 여기에 있다. 은폐된 식민지주의를 드러내고 그것을 내파(內破)하는 가능성을 문학의 힘으로 밀고 나가는 일. 그것이야말로 제주 4·3문학이 동아시아와 연대할 수 있는 가능의 영토일 것이다. 식민주의적 은폐를 드러내는 것이야말로 국민국가/국민문학의 범주를 부정함으로써 연대의 가능성을 확장할 수 있는 지점이다.

그동안 제주 4·3과 관련하여 이러한 부정의 가능성은 논의되지 않았다. 어떤 측면에서는 희생에 대한 국가의 사과, 혹은 국가의 승인을 요구하는 기억의 투쟁과 은폐된 사실-역사적 사실로서-의 복원에 매몰되어 왔다.[27]

이는 국가가 4·3을 승인하는 승인의 범주 하에서 머물러 왔다는 점

26) 니시카와 나가오, 박미정 옮김, 《新식민지주의론》, 서울: 일조각, 2009, 34쪽.

27) 고명철은 제주 4·3에 대한 노무현 대통령의 공식 사과가 있은 후인 2005년, 제주 4·3문학의 새로운 가능성을 타진하며 4·3문학을 국가폭력의 범주 안에서만 이해하기보다는 제주 4·3문학의 이산(diaspora)으로 논의가 확장될 필요가 있다고 지적했다. 여기에서 그가 예로 들고 있는 작품은 임철우의 《백년여관》과 이청준의 《신화를 삼킨 섬》이다. 고명철의 이 같은 지적은 역설적으로 그동안 제주 4·3문학이 국가폭력의 참상을 증언하고 고발하는 작업에 천착해왔음을 보여준다. 고명철, 〈화마(火魔)의 섬에서 평화의 섬으로 가는 길〉, 《오늘의 문예비평》 58, 2005. 6.

에서도 알 수 있다. 제주 4·3진상규명에서 기념비적인 성과 중 하나인 2003년 노무현 대통령의 사과 역시 이러한 한계에서 자유롭지 못하다.[28] 대통령의 사과문은 진실에 다가서려 하는 선의마저도 진실에 다가갈 수 없게 만드는 권력구조의 발화가 지니는 한계를 보여주고 있다. 노무현 대통령의 사과문은 국가가 지역을 용인하는 선택의 방식, 즉 배제와 차별의 구조를 보여준다. 배제와 차별이라는 한계 속에서 지역은 국가가 승인하는 한에서만 국가의 내부에 기입된다. 하지만 앞서 살펴보았듯이 지역이 국가의 외부성에 비타협적으로 존재하는 것이며 그것의 번역은 불가능하다는 것을 감안한다면 이러한 승인과 용인은 은폐된 식민-피식민의 관계를 상징적으로 보여준다.

이제 제주 4·3문학은 사실의 복원과 진실의 드러냄에서 한 발 더 나아가, 지금도 지속되고 있는 은폐된 식민의 차별과 정면으로 마주해야 한다. 이럴 때 필요한 것은 바로 새로운 언어와 새로운 인간성의 창조이다. 국어의 외부에 존재하는 비타협적 지역어의 존재야말로 식민의 은폐를 돌파할 수 있는 상상력의 근거지이다. 그리고 이를 바탕으로 국가의 외부로서 제주를 상상하는 상상의 폭력-이때의 폭력성은 단순히 물리적 폭력성을 의미하는 것이 아니다. 식민과 피식민

---

28) 이날의 사과문 분석은 〈로컬리티의 발견과 내부식민지로서의 '제주'〉에서 상세하게 밝힌 바 있다. 사과문은 '희생'의 언어를 내세우면서 개별적이고 구체적인 '희생'들을 단일한 '희생담론'으로 추상화한다. 국가는 가해의 책임이자 사과의 당사자로, 개인들은 희생자인 한에서만 사과와 위령의 대상이 되는 구조적 한계를 지닌다. 졸저, 〈로컬리티의 발견과 내부식민지로서의 '제주'〉, 국민대학교 박사학위 논문, 2013.

의 관계가 은폐되어 있다고 할 때, 그러한 은폐를 전복하는 행위 자체가 바로 폭력을 동반하기 때문이다. -이 필요하다.

제주는 국가의 내부에 기입될 수 없는 비타협적인 존재이다. 가해자 국가에게 희생을 승인받으려는 행위는 결국 4·3을 국가의 승인 하에서만 인정하고 용인받으려는 태도이다. 1964년 이후 본격화된 개발에 대한 제주 지식인들이 보여줬던 환호의 결과가 어떠한 것인지는 지금-여기의 자리에서 살펴볼 수 있다. 제주도종합개발계획과 1990년대의 제주도개발특별법, 그리고 제주국제자유도시특별법 제정으로 이어진 일련의 과정은 제주를 국가의 내부에 기입하려는 일련의 폭력적 시도였다.

이런 점을 감안한다면 결국 제주 4·3문학은 끊임없이 국가-국민문학과 비타협해야 하는 곤혹을 감수해야 한다. '우리는 그렇게 말하지 않는다.'라고 하는 부정의 선언과 그러한 부정의 연대가 제주 4·3문학의 지평을 넓힐 수 있을 것이다.

욕망의 섬, 비통의 언어

2부

지역, 새로운 미래를 상상하다

야만과 광기,
악의 일상을 견디기 위한 지역의 응전[1)]
– 제주 4·3항쟁과 문학

'4·3'이라는 현재적 일상

  대선 승리의 함성에 취해 있었던 2017년 5월 16일, 제주에서는 의외의 행사가 열렸다. 박정희대통령기념재단(이사장 좌승희)이 연 '박정희 대통령 탄생 100돌 기념 제주학술대회'가 바로 그것이다. 기념재단 이사장인 좌승희는 제주 출신으로 경기개발연구원장과 KDI국제정책대학원 초빙교수를 역임한 인물이다. 이날 발표자는 제29대·31대 제주도지사를 지냈던 신구범 씨였다. 신 씨는 2014년 지방선거에서 당시 민주당 후보로 도지사에 출마했던 인물이기도 하다. 신 씨는 이날 '박정희 대통령과 제주개발'이라는 주제발표를 통해 제주 개발

---

1) 이 글은 2017년 광주 5·18 항쟁 기념 세미나에서 발표한 글이다.

이 박정희의 결단에 의해 기획된 업적이라고 강조했다.

행사에 앞서 좌승희 이사장은 기자회견을 열고 행사 취지를 설명했다. 언론에 보도된 내용을 요약하자면 11월 14일 박정희 대통령 탄생 100주년을 맞아 전국 지방순회 학술대회를 준비하고 있는데 그 첫 번째 행사를 제주에서 치르게 되었다는 것이다. 그는 제주도 출신들이 주제발표를 맡아 박정희 정부 시절 추진되면서 제주의 근간이 되고 있는 도로 건설, 지하수 개발 사업을 통한 물의 확보, 감귤농업의 체계와 관광산업 발전, 축산업 등의 현주소를 점검한다고 행사 취지를 밝혔다.[2] 이날 행사에는 제주대학교 부총장도 참석해 축사를 했다.(원래는 총장이 참석하기로 되어 있었다.)

유력한 야당 후보로 제주도지사에 출마하기도 했던 인물이 박정희 찬양에 나선다는 것도 선뜻 이해하기 힘들지만 대통령 선거가 끝난 직후 박정희를 '기념'하는 행사가 제주에서 열린다는 것도 납득하기 어렵다. 이 때문인지 지역에서는 이 행사를 제주에서 여는 것이 타당한가 하는 비판이 제기되었다. 박근혜 탄핵과 촛불민심이 보여준 변혁의 열망이 채 가시지 않은 시점에서, 게다가 새로운 대통령이 당선된 직후 전격적으로 행사가 열리는 것이 제주도민들의 정서와 맞지 않는다는 지적이었다.

제주 4·3항쟁과 문학을 논의하기에 앞서 이런 사례를 드는 이유는 제주 4·3이 박제된 역사적 '사건'이 아니라 지역에서 근대의 문제와 맞닿아 있는 현재적 일상이라는 사실을 말하기 위해서다. 그동안 지역

---

2)《헤드라인 제주》, 2017. 5. 15.
　　http://www.headlinejeju.co.kr/?mod=news&act=articleView&idxno=306372.

에서 제주 4·3은 실체적 진실을 드러내야만 하는 대상이었다. 제주 4·3문학은 그동안 제주 사람들이 왜 죽었고, 왜 죽어야만 했는가라는 구체적 죽음과 마주하면서 은폐된 진실을 드러내려 했다. 제주 4·3문학의 기념비적 작품인 〈순이삼촌〉도 30년 전 옴팡밭에서 일어났던 비극의 현장을 문학의 언어로 재현하고 있다.

하지만 이러한 진실 드러내기의 작업들은 제주 4·3을 역사적 사건, 특히 과거 특정한 시기에 발생한 비극으로 바라보고 있다. 2000년 제정된 제주 4·3특별법이 제주 4·3의 명예회복과 진상규명을 중요한 과제로 제시했던 이유도 바로 이 때문이다. 정부 차원에서 작성된 《제주 4·3진상조사보고서》(이하 《진상조사보고서》)의 첫 서술이 제주 4·3의 기원과 성격을 규정하고 있는 것도 바로 그러한 역사적 복원의 연장이다.

사학계의 많은 연구 성과에도 불구하고 제주에서 제주 4·3은 '항쟁'이라는 수식어 대신 제주 4·3 사건 혹은 제주 4·3으로 불리고 있다. 제주 4·3은 여전히 괄호 안의 세계에 갇혀있다. 2018년 4·3 70주년을 맞아 제주 4·3의 정명(正名)에 대한 논의가 시작되고 있지만 정명을 무엇으로 할 것인가라는 대답은 이미 정해져 있는 것이나 마찬가지다. 제주 4·3이 제주라는 국한된 지역에서 발생한 우연한 사건이 아니라는 입장은 제주에서도 이미 많은 사람들이 인정하고 있다. 제주 4·3항쟁은 해방 이후 분단 체제를 만든 미국의 동아시아 정책과 이후 벌어진 미국의 패권주의 정책 과정에서 어쩌면 한반도가 '필연적'으로 직면할 수밖에 없었던 역사를 제주가 '우연히', 그리고 '대표적으로' 경험한 사건이다. 반공과 친일을 기반으로 한 이승만은 권력을 잡기 위해 '빨갱이'라는 타자가 필요했고 그 타자성을 철저히 박멸할 구체적 사례로 제주를 '발견'했다.

초토화 작전은 제주 사람들을 "공산주의 독균에 감염된" 존재, 멸균의 대상이라는 인식 아래에서 진행되었다. 그런 점에서 제주는 국민국가 대한민국의 설계 과정에서 철저하게 타자화된 지역이었다. 악이 타자의 신체성을 인정하지 않는 것이라고 한다면 제주는 해방 이후 '절대 악'이 자신의 능력을 증명하기 위한 실험 무대였고 악의 권능을 표출하는 장소였다. '절멸' 수준의 학살을 경험하면서 제주는 '우리'라는 공동체의 분열을 경험했다. 문충성이 '우리가 우리를 토벌했습니까'라고 물을 수 있었던 것도 바로 이러한 공동체의 분열과 직면했기 때문이다.[3]

분열중에 시달렸던 제주인들에게 남아있던 선택지는 많지 않았다. 스스로 반공국가의 일원이라는 사실을 증명하지 않는다면 죽음은 일상의 공포로 다가왔기 때문이다. 이른바 '토벌작전'이 성공적으로 마무리된 이후 제주의 많은 젊은이들이 해병대 3·4기로 입대할 수밖에 없었던 이유도 "선배세대와의 폭력적 단절"을 통해 스스로 반공을 내면화하지 않으면 안 되었기 때문이다. 이 폭력적 단절은 또 다른 비극으로 다가오기도 했다.

---

3) 문충성의 시 전문은 다음과 같다. "우리는 때로 우리를 토벌했습니까/우리는 때로 우리를 습격했습니까/제주 섬에 산다는 이유 하나만으로도/산폭도가 되고 빨갱이가 되고/산간 마을 불탔습니까 그 섬마을 사람들/총에 맞고 죽창에 찔려 죽임을 당했습니까 비록/그 비참한 삶이 지난 세기 1940~50년대뿐이겠습니까/제주 바다 수평선 건너온 사람들/그 사람들 핏빛 이데올로기들/10대 나의 소년은 낯선 겁에 질려 말조차 잃어버렸습니다./2연대에 내준 아아, 우리 제주북초등학교/관덕정 근처/칠성통 입구 헌병대 근처 아득히/봉홧불 타오르던 오름들/보입니까 그 처참한 주검들"

'4·3', 분열증의 시작

2017년 5월 16일 제주에서 열렸던 '박정희 탄생 100주년 기념 학술대회'는 여전히 제주 4·3과 지역의 근대를 분리해서 사고하고자 하는 욕망을 보여준다. 제주 4·3항쟁을 진압했던 미군정과 이승만 정권은 제주를 '절멸'시켜야 할 대상으로 인식하였다. 온 섬에 휘발유를 뿌려서라도 4·3을 진압해야 한다는 권력의 목소리는 이를 극명하게 보여준다. 1954년 한라산 금족령이 해제되면서 제주 4·3항쟁은 권력의 입장에서 보자면 '효과적으로' 진압된 '성공한 토벌 작전'이 되었다. 이후 제주에는 오직 '재건'만이 지상과제로 대두되었다. 하지만 이러한 '재건' 운동은 제주 4·3이라는 역사적 비극의 진실을 은폐하는 폭력적 편성의 과정이었다. 이러한 편성의 과정은 근대화에 대한 성취로 포장되었다. 4·19혁명 이후 제주 지역에서 자생적으로 발생했던 제주 4·3 진상규명 운동은 '재건' 담론 아래 숨어있었던 지역의 목소리가 터져 나오는 계기가 되었다.

5·16 쿠데타는 이러한 진상규명 운동을 철저하게 응징했다. 당시 '4·3 사건 진상규명 동지회'를 결성하면서 제주 4·3 진상규명을 요구했던 7명의 제주대학생들은 모두 검거되었고 국회 차원의 양민학살 진상조사특위의 활동 역시 좌절되었다. 제주 4·3학살의 주역이었던 송요찬은 군사정권의 내각 수반 자격으로 제주를 방문해 제주 4·3의 상처를 치유하자며 이재민 복귀사업을 주장하기에 이른다.[4]

---

4) 제민일보 4·3취재반, 《4·3은 말한다》 5, 전예원, 1998, 396쪽.

박정희는 반공을 국시로 내세우면서 4·19혁명 이후 지역에서 자생적으로 발생했던 4·3 진상규명 운동을 폭력적으로 진압했다. 이러한 박정희를 '숭배'의 대상으로 여기는 현상을 어떻게 이해할 수 있을까. 이를 일부 극우 세력의 시대착오적 행위라고 치부해 버릴 수 있을까. 이러한 의문을 해명하기 위해서 우선 초토화 작전 이후 제주를 찾았던 이승만의 발언에 주목할 필요가 있다. 이승만은 초토화 작전이 '성공적'으로 끝났다는 보고를 받은 1949년 4월 9일 제주를 찾았다. 제주도청(지금의 관덕정 부근)에서 열린 대통령 환영대회에 참석한 이승만의 연설을 당시 신문은 이렇게 전하고 있다.

내가 여기에 온 것은 한라산을 구경하는 동시에 대한민국의 제일 남단인 제주 도민을 보러 온 것이다. 여기는 아직도 반도들이 있단 말을 들으니 매우 섭섭하다. 그러기 때문에 양 장관을 맞이한 군경민은 합의하여 하루 속히 제주의 평화를 건설할 것을 바란다. 정부나 미국인은 항상 제주에 대하여 많이 근심하고 있으며 구호 물자도 곧 공급할 것이다. 삼천리 금수강산 중 제일 좋은 곳이 이곳이요, 유람지 역시 여기일 것이다. 그러나 애석하게도 반동분자들이 남의 나라 국기를 달고 또 나라를 팔아먹으려고 갖은 수단을 다하고 있다. 순천 여수사건 때에도 학생들이 자기 부모형제를 죽창으로 찔러 죽인 일이 있었는데 외국인이 이것을 보고 마치 귀신이나 동물과 같다고 하였다. 한 마음 한 뜻으로 난립분자들이 귀순하도록 합시다. 우리는 공산당을 나무라는 것은 아니라 우선 나라를 세우고 확실히 기반을 닦은 후에 주의 주장을 하자는 것이다. 먼저 제주도를 완전한 평화로 만든 후 다시 전라도로 가면서 숙청하며 38선을 분쇄하고 북한으로 진군하여 낙원의 정부를 세웁시다. 끝으로의 부탁은 완전 회복되면 유람도 오고 외국 손님도 오도록 하겠다.[5]

    제주 4·3을 폭력적으로 진압한 이승만은 '제주의 평화를 건설할 것을' 주문하고 '제주를 완전한 평화로 만'들어야 된다고 말하고 있다. 지역의 평화를 깨뜨린 당사자의 입에서 제주 4·3은 '남의 나라', '나라를 팔아먹으려'는 일부 불순 세력의 주장이라는 말이 아무렇지도 않게 나온다. 이러한 발언의 이면에는 해방 이후 반공국가 대한민국이 배제와 차별을 전제로 성립되었음을 보여준다. '빨갱이'는 토벌해야 할 대상이지 국민으로 인정받을 수 없는 존재였다. 반공 정권은 '빨갱이'의 신체성을 인정하지 않았다. 찢어 죽이고 말려 죽이고 불태워 죽이는 초토화 작전은 지역의 신체성을 인정하지 않겠다는 선언이었다. 그 과정에서 제주 사람들은 우리가 우리를 토벌할 수도 있다는 공동체의 분열을 온몸으로 경험했다. 대한민국의 국민이 된다는 것은 이러한 폭력적 편성의 과정을 통해 가능했다. 유독 제주 사람들 중에서 해병대 3·4기 입대자들이 많았던 것도 이러한 폭력적 편성의 과정을 경험했기 때문이었다.[6] 현기영의 《지상에 숟가락 하나》에는 반공국가의 일원이 되어 가는 폭력적 경험의 순간을 이렇게 서술하고 있다.

---

5) 자유신문, 1949년 4월 12일.
6) 당시 구체적 지원 인원은 아직 명확하게 밝혀지지 않고 있다. 군 자료에도 3천여 명이 해병대 3·4기로 지원했다고 기록하고 있을 뿐이다. 제주방어사령부, 《제주와 해병대》, 1997 참조.

그리하여 그 출정은, 단독정부 수립을 반대했다가 폭도, 역도의 이름으로 학살당한 그들의 선배들과의 영원한 결별을 뜻했다. 그 모순을 수락할 수밖에 없었다. 가슴마다 태극기를 말아 두른, 비장한 모습의 출정 행렬들, 그들이 섬을 떠나던 날, 읍내를 온통 흔들어놓았던 그 우렁찬 함성과 합창 소리를 나는 잊지 못한다. 죽음의 공포에 짓눌려온 섬사람들의 집단 피해의식을 뚫고 솟구쳐 오른 큰 외침, 그랬다. 두려움으로 얼어붙은 입을 뗄 수 있는 길이라곤 오직 목숨을 건 출정밖에 없었다.[7]

'빨갱이'로 내몰려 죽임을 당한 선배들과 결별한 제주 출신 해병 3·4기들은 반공국가의 일원임을 스스로 증명하기 위해 '빨갱이'들과 싸워야 했다. 이 기막힌 모순은 그 자체로 국민국가의 탄생이 폭력을 전제로 하지 않으면 안 된다는 점을 보여준다. 이러한 폭력적 모순은 김석범의 《화산도》에서 보다 극명하게 드러난다. 제주 4·3의 무력 진압 소식을 들은 제주출신 출향인사들이 모여 제주 4·3의 평화로운 해결의 가능성을 타진하는 대목에서는 다음과 같은 서술이 등장한다.

"좀 전에 고 선생님이 당국은 일방적으로 제주도민을 빨갱이로 규정하고 있다는 발언을 하셨습니다만, 도민이 빨갱이라고 해서 섬을 봉쇄하고, 진상조사단의 도항을 저지하면서 살육 작전을 세운다는 것, 그것은 제주도 사람을 동족으로 간주하지 않는다는 증거가 아닙니까…"(중략)

7) 현기영, 《지상에 숟가락 하나》, 창비, 2011(초판 1999), 157쪽.

"게다가 정부 측에서는 제주도 30만 도민이 희생된다 한들, 대한민국의 존립에 아무런 지장이 없을 것이라는 견해가 있다고 들었습니다. 이건 제2차 세계대전 때의 나치스의 발상과 유사한 것으로, 이 대한민국이라고 하는 것은 우리들에게 있어 무엇인가 하는 의심을 갖지 않을 수 없습니다. 지금 선생님이 말씀하셨듯, 이것이 같은 동족인이 하는 말입니까. 안 그렇습니까."**8)**

제주 사람들을 동족으로 인정하지 않는 태도라고 항변하는 이 대목은 해방 이후 대한민국 정부 수립의 역사가 '빨갱이'라는 타자를 발견하는 과정이었음을 그대로 보여준다. 군경의 폭력적 진압을 나치의 유대인 학살에 비교하면서 대한민국의 정체(政體)에 대해 의문을 표시하고 있는 이 부분은《화산도》이해의 실마리를 던져준다. 김석범은 소설 속에서 서북청년단과 경찰의 잔혹한 진압을 "서울정권의 지역에 대한 차별" 때문이라고 말하고 있다. 이승만 정권을 '서울정권'이라고 규정하고 있는 이 부분은《화산도》가 제주 4·3을 어떻게 인식하고 있는지를 잘 보여준다.

해방 이후 대두되었던 식민지 청산과 나라 만들기의 과제는 지역에서도 예외는 아니었다. 미군정의 제주 주둔 이후 제주에서는 미군정과 친일경찰들에 대한 조직적 반발이 심심치 않게 발생하였다. 오현중고등학교 학생들을 중심으로 한 양과자 배척 운동과 미군정의 미곡 공출령에 반발하는 움직임도 일어났다. 해방이 '독립'이 아니라 또 다른 식

---

8) 김석범,《화산도》7, 보고사, 2015, 23쪽.

민의 시작이라는 인식 속에서 1947년 3·1절 발포사건은 지역의 저항을 촉발하는 결정적 계기가 되었다. 3·1절 발포 사건으로 6명의 민간인이 사망하자 제주에서는 민관이 모두 참여하는 3·10 총파업이 일어난다. 이 3·10 총파업은 그야말로 전도적인 저항이었다. 하지만 3·10 총파업은 육지에서 응원경찰이 파견되는 계기가 되었고 지역 사정을 알지 못하는 응원경찰은 무자비한 폭력으로 총파업 참가자들을 구금, 고문하였다. 이 과정에서 조천중학원 학생회장이 사망하는 등 많은 사람들이 희생당한다. 3·10 총파업 과정의 폭력적 진압에 대한 저항적 폭력의 차원에서 1948년 4월 3일의 무장봉기가 일어나게 된다.

그동안 제주 4·3에 대해서 일부 남로당 제주도당 모험주의자들의 극단적 행동을 진압하는 과정에서 발생한 군경의 무자비한 폭력이 야기한 비극이라는 견해가 지배적이었다. 제주 4·3 진상조사보고서도 제주 4·3을 남로당 제주도당의 봉기와 봉기를 진압하는 과정에서 발생한 민간인 학살이라고 규정하고 있다. 하지만 이러한 규정은 당시의 시대적 한계, 특히 분단 체제라는 정치적 상황 속에서 제주 4·3 진상규명을 제도권에서 해결하기 위한 고육지책이었다. 2000년 제주 4·3특별법이 제정될 당시 범국민운동 진영 내에서는 제주 4·3의 명칭을 두고 항쟁과 사건이라는 견해로 대립하기도 하였다. 양정심 등 젊은 역사학자들은 제주 4·3을 항쟁이라고 표기해야 한다고 주장했지만 특별법 제정이 우선되어야 한다면서 사건으로 일단 규정하자는 유보적 입장이 힘을 얻었다. 이는 결과론적으로 보자면 제주 4·3 특별법 제정과 대통령 사과, 4·3 추념일 지정 등 진상규명의 실질적인 성과를 낳기도 하였지만 4·3 정명이라는 또 다른 과제를 잉태할 수밖에 없는 한계 또한 남겨주었다.

더 큰 문제는 제주 4·3의 가해 당사자인 군과 경찰의 책임 문제를 국가 폭력이라는 추상적 언어로 서둘러 사죄했다는 점이다. 2003년 노무현 대통령의 사과는 제주 4·3을 겪었던 유족들에게는 수십 년 동안 쌓였던 한을 위로하는 계기가 되었지만 사과의 방식은 실질적 책임의 문제를 외면한 추상의 차원, '무고한 희생'이라는 규정을 확산하는 결정적 요인이 되었다. 노무현 대통령 사과 이후 제주에서는 제주 4·3 당시 피해를 입은 사람들을 '희생자'로 규정하면서 해방 정국에서 발생한 3·10 총파업 등 지역의 저항을 주체적인 시각으로 인정하지 않는 암묵적 동의가 확산되었다.

 이를 더욱 공고하게 만든 계기는 제주 4·3특별법 제정 이후 서북청년단 중앙본부 단장을 지냈던 문봉제 등 극우 인사들이 헌법재판소에 제기한 헌법 소원 결과였다. 당시 헌재는 이들 인사들의 위헌 소송을 각하하면서 희생자 선정 기준을 다음과 같이 결정하였다.

> 자유민주적 기본질서를 부정하며, 인민민주주의를 지향하는 북한 공산정권을 지지하면서 미군정기간 공권력의 집행기관인 경찰과 그 가족, 제헌의회의원선거 관련인사·선거종사자 또는 자신과 반대되는 정치적 이념을 전파하는 자와 그 가족들을 가해하기 위하여 무장세력을 조직하고 동원하여 공격한 행위까지 무제한적으로 포용하는 것은 우리 헌법의 기본원리인 자유민주적 기본질서와 대한민국의 정체성에 심각한 훼손을 초래한다. 이러한 헌법의 지향이념에다가 제주4·3특별법이 제정된 배경 및 경위와 동법의 제정목적, 그리고 동법에 규정되고 있는 '희생자'에 대한 개념인식을 통하여 보면 수괴급 공산무장병력지휘관 또는 중간간부로서 군경의 진압에 주

도적·적극적으로 대항한 자, 모험적 도발을 직·간접적으로 지도 또는 사주함으로써 제주4·3사건 발발의 책임이 있는 남로당 제주도당의 핵심간부, 기타 무장유격대와 협력하여 진압 군경 및 동인들의 가족, 제헌선거관여자 등을 살해한 자, 경찰 등의 가옥과 경찰관서 등 공공시설에 대한 방화를 적극적으로 주도한 자와 같은 자들은 '희생자'로 볼 수 없다.[9]

헌법재판소는 제주 4·3 희생자의 범주에 "수괴급 공산무장병력지휘관", "중간간부로서 군경의 진압에 주도적·적극적으로 대항한 자", "제주4·3사건 발발의 책임이 있는 남로당 제주도당의 핵심간부", "무장유격대와 협력하여 진압 군경 및 동인들의 가족, 제헌선거관여자 등을 살해한 자", "경찰 등의 가옥과 경찰관서 등 공공시설에 대한 방화를 적극적으로 주도한 자" 등은 대한민국의 헌법 이념과 맞지 않는다고 규정하였다. 이러한 규정은 지역에서 제주 4·3을 '희생'의 범주에서만 사고하게 만드는 중요한 기준으로 작용하였다. 희생자를 결정하는 기구인 제주 4·3위원회가 헌재의 선고를 받아들이면서 남로당 핵심 간부 등 4·3 당시 무장대 핵심 세력들은 여전히 희생자로 인정받지 못하고 있다. 이에 따라 희생자 선정이 불허된 자는 31명에 이른다. 하지만 제주 4·3 당시 군경 토벌대들은 여전히 희생자로 선정되고 있다.

제주 4·3이 공동체의 분열을 경험한 비극이라고 할 때 헌재와 제주 4·3위원회의 결정은 대한민국이라는 공동체가 배제와 차별의 인식

---

9) 헌재 2001. 9. 27. 2000헌마238 등, 판례집 13-2, 383.

구조를 바탕으로 하고 있음을 보여준다. 해방 이후 3·10 총파업과 통일독립국가를 선택하기 위한 지역의 주체적 선택은 대한민국의 역사에서 배제되고 있다. 제주 4·3은 통일독립국가라는 시대적 과제를 쟁취하기 위한 지역의 주체적 선택이었다. 반공과 친일을 기반으로 한 이승만 정권은 이를 폭력적으로 진압하였다. 제주 4·3 당시 무장대의 규모는 많아 봐야 500명 수준이었다. 그들의 무기도 일본식 구구식 소총과 죽창 등이었다. 저항은 미미했고 응징은 가혹했다. 무장 봉기 이후 무장대 지도자 김달삼과 9연대장 김익렬의 4·28 평화협상은 제주 4·3의 비극을 방지할 수 있는 당시로서는 최선의 방법이었다. 하지만 평소 군과 대립 관계였던 경찰은 자신들의 책임 문제가 불거질 것을 우려해 5월 1일 오라리 방화 사건을 조작해 강경 진압작전을 유도했다. 그 과정의 배후는 미군정이었고 학살의 집행자는 이승만과 군경이었다.

근대 그리고 분열의 내면화

《화산도》의 주인공 이방근은 4·28 평화협상 결렬이 제주에서의 폭력적 진압을 초래한 결정적 계기로 인식한다. 이러한 인식은 이후 직접 정세용을 처단하려고 하는 행동으로 옮겨진다. 자신의 친척이자 제주 출신 경찰이었던 정세용이라는 인물을 통해 《화산도》는 제주 4·3을 이념의 문제에서 권력의 문제로 바라본다. 이러한 인식은 이념적 대결 양상이 폭력적 진압으로 이어졌다는 기존의 제주 4·3에 대한 인식과 극명한 차이를 보인다.

언젠가 정세용이 뭔가 그럴듯한 관념적인 말투로 언급한 적이 있었다. 자네는 그렇지 않겠지만, 그들의 사상, 그 빨갱이의 사상은 우리와 달라, 이것만은 어쩔 수 없어…… 이것만은, 이 차이만은 어쩔 수 없어……. 무겁게 울리는 말이었지만, 그에게 그럴 만한 사상이 있는지 없는지, 아니 그건 사상의 문제가 아니다. 권력인 것이다.[10]

　정세용은 '빨갱이'들의 사상이 문제라고 파악한다. 하지만 이방근은 그것을 '권력'의 문제라고 인식한다. 즉 이방근은 제주 4·3의 폭력적 진압이 권력의 배제와 차별에서 기인한 근원적 폭력이라고 파악하고 있는 것이다.[11] 이는 국민국가의 형성이 폭력적 과정에서 형성되는 것이며 그러한 과정이 결국 권력의 문제와 맞닿아 있다는 사실을 보여준다. 그동안 제주 4·3을 논의하면서 폭력적 진압의 양상을 국가 폭력, 즉 제노사이드의 관점에서 논의해 왔다. 하지만 이러한 폭력의 양상을 국가의 문제로 국한해서 생각할 수 있을까. 네그리/하트는 근대성에

---

10) 5권 349쪽.
11) 이와 관련해서는 이미 〈김석범 문학과 제주-장소의 탄생과 기억(주체)의 발견〉, 《영주어문》 35집, 2017에서 소상하게 다룬 바 있다. 내용을 소개하면 다음과 같다. "제주 4·3의 폭력적 진압은 이념이 아니라 권력의 배제 과정 즉 권력에 의한 주권의 배제와 차별에서 기인했다. 그것은 벤야민 식으로 말하자면 법 제정적 폭력과 법 보존적 폭력이라는 이중의 폭력이며 제헌적 권력이 제정된 권력을 유지하기 위한 폭력이었다. 주권을 확립하는 과정에서 권력은 지역의 선택을 배제했고 이러한 배제는 폭력을 정당화했다. 이방근이 "미국이 지배하는 제주도"에서 친일반공 세력이 권력의 헤게모니를 잡게 된 것을 제주 4·3의 근본원인이라고 보는 것도 바로 이 때문이다. 이러한 이방근의 인식은 해방 이후 국가 형성이 보여준 내부식민화 과정의 폭력성을 지적하는 것이라고 할 수 있다."

대해 논의하면서 근대성을 권력관계, 즉 "지배와 저항, 주권과 해방을 위한 투쟁으로 이해되어야 한다."고 말한 바 있다.[12] 즉 그들은 근대가 주권 투쟁이라는 권력의 문제이며 이러한 권력이 배태할 수밖에 없는 식민지적 위계의 문제를 성찰해야 할 필요가 있음을 말하고 있다.

이런 점에서 보자면 제주 4·3은 단순히 역사적 사건이 아니다. 오히려 제주라는 지역이 로컬적 시선에서 세계-조선을 구성하고자 하면서 필연적으로 발생할 수밖에 없었던 반근대적 저항이라는 시각에서 다시 보아야 할 필요가 있음을 보여준다. 그런 점에서 제주 4·3은 단순히 역사가 아니라 끊임없이 현재로 소환되어야 하는 저항 정신의 참조지대이며 악을 생산해내는 근대적 구조를 지역의 주체성으로 넘어서려 했던 운동이었다. 제주 4·3을 이렇게 바라볼 때만 제주 4·3 정신이 현재에도 유의미할 것이다.

하지만 지역에서 제주 4·3 정신은 오랫동안 잊혀 버린 '언어'였다. 참혹한 비극조차 말할 수 없었던 시대에 비극을 이야기하는 것이 우선이었고 비극의 진상이 어느 정도 밝혀진 이후에는 '희생담론'의 제도화가 빠르게 진행되었다. '희생담론'의 수동성은 단순히 기억투쟁의 결과에서 비롯된 것만은 아니다. 제주 4·3의 주체적 선택이 폭력적 진압으로 귀결된 직후 제주에서 불었던 근대에 대한 열망은 우리 스스로가 저항의 언어를 잊게 만드는 계기가 되었다.

1960년대 이후 지역에서 불었던 근대화 바람은 반공을 정면에 내세

---

12) 안토니오 네그리·마이클 하트, 정남영·윤영광 옮김, 《공통체》, 사월의 책, 2014, 113쪽.

운 박정희 정권의 개발정책을 내면화하는 움직임으로 이어졌다. 1959년 8월 4일 제주를 찾은 이승만은 "모두 힘을 합쳐 제주를 꿈과 같은 새 세상이 되도록 하자."고 말했다. '공비 섬멸'에 대한 자신감은 지역을 새롭게 편성하려는 근대적 기획으로 손쉽게 대치되었다. 이러한 근대의 기획은 이후 박정희 정권으로 이어진다. 1964년 제주도종합개발계획 수립 이후 제주 사회는 오랫동안 개발을 지상명령으로 받아들였다. 지역에서는 '개발만 하면 제2의 하와이'가 될 수 있을 것이라는 기대감이 넘쳐났다. 개발에 대한 기대감은 제주도가 곧 유토피아가 될 수 있을 것이라는 환상을 심어주었다. 제주도개발특별법과 제주국제자유도시특별법 제정에 이르기까지 개발과 발전은 놓칠 수 없는 과제였다. 1976년 1월 1일자 제남신문은 이러한 근대화에 대한 열망을 잘 보여준다.

박 대통령과 제주도- 이 관계는 곧 번영과 풍요를 의미하는 것이다. 64년 3월 14일 대통령에 취임하고 처음으로 제주도에 온 박 대통령은 제주도를 동양의 하와이로 발전시켜야겠다고 결심, 이도에 앞서 당시 김영관 지사에게 종합개발계획 수립을 지시했다. 박 대통령의 이 지시는 오늘의 풍요를 약속한 역사적인 의미를 지닌 것이었다. 또 그것은 천년을 가난 속에서 헤매던 제주도민들에게 잘 살아야 하겠다는 의욕을 갖게 한 최초의 팡파레이기도 했다.

'번영의 줄달음 박대통령과 제주도'라는 특집 기사는 어승생 수원지 개발과 일주도로 포장, 중산간 횡단도로 건설 등을 예로 들면서 이것을 "물의 혁명"과 "길의 혁명"이라고 말한다. 이 기사에서 알 수 있듯이 제주개발은 박정희 시대의 선물로 여겨졌다. 기사는 박정희의 결단이 제주의 근대화를 백년 앞당긴 업적이라고까지 이야기한다. 이러한 근대화의 열망, 그리고 박정희에 대한 향수는 제주와 서귀포를 잇는 횡단도로의 이름이 5·16도로라는 점에서도 확인할 수 있다. 5·16이라는 이름의 상징성에서도 알 수 있듯이 국가-권력은 지역을 철저하게 국가 기획 아래에 두고자 했다. 이러한 국가 주도의 개발프로젝트는 1964년 제주도종합개발계획의 수립과 1990년대 제주도개발특별법, 2000년대의 제주국제자유도시특별법이라는 일련의 과정을 통해서 진행되었다. 이러한 일련의 시도들 속에서 개발은 하나의 당위로 인식되었다. 그 과정에서 국가의 폭력성은 종종 은폐되었다. 식민과 피식민의 관계가 위험한 것은 그것이 직관적으로 드러나는 것이 아니라 고도의 상징체계로 은폐되기 때문이다. 이러한 은폐를 정면으로 바라보지 못한다면 여전히 지역은 승리자의 시혜 안에서만 존재할 수밖에 없다. 개발이 전면적으로 부각될수록 국가의 폭력성은 은폐되고 국가는 지역을 배제와 차별의 구조 속에 고착화해왔다.

이러한 폭력의 은폐와 차별의 고착화에 대한 반성과 성찰의 움직임은 1980년대에 이르러 비로소 말해지기 시작한다. 1987년 지역 시민사회운동 진영이 창간한 대안 언론인 '제주의 소리'는 호헌철폐와 함께 개발 반대를 동시에 말하기 시작했다. 외지인들의 제주 소유 땅을 조사하면서 토지 잠식문제를 다루는 특집 기사들이 실리고 때마침 불기 시작한 제주 탑동 매립 반대 투쟁 등 개발의 문제가 전면적으로 부각된다. 이러한 움직임은 지역의 자기결정권에 대한 인식이 지역에서 싹트기 시작하였음을 보여준다. 박정희 정권이 토지 강제 수용이라는 방식으로 개발하기 시작한 중문관광단지 건설 과정에서 쫓겨난 원주민들의 사연도 이때부터 등장하기 시작했다. 지역에서의 민주화 운동이 제주 4·3 진상규명 등 실체적 진실에 대한 접근과 함께 국가 주도의 개발을 문제 삼으면서 출발하고 있다는 것은 의미심장하다. 하지만 이러한 저항은 성공과 실패를 동시에 맛보았다. 전국적인 6월 항쟁의 승리와 제주도개발특별법 제정이라는 국가 주도 개발의 '성공적' 입법이 바로 그것이다.

승리와 좌절의 경험은 이후 제주에서 제주 4·3 진상규명을 '역사적 진실 드러내기'라는 차원에서 논의하게 하는 계기로 작용하였다. 제주 4·3을 근대에 대한 저항으로 바라보는 것이 아니라 하나의 비극적 사건으로 인식하면서 제주 4·3 진상규명 운동은 근대적 저항이라는 중요한 근거 하나를 상실하게 된다.

근대의 지리학을 돌파하는 저항의 힘

월터 미뇰로는 "식민성 없는 근대성은 존재하지 않는다."고 말한 바 있다. 근대 그 자체가 식민적 위계를 전제로 하고 있다는 그의 발언에 주목해보자. 제주 4·3이 이념 대결이 아니라 권력의 문제라는 김석범의 인식은 제주 4·3의 현재적 가능성, 근대의 폭력적 위계를 뛰어넘을 수 있는 상상의 지렛대로 사유할 필요가 있음을 보여준다. 제주 4·3은 단순히 단선단정 반대를 외치며 일어났던 좌파모험주의자들의 극렬 행동이 아니었다. 그 과정에서 일어났던 국가 권력에 의한 무고한 희생도 아니다. 어쩌면 제주 4·3은 근대가 필연적으로 배태할 수밖에 없던 폭력의 문제를 지역의 시각에서 스스로 선택하고자 했던 반근대적 운동이었다. 제주 4·3을 이렇게 해석할 때 근대가 만들어 놓은 중앙과 지역의 지리학은 비로소 새롭게 편성될 수 있을 것이다. 끊임없이 내부 식민지를 생산해내는, 그렇게 함으로써 일상적 악의 시대를 유지하는, 근대의 내부에 숨어 있는 저항의 힘들이 제주 4·3의 역사에 담겨 있는 것이다. 제주 4·3을 이렇게 해석할 때 박정희식 근대가 새겨놓은 지역의 식민성을 정면에서 바라볼 수 있을 것이다. 자본주의적 근대에 대한 저항은 자본주의의 외부를 상상함으로써 가능한 것이 아니라, 자본주의적 근대의 내부에 있는 저항의 지대를 발견함으로써 가능할 것이다. 그 내부적 저항의 지대로서 제주 4·3을 해석하는 일은 야만의 일상이 지배하는 세상에 저항하는 지역의 응전이 될 수 있을 것이다.

욕망의 섬, 비통의 언어

'예외지대'의 탄생과
식민성의 이식

제주, 신자유주의의 실험 모델

제주가 새로운 관광시장으로 중국인들을 주목하기 시작한 때는 2001년 무렵이었다. 그때만 해도 제주 관광객은 419만 명 수준이었다.(2016년 1175만 명) 제주도는 행정이 앞장서서 관광객 500만 명 시대를 열어야 한다며 중국 관광객 유치 필요성을 강조했다. 제주도 산하 연구기관인 제주발전연구원(현 제주연구원)이 《제주지역 중국 관광객 유치방안》이라는 정책 보고서를 낸 것도 바로 이때였다. 정책 보고서는 장기적인 안목에서 중국을 표적 시장으로 개척할 필요가 있다고 제안했다.

지방정부가 중국 관광시장에 눈을 돌리기 시작한 배경에는 한중 수교(1992년), 중국인 단체 관광 허용(1993년), 자유관광대상 지역 포함(1998년) 등으로 이어지는 한중 교류 확대가 자리 잡고 있다. 1998년 중국인 관광객의 제주 무비자 방문이 허용되면서 중국은 새로운 관광시장으로 떠올랐다. 이 무렵 제주에는 '국제자유도시'라는 생소한 개념이 등장하게 된다. '사람, 상품, 자본의 자유로운 이동'이라는 신자유주의적 개발을 전면에 내세운 '국제자유도시'는 지역 시민사회단체들의 격렬한 반발에도 정책 과제로 채택됐다.

2002년 기존의 제주도개발특별법을 확대 개편한 '제주국제자유도시특별법'이 제정되고, 2006년에는 제주에 고도의 자치권을 부여하는 내용을 담은 '제주특별자치도 설치 및 국제자유도시 조성을 위한 특별법'(이하 제주특별법)이 제정됐다. 이 법에 따르면 '국제자유도시'는 "사람, 상품, 자본의 국제적 이동과 기업 등의 편의가 최대한 보장되도록 규제의 완화 및 국제적 기준이 적용되는 지역적 단위"라고 정의되어 있다. '자본의 국제적 이동'을 보장한 이 법에 의해서 외국인 투자 유치 문제가 과제로 대두되었고 한시적인 부동산 투자 이민제도가 도입되기에 이르렀다.(2010년)[1] 이때부터 중국인의 제주 토지 소유가

---

1) 부동산 투자 이민제는 제주도의 개발사업 시행 승인을 얻은 개발 사업 지역 내에 5억 원 이상의 휴양체류 시설을 매입한 경우, 거주(F-2) 비자를 발급하고, 5년이 지난 후에는 영주(F-5) 자격을 부여하는 제도이다. 또 외국인 등록증을 발급받은 외국인에게는 한국 내 타 지역 방문과 거주의 자유가 부여된다. 내국인과 동등한 의무교육(초등학교, 중학교)도 받을 수 있다. 이 외에도 영어교육도시 입학도 가능하고 내국인과 동등한 의료보험 혜택도 받을 수 있다. 외국인 투자 유치를 위해 파격적인 조건을 담고 있다. 부동산 투자 이민제는 제주에만 적용되지 않는다. 인천, 부산, 강원 등의 지자체에서도 이 제도를 시행하고 있지만 제도 도입으로 인한 중국인 투자 유치는 크지 않다. 경제특구로 지정된 인천의 경우 5건, 강원도 평창 알펜시아는 3건에 불과하다. 한국일보, 2015년 12월 8일, 장부연, 〈중국인의 입장에서 보는 한국 부동산투자이민제에 관한 연구〉, 건국대학교 석사학위논문, 2015.

가파르게 상승하기 시작했다.

2017년 현재(1/4분기) 중국인들이 보유한 토지는 8305필지, 970만 1430㎡에 이른다.[2] 외국인 토지 보유 면적이 2277만 9266㎡이니 그 중에 중국인들의 소유가 절반 정도다. 여의도 면적의 80배 넘는 땅을 중국인들이 갖고 있다. 중국인들의 제주 토지 매수는 해안, 중산간, 도시 밀집 지역 등을 가리지 않는다. 특히 서귀포 송악산 일대의 토지 대부분은 중국인들이 소유하고 있다.[3]

중국인들의 토지 보유가 늘어나면서 지역에서 부작용을 우려하는 목소리도 제기되기 시작했다. 하지만 이러한 우려의 목소리에 대해서 행정은 우려할 바가 아니라는 냉소적인 입장을 취해 왔다. 부동산 투자 이민제 등 외국인 투자 유치를 적극적으로 내세웠던 우근민 제주도지사는 임기 내내 "제주 사람들이 중국인 투자에 겁먹고 있다."면서 중국인 투자를 적극적으로 확대해야 한다는 입장을 고수했다.[4] '중국인들이 보유한 토지가 제주 전체 면적의 1%도 되지 않는다.'라는 반박 논리가 행정을 통해서 적극적으로 유통되기도 했다.

이러한 행정의 반박에도 제주도민들의 중국인 투자에 대한 심리적 거부는 커져갔다. 2014년에는 제주도의회에서 '제주특별자치도 외국인 토지 매입 실태 조사위원회 조례안'(대표 발의 윤춘광 의원)을 발의해

2) 제주도청 홈페이지 자료.
3) 김태일, 〈제주도의 외국인 토지소유 실태와 부동산 투자이민제의 개선방안〉, 《부동산 포커스》, 2014.
4) 〈우근민, "중국인 투자에 제주도민 겁먹고 있어"〉, 《제주의소리》, 2015년 6월 3일.

중국인들의 토지 소유를 제도적으로 관리해야 할 필요성을 제기하기에 이른다. '사재기'에 가까운 중국인 토지 소유의 부작용을 우려하는 목소리는 지역에 국한되지 않았다. 2014년 국정감사에서는 이른바 '차이나머니'의 제주 땅 매입 문제가 거론되기도 했다. 당시 논란의 핵심은 다양한 세제혜택을 주고 있지만 중국인들의 제주 투자로 인한 지역 고용창출 및 파급효과가 적다는 점이었다. 중국 자본의 '먹튀'를 우려하는 국회의원들의 지적을 제주 지역 언론들은 제주가 중국에 종속될 수 있다는 우려 섞인 시선으로 보도했다.**5)**

하지만 중국인들의 제주 토지 보유가 늘어나는 현상을 바라보는 지역의 시선은 단순하지 않다. 전문가 집단과 도민들의 반응이 다르다는 점이 부각되면서 여전히 중국 투자 유치가 필요하다는 의견이 언론을 통해 확대, 재생산되기도 한다. 한라일보는 2014년 전문가 집단과 도민들의 반응은 확연하게 갈린다면서 한국은행 제주본부의 설문 결과를 보도했다. 한국은행 제주본부가 2014년에 실시한 설문조사에서는 대학교수 등 전문가 집단은 중국 자본의 유입에 대해서 긍정적으로 바라보고 있지만(55%) 시민들은 절반 이상(59%)이 부정적인 반응을 보였다는 것이 보도의 내용이었다.**6)** 설문조사에서 전문가 표본 집단의 수가 40명에 불과해 신뢰성에 의문을 제기할 법도 하지만 해설보다는 설문 내용을 그대로 전달하는 수준에 그치고 있다. '성장주

---

5) 〈제주, 중국에 종속될라?…국감장 달군 '차이나머니'〉,《제주의소리》, 2014년 10월 17일.

6) 〈전문가-도민 중국자본 인식 '시각차'〉,《한라일보》, 2014년 9월 24일.

의'에 대한 신뢰가 여전히 지역에서 영향을 미치고 있는 상황에서 중국 자본을 보는 시선은 다양할 수밖에 없다.

중국인들의 제주 토지 보유 문제를 이해하기 위해서는 '제주국제자유도시'라는 신자유주의적 정책 모델에 대한 이해가 우선되어야 한다. 제주국제자유도시 추진 방침은 1997년 금융위기 사태와 이후 가속화된 신자유주의적 개발 정책의 가속화라는 배경에서 출발했다. 국가부도 사태라는 위기를 극복하기 위한 국가 전략의 수립 과정에서 김대중 대통령은 국제자유도시 추진 방침을 확정, 발표한다.(1998년) 이후 제주는 '사람, 상품, 자본의 자유로운 이동'이라는 신자유주의적 정책의 실험 모델로 떠오르게 됐다.

'제주국제자유도시'라는 지역 개발 모델은 1997년 IMF 외환위기가 만들어낸 '우연'의 결과물이 아니다. 그 배경에는 1963년 제주도종합개발계획 수립 이후 지속된 국가 차원의 지역 근대화 전략이 있었다. 제주 개발을 위해서는 중국자본을 비롯한 외국인 투자 유치 확대가 필요하다는 의견과 이대로 가다가는 제주가 중국 경제에 종속될 수도 있다는 위기감의 간극을 이해하기 위해서는 '개발과 성장'이라는 국가의 근대화 기획이 제주라는 지역에 기입되어 갔던 과정을 살펴볼 필요가 있다.

반공정권의 기획과 '예외지대'의 탄생

1954년 한라산 금족령이 해제되면서 제주 4·3항쟁에 대한 군경의 무력진압은 마무리됐다. 여전히 5명의 무장대가 한라산에 남아있었지만 군경은 '성공한 토벌'에 대한 자신감을 숨기지 않았다.[7] 가혹했던 진압 이후 제주의 과제는 '재건'이었다. '재건'이 지상과제로 떠오르면서 이승만도 '제주개발'을 내세우며 '낙토 건설'의 필요성을 역설했다. 하지만 '사태' 수습이 우선시되면서 실질적인 개발의 프로젝트는 성사되지 못한다. 자유당 정권의 부패와 무능, 그리고 4·19혁명 등 정국 혼란이 계속된 것도 원인이었다. 1961년 박정희가 쿠데타로 집권한 직후 정권의 정당성을 확보하기 위한 차원에서 근대화 기획이 마련되기 시작했다. 쿠데타 직후였던 1961년 6월에는 '혁명정부' 내각 자격으로 한신 내무장관, 장경순 농림부장관, 장덕승 보사부장관이 제주를 방문했다. 3개월 후인 9월에는 국가재건최고위원회 의장 자격으로 박정희가 제주를 찾았다.[8] 권력을 장악한 박정희는 '전국초도순시' 첫 방문지로 제주를 선택했다. 이 자리에서 박정희는 한라산에 횡단 도로를 개설하고 제주를 홍콩·하와이 같은 관광지로 발전시키겠다고 밝혔다. '관광입국'이라는 개발 프로젝트의 실질적 시작이었다.

하지만 문제는 '돈'이었다. 국민소득이 85달러도 안 됐던 시절이었다.[9] 쿠데타 세력이 세웠던 제1차 경제개발 5개년 계획(1961년)도 파

---

7) 마지막 빨치산 오원권은 1957년 4월까지 한라산에 숨어 지내다 생포됐다. 1947년 3·1절 발포사건 이후 시작된 4·3항쟁의 끝이었다. 제주4·3진상조사위원회, 《제주 4·3사건진상조사보고서》, 2003.

8) 김영관, 《제주개발 50년의 서막을 열다》, 제주일보사, 2014. 《제주신보》, 1961년 9월 9일자 참조.

9) 1964년 남한의 국민소득은 85달러로 아시아에서 가장 낮은 수준이었다. 박근호, 김성칠 역, 《박정희 경제신화 해부》, 회화나무, 2017, 46쪽.

행을 겪을 정도였으니[10], 지역개발 정책을 수립하고 실행할 예산 역시 부족할 수밖에 없었다. 박정희의 방문 이후 지역에서는 근대화에 대한 기대감이 높아졌다. 이때 쿠데타 세력이 '발견'한 집단이 '재일동포'였다. 이미 1920년대 이후부터 일본 오사카 지역을 중심으로 방적공장과 고무공장의 노동자로 일하던 제주인들이 있었다. 이들은 식민지 시기 경제력을 바탕으로 마을 단위의 향우회를 조직해 고향 제주에 자발적인 개발기금을 지원하기 시작한다. 마을마다 학교가 만들어지고 여러 사회 기반시설도 늘어나게 된다. 식민지 시기 제주는 사실상 오사카 경제권에 편입되면서 활발한 경제교류를 이어갔다.

해방 이후 일본에 남아있던 재일제주인들의 자금 지원이 불가능해지면서 지역 경제가 심각한 위기를 맞게 됐다. 경제적 측면에서 보자면 해방은 일본 경제권과의 '폭력적 단절'이자 미군정 시장경제체제로의 '강제적 편입'을 의미했다.[11] 해방 이후 제주지역에서 밀무역이 성행하고 이를 빌미 삼아 모리배들이 부를 축적할 수 있었던 데에는 이러한 시대적 배경이 작용하고 있다. 쿠데타 집권 세력은 식민지 시기 재일제주인과 제주와의 자발적 경제 교류와 지원에 주목하기 시작했다.

해방 이후 일본과의 외교 관계가 단절된 상황에서 '일본 자본'인 재일제주인들의 자금을 '합법적'으로 들여오기 위해서는 법을 바꿔야 했다. 박정희는 집권 직후부터 한일회담에 매달리는 동시에 일본에서 남한으로 돌아오는 '귀국자'들의 재산반입 제한 조치를 철폐한다.(1963

---

10) 위의 책, 39~40쪽.
11) 진관훈, 《근대 제주의 경제 변동》, 도서출판 각, 2004, 381쪽.

년) 이 과정에서 제주 출신 재일제주인의 자금을 유치하기 위해 제주 전 지역 또는 제주시 일원을 '자유지역'으로 규정하는 '제주자유지역 계획'이 논의되기 시작한다.[12] 이 같은 움직임은 제주를 반공국가의 예외지대로 설정하면서 근대적 기획을 수행할 수밖에 없는 아이러니 가 시작되는 계기가 되었다. 제주를 '자유지대'로 설정하려는 움직임 은 이후 박정희 정권을 시작으로 꾸준하게 제기되었다.

이러한 정부의 자유화 움직임에 대해서 당시 제주의 주류 지식인들 은 찬성 입장을 보였다. 그들은 자유화가 제주지역에 개발과 성장이 라는 근대화를 가능하게 하는 원동력이 될 것이라고 여겼다.[13] '제2의 하와이'라는 담론은 4·3 이후 '절멸' 수준으로 초토화됐던 지역에 새로 운 희망으로 떠올랐다. 이러한 담론의 영향력은 오랫동안 제주사회 를 지배했다. 제주에 고도의 자치권을 부여하는 제주특별자치도가 출범하자 새로운 제도가 제주를 홍콩과 싱가포르가 결합된 새로운 도 시로 만들어 줄 것이라는 희망이 넘쳐났다.[14] '제2의 하와이', '제2의

---

12) 하지만 이런 논의는 당시 시대상황과 재일조선인, 특히 좌익 계열의 재일조선인 의 유입 문제라는 국가 안보 등의 문제가 거론되면서 폐기된다. 신용인, 〈제주의 통합비전, 생명평화의 섬과 제주특별법의 미래〉, 《법과 정책》, 2013, 275쪽.
13) 대표적인 인물로 진성기와 부종휴를 들 수 있다. 진성기는 현용준과 함께 제주 민 속학 연구의 1세대로 제주 문화에 대한 조예가 깊은 인물이었다. 그가 1961년에 펴낸 《제주도학》에는 "당국의 적극적인 개발계획으로 머지않아 한국의 유토피아 가 건설될 것"이라는 기대감이 드러나 있다. 한라산의 생태적 가치에 주목하고 만 장굴의 존재를 처음으로 세상에 알린, 제주 식물 연구의 권위자로 평가받는 부종 휴도 1964년 제주신문에 '제주도 개발과 자유화 문제'를 연재하면서 "제주가 하와 이가 되는 것은 시간문제"라는 글을 발표한 바 있다.
14) 〈제주, 우리는 홍가포르로 간다〉, 《경향신문》, 2006년 6월 29일.

홍콩·싱가포르'라는 개발에 대한 낙관적 전망은 1960년대 이후 지속된 '개발' 담론의 민낯을 그대로 보여준다.

주목할 것은 '자유화'로 상징되는 '예외지대'의 구상이 1998년 '제주국제자유도시 추진 방침'으로 실현되기 시작했다는 점이다. 1991년 제정된 '제주도개발특별법'이 지역에 배타적으로 적용되는 법제도의 지역적 성격을 강화했다면 2001년 '제주국제자유도시특별법'은 기존의 '제주도개발특별법'에 1997년 IMF 외환위기 이후 신자유주의 체제 편입이라는 시대적 맥락이 더해지면서 '완성'됐다. 한마디로 '제주국제자유도시특별법'은 제주를 남한 사회와 다른 일상화된 '예외공간'으로 만들어 간 신자유주의적 기획이라고 할 수 있다.[15)]

영토 주권의 문제와 식민성의 이식

부동산투자이민제도 도입 이후 중국인들이 제주의 토지를 집중적으로 매입하면서 불거졌던 여러 논란 중에서 가장 예민한 문제를 떠올려 보자. 그것은 바로 '제주가 중국 땅이 되는 것 아니냐.'는 영토 주권 훼손에 대한 우려였다. 하지만 지역 사회에서 중국인 토지 보유 문제를 보는 시선은 중층적이다. 중국인을 비롯한 관광객의 증가, 이주민의 유입, 그리고 국제자유도시 건설이라는 정책적 과제를 수행하기 위한 각종 개발이 진행되면서 제주 지역사회에는 지역 정체성이

---

15) 예외공간의 문제와 관련해서는 이승욱 외, 〈제주국제자유도시, 신자유주의 예외공간, 그리고 개발자치도〉, 《한국지역지리학회지》 제23권 제2호, 2017을 참조.

무너질 수 있다는 우려가 나오고 있다. 이는 단순히 제주의 토지가 중국인에게 잠식된다는 영토 주권의 문제뿐만 아니라 제주 환경의 훼손과 문화적 정체성의 위협까지도 포함한다.[16)]

중국인들이 제주 생태의 '허파'라고 불리는 중산간 일대 '곶자왈' 지대를 집중적으로 매입, 개발하면서 난개발의 주범으로 꼽히고 있는 데에는 토지의 '국적' 문제만 아니라, 제주특별자치도 출범 이후 계속되고 있는 개발 정책에 대한 근본적 불신도 자리 잡고 있다. 2002년 제주국제자유도시를 추진하기 위해 세워진 국토부 산하 제주국제자유도시개발센터(JDC)에 대한 제주 사회의 불신은 중국인들의 제주 토지 잠식에 뒤지지 않는 문제이다.

JDC는 출범 이후 첨단과학기술단지, 영어교육도시, 헬스케어타운,

---

16) 이와 관련해서 제주도에서 도입을 검토하고 있는 환경보전부담금, 일명 '입도세'에 대한 제주와 제주 외부의 극명한 반응은 주목할 만하다. 이미 입도세는 1970년대부터 검토되어 왔던 문제다. 2000년대 들어 관광객이 급증하고 환경 문제가 대두되면서 제주에서는 부담자 원칙에 따라 일정 비율의 입도세를 부과하는 정책을 검토해왔다. 2014년 제주 MBC의 여론조사에 따르면 제주도민의 63.5%가 입도세 도입에 찬성했다. 하지만 입도세를 검토하고 있다는 보도에 대한 인터넷 댓글은 다분히 신경질적이다. 제주 땅을 중국인들에게 다 팔아먹으면서 왜 세금을 걷으려 하느냐는 의견도 있었다. 이주민이면서 제주에 정착해 1인 미디어를 운영하고 있는 아이엠피터는 제주 환경을 지키려는 노력도 하지 않은 채 세금만 부과해서 재정자립도를 높이려는 제주도의 정책에 대해 비판적인 입장을 보이고 있다. 〈제주도, '입도세' 추진에 분노하는 제주도민〉, 아이엠피터, http://theimpet er.com/36381(검색일자 2017년 9월 10일). 아이엠피터는 입도세 도입을 제주도민들도 반대하고 있다고 말하고 있지만 제주 MBC의 여론조사에서 볼 수 있듯이 이는 사실과 다르다. 제주 출신인 제주대학교 김동윤 교수는 한 신문 칼럼에서 '입도세 도입이 필요하다.'는 입장을 피력하고 있다. 김동윤, 〈입도세'와 특별자치의 가능성〉, 《한라일보》, 2011년 6월 17일.

신화역사공원, 항공우주박물관을 핵심 사업으로 선정했다. 계획은 장밋빛이었지만 정작 추진 과정은 쉽지 않았다. 2008년 전 세계적 금융 위기로 투자를 약속했던 기업들이 손을 떼기 시작했다. 이 과정에서 JDC는 '중국'에 눈을 돌리기 시작했다. 핵심사업 중 제주신화역사공원과 제주헬스케어타운, 제주예래동 휴양단지 조성사업 등 주요 사업은 모두 중국계 기업이 최대 투자자가 됐다. 중국인들의 제주 토지 보유의 증가는 토지의 문제가 아니라 제주 개발의 핵심 주체로 중국계 기업이 등장하면서 발생한 개발의 문제이다.

JDC가 사실상 굵직한 제주 개발을 추진하는 주체이지만 이 조직에 대한 제주 사회의 견제와 감시 권한은 없다. 국토부 산하 기관이기 때문이다. 제주도의회가 개발문제와 중국인 토지 보유 등 민감한 지역 현안을 다루기 위해 JDC 임원진의 출석을 요구했지만 JCD는 이를 거부했다.[17] 제주 사회의 통제를 받지 않는 개발 주체의 탄생은 JDC 출범 이후 꾸준히 지역 사회의 골칫거리가 됐다. 지난 2014년 지방선거에서도 JDC를 제주도로 이관하는 문제가 공론화되기도 했다. 중국인들의 제주 토지 보유 문제에 오랫동안 관심을 가져왔던 제주대학교 K 교수는 사석에서 "JDC가 관군처럼 제주를 점령하고 있다."면서 불만을 토로하기도 했다. 이 같은 인식은 중국인 토지 보유 문제로 인한 영토 주권 훼손이 제주사회 혹은 제주 내부에서 용인되고 방관되어 왔던 것만이 아니라는 사실을 보여준다.

식민성이 영토와 소유의 문제이고, 지리와 권력의 문제[18]라고 할

---

17) 〈"JDC, 제주도·의회 통제 벗어나" 차제에…〉, 《제주의소리》, 2015년 4월 6일.
18) 에드워드 사이드, 박홍규 역, 《문화와 제국주의》, 문예출판사, 2014, 56쪽.

때 이와 같은 영토의 '예외지대'는 국가가 영토의 내부에 식민지대를 생산하고 이를 용인하는 태도라고 볼 수 있다. '제주국제자유도시'는 '사람·상품·자본의 자유로운 이동'과 '기업의 경제활동 보장을 위한 규제완화'라는 두 가지 축을 중심으로 하고 있다. 국가 간 경계를 허물어버리는 신자유주의적 이동의 보장은 시민권의 유연한 적용이 전제되어야 한다. 5억 원 이상의 휴양 시설을 매입하면 거주권과 영주권을 부여한다는 발상은 시민권의 예외를 인정하는 태도이다. 자본에 한해서만 예외를 적용하는 이러한 시민권의 부여가 '제주특별자치도'라는 지역의 자치권을 보장하는 제도의 탄생과 함께 시작된 것을 어떻게 봐야 할 것인가. 쉽지 않은 문제다.

하지만 '국제자유도시'라는 자유 지대의 설정이 '지역의 자유'가 아니라는 점은 분명하다. 겉으로는 평화의 섬을 내세우고 있지만, 제주의 평화는 사실 자본과 권력의 '평화로운 지속'이라는, 신자유주의적 정책의 허울 좋은 가면에 불과하다. 2018년까지 한시적으로 적용하려던 부동산투자이민제는 2023년까지 연장됐다. 이렇게 된 데에는 제도의 부작용을 외면한 중앙정부(법무부)의 판단이 크게 작용했다. 제주도는 앞으로도 대한민국이라는 영토성의 예외지대로 남게 되었다. 그리고 이러한 예외지대는 '고도의 자치권 부여'라는 특별자치와 정면으로 충돌할 수밖에 없다. 영토 주권의 예외는 인정하면서도 지역의 자기결정권은 용인하지 않는 중앙 정부의 식민주의. 그것이 중국인들의 제주 토지 잠식 문제의 근본이다. 이로 인한 부작용은 오롯이 제주 지역 사회가 감내해야 한다. 불행은 아직 끝나지 않았다.

변방의 상상과
전복의 가능성

– '지역'을 사유하는 또 다른 방법

내 최후의 기도는 이것이다!

오 나의 몸이여, 내가 언제나 질문하는 사람이 되게 하기를!

– 프란츠 파농, 《검은 피부 하얀 가면》

파농, 식민지와 변방성

1925년 프랑스 식민지였던 카리브해의 마르티니크에서 한 소년이 태어난다. 그의 아버지는 흑인 노예 출신으로 성공한 식민지 공무원이었다. 어머니는 프랑스 알자스에서 이주한 프랑스계 혼혈 여성이었다. 유럽의 식민지에서 흑인으로 태어난 그는 식민 본국에 유학해 정신의학을 전공했다. 그는 백인과 흑인의 인종적 차별에 눈을 뜬 반인종주의자였으며, 알제리 독립전쟁에 참가한 혁명가였고, 실천적 지식인이었다. 바로 프란츠 파농이다.

　파농이 우리나라에 알려지게 된 계기는 이제는 고인이 된 김남주 시인이 남민전 사건으로 수배를 받을 때《자기의 땅에서 유배당한 자들》을 번역하면서부터다. 당시 번역된 책의 원제는《검은 피부 하얀 가면》이었다. 여기에서 파농은 흑인성의 상실, 백인이 되고자 하는 흑인의 욕망을 분석하면서 흑인은 이러한 정신적 지배 상황을 벗어나야 한다고 역설했다. 책에는 프랑스어 'r' 발음을 잘하기 위해 애를 쓰는 흑인들을 그리고 있는 대목이 등장한다. 몸은 흑인이지만 정신까지 백인이고자 했던 식민지의 풍경을 그려내고 있다. 원래 이 책은 프랑스 리옹 의과대학에 다니던 파농이 〈흑인의 탈소외에 관한 시론〉이란 제목으로 제출한 박사학위 논문이었다. 하지만 파농의 이 글은 논문으로서는 적절하지 않다고 퇴짜를 맞았다.[1] 스물일곱 살의 파농은 이 글에서 제국주의 식민지 수탈과 오랜 기간 차별에 시달려온 피식민지인들의 모습을 다루고 있다. 하지만 파농은 단순히 억압과 차별의 피해자로서만 피식민지인을 담아내지 않는다. 식민지적 상황을 스스로 내면화하고 때로는 그것을 적극적으로 받아들이면서 식민 본국에 편입되고자 하는 피식민지인들의 인정욕망의 정체를 생생하게 묘파하고 있다.

　모순된 식민지적 상황을 돌파하기 위해 파농이 역설했던 것은 '자유'였다. 이때의 자유는 물질적, 정신적 식민 상황으로부터 벗어나려는 적극적인 투쟁의 결과로 생기는 것이다. 파농은 그것을 "자유를

---

1) 패트릭 엘런, 곽명단 옮김, 《나는 내가 아니다-프란츠 파농 평전》, 우물이 있는 집, 2001. 알리스 셰르키, 이세욱 옮김, 《프란츠 파농》, 실천문학사, 2002 참조.

위한 탈소외의 노력"이라고 부른다. 파농은 식민지 예속상태를 설명하기 위해 '소외(Alienation)'라는 개념을 사용한다. 그는 "식민지 원주민은 이중의 예속 상태에 놓여있다. 하나는 물질적 예속이다. 그들은 땅과 재산을 박탈당한 채 살아가야만 한다. 그리고 이러한 물질적 예속은 정신적 예속의 상태로 이어진다."고 말했다. (파농은 이것을 식민지 원주민인 식민본국/식민지를 문명/야만, 선/악 등의 이분법적 구도로 구성된다고 보았다.[2])

파농의 지적을 식민지 조선의 상황에 적용하면 조선을 경멸하고 멸시하는 일본인의 시선을 조선인 스스로 내면화하면서 조선인을 열등한 존재로 인식하는 것이라고 설명할 수 있다. 에드워드 사이드의《오리엔탈리즘》이 서양이 동양을 신비화하는 방식으로서 오리엔탈리즘을 설명하면서 '서구/동양'의 구분이 '문명/야만'의 이분법적 구도가 고착화되어가는 과정으로 해석한 것과도 유사하다고 할 수 있다.

파농은 식민지 억압 상황으로부터 벗어나기 위해서는 식민지인의 신체, 정신에 기입된 식민의 기억으로부터 벗어나야 한다고 지적한다. 파농은 단순히 백인에 대한 증오와 백인이 되고자 하는 흑인에 대한 혐오를 보여주지 않는다. 그는 이 두 경우 모두를 체제가 만들어낸 희생자라고 보았다. 그가 추구했던 것은 백인 문명에 맞서 흑인 문명의 위대함을 증명하는 것도 아니었다. 비유하자면 파농은 민족주의적 역사를 창조하거나 발굴하는 데 관심이 없었다. 흑인들은 극심한 인종차별을 겪고 있었던 상황이었고 유럽인들은 흑인을 야만의 실체로 인식하고 있었다. 흑인 문화의 위대성을 주장할 만한데도 파농은

---

2) 이경원,《파농-니그로, 탈식민화와 인간해방의 중심에 서다》, 한길사, 2015, 480쪽.

그러한 길을 걷지 않았다.

식민지적 상황을 돌파하기 위해 그가 걸었던 길은 매우 독특하다. 메이지 유신 이후 일본에서는 한동안 '화혼(和魂)'이 유행처럼 번졌다. '화혼'이란 유럽 문명 주변부에 불과했던 일본이 그 스스로 유럽 콤플렉스를 극복하기 위한 일련의 국학운동이었다. 1920년대 들어서면부터 식민지 조선에서도 '조선심', '조선혼'을 내세우는 국학운동이 일어났다. 최남선을 필두로 이들 국학파들은 과거 전통으로부터 순수한 민족정신을 찾으려 했다. 하지만 순수한 민족정신은 존재할 수 없다. 그래서 식민지 시기 국학운동을 "찾을 수 없는 것을 찾으려 한 실패할 수밖에 없었던 시도"라고 비판하기도 한다. 1930년 조선적인 것을 찾으려는 일련의 시도들은 이러한 국학운동의 연장이었다. 그리고 조선적인 것을 추구하려는 움직임은 식민지 상황을 극복하려고 하였지만 결국 식민지 지배의 논리로 귀결될 수밖에 없었다는 냉혹한 비판을 받기도 한다.[3]

식민지적 억압을 돌파하기 위해 과거의 전통에서 조선적인 것을 찾으려 했던 시도들은 파농의 시각에서 본다면 식민지적 체제에 굴복할 수밖에 없는 원초적 한계를 지니고 있다. 때문에 파농은 흑인 문명과 문화의 위대함에 대한 관심이 아니라 식민지적 억압이라는 소외에서 벗어나기 위한 근원적 성찰의 필요성에 주목했다.

완벽한 프랑스어를 구사하는 흑인들의 모습은 식민지적 억압을 내면화한 하얀 가면을 쓴 흑인에 불과했다. 식민지의 지배언어를 배우기

---

3) 김병구, 〈고전부흥의 기획과 '조선적인 것'의 형성〉, 민족문학사연구소 기초학문연구단 편, 《'조선적인 것'의 형성과 근대문화담론》, 소명출판, 2007.

위해 노력하는 피식민자들의 모습은 식민지의 지배언어가 문명세계로 가는 초대장의 역할을 하고 있다는 믿음 때문이었다. 식민지 시기 조선에서도 문명의 언어로서 일본어를 습득해야 한다고 주장하는 사람들이 적지 않았다. 심지어 현영섭 같은 이들을 중심으로 '조선어 해소론'까지 대두되었다. 조선어를 버리고 식민 본국의 언어인 일본어를 조선땅에 이식하려고 한 이들의 주장을 단순히 친일이라고 비판해서는 안된다. 그것은 피식민지인들이 식민의 상황을 스스로 받아들이고 그것을 통해 문명의 세계로 나아가고자 한 세계 인식이었다. 이렇게 될 때 물리적인 식민지적 억압뿐만 아니라 식민지적 억압의 지속을 돌파할 수 있는 상상의 거점이 마련된다.

> 나는 '역사'의 포로가 아니다. 나는 거기서 내 운명의 의미를 찾지 않을 것이다.
> 나는 언제나 상기해야 한다. 진정한 도약은 발명을 내 존재 안에 도입함으로써 이루어진다는 것을.
> 내가 나아가는 세상에서 나는 나를 끊임없이 창조한다.
> 나는 내가 그것을 넘어서는 한에서 '존재'와 연대한다.[4]

파농은 흑인 문화의 위대성을 주장하기보다는 "새로운 나의 창조"를 바탕으로 한 "존재와의 연대"를 탈식민의 동력이라고 보았다. 이 말은 다시 말하면 조선적인 것의 위대함을 과거의 전통에서 찾으려고 시도하기보다는 오히려 식민지적 억압을 내면화한 '나'의 존재를 새

---

4) 프란츠 파농, 앞의 책, 221쪽.

롭게 구성하는 창조, 즉 새로운 인간의 발명이 더 시급한 것임을 보여준다. 과거의 역사에 포박되지 않으면서 끊임없이 자신을 새롭게 만들어가는 존재의 탄생은 그렇게 탄생된 존재들과의 연대를 가능하게 한다. 우리가 변방(성)을 이야기하면서 파농을 언급하는 것도 이 때문이다. 흑인이라는 변방, 프랑스령 식민지 출신이라는 주변부성을 극복하기 위해 그가 한 일은 자신의 콤플렉스와 마주한 일이다. 흑인을 흑인이게 만드는 상황에 대한 긍정, 주변부, 변방을 변방으로 받아들이는 시각의 긍정성이 과거로부터 자유로운 끊임없이 새로운 자아를 만들어내는 창조의 동력으로 작용한다. 변방의 존재가 중심을 상정할 때 가능하다는 점을 되새겨보자. 파농은 중심이 되고자 하는 인정 욕망, 또는 과거부터 중심과 대등한 존재였다는 자의식에서 벗어나야 한다고 역설했다.

우리가 흔히 '변방이 중심이다.'라고 이야기할 때 빠지기 쉬운 함정을 파농은 예리하게 지적하고 있는 것이다. 파농의 성찰을 바탕으로 시선을 식민지 조선으로 잠시 돌려보자. 염상섭의《만세전》에서 유명한 장면 중 하나가 관부연락선을 올라탄 이인화가 목욕탕에 가서 식민지 모순을 목격하는 대목이다. 다소 길지만 살펴보자.

내가 제일착이려니 하였더니 벌써 사오 인의 욕객이 목욕탕 속에 들어앉아서 떠들어 댄다.

"오늘은 제법 까불릴걸!"

"뭘, 이게 해변가니까 그렇지, 그리 세찬 바람은 아니야."

시골서 갓 잡아 올라오는 농군인 듯한 자가 온유하여 보이는 커다란 눈이 쉴 새 없이 디굴디굴하는 검고 우악한 상을 이 사람 저 사람에게로 돌리면서 말을 꺼내니까, 상인인지 회사원 같은 앞의 사람이 이렇게 대꾸를 하는 것이었다.

"조선은 지금쯤 꽤 출걸?"

"그렇지만 온돌이 있으니까, 방 안에만 들어엎디었으면 십상이지."

조선 사정에 익은 듯한 상인 비슷한 위인이 받는다.

"응, 참 온돌이란 게 있다지."

촌뜨기가 이렇게 말을 하니까, 나하고 마주 앉았는 자가 암상스러운 눈으로 그자를 말끔히 쳐다보더니,

"당신 처음이슈?"

하며 말참례를 하기 시작한다. 남을 멸시하고 위압하려는 듯한 어투며 뾰족한 조동아리가 물어 보지 않아도 빚놀이쟁이의 거간이거나 그 따위 종류라고 나는 생각하였다.

"이 추위에 어째 나섰소? 어딜 가슈?"

"대구에 형님이 계신데 어머님이 편치 않으셔서 가는 길이죠."

"마침 잘 되었소그려. 나도 대구까지 가는 길인데. 그래 백씨께서는 무얼 하슈?"

"헌병대에 계시죠."

"네? 바로 대구분대에 계신가요? 네…… 그러면 실례입니다만, 백씨께서는 누구신지? 뭘로 계셔요?"

시골자의 형이 헌병대에 있다는 말에, 나하고 마주 앉은 자는 반색을 하면서 금시로 말씨가 달라진다. 나는 그자의 대추씨 같은 얼굴을 또 한번 쳐다보지 않을 수 없었다.

"네, 우리 형님은 아직 군조(軍曹)예요. 니시무라(西村) 군조, 혹 형공도 아시는지? 그런데 형공은 조선에 오래 계신가요?"

"네, 난 십여 년래로 그저 내 집같이 드나드니까요."

하고 궐자는 시골자를 한참 멀뚱멀뚱 쳐다보다가,

"암, 대구 헌병대의 그 양반이야 알구말구요. 그 양반은 나를 모르실지 모르지만⋯⋯."

어째 그 말눈치가 안다는 것보다도 모른다는 말 같다.

"어쨌든 십 년이라면 한밑천 잡으셨겠구려."

이번에는 상인 비슷한 자가 입을 벌렸다.

"웬걸요, 이젠 조선도 밝아져서 좀처럼 한밑천 잡기는 어렵지만."

"그러나 조선 사람들은 어때요?"

"요보 말씀요? 젊은 놈들은 그래도 제법들이지마는, 촌에 들어가면 대만(臺灣)의 생번(生蕃)보다는 낫다면 나을까. 인제 가서 보슈⋯⋯ 하하하."

'대만의 생번'이란 말에, 그 욕탕 속에 들어앉았던 사람들은 나만 빼놓고는 모두 껄껄 웃었다. 그러나 나는 기가 막혀 입술을 악물고 쳐다보았으나, 더운 김이 서리어서 궐자들에게는 분명히 보이지 않은 모양이었다. 욕객은 차차 꾸역꾸역 쏟아져 들어온다.

일본 동경에서 대학을 다니고 있던 이인화는 스스로 지식인이라고 자부한다. 피식민지 출신이면서도 일본에 유학을 온 지식인이기 때문에 일본의 노동자계층보다 자신이 더 우월한 존재라고 생각해왔다. 하지만 이러한 자의식은 관부연락선 안에서 무참히 깨진다. 피식민지 출신은 그가 누구인든, 식민 본국인 일본에서 대학을 다니는 지식인이든, 그렇지 않든 모두 동일하게 호명된다. 스스로 문명인이라고 여겼던 이인화에게 그러한 호명은 하나의 충격이었다. 일본에서 이인화는 식민과 피식민지 간의 차별을 느끼지 못한다. 그러다가 조선인을 요보라고 비하하며 대만의 생번(대만의 원주민)보다 나은 정도라고 말하는 일본인의 대화를 목격한다. 일본인들의 대화 속에서 조선인은 개인으로, 인간으로 불려지지 않는다. 파농의 표현을 빌리자면 그들은 사물화되는 존재다. 조선인이면서도 일본인과 다를 바 없다고 여겼던 이인화가 받았던 충격은 클 수밖에 없다. 이러한 모습은 식민지적 억압과 차별이 때로는 치밀하게 은폐되며 때로는 그 은폐를 피식민자 스스로 내면화한다는 점을 보여준다. 파농의 견해를 식민지 조선의 상황과 결부시켜 보는 것은 대단히 흥미롭다. 그것은 식민지 조선이 일본의 강압적인 억압과 차별만이 일방적으로 행해졌던 공간이라기보다는 피식민자였던 조선인 스스로 그러한 차별을 내면화하고 당연시했던 '이중의 나르시즘'이 공존하였던 공간임을 보여준다.

파농의 논의는 제국의 식민지 확장이라는 역사적 배경 속에서 제기되었다. 하지만 그의 분석은 식민 상황, 혹은 식민의 모순이 투명하게 작동하고 있는 '지금-여기'의 상황에서도 여전히 유효하다. 1990년대 이후 신자유주의가 하나의 유령처럼 전 세계를 휩쓸면서 세계화는 피할 수 없는 흐름처럼 여겨지고 있다. 한때 세계화가 되면 국가와 민족 간의 배타적 경계가 사라지면서 국가와 민족 간의 차별도 없어질 것이라는 장밋빛 환상도 있었다. 하지만 세계화의 결과는 전(前) 시대 제국의 물리적 폭력 행사가 금융자본으로만 바뀐, 세련된 억압의 형태로 재편되었다. 제국의 물리적 폭력 대신 금융자본을 앞세운 예속적 상황은 여전하다.

눈에 보이는 폭력에는 저항하기 쉽다. 눈에 보이지 않는 폭력에는 예속당하기 쉽다. 군대에서 선임병들의 상습적인 구타에 시달렸던 한 이등병을 상상해보자. 그 이등병은 매일 잠자리에 들기 전 선임병들로부터 구타를 당했다. 일상적인 구타가 계속되자 마치 취침 전 구타는 일상의 일부가 되었다. 그러던 어느 날 선임병이 그를 때리지 않았다. 이등병은 불안했다. 언제 구타가 이어질지 모를 일이었다. 하지만 그날도 그 다음날도 구타는 없었다. 이등병은 더욱 불안해졌다. 결국 이등병은 선임병을 찾아갔다. 그리고 이렇게 말을 했다. "왜 때리지 않습니까. 저는 맞아야 잠이 드는데 말입니다."

식민지적 무의식, 식민지적 상황의 내면화란 바로 이러한 것이다. 후임병 구타라는 폭력적 상황을 당연한 것으로 받아들이고 마는 것. 폭력에 저항하기보다 자신을 폭력의 제단에 기꺼이 바치는 일. 파농은 바로 이러한 식민지적 무의식으로부터 벗어나야 한다고 역설했다. 그가 흑인성에 주목하였던 이유 역시 여기에 있다. 백인/흑인이라는 인종적 구분에서 흑인은 주변, 변방의 존재일 수밖에 없었다. 유럽/식민지라는 구분 역시 마찬가지이다. 문명의 중심이었던 유럽에서 흑인(성)을 이야기한다는 것은 그 자체로 변방성에 대한 자각이다. 이러한 자각은 단지 변방의 위대함을 이야기하거나 중심을 닮아가고자 했던 인정욕망과는 전혀 다른 감각이다. 그것은 자신을 대상화하며 스스로 타자의 시각에서 바라보려는 시도이다. 변방, 변방에 대한 감각이란 바로 이러한 것이다. 파농이 흑인성을 자각하였듯이 변방성을 자각하는 것. 콤플렉스나 인정욕망이 아니라 거기에 내재되어 있는, 때로는 자신의 신체에 각인되어 있는 식민과 피식민의 은폐된 관계를 발견하고 새로운 존재가 되는 일. 바로 그것이 파농이 우리에게 던지는 변방성의 의미이다. 그런 점에서 다음과 같은 파농의 선언은 지금 우리에게 시사하는 바가 크다.

유색인인 나는 단 한 가지를 원할 뿐이다.

결코 도구가 인간을 지배하지 않기를. 인간이 인간을, 말하자면 자아가 타자를 노예화하는 일을 그만두기를. 인간이 어디에 있든, 내가 그 인간을 찾고 원하도록 허락되기를.

검둥이는 없다. 백인도 마찬가지다.

진정한 소통이 생겨나기 위해서는, 양쪽 모두 각자의 선조들이 남긴 비인간적 목소리에서 멀어져야 한다. 긍정적인 목소리 안으로 들어오기 전에 자유를 위한 탈소외의 노력이 필요하다. 사람은 그 실존의 초입에서 언제나 얼굴이 붉어지고, 우연 속에 잠기게 되어 있다. 인간의 불행은 어린아이였었다는 데 있다.

사람들이 인간 세상의 이상적 실존 조건들을 만들 수 있는 것은, 자기 회복과 허물 벗기의 노력을 통해서, 언제나 긴장의 끈을 놓지 않는 자유를 통해서이다.[5]

파농은 이상적 실존을 창안해낼 수 있기 위해서는 '자기 회복'과 '허물 벗기'의 노력이 필요하다고 말한다. 이러한 노력은 끊임없이 자유로워져야 한다는 자유에 대한 갈망을 통해서 가능하다. 변방 역시 마찬가지이다. 변방이 변방성을 회복하기 위해서는 변방에 내재된 중심이라는 허물을 벗어던져야 한다. 스스로 중심이 되고자 하는 욕망에서 자유로워져야 한다. 과거의 영화에서 눈을 돌려야 한다. 그것이 변방에 내재된 중심의 억압, 중심의 지배를 내던지는 일이고 변방을

---

5) 프란츠 파농, 앞의 책, 223쪽.

변방이게끔 하는 힘이다. 그 힘이 창조와 발명을 생산해내리라는 것
은 의심할 여지가 없다.

현기영, 변방에 대한 자각

제주시 이도1동 제주성지 옆에 오현단이 있다. 1892년(고종 29년) 제
주 유림들이 귤림서원에 모셨던 오현을 기리기 위해 만들었다. 오현
은 충암 김정, 청음 김상헌, 동계 정온, 규암 송인수, 우암 송시열, 이
다섯 사람을 이른다. 신정일은《새로 쓰는 택리지-제주도》편에서 오
현을 이렇게 설명한다.

> 충암 김정(金淨)은 기묘사화의 중심인물로 당파에 관계없이 모든
> 사람들로부터 추앙을 받은 사람으로, 중종 16년인 1521년에 이곳 제
> 주에 유배를 와서 죽었다. 오현단 경내에 충암 김정의 유허비(金沖庵
> 遺墟碑)가 있다. 1852년 철종 3년에 목사 백희수(白希洙)와 유생 강기
> 석(姜琦奭)이 충암의 유배지 터에 유허비를 세웠는데, 1960년에 이
> 곳으로 옮겼다.
> "가노라 삼각산아, 다시 보자 한강수야"라는 시로 알려진 청음 김
> 상헌(金尙憲)은 소덕유와 길운절의 역모 사건으로 제주도의 인심이
> 뒤숭숭하자 뒷수습을 하기 위해 1601년에 안무어사로 제주도에 다
> 녀갔다. 동계 정온(鄭蘊)은 영창대군의 살해 책임자를 처벌하라는
> 상소를 올렸다가 대정현에 유배되어 약 10년에 걸쳐 유배생활을 했
> 다. 규암 송인수(宋麟壽)는 중종 29년에 제주목사로 임명되었다. (중

략) 마지막으로 배향된 사람이 서인의 영수로 송인수의 자손이었던 우암 송시열(宋時烈)이다. 그는 장희빈의 아들을 세자로 책봉하자 이의를 제기하다가 유배를 왔다. 그가 머물렀던 시기는 111일밖에 안되었지만 오현(五賢) 중 한 사람이 되었다. 그가 제주에 와서 어떤 일로 제주도 사람들을 교화시켰는지는 정확하지 않지만, 조선 후기 서인 노론 세력들이 권력 장악을 위해 만든 것이 오현단이라고 여기는 사람들이 많다. **6)**

오현단은 제주도 민속자료 제1호로 지정됐다. 오현의 이름을 딴 학교도 설립되었다. 그만큼 오현이 제주 사회에 준 의미가 크기 때문이다. 충암 김정은《제주풍토록》을, 청음 김상헌은《남사록》을 지었다. 제주에 대한 기록이라는 점에서 의미가 크다. 그런데 우암 송시열의 선조인 규암 송인수를 오현의 자리에 놓은 것은 이해가 가지 않는 대목이다. 규암은 제주에 부임되기를 싫어했다. 제주가 얼마나 싫었으면 제주목사로 부임되었다가 직책을 버리고 청주로 도망가버렸다. 지금으로 치면 나홀로 사표를 내고 잠적을 해 버린 것이다. 규암의 행동이 얼마나 문제가 됐는지는 조선왕조실록에 자세히 나와 있다.

"전라도 감사 남세웅(南世雄)의 서장(書狀)에 '제주 목사 송인수(宋麟壽)는 정사(呈辭)하고 점이(粘移, 17186) 한 뒤에 제멋대로 임소(任所)를 버리고 청주(淸州)에 갔다.'고 했습니다. 오늘은 재계하시는 날

---

6) 신정일,《새로 쓰는 택리지-제주도》, 다음생각, 2010.

인데, 서장에 피휘(避諱)해야 될 글자가 있으니 아뢰어서는 안 되나, 관방(關防)이 비게 된 일이라 감히 아룁니다."

하니, 전교하였다.

"송인수가 처음에 정사할 때 나 역시 그가 해외에 염증을 내어 그렇게 했을 것이라고 생각했다. 그래서 장차 추문하여 뒷날의 폐단을 막으려고 하였는데, 이제 들으니, 제멋대로 임소를 떠나 청주로 갔다 한다. 속히 추문하도록 하라."[7]

규암이 해외에 염증을 냈다는 기록은 제주에 대한 그의 태도를 단적으로 보여준다. 제주가 싫어서 목사직을 내팽개치고 제주를 떠난 사람을 제주 사람들이 존경의 마음을 지녀 오현단에 배향했다. 이해가 가지 않는다. 우암 송시열도 마찬가지다. 그가 제주에 있었던 기간은 111일. 이 때문에 조선 후기 노론 세력들의 영향력을 과시하기 위해 만든 "상징 조작"이라고 오현단을 비판하기도 한다.[8]

오현은 모두 유배인들이다. 유배인에 대한 관심은 김봉현의 《제주도유인전》과 김태능의 《제주도사논고》를 시작으로 많은 연구들이 있었다. 유배인에 대한 연구는 이제 유배를 하나의 문화콘텐츠로 여기는 정도에까지 이르고 있다.[9]

파농은 제국이 식민지를 확장하는 과정에서 초기에는 그것에 저항

---

7) 중종실록, 1534년 7월 4일.
8) 이영권, 《제주역사기행》, 한겨레신문사, 2004, 142쪽.
9) 김진철·양진건, 〈유배문화 스토리텔링연구-제주유배문화 스토리텔링 사례를 중심으로〉, 《인문콘텐츠》 35, 2015.

욕망의 섬, 비통의 언어

하기도 하지만 그것을 합리화하고 내면화하는 흐름이 이어진다고 보았다. 백혈병으로 투병하면서 마지막까지 붙들고 있었던《대지의 저주받은 사람들》에서 식민지적 상황을 돌파하기 위한 폭력의 필요성을 주장하기도 한다. 그가 이야기하는 폭력은 식민지 구도와 내면화된 식민지 의식을 돌파하기 위한 최후의 수단이었다. 식민의 상태를 벗어나는 일은 폭력적인 과정을 거칠 수밖에 없다는 입장이다.

제주에 유배를 왔던 인물들은 대부분 한때 조선 정계의 실권을 잡고 있었던 지배층들이었다. 조선조 노론의 거두 송시열이 대표적이다. 이들이 제주에 유배 와서 제주민과 교류를 하고 제자를 길러냈다는 점역시 사실이다. 하지만 우리가 주목해야 할 것은 당시 조선의 입장, 조선 지식인 계층의 입장이 아니다. 오히려 제주의 눈으로 제주를 바라보는 시각이다. 유배의 의미를 유배인들의 경우로 한정하는 것은 그의미를 축소시킬 수 있다. 200년의 출륙금지령 기간 동안 제주인들이야말로 이 땅에서 유배된 당사자들이었다. 파농의 표현처럼 자신의 땅에서 유배된 사람들이 바로 제주인들이었다. 유배인들은 자신들이위리안치되었다고 생각하면서 제주민들의 야만성과 무지를 비웃었지만 정작 제주민들은 숨겨진 유배의 상태를 감당해야만 했다.

적객의 눈에 비친 섬사람들은 퍽 무지하고 야만스러워 보였다. 쟁기를 쓸 줄 몰라 따비로 밭을 갈고 돛대를 만들 줄 몰라 삼나무 뗏목을 타고, 그물을 쓸 줄 몰라 주낙 낚시를 하는 줄로 여겼다. 쟁기 보습이 두어 치밖에 들지 않는 돌투성이 밭이라 오히려 따비가 편하고 섬 근해 바다가 물결 세고 칼날 같은 암초가 많은지라 그물이 별로 쓸모 없는 줄을 서울 나그네는 알지 못했다.

그리고 고려조에 쌍돛을 다는 대중선을 진상했던 이 섬사람들이 돛배를 만들 줄 몰라서 뗏목배를 띄우는 게 아니었다. 조종조에 혹독한 부역과 진상에 시달리다 못 견뎌 육지로 유망한 백성이 부지기수였던지라 인조 을묘년 이래 이백 년 동안 출륙 금지령이 내려져 있었다. 그래서 섬사람들이 돛배를 만들어 부리는 것을 관령으로 금하고 있었던 것인데 돛배를 사용하게 하면 사람들이 고기 낚는다는 핑계로 먼 바다에 나갔다가 육지로 도망칠 것이 뻔한 이치였다. 출륙 금지령이 내린 이 섬에는 포구마다 기찰이 심하고 기껏 배라고 해봐야 먼 바다에 나갈 수 없는 앉은뱅이 뗏목배들만이 해변을 맴돌 뿐이었다. **10)**

유배인들에게 섬사람들은 쟁기도 쓸 줄 모르는 사람들이었다. 척박한 제주의 토양에 대한 이해보다는 자신의 경험에 비춰서 섬사람들을 재단하고 평가했다. "물 막힌 섬에 갇"힌 신세였고 수평선이 띠처럼 가로막은 "원악도(遠惡島)"였지만 그들이 행세하며 귀양살이를 하기에는 안성맞춤인 곳이었다. 1901년 신축항쟁을 소재로 한《변방에 우짖는 새》에는 당시 유배객에 대한 비판적 시선이 드러나 있다.

그러나 이와는 달리 제주섬은 적객이 행세하기에는 안성마춤의 곳이었다. 이 섬에는 여러 대 대물림하며 내려온 장자집이 삼읍을 통틀이 스무남은 집은 될 터이인데 이 굵은 똥을 싼다는 토호들이 사뭇 앞다투어가며 적객을 제집으로 모셔가려고 기쓰는 것이다. 불우한 처

---

10) 현기영,《변방에 우짖는 새》, 창작과비평, 1983, 8~9쪽.

지의 적객을 돕고 사귀어 두었다가, 훗날 특사받아 귀양 풀려 관직이 회복되면 그걸 연줄삼아 원 자리 하나 엽관해 보려는 속셈이다.[11]

지방 토호들은 중앙에서 내려온 유배객과 앞다퉈 교류를 텄다. 유배인과 제주민들과의 교류라는 것도 기실 제주의 지배계층과의 교류에 불과했다. 유배인들은 "섬에 들어도 물 건너온 흰 쌀밥에 비린 반찬을 먹었"고 그들의 귀양살이는 "호강에 겨워 요강에 똥 쌀 지경이었"다. 현기영은 그래서 "정작 물 위에 떠 있는 뇌옥에서 옥살이하는 것은 제주 백성이었다. 그것도 이백 년 동안이나 물 가운데 유폐되어 있었다."고 말한다. 정작 뇌옥에서 옥살이하는 제주 백성. 이것이야말로 자신의 땅에서조차 버림받은 자들이라는 파농의 인식과 절묘하게 맞닿아 있다. 스스로의 유배상태를 인식하는 것. 이것은 조선과 제주라고 하는 식민지적 상황을 간파하고 있음을 보여준다. 여기서 식민지적 상황이라는 용어를 사용한 것은 식민-피식민의 관계가 국가와 국가 사이에만 작동하는 것이 아니라는 점을 의미한다. 식민지적 차별은 한 국가 안에서도 적용될 수 있다. 이것을 흔히 내부식민지론이라고 일컫는다. 《변방에 우짖는 새》에서 현기영이 묘파하고 있는 상황이야말로 내부식민지의 모순을 보여준다.

수령들의 작폐를 조정에 고변하려고 하여도 공행이 아니면 출륙을 금하고 있으니, 어째 해 볼 도리가 없었다. 진상선 따라다니는 관속들이 있기는 하지만, 항시 수령과 한통속인 그들이 발고해 줄 리

---

11) 현기영, 앞의 책, 9쪽.

는 더욱 만무한 것이었다. 섬 백성의 눈에 고름이 넘쳐도 알지 못하고 원성이 하늘에 닿아도 들리지 않았다.

이렇게 변방 방어의 군역과 왕실 진상의 막중한 책무를 진 채 이백 년동안 출륙을 못했으니, '물 위에 떠 있는 뇌옥'에 갇힌 수인은 섬사람들이지 결코 귀양온 적객이 아니었다.[12]

스스로가 뇌옥에 갇힌 존재라고 인식하는 것은, 마르티니크의 흑인이 자신이 흑인임을 깨닫는 것과 유사하다. 프랑스 식민지에서 태어나 누구보다도 프랑스어를 잘 구사하지만 인종차별을 받고 마는 흑인들의 모습. 그리고 그러한 차별을 벗어나기 위해 스스로 백인 행세를 하는 흑인들. 어쩌면 그것은 제주의 지배층이 끊임없이 중앙과 관계를 맺음으로써 자신들을 변방이 아니라고 인식하였던 것과 궤를 같이 할 것이다.

우리가 변방을 이야기하는 것은 변방성에 대한 새로운 인식의 필요성 때문이다. 즉 변방이란 균질화에 대한 저항이다. 동일화를 거부하고 개별적 주체의 존재를 인식하는 힘이 바로 변방성이다. 하나의 예를 설명해보자. 제주에서 향토인식이 확산되기 시작한 것은 1960년대 이후, 정확히 말하자면 1964년 제주도종합개발계획 수립 이후였다. 지역이 근대로 재편되는 과정에서 망실되어가는 지역 고유성에 대한 인식이 확산되는 것은 일면 자연스러운 것처럼 보인다. 하지만 이러한 인식은 결국 '서울=근대'라는 대타자가 지역성을 재편하고자

---

12) 현기영, 앞의 책, 19쪽.

하는 욕망을 전제로 한 것이다.

 '서울=근대/지역=전근대'라는 이분법적 도식은 그 자체로 폭력적으로 지역을 재편한다. 이때 발생한 향토인식은 근대에 대한 저항이 아니었다. 오히려 근대에의 투항이었다. 1964년 제주도종합개발계획이 발표된 직후 제주신문에 연재된 부종휴의 '제주도개발과 자유화문제'라는 글을 살펴보자.

> 관광이니 개발이니 자유화이니 요사이와 같이 각광을 받아본 때는 아직 없다. 혁명정부 당시의 전 김영관 지사의 업적은 높이 평가되어야 한다. 씨는 뿌려놨으니 결실과 수확을 할 때는 바로 이때이다. 현 강우준 도지사 등의 역량에 기대되는 바 매우 크다. 박 대통령을 비롯한 행정, 입법부가 본도 개발에 큰 관심과 중점을 여기에 두고 있는 것은 사실이다. 잘 이용하여야만 5년 10년 후에는 살기 좋은 낙원을 마련할 수 있게 될 것이다. 망각의 섬이 되는 것을 우리는 원해서는 안된다. (중략) 우리가 개발만 한다면 제2의 하와이는 능히 만들 수 있을 것이다. [13)]

 "개발만 하면 제2의 하와이는 능히 만들 수 있을 것"이라는 부종휴의 발언은 그 자체로 지역의 근대적 재편에 대한 기대감을 노골적으로 드러낸다. 민속학 연구자였던 진성기는 이보다 앞선 1962년《제주도학》제1집에서 제주도개발계획이 추진되고 있고 머지 않아 제주도

---

13) 부종휴, "제주도개발과 자유화 문제",《제주신문》, 1964년 8월 30일. 부종휴의 기고문은 1964년 8월 16일부터 9월 9일까지 모두 10회에 걸쳐 연재되었다.

가 이상향이 될 수 있을 것이라고 이야기한다.[14] 제주학이라는 이름
이 정립되지 않았을 때에 '제주학'이라는 이름으로 제주의 민속을 정
리하고, 이를 통한 교육의 필요성을 역설한 프린트물이 진성기의《제
주도학》이었다. 향토인식을 전면에 내세우고 있는 이 책에서조차 근
대 편입에 대한 기대감을 확인할 수 있다. 이처럼 근대에 대한 편입은
제주 지식인들의 일반적 인식이었다.

이는 파농의 지적처럼 과거의 전통에 기대어 향토를 발견하려는 시
도라고 볼 수 있다. 향토를 발견하려고 하지만 그렇게 발견된 향토는
결국 서울로 상징되는 중심이 인정하는 수준에서 확인된다. 개발이
라는 환영에 대한 찬사는 결국 식민지적 상황이라는 근본적 인식을
외면한 상황에서 발아한 것이다.

변방이라는 의미

변방이란 무엇인가. 이 질문에 답하기 위해서는 하나의 전제가 성립
되어야 한다. 그것은 중심의 존재이다. 중심이 없는 변방은 존재할 수
없다. 이 말은 공간으로서 변방이 존재하기 위해서는 반드시 변방에 대
응하는 중심이 존재해야 한다는 의미이다. 그렇다면 중심은 어떻게 발
생하는가. 본디 중심으로 존재하는 공간은 없다. 물리적 공간이란 하
나하나가 개별적이며 평등하다. 하나의 공간이 중심이 되는 과정은 공

---

14) 진성기, 《제주도학》 제1집, 인문사, 1962.

간과 공간의 위계를 둘러싼 치열한 공간 투쟁의 결과라고 할 수 있다.

변방이 존재하기 위해서는 지리적 공간 중 어느 하나를 중심이라고 규정해야 한다. 콜럼버스가 1492년 아메리카 대륙을 '발견'했다고 했을 때 '발견'이라는 말은 유럽이라는 특정한 지리적 공간을 중심이라고 상정해야만 가능해진다. 유럽이 중심일 때 아메리카는 변방일 수밖에 없다. 하지만 콜럼버스의 '발견' 이전에도 아메리카 대륙은 존재했으며 8천만 명이 넘는 인류가 살고 있었다. 하지만 콜럼버스의 눈에 그들은 '인간'이 아니었다. 콜럼버스의 발견 이후 아메리카 대륙에서 행해진 수많은 학살들을 상기해보자. 사실 콜럼버스가 아메리카를 '발견'할 때만 하더라도 세계의 중심은 이슬람이었다. 유럽은 이슬람의 변방에 불과했다. 오스만투르크 제국의 영토 확장이 최고조에 이른 것은 제10대 군주인 쉴레이만 1세의 재임 기간(1520~1566년)이다. 오스만투르크 제국은 헝가리 지역은 물론이고 한때는 신성로마 제국의 수도였던 오스트리아 빈을 위협하기도 했다. 변방에 불과했던 유럽이 '발견'이라는 용어를 사용할 수 있었던 이유는 무엇일까. 엔리케 두셀은 그것을 라틴아메리카라는 타자를 유럽이 폭력적으로 은폐했기 때문이라고 진단한다.[15] 즉 유럽 중심의 근대가 타자를 폭력적으로 수탈하고 착취함으로써 존재할 수 있었다는 것이다. 중심과 주변, 중심과 변방이라는 구도의 이면에는 이 같은 착취와 차별이 전제되어 있다.

시선을 한반도로 돌려보자. 메이지 유신 이후 일본은 타이완을, 대

---

15) 엔리케 두셀, 《1492년 타자성의 은폐》, 그린비, 2011.

2부 지역, 새로운 미래를 상상하다

한제국을, 그리고 만주와 중국을 침략해 제국의 영토로 삼았다. 한때 일본 제국의 영토는 싱가포르, 필리핀를 포함한 동남아시아와 오세아니아의 섬들까지 확장되었다. 불과 수십 년 전까지만 하더라도 일본은 동아시아의 변방에 불과했다. 세계사의 주변이라는 일본의 콤플렉스가 깨어지기 시작한 것은 1905년 러일전쟁 직후였다. 유럽의 일원인 러시아와의 전쟁에서 승리하자 일본 내부에서는 유럽과의 전쟁에서 승리했다는 승전의 감격이 넘쳐났다. 러일전쟁의 기억은 단순히 일회적 감격에 그치지 않았다. 현재 동아시아의 영토문제가 러일전쟁 이후 시작된 제국주의적 침략성과 불법성에 기인하고 있다는 시각도 존재한다.[16] 러일전쟁은 일본이 지리적 영토를 본격적으로 확장하게 된 계기가 되었으며 이를 통해 일본은 변방이라는 콤플렉스에서 벗어나 스스로를 하나의 중심으로 간주하게 되었다. 이처럼 일본이 제국이라는 중심으로 자리 잡게 된 계기 역시 공간에 대한 폭력적 인식과 차별이다. 일본 제국이 차별을 은폐하기 위해서 내세운 것이 '내선일체'와 '동조동근'이라는 담론이었다. 조선과 일본이 하나라고 외쳤지만 정작 차별은 시정되지 않았다는 점은 수많은 역사적 사실로도 입증될 수 있다. 1930년대 이후 식민지 조선에서 벌어진 지방주의 담론은 식민지 조선에서 일본에 의해 자행되었던 차별의 은폐를 상징적으로 보여준다.

1930년대 지방주의를 주장했던 대표적 인물이 시인 김종한이다.[17]

---

16) 김원수, 〈러일전쟁의 역사들 다시 읽기-변경/경계와의 접속〉, 한국역사교육학회, 《역사교육연구》19, 2014. 5. 참조.

욕망의 섬, 비통의 언어

김종한은 1942년 잡지 《국민문학》에 발표한 〈일지의 윤리〉에서 "동경이나 경성도 다 같은 전체에 있어서의 한 공간적 단위에 불과한 것"[18]이라고 주장했다. 이는 제국의 중심인 동경과 제국의 변방인 경성을 모두 '지방'이라는 공간으로 인식한 것이다. 제국 일본의 문화적 중심지인 동경과 경성을 모두 대등한 공간이라고 말하면서 그가 주장하고 싶었던 것은 바로 조선이라는 지방의 특수성이었다. 즉 조선이나 동경이나 동일한 지방이기 때문에 조선의 지방성은 존중되어야 한다는 논리였다. 식민지 시기 대표적 평론가인 최재서 역시 《국민문학》이 연 한 좌담회에서 지방문화를 통해 일본정신을 발현하고 그것이 건전한 국민문화를 생성할 수 있을 것이라고 이야기한 바 있다.[19]

이러한 문인들의 인식은 역설적으로 동경과 경성이라는 '동일한 지방' 사이에 차별이 존재하고 있음을 보여준다. 제국 일본이 제국주의 결속을 위해 '내선일체'와 '동조동근'이라는 구호를 내세웠지만 거기에는 숨길 수 없는 조선과 일본의 차이, 그리고 이를 바탕으로 한 차별적 시선이 일상적으로 작동하고 있었다. 조선의 지방성을 인정받

---

17) 1914년 함경북도 명천 출신인 김종한은 1928년 조선일보에 '가을비와 하소연'을, 1933년에는 학생문단에 시 '격류'를 발표했다. 1935년에는 조선일보 신춘문예에 민요 '베짜는 각시'가, 1936년에는 동아일보 신춘문예에 '망향곡'이, 1937년 조선일보 신춘문예에 '낡은 우물이 있는 풍경'이 당선되었다. 김종한의 연보는 고봉준, 〈'동양'의 발견과 국민문학-김종한론〉, 《한국문학이론과 비평》 35, 2007 참조.

18) 김종한, 〈일지의 윤리〉, 《국민문학》, 1942. 3. 36쪽.

19) 최재서는 〈평양의 문화를 말한다〉라는 제목의 좌담회에서 "국민문화에도 여러 문제가 있다."며 "각 지방마다 고유한 문화를 부흥시키고 이들 지방문화를 통해서 일관된 일본정신, 즉 황도정신을 발현시키는 것이 일본문화의 존재방식이 되어야 할 것"이라고 말한 바 있다. 문경연 외 역, 《좌담회로 읽는 국민문학》, 소명출판, 2010, 350쪽.

고자 하는 문인들의 인정욕망은 결국 조선의 지방성이 동경과 대등하게 취급받지 못하고 있다는 현실에서 발아한 것이다. 일본 제국은 제국주의 전략의 일환으로 '대동아'를 내세웠지만 결국 이것은 일본, 좁게는 동경이라는 중심, 그리고 조선과 만주, 남양군도라는 주변을 식민화화기 위한 속셈이었다.

이러한 일본 제국주의 전략은 1943년 8월 '개정 병역법' 시행에 잘 드러난다. '태평양 전쟁'이 막바지로 치닫고 있을 때 일본은 조선인을 징병 대상으로 삼는다. 조선인을 '황군'이라는 미명 하에 총알받이로 동원하기 위한 일본의 조치였다. 이에 대해 이광수를 비롯한 당시 조선의 지식인들은 환영의 의사를 밝힌다. 이광수는 매일신보에 〈징병의 감격과 용의〉[20]을 발표한다. 이 글에서 이광수는 조선인도 '황군'에 지원할 수 있게 되었다며 드디어 조선인도 천황의 신민이 될 수 있게 되었다는 사실에 감격한다. 이 같은 '감격'의 언사들은 이광수 개인에 그치지 않았다. 8월 1일에는 윤치호가 〈다년의 염원 달성〉을, 8월 2일에는 현영섭이 〈역사 창조의 날〉 등의 글을 게재한다. 김기진, 김용제, 김상용, 노천명, 김종한, 김동환 등은 〈님의 부르심을 받들고서〉라는 징병제 환영 시를 게재한다.

이러한 일련의 글들은 그 자체로 문인들의 친일 행위의 근거로 작용하기도 하지만 역설적으로 제국이 조선이라는 변방을 차별적으로 통치했다는 사실을 보여준다. 이들은 조선이라는 차별을 극복할 수 있는 수단으로 '징병'을 환영했다. 하지만 조선인이 '황군'이 될 수 있다고 해서 이러한 차별이 사라지는 것은 아니었다. 강제로 징집된 학

---

20) 매일신보, 1943. 8. 1.

병 세대들의 증언에 따르면 일본군 내에서도 조선인과 일본인의 차별은 여전했다. 이병주의 《관부연락선》의 주인공 유태림이나 김준엽의 《장정》에서 살펴볼 수 있듯이 식민지 조선의 엘리트 출신인 학병에 대한 민족적 차별은 지속되었다.

식민지 말기 이광수를 비롯한 엘리트들이 자발적 친일의 길로 들어설 수밖에 없었던 이유는 무엇일까. 이들의 행적을 중심과 주변, 중심과 변방이라는 공간적 인식에 한정하여 말한다면 그것은 중심이 주변을 차별적으로 인식하고 있다는 사실을 '망각'했거나 교묘하게 은폐된 차별에 '무관심'했기 때문이 아닐까. 어쩌면 그것은 조선이라는 변방 콤플렉스를 벗어나기 위해 끊임없이 중심을 지향해야만 했던 그들의 비뚤어진 인정욕망이 만들어 낸 아이러니이다. 근대(성)라는 중심에 대한 식민지 조선인의 구애는 제국이 교묘하게 은폐하고 있었던 차별을 외면해야만 가능했다. 이등국민인 조선인이 진정한 '일본인'이 되어야만 일등국민이 될 수 있었다고 믿었던 것은 결국 중심-주변, 즉 변방(성)에 대한 그릇된 인식에서 출발한다.

변방을 이야기하면서 역사적 배경을 설명한 이유가 여기에 있다. 변방은 단순히 선험적이고 자명한 것이 아니고 선택되는 것이며 그러한 선택은 종종 폭력을 동반한다. 변방은 제국주의적 폭력을 전제로 '발견'되어 왔다. 그리고 이를 내면화하는 과정에서 그것은 하나의 보편적 지(知)가 되었다.

우리가 '지금-여기'의 자리에서 변방을 이야기하는 것은 단순히 지리적 공간으로서 경계나 주변을 바라보기 위해서가 아니다. 변방 인식에 내재되어 있는 폭력성의 은폐를 정면으로 바라보고 우리 안에 내면화된 콤플렉스의 민낯을 응시하기 위해서이다. 폭력성의 은폐는 때때로 그것이 은폐되고 있다는 사실까지 감추어버린다. 물리적 폭력의 대상은 쉽게 극복될 수 있다. 하지만 은폐된 폭력의 극복은 만만치 않다. 그러한 은폐는 때때로 근대라는 이름으로 우리 앞에 다가오기 때문이다. 제국주의의 폭력 앞에서 수많은 민족주의자들이 친일의 길로 들어섰던 이유 역시 제국주의가 우리에게 선사해준 근대의 환영에 열광했기 때문인지도 모른다. 이광수는 《무정》에서 미개한 조선에 필요한 것은 근대적 지식이라고 보았다. 《무정》의 마지막 장면은 주인공들이 유학을 떠나 근대적 지식을 배워야 한다고 다짐하면서 끝이 난다. 그들이 소리 높여 "배워야지요."라고 외쳤던 것은 서구로 상징되는 근대에 대한 갈망의 갈급함을 보여준다. 후에 이광수가 '민족개조론'을 내세웠던 것도 바로 이러한 갈급함의 표현일 것이다.

물리적 폭력을 행사하던 제국의 시대는 끝이 났다. 하지만 제국이 남긴 유물은 우리 안에 여전히 남아있다. 식민지 근대화론과 자생적 근대화론의 끝없는 대립은 근대, 나아가 근대 국민국가를 상상하는 식민주의적 콤플렉스가 우리 안에 뿌리 깊게 내면화되고 있음을 보여준다. '지금-여기'의 자리에서 변방을 문제 삼는 것은 근대라는 자명한 현재에 숨겨진 피의 흔적을 바라보아야 하기 때문이다. 변방은 단순히 지리적 관념이 아니라는 지적[21]에 귀 기울어야 하는 이유도 여기에 있다. 변방은 중심이 주변을 폭력적으로 호명하는 방식으로 사유되어서는 안 된다. 변방을 변방으로 남아 있게 만드는 것은 중심이

---

21) 신영복, 《변방을 찾아서》, 돌베개, 2012, 26쪽.

만들어낸 폭력적 공간인식일 뿐이다. 변방은 폭력을, 은폐되고 때로는 폭력이 존재하지 않는 것처럼 만들어버리는 왜곡된 '상상의 발견'을, 정면으로 응시해야 하는 자리이다. 제국이 조선을, 서울이라는 중심이 지역이라는 주변을 변방화하면서 스스로 중심의 자리를 차지하려고 했던 폭력의 근원과 작동방식을 폭로해야 하는 공간이다. 우리가 '변방이 중심이다.'라고 말할 때 그것은 단순히 지도를 거꾸로 돌려놓는 지리적 상상을 통해 지역이 오히려 중심이라고 인식하는 수준에 머물러서는 안 된다. 어느 자리에선가 제주를 지도의 중앙에 놓고 제주야말로 동아시아의 중심이라고 주장하던 장면을 본 적이 있다. 이러한 인식으로 지역에 대한 자긍심과 자존감이 높아질 것이라는 발상은 일면 순진하기까지 하다. 변방 인식은 끊임없이 주변과 변방을 만들어내면서 중심을 강화해온 근대적 폭력과 마주하는 것으로부터 출발해야 한다. 은폐된 폭력과 차별의 지속을 지역의 눈으로 '발견'하고 그것의 작동방식을 살펴보지 않는다면 변방은 단순히 지리적 변방에 불과할 것이다. 변방 인식이 자본주의적 근대를 극복하는 새로움을 창안하기 위한 창조의 공간이 되어야 하는 의미가 여기에 있다. 그런 점에서 다음과 같은 신영복의 변방성에 대한 해석에 주의를 기울일 필요가 있다.

중요한 것은 변방이 공간적 개념이 아니라는 사실이다. 그런 점에서 변방은 변방성, 변방 의식의 의미로 이해되어야 한다. 비록 어느 장세의 중심부에 위치하고 있는 경우라 하더라도 모름지기 변방의식을 내면화하는 자세가 필요하다. 크게 보면 인간의 위상 자체가 기본적으로 변방이기 때문이다. 우주의 광활함과 구원함을 생각한다면 인간의 위상 자체는 언제 어디서든 변방의 작은 존재일 수밖에 없다. 그렇기 때문에 **변방의식은 세계와 주체에 대한 통찰이며 그렇기 때문에 변방 의식은 우리가 갇혀있는 틀을 깨뜨리는 탈문맥이며 새로운 영토를 찾아가는 탈주 그 자체다.** 변방성 없이는 성찰이 불가능하다. 이것은 세상에서 생명을 부지하는 하나의 생명체로서도 그러하고, 집단이든 지역이든 국가나 문명의 경우든 조금도 다르지 않다. 스스로를 조감하고 성찰하는 동안에만, 스스로 새로워지고 있는 동안에만 생명을 잃지 않는다. 변화와 소통이 곧 생명의 모습이다. (중략)

변방이 창조공간이 되기 위해서는 콤플렉스가 없어야 한다는 것이다. 중심부에 대한 열등의식이 없어야 하는 것이다.

(신영복,《변방을 찾아서》, 돌베개, 2012, 26~27쪽, 강조 인용자)

지금-여기에서 변방을 문제 삼는 것은 변방이야말로 자본주의적 근대를 성찰하기 위한 구체적 공간이기 때문이다. 공간은 공간 그 자체로서 존재하지 않는다. 공간은 공간과의 관계를 통해서 공간의 의미가 생산된다.[22] 따라서 변방의식은 관계에 대한 성찰이며 관계성에 대한 새로운 인식이다. 그러므로 우리는, 다시, 변방에, 살아야 한다. 중심을 닮아가는 것이 아니라, 중심을 차라리 외면하면서, 변방에서, 중심을 전복하는 상상의 힘으로, 변방을 변방으로, 다시, 만들어야 한다.

---

22) 앙리 르페브르, 양영란 역,《공간의 생산》, 에코리브르, 2011.

서울의 정치가 아닌
지역의 정치를 위해[1]

도령마루에서 중국어 입간판까지

제주공항에서 신제주로 올라오는 도로 옆에 도령마루가 있다. 공항에서 내린 관광객들은 도령마루를 지나 신제주로, 애월로 차를 타고 지나간다. 4차선 도로로 둘러싸인 이곳을 눈여겨보는 사람은 없다. 소나무 몇 그루가 심어져 있는 이곳에서 1948년 11월 3일 주민 7명이 토벌대에게 총살당했다. 당시 미군정보고서는 이렇게 기록하고 있다.

> 11월 3일, 7명의 민간인 시체가 제주읍에서 발견됐다. 그 피해자들은 제주읍의 공산주의자들인 것으로 보고됐다. [2]

---

1) 이 글은 2017년 조기 대선이 실시되기 전에 쓰였다.
2) 주한미군사령부, 《G-2 보고서》, 1948. 11. 5.

보고서 내용이 의미하는 것은 무엇인가. 그것은 민간인들의 시체를 발견한 미군이 토벌대에게 그들이 누구인지를 물었고 토벌대가 '공산주의자'라고 대답했다는 의미이다. 가해자들이 말한 공산주의자라는 낙인을 미군은 의심하지 않았다. 도령마루에서 희생당한 사람들은 공산주의자가 아니었다. 그들은 평범한 주민들이었다. 현기영은 이 도령마루의 학살을 〈도령마루의 까마귀〉라는 단편에서 자세히 그리고 있다. 도령마루는 1948년 11월을 전후해 시작된 대규모 민간인 학살을 상징하는 곳이다. 하지만 이곳이 제주 4·3의 비극을 증언하는 장소라는 사실을 제주를 찾는 관광객들은 잘 모른다. 자동차를 타고 빠른 속도로 그곳을 지나갈 뿐이다.

제주에서 1948년 속칭 '초토화 작전'으로 인명 피해를 입은 지역은 셀 수 없이 많다. 피해인원만으로 따진다면 도령마루는 다른 지역과 비교되지 않는다. 하지만 도령마루는 제주 4·3의 대학살을 상징하는 곳이라고 할 수 있다. 공항에서 내린 관광객들이 도령마루에 눈길 한 번 주지 않고 지나가듯 한국에서 제주 4·3은 오랫동안 존재하되 존재하지 않는 유령의 비극이었다. 제주 4·3특별법이 제정되고 노무현 전 대통령이 국가 원수의 자격으로 당시 국가폭력에 의해 피해를 입은 희생자들에게 공식 사과했지만 아직도 제주 4·3의 진실은 미완으로 남아있다.

지금은 도령마루를 지나서 신제주 초입에 제주중국성개발이라는 중국계 회사가 세운 중국어 간판이 사람들의 시선을 잡아끈다.[3] '金

---

3) 이 간판은 최근 다른 것으로 교체되었다.

제주중국성개발 간판

海岸別墅 开盘了', 군이 번역하자면 '돈 되는 해안별장 개장 예정' 쯤된다. 제주 4·3의 비극을 상징하는 도령마루에서 중국어 입간판까지 차를 타고 채 1분도 되지 않는 거리는 제주가 지나온 역사를 압축적으로 보여준다. '절멸' 수준의 대학살이 끝나고 제주는 빠르게 근대화의 길로 접어든다. 반공을 국시로 한 쿠데타 세력들은 정권의 정당성을 강조하기 위해 '변방' 제주의 개발에 많은 관심을 기울였다.

이런 영향 때문인지 제주에는 아직도 박정희에 대한 신화가 곳곳에 남아있다. 대표적인 것이 제주와 서귀포를 잇는 횡단도로인 5·16도로이다. 제주 4·3이 반공과 친일을 내세운 정치세력에 의한 무자비한 학살이었다는 점을 염두에 둔다면 그들의 이념을 적극적으로 계승한 박정희의 이름을 딴 도로가 버젓이 남아있는 것은 이해하기 힘들다. 제

2부 지역, 새로운 미래를 상상하다

주에서 열렸던 '태극기 집회'(언론의 이러한 명명법은 분명 문제가 있다. 정확히 하자면 친박 집회라고 하는 것이 맞다.)에 참석한 신구범 전 제주도지사는 삼다수 병을 들고 이렇게 외쳤다. "삼다수는 내가 만든 것이 아니다. 박정희 대통령이 어승생 댐을 만들지 않았다면 삼다수는 만들 수 없었다." 지난 지방선거에서 더불어민주당의 전신인 새정치민주연합 도지사 후보로 출마했던 전직 지사의 발언을 단순히 개인의 정치적 소신이라고만 볼 수 있을까.

1960년대 제주에는 '관광낙원'이라는 구호가 울려 퍼졌다. 제주개발특별법에서 제주국제자유도시특별법에 이르기까지 제주는 대한민국의 변방에서 누구나 한 번쯤 오고 싶어 하는 섬이 되었다. 하지만 근대에 대한 지역의 자생적인 열망은 중앙 정부가 의도한 기획의 범위 안에서만 승인되고 용납되었다. 지역 공동체를 오랫동안 유지해 왔던 정신들은 전근대적인 것으로 치부되었다. 지역을 버려야 지역이 살 수 있다는 역설은, 한마디로 중앙의 일원이 되어야만 지역에서 목소리 높일 수 있고 출세할 수 있다는 지역의 한계를 그대로 드러낸다.

이러한 지역의 한계는 단순히 지역 정치의 후진성을 보여주는 것이 아니다. 그것은 어쩌면 과도한 중앙중심주의가 남긴 한국 사회의 폐해를 상징하는 것이 아닐까. 지역에서 지역의 가치를 지니고 산다는 일은 때로 서울로 대표되는 중앙의 권력과 대립해야 하는 일종의 숙명 같은 것이다. 지역에서 나고 자라 지역에서 진보적 가치를 실현하면서 살아내야 하는 이들에게 중앙은 이해할 수 없는 권력, 그 이상도 이하도 아니었다.

오로지 당선 가능성만을 염두에 둔 중앙 정치 세력의 낙점이 있어야만 거대 정당의 후보로 나설 수 있는 현실에서 지역의 가치를 오롯이 지키는 일은 쉽지 않은 일이다. 2010년에도 민주당은 성추행 전력이 있었던 우근민 전 제주도지사의 복당을 거론한 적이 있다. 당시 제주 지역 사회는 발칵 뒤집혔다. 명백한 허물이 있는 사람을 당선 가능성이 높다는 이유로 민주당이 영입을 시도하는 것 자체가 제주도민을 모욕하는 처사라는 지적이 많았다. 우여곡절 끝에 우근민 전 지사는 3년 뒤 새누리당에 입당했다.

제주를 찾는 관광객이 도령마루에 눈길 한 번 주지 않는 것처럼 중앙 정치는 선거철만 되면 지역의 유력 후보에게 러브콜을 보냈다. 그들의 과거 행적은 크게 문제 되지 않았다. 중앙당이 낙점만 하면 당의 지지기반을 업고 무난히 당선할 수 있다는 정치적 셈법만이 우선시되었다. 하지만 이제는 달라져야 한다. 도령마루에서 중국어 입간판까지 오는 짧은 도로를 지나며 제주의 가치가 무엇인지, 지역의 문제가 무엇인지 함께 고민하는 사람이 필요하다.

사상 초유로 현직 대통령 탄핵을 이끌어낸 광장의 목소리들은 단순히 대통령 한 사람을 바꾸자는 함성이 아니었다. 박정희-박근혜로 이어지는 유신 체제를 바꾸자는 촛불이었고 지역에 뿌리 깊게 자리 잡은 왜곡된 정치 구조를 무너뜨리자는 거대한 파도였다. 이제 우리는 광장의 함성 앞에서 다시 물어야 한다. 촛불로 타올랐던 수많은 민주주의 불꽃들은 과연 무엇을 위한 외침이었던가.

20차례 열렸던 제주 촛불 집회의 한컨에는 5·16도로의 이름을 바꾸자는 시민들도 함께했다. 5·16 쿠데타는 민주주의를 부정하는 반역사적 범법 행위였다. 제주의 촛불은 대통령 박근혜만을 탄핵하자는 외침이 아니었다. 지역에 뿌리 깊게 박힌 박정희의 그늘을 지워야 한다는 선언이고 행동이었다. 촛불의 의미는 대통령 한 사람만을 바꾸는 것에 있지 않다. 그것은 권력을 위해서라면 정강정책은 묻지도 않고 중앙 정치에 줄을 대는, 우리 안의 박정희-박근혜를 응징하자는 함성이었다. 권력을 잡기 위해서라면 과거 전력은 문제 삼지 않는 중앙 정치의 몰염치를 더 이상 인정하지 않겠다는 외침이었다.

촛불의 광장에서 우리는 투창과 비수를 한 손에 들었다. 투창이 대통령 탄핵을 향해 던지는 날카로움으로 빛났다면 비수는 우리 안의 적폐, 지역의 모순을 정면으로 바라보자는 반성의 피로 물들었다.

지역의 정치, 새로운 민주주의의 시작을 위해

오랫동안 한국의 정치는 중앙의 정치였다. 서울은 표준이었고 중심이었다. 사람과 자본을 빨아들이는 서울의 탐욕은 대한민국 정부 수립 이후 지금까지 변하지 않았다. 한때 지방분권이 화두가 된 적도 있었다. 수도를 옮기고 권력을 나누자는 제안은 그러나 실패로 돌아갔다. 그 실패의 한 축에 서울 기득권이 자리 잡고 있다.

전북대학교 강준만 교수는 "지방은 식민지다."라고 말한다. 지방을 식민지라고 말하면 대뜸 이런 반론이 이어진다. "지역은 대한민국이 아니냐. 대한민국의 경쟁력을 높여야 지역이 산다." 이것은 소위 중앙의 상징자본을 가진 자들의 반론이다. 다른 하나는 지역주민들의 반론이다. "지역이 식민지라고. 우리가 왜 식민지냐. 그렇게 말하는 것은 지역의 피해의식이고 열등감의 표현이다."

식민 지배를 받았던 이 땅에서 식민지라는 명명은 불편하기 짝이 없다. 중앙은 중앙의 방식대로 지방은 지방의 방식대로 이러한 명명을 못 견뎌 한다. 하지만 "지방은 식민지다."라는 강준만 교수의 발언은 우리 시대의 모순을 풀기 위한 불편하지만 반드시 필요한 성찰의 목소리다.

지방에서 대학을 다녔던 사람들에게 '전설'처럼 내려오는 이야기가 있다. 1980년 6월 항쟁이 한창이었던 때, 지역 대학에 이화여대 대학생들이 보낸 소포 하나가 배달되었다는 웃지 못할 이야기가 전해진다. 그 소포에는 가위가 하나 들어 있었다. 가위의 의미는 '서울의 여자 대학생들도 민주화를 위해 투쟁하는데 지방의 남학생들은 도대체 뭐 하냐, 남자 될 자격이 없다.'라는 것이었다. 제주에서 대학을 다닌 나도 선배들로부터 이런 이야기를 들은 적이 있다. 이 이야기를 부산에서 대학을 다녔던 모 교수에게 하니 자신들도 이런 이야기를 들었다고 고백했다. 지금에야 웃으며 지나갈 수 있는 일이다. 하지만 여기에는 '서울-엘리트'로 대변되는 중앙과 지역의 차별이 교묘하게 숨겨져 있다. 지금도 '지방충'이니 '지잡대'니 하는 말이 통용되는 것을 보자면 지역에 대한 차별의 뿌리는 꽤 깊은 셈이다.

지역에서 산다는 것은 이러한 일상적 차별과 냉소를 견뎌야 하는 일이다. 차별받지 않기 위해서, 혹은 차별이 없다고 생각하기 위해서 부지런히 중앙과 '연결'되지 않으면 안 된다는 심리적 강박의 원인도 바로 여기에 있다. 제주 강정에 해군기지가 건설되기 시작했을 때 인터넷에서 가장 많이 볼 수 있었던 댓글은 "국가가 있어야 제주가 있지, 제주는 대한민국이 아니냐."는 비아냥이었다. 이런 비아냥에는 국가가 결정하면(국가의 결정이 항상 옳은 것도 아니지만) 대(중앙)를 위해 소(지역)가 희생해야 한다는 희생의 강요가 깔려 있다.

강정에 해군기지가 건설되고 성주에 사드가 배치되어도 대한민국의 국방과 외교의 문제를 감안하지 않을 수 없다는 중앙 정치권의 해명이 설득력을 갖지 못하는 이유가 여기에 있다. '모든 권력은 국민으로부터 나온다.'라는 헌법 제1조의 규정에도 불구하고 해군기지를, 사드 배치를 반대하는 지역주민들은 국민으로 인정받지 못한다. 국가는 공권력의 힘으로 주민들을 억압하고 협박해왔다. 강정 해군기지를 반대했다고 주민들에게 34억5천만 원의 구상권을 청구한 해군의 태도는 준엄한 법 질서의 확립이 아니라 희생을 강요하는 폭력의 다른 이름일 뿐이다.

오랫동안 제주 4·3의 문제에 매달려왔던 김석범은 그의 소설 《화산도》에서 제주 4·3의 폭력적 진압의 원인을 "서울 정권의 차별" 때문이라고 말한다. 우리나라의 역사는 1948년 8월 15일을 대한민국 정부가 수립된 날이라고 기록한다. 하지만 당시 제주에서 살았던 사람들에게 대한민국은 서울의 정권이었고 서울의 권력이었다. 지역의 동의를 받지 못한 권력의 정당성을 문제 삼는 지역주민들의 선택이 무참한 학살로 이어진 것은 어쩌면 '서울정권'이 지닌 태생적 한계 때문일 것이다.

민주주의는 선거제도의 민주주의만을 의미하지 않는다. 진정한 민주주의의 척도는 민중이 자신들의 삶을 스스로 선택할 수 있는 자기결정권을 행사할 수 있는가에 달려 있다. 그 선택이야말로 헌법 제1조가 규정하고 있는, 권력이 국민에게 있다는 규정을 현실로 만드는 일이다. 중앙 정치를 바꾸고 중앙의 권력을 바꾸는 일은 민주주의의 일부분에 불과하다. 지역의 삶의 조건을 스스로 선택하는, 지역의 자기결정권을 행사하는 것이야말로 진정한 민주주의의 시작이라고 할 수 있다. 이러한 자기결정권은 권력이 시혜를 베풀 듯 인정하는 대상이 아니다. 오히려 그것은 의무이다. 그리고 이 의무는 중앙 권력에게만 해당되는 것이 아니다. 지역의 자기결정권은 엄밀히 말하자면 자기결정의 의무에 가깝다.

그동안 중앙과 지역의 관계는 왜곡되어왔다. 중앙은 지역을 억압했고 지역은 중앙의 억압을 내면화하면서 중앙을 닮아가려고 애썼다. 지역은 서울이 되지 못해 조급했고 서울은 지역을 기만했다. 조급증과 자기기만을 중앙은 교묘하게 이용했다. 양 손에 떡을 든 놀부처럼 자신의 이익을 위해 지역을 저울질했다. 그 저울질의 역사가 지역을, 지역의 주체적 선택을 농락했다. 그 농락이 빚어낸 비극을 극명하게 보여주는 곳이 제주다.

제주 4·3의 비극을 처음 세상에 알린 김민주는 지역 MBC 특집 프로그램에서 왜 당시에 싸웠는가라는 질문에 "인민의 나라를 만들기 위해서"라고 대답했다. (인민이라는 단어에 대해 불쾌감을 느끼는 사람들도 있을 것이다. 인민은 'people'의 번역어다. 해방기 인민이라는 단어는 사람들의 입에 가장 많이 오르내린 단어다. 지금으로 치면 '국민의 나라'쯤 될 것이다.) 김민주가 말하는 '인민의 나라'와 '모든 권력은 국민으로부터 나온다.'라는 헌법 가치가 무엇이 다른가.

자신의 삶을, 자신의 국가를 스스로 결정하고자 했던 제주도민들의 주체적 선택은 결론적으로 실패로 끝났다. 하지만 그 실패는 역설적으로 국민의 자기결정이 왜 중요한지를 보여준다. 그리고 국민의 자기결정이란 중앙이, 중앙의 권력이 인정하는 범위 안에서만 안전하게 관리되지 않는다는 사실을 보여준다. 이것은 우리가 생각하는 민주주의를 뛰어넘어 새로운 민주주의를 상상할 수 있는 힘이 어디에 있는지를, 더 나은 세상을 향한 외침이 무엇을 겨냥해야 하는지를 보여준다.

촛불의 힘은 의회 민주주의의 무기력을 넘어서는 새로운 정치의 가능성을 발견하게 했다. 그것은 중앙이 지역을 억압하고, 지역이 중앙을 닮아가려는 인정욕망이 교차하는, 정치의 왜곡을 넘어설 때 가능할 것이다. 중앙이 바뀌어야 세상이 바뀌는 게 아니라 지역이 바뀌어야 세상을 바꿀 수 있다는, 새로운 정치의 희망이 촛불의 광장에서 불타올랐다. 대통령 파면은 시작에 불과하다.

그동안 한국정치에서 지역은 동원의 대상이었다. 보수와 진보라는 이념은 시쳇말로 공중전이었을 뿐이다. 지역에서는 이념보다는 누가 충실한 동원의 대상이 되느냐를 경쟁이라도 하듯이 많은 유력 인사들이 중앙에 편입되어 갔다. 그렇게 중앙에서 한자리 차지한 이들은 지역의 문제를 외면하고 지역을 버렸다. 지역의 선택은 종종 정치적 후진성으로 폄훼되었다. 예를 들면 제주에서 선거 때마다 등장하는 '괸당 정치'라는 용어가 그렇다. 제주에서 '이 당 저 당보다 괸당'이라는 말은 정당의 이념보다는 인물에 따른 정치적 선택을 지칭하는 말로 사용된다. 하지만 17대 국회의원 선거부터 시작해서 20대 국회의원 선거까지 제주도민들의 선택은 민주당이었다. 민주당의 정강정책이 뛰어나서, 후보들의 경쟁력이 높아서 나온 결과가 아니었다. 더 좋은 후보가 아니라 덜 나쁜 후보를 선택해야만 했던 고육지책이었다. 현역 의원들을 비난하려는 의도가 아니다. 제주의 선택을 '괸당정치'라는 말로 규정할 때 종종 등장하는 정치적 후진성이라는 지적의 폐해를 말하기 위함이다.

사실 '괸당'이란 제주의 자연적 환경 속에서 스스로의 공동체를 유

욕망의 섬, 비통의 언어

지하기 위한 상호부조적 성격이 강했다. 서로가 서로를 돕지 않으면 생존이 불가능한 제주의 환경이 만들어낸 자생적 삶의 방식이었다. 서울의 시각에서 보자면 보수와 진보라는 이념적 성향이 아닌 '괸당'에 의해 좌우되는 지역의 투표 행태는 이해할 수 없는 일인지도 모른다. 하지만 제주의 '괸당'은 제주가 만들어낸 공동체의 정신이었고 평등한 관계성에 기반한 민주주의적 삶의 태도였다. 지역의 민주주의는 그렇게 오랫동안 제주 사람들을 지켜왔고 제주의 삶을 만들어갔다. 평등하고 공정한 선거만이 민주주의라고 말하는 사람들에게 제주의 민주주의는 볼품없을 것이다. 하지만 그 볼품없음이 지역을, 지역의 사람들을 만들어낸 토양이라는 사실은 분명하다. '못난 것들끼리 못난 방식으로' 공존해왔던 민주적 삶의 토양이 있었기에 총선에서 민주당에게 표를 준 것이다. 제주가 그랬고 다른 지역도 그럴 것이다. 스스로의 삶의 조건을 선택해야 하는 순간마다 지역은 자기결정의 의무를 행사할 것이다. 그리고 그 결정은 중앙의 승인의 대상이 아니라 마땅히 받아들여야 하는 의무이다. 혹여 그 과정에서 어떤 정치세력이 패배하더라도 그 패배는 지역의 패배가 아니라 중앙 정치의 패배에 불과하다.

이제 정치는 아래를 향해야 한다. 중앙이 만들어낸 '의회 민주주의'라는 권좌에 취하지 않고 지역으로, 구체적 삶의 현장으로 내려오고 스며들어야 한다. 촛불 광장에서 불태웠던 수많은 민주주의의 함성을 정치가 겸허히 들어야 하는 이유도 여기에 있다.

지역이라는 희망의 땅에서

이제 다시 대선이다. 이명박-박근혜로 이어지는 보수정권 10년 동안 대한민국은 서울이 되어갔다. 서울 권력은 비대해졌고 지역은 뿌리 없이 말라갔다. 이제는 말라버린 지역에서 새로운 정치의 싹을 틔워야 한다. 지역이 힘이고 지역이 희망이다. 이제 무엇을 할 것인가. 표를 얻기 위해 지역의 유력인사를 모으고 세를 결집하는 구태의연한 정치는 촛불의 명령을 거부하는 일이다. 지역에서 지역의 가능성을 발견하고 구체적 삶의 공동체를 만들기 위해 노력했던 실천의 아이콘들이야말로 새로운 정치의 가능성이다.

대통령이 탄핵되자마자 개헌을 이야기하는 정치세력의 의도는 음험하다. 권력의 끝자락이라도 잡겠다는 허망한 몸부림이다. 개헌이 아니라 정치를 바꿔야 한다. 서울의 눈이 아니라 지역의 시각에서, 저 도도하게 흐르는 지역이라는 민심의 바다에 그물을 던져야 한다. 생각해보면 그동안 한국정치는 표면적으로는 이념의 대결장이었다. 보수와 진보라는 두 갈래의 선택지에서 서로가 서로를 공격했다. 하지만 한국정치에서 이념은 중요하지 않았다. 오히려 지역을 어떻게 효율적으로 동원할 것인가라는 정치공학이 이념 대결에 앞서 왔다.

김수영이 "혁명은 안 되고 나는 방만 바꾸어 버렸다"라고 토로했듯이 우리는 서울로 대표되는 중앙의 권력만 바꾸었다. 중앙권력과 지역의 문제는 변하지 않았는데도 말이다. 많은 사람들이 정치인들을 보면서 '싸우지 말라'고 이야기한다. 하지만 나는 생각이 다르다. 정치는 더 많이 싸워야 한다. 중앙과 지역이라는 보이지 않는 차별의 벽을 무너뜨리기 위해 더 많이, 더 치열하게 싸워야 한다. 어찌 보면 우리 정치사는 '혁명은 안 되고 방만 바꾼' 셈이다. 지역이 지역의 문제를 스스로 결정할 수 있는 자기결정의 의무가 제대로 실현되기 위해서라도, 정치인들이 입만 열면 말하는 국민이라는 단어가 얼마나 많은 차이들로 가득 차 있는지를 드러내기 위해서라도 정치는 더 싸워야 한다.

그 싸움의 진지는 붉은 카펫이 깔린 의회의 전당이 되어서는 안 된다. 거친 자갈이 가득하고, 흙먼지 가득한 지역의 저잣거리가 우리의 싸움의 진지이다. 그리고 이때 싸움의 문법은 달라져야 한다. 중앙의 권좌를 차지하기 위한 기성의 문법이 아니라 지역의 문법, 저잣거리의 문법이어야 한다. "기성 육법전서를 기준으로 하고/혁명을 바라는 자는 바보다"라고 김수영이 말하듯 모든 견고한 기성의 가치를 뒤집는 전복의 상상력으로 새로운 문법을 만들어야 한다. 대통령 한 사람 바뀌는 게 시작이 아니다.

이제 다시 시작이다. 촛불의 함성은 끝나지 않았다. 광장은 여전히 텅 빈 채 새로운 희망으로 들끓고 있다. 그 광장에서 새로운 함성이, 새로운 촛불이 켜지고 있다. 그 촛불의 가능성을, 촛불의 염원을 오롯이 안아야 하는 것은 정치의 의무이다. 그 의무를 다할 수 있는 사람, 촛불의 함성이 준 권한에 한없이 겸손해질 수 있는 사람만이 지도자가 될 자격이 있다. 우리에게 필요한 것은 권력을 손에 든 승리자가 아니다. 권력이 자신을 겨누는 수많은 사람들의 날 선 칼날이라는 사실 앞에 머리 숙일 수 있는 사람만이 촛불의 광장에 들어올 자격이 있다. 누가 그 자격을 가질 것인가. 누가 그 칼 앞에 진심으로 무릎 꿇을 수 있을 것인가. 서울의 정치가 아닌 지역의 정치를, 지역의 목소리로 진동하는 칼의 함성을 들을 수 있는 사람은 과연 누구인가.

2부 지역, 새로운 미래를 상상하다

'문화'의 귀환과
'문화-정치'의 복원

'문화'자원인가, 문화'자원'인가

'문화'는 '단독(單獨)'의 지위를 잃어버렸다. 우리는 광야를 방황하는 리어왕처럼 단독자의 위치를 상실한 자의 운명을 바라보고 있다. 하지만 '문화'의 비참과 비루는 늘 '문화'와 다른 것을 접속함으로써 은폐되고 왜곡된다. 이러한 왜곡을 징후적으로 보여주는 것이 '문화-자원'이라는 용법이다. '문화-자원'(Cultural Resources)이라는 용어에서 '문화'는 '-자원'과 결합한다. '문화'를 '자원'과 배치하는 이러한 용법의 의미는 무엇인가.

배치는 해석이다. 들뢰즈의 말을 빌리자면 해석은 사실에 대해 의미를 부여하는 작업이 아니다. 하나의 사실을 또 다른 사실과 배치할 때 비로소 해석이 탄생한다. 해석은 해석자의 욕망이 개입한 배치의 폭력이다. 그런 점에서 '문화'를 '자원'과 배치하는 것은 '문화'를 '-자원'으로서 해석하고자 하는 해석자의 욕망이다. '문화-자원'의 용법을 문제 삼을 때 우리는 해석의 욕망이 도달하고자 하는 바가 무엇인지 사유하지 않으면 안 된다.

종종 '관광자원으로서 문화를 활용해야 한다.'거나 '도시재생의 차원에서 문화자원의 중요성'이 부각되는 것도 바로 이 때문이다. '문화'를 '-자원'이라는 한정적 용법으로 배치하는 것은, 경제적 가치를 발생시키는 존재로서 '문화'를 바라보고자 하는 해석자의 욕망 때문이다. 이러한 욕망 자체를 비판할 수는 없다. 모든 욕망은 개별적인 동시에 집단적이기 때문이다.

집단적 욕망의 징후를 우리는 일일 드라마에서 종종 확인할 수 있다. 출생의 비밀을 가진 가난한 집안의 여성이 재벌 집 아들을 만나 신분 상승을 하게 된다는, 막장 드라마의 공식과도 같은 서사 구조는, 어쩌면 계층 이동이 불가능해지는 우리 사회의 집단 무의식을 보여주는 것일지도 모른다. 작가는 단지 당대의 무의식과 집단적 욕망을 징후적으로 그려낼 뿐이다. 드라마를 막장으로 만드는 것은 작가가 아니라 막장으로 치닫고 있는 우리 사회이다. 그래서 막장 드라마를 써대는 작가를 비판하는 것보다는 '막장적 욕망'이 펼쳐지는, 지옥과도 같은 현실을 문제 삼아야 한다. 구조가 바뀌지 않는다면 막장은 끝나지 않는다.

우리 사회의 집단적 욕망의 징후가 '문화-자원'이라는 용법으로 발화되는 것이라면 우리는 이를 가능하게 하는 작동 구조를 따져 물어야 한다. '문화'를 '-자원'과 결합하는 현상이 문제가 아니라 구조를 먼저 물어야 하는 것이다. '문화'자원인지, 문화'자원'인지를 물어야 하는 일은 그래서 중요하다. 자원으로서의 '문화'가 아니라 '문화' 그 자체로서 단독의 가치를 부여하는 일이 선행되어야 한다. '문화'를 자원에서 해방시키는 일, '문화'를 '-자원'과 결합시키려고 하는, 현재적 욕망의 의도와 구조를 바라보는 일이 중요해지는 것도 바로 이 때문이다.

다시 '문화'로, '문화-정치'의 복원으로

'문화'를 '-자원'과 결합시킬 때 우리가 던지지 않는 질문이 하나 있다. '-자원'의 운용 주체가 누구인가 하는 질문이다. '문화-자원'을 술어의 자리로 놓을 때 과연 주체는 누구인가. 나인가, 너인가, 아니면 우리인가. 대명사 '우리'는 주체가 될 수 없다. '우리'는 결국 '우리'들 중 아무도 주체가 될 수 없음을 보여줄 뿐이다. '문화-자원'이라고 발화될 때 주체는 이처럼 은폐된다. 주체의 은폐는 폭력적 주체의 은폐이다. 그것은 어디에나 있지만 그 어디에서도 볼 수 없는 주체이다. 가장 강력한 폭력은 드러나지 않는다. 그것은 몸을 숨긴 채, 우리가 폭력의 대상이 되고 있다는 사실도 모르게 폭력을 행사한다. 그리고 이러한 폭력은 종종 합법의 이름으로 존재한다.

폭력의 합법적 행사는 '국가-권력'의 문제를 바라볼 때 중요한 의미를 지닌다. 베버는 《직업으로서의 정치》에서 "국가란 정당한 물리적 행사의 독점을 실효적으로 요구하는 인간 공동체"라고 한 바 있다. 카야노 토시히토는 이러한 베버의 지적에서 정당한 물리적 폭력의 독점이라는 부분에 주목하며 다음과 같이 이야기한다.

"정당한 물리적 폭력 행사의 독점"이란 국가 이외의 개인이나 집단이 사용하는 폭력은 모두 부당한 것이 된다는 사실을 의미한다. 즉 국가가 행사하는 폭력만이 정당한 것이기 때문에 그 외의 다른 폭력과 국가가 행사하는 폭력은 분리되어야만 한다.[1]

카야노 토시히토가 폭력의 비대칭성에 주목하면서 국가의 본질을 물어보았듯이 우리도 '문화'가 '-자원'과 결합하는 방식을 통해 '문화'의 본질을, '문화'를 '-자원'화하려는 욕망의 의미를 살펴보아야 한다. 그렇다. 지금 우리는 문화 이전에 권력의 문제를 이야기해야 한다. 이때의 권력(Power)은 정치 제도로서의 권력만을 의미하지 않는다. 푸코가 지적했듯이 '삶에서의 권력', '삶에서의 정치'와 관련성이 있다. 푸코가 제레미 벤담의 원형 감옥을 예로 들어 설명했듯이 권력의 시선은 늘 은폐된다. '삶-정치'에서 질문은 이러한 은폐된 권력의 존재를 인식하는 것에서 시작한다. 푸코는 그것을 '통치 방법과 통치 방법 찾기'라고 명명한다. 푸코는 "어떻게 하면, 저런 원칙들을 거치지 않고 저렇게 통치받지 않고 살 수 있게 되나."의 문제를 역사적 차원에서 살펴보려고 했다.

'문화-자원'이라고 발화될 때 '문화'는 '-자원'이라는 한정적 용법에서만 결부된다. 이는 '문화'를 '-자원'이라는 안전한 관리 체계 아래 두려는 권력의 욕망을 드러낸다. '문화'는 균질적인 대상이 아니다. '문화'는 그 자체가 다성적이며 다면체의 성격을 지닌, 규정할 수 없는 어

---

1) 카야노 토시히토, 김은주 역,《국가란 무엇인가》, 산눈, 2010, 13쪽.

떤 것이다. '제주문화'라고 할 때 역시 그것을 규정하는 자가 누구인가에 따라 다양한 형태로 정의될 수 있다.

제주문화를 어떻게 규정할 것인가, 제주문화를 규정하는 것은 무엇인가. 돌문화인가, 신화와 전설인가, 해녀인가, 제주어인가, 한라산, 오름, 수눌음, 이 모든 것을 합한 것인가, 아니면 또 다른 어떤 것인가. 제주문화는 그 자체로 원형을 상정할 수 없을 정도로 다양한 형태로 존재한다. 그리고 그 존재들은 각각의 개별자로서 생산, 유통, 소비되는 생태적 완결성을 지닌다. 다양성과 생태적 완결성을 지니고 있는 제주문화를 '-자원'과 결합할 때 필연적으로 결여될 수밖에 없는 것들이 존재한다.

대표적인 것이 바로 '저항의 문화'이다. 방성칠·이재수를 비롯하여 해녀항쟁과 제주 4·3항쟁에 이르기까지 제주의 문화적 특질의 근간에는 부당한 권력에 맞서 싸우는 저항의 전통이 있다. '문화-자원'이라고 부를 때 이러한 저항의 문화는 '-자원'과 결부되지 않는다. 그 이유는 분명하다. 저항은 관리되지 못하기 때문이다. 권력은 폭력을 독점적으로 행사하기를 원한다. 권력의 부당한 행사에 대한 대항적 폭력은 권력의 입장에서 보자면 존재할 수 없다.

오랜 싸움을 계속하고 있는 제주 강정마을을 예로 들어보자. 해군기지 건설을 반대하는 주민들의 행위는 '경찰-권력'에 의해 '공무집행방해'로 규정된다. 수많은 사람들이 벌금형을 받고 어떤 이들은 벌금대신 감옥행을 주저하지 않는다. 여기서 우리는 묻지 않을 수 없다. 강정의 현실은 '정치'적 현상일 뿐인가. 이것은 단지 '정치적 행위'만이 아니다. 저항은 필연적으로 저항의 문화 행위를 낳게 한다. 강정마을에 걸려 있는 수많은 깃발들과 조형물, 이것은 문화적 현상인가,

욕망의 섬, 비통의 언어

정치적 현상인가. 강정마을에서 매일같이 행해지는 미사는 정치 행위인가, 종교 행위인가. 혹자는 종교 행위를 빙자한 정치적 행위라고 비판할 것이다. 하지만 이러한 비판이 외면하는 것이 있다. 그것은 바로 '문화'가 고도의 정치적 행위의 결과물이라는 사실이다. (이때의 정치는 제도적 의미로서의 정치를 의미하지 않는다. 샹탈 무페가 이야기했듯이 '정치적인 것'(The political)의 의미로 정의되는 '정치'이다.)[2]

'문화'는 삶을 규정하는 주체의 존재를 묻는 근원적 질문이라는 점에서 본질적으로 정치적인 행위이다. 랑시에르가 '미학'이 단순히 미추(美醜)의 예술적 판단만을 의미하는 것이 아니라 정치적인 것이라고 말하고 있듯이, '문화'라는 용어 안에 '문화-(정치)'라는 말이 담겨 있다. '문화'를 '-자원'과 결부시키는 것은 이 같은 문화의 정치적 함의를 거세하는 작업이다. '문화'를 권력이 안전하게 관리할 수 있는 체제로 한정하는 일이다. '문화-자원'을 이야기할 때 언제나 경제적 계량화가 뒤따르는 것은 이러한 '정치'의 거세를 숨기기 위한 권력의 주도면밀한 기획이기 때문이다.

'문화-정치'라는 용어에서 볼 수 있듯이 '예술' 역시 '예술-정치'로서 존재한다. 흔히 문화·예술계에 종사하는 사람들에 대해서 '예술이나 하지, 정치에 왜 관여하느냐.'거나 혹은 '작품이 너무 정치적이다.'라는 비판을 하곤 한다. 이처럼 '문화'나 '예술'을 비정치적인 행위로 규정하는 것 자체가 고도의 정치적인 행위이다. 그것은 '문화'를 '정치'

---

2) '정치적인 것'의 의미에 대해서는 샹탈 무페, 이보경 역, 《정치적인 것의 귀환》, 후마니타스, 2007을 참조할 것.

와 분리시킴으로써 권력의 보이지 않는 규율로 '문화'를 감시하는 태도이다. 이러한 점에서 본다면 우리에게 필요한 것은 '문화-자원'이 아니라 '문화-정치'의 복원이다.

'-너머'를 상상하는 '문화'의 힘

　다양한 존재들의 아우성은 '날것'의 힘으로 드러나야 한다. 그것은 권력의 안전한 관리를 거부하는 힘이다. 이러한 힘은 그동안 애써 감추려 했던 권력의 맨 얼굴을 광장으로 끌어낸다. 프랑스 혁명이 왕을 단두대로 이끌었듯이 우리도 문화의 힘으로 권력을 날 선 칼날 아래 세워야 한다. 무시무시한가. 그렇다면 그동안 당신들은 '문화'를 안전한 존재로만 인식해 왔다.

　'문화'는 안전하지 않다. 권력의 입장에서 보자면 '문화'는 음험하며 때론 비열하다. '문화'에는 권력을 부정하는 저항의 힘이 있다. '문화'는 근본적으로 우리 삶을 억압하는 모든 억압적 권력에 저항한다. 그것이 바로 '문화'의 힘이다. 그리고 이 힘이 지역의 '문화'를 우리 사회의 또 다른 대안으로 상상하게 만드는 원동력이 된다. 이것이 바로 진정한 의미에서 '문화-정치'-'자원'의 힘이다.

　'문화-정치'가 삶을 바꾸는 '자원'으로 작동하는 사례는 부지기수다. 로버트 단턴은 이미 《고양이 대학살》에서 1730년대 파리의 생-세르뱅 가의 한 인쇄소에서 발생한 '고양이 대학살' 사건을 통해 이를 살펴본 바 있다. 그는 고양이보다 못한 대우를 받아야 했던 견습공들이 '고양이 대학살' 사건을 무언극으로 재현하면서 권력을 조롱하고 단합을

강조하는 수단으로 사용했음을 보여준 바 있다. **3)**

　이처럼 '문화'는 당대의 현실적 조건의 '너머(beyond)'를 상상하는 지렛대 역할을 한다. 그리고 이러한 힘이야말로 일상에서의 '문화'를 진정한 의미에서 '-자원'화할 수 있는 길이다. '문화'가 '문화'로서 존재하는 이유는 그것이 우리 삶을 변화시키는 강력한 상상의 무기가 되기 때문이다. '지역문화'가 중요하게 대두되는 이유도 '국민국가'와 '자본주의'를 넘어설 수 있는 현실적 대안을 지역의 문화에서 찾을 수 있기 때문이다.

　권력의 안전한 관리로서의 '-자원'이 아니라 '문화-정치'와 '-자원'의 결합. 그것은 '문화'가 단독의 자리로 귀환하는 일이며 동시에 '문화'라는 용어에 숨겨진 '정치'의 의미를 일상에서 구현하는 일일 것이다.

---

3) 로버트 단턴, 조한욱 역,《고양이 대학살》, 문학과지성사, 1996.

문화 이주에서
문화적 삶으로

'문화 이주' 열풍

2000년 이후 제주 이주 열풍의 특징을 지칭하는 용어로 '문화 이주'가 널리 사용되고 있다. 인구 통계상 순유출 인구보다 순유입 인구가 늘어나기 시작한 2002년 이후 이러한 명명은 언론 등을 통해 다양하게 확산되었다. 하지만 문화 이주라는 용어가 정확히 어떤 규정을 담고 있는지에 대한 논의는 많지 않았다. 문화 이주를 설명하기 위해서는 귀농귀촌 현상의 하위범주인지, 문화예술인 혹은 이질적인 문화적 정체성을 지니고 있는 이주민들의 증가를 지칭하는 말인지, 아니면 문화 자체의 이전과 전파인지 그 개념을 엄밀하게 따져볼 필요가 있다.

기존 연구에서는 정착 주민이라는 용어를 사용하면서 정착 주민의 유형별 분류를 문화예술, 귀농·귀촌, 다문화 등의 세 가지로 나누어 설명하고 있다.[1] 하지만 이러한 분류에서도 문화 이주와 귀농귀촌 이주의 동기가 명확하게 구분되지 않고 있다. 이러한 분류는 제주 이주의 현상적 측면을 설명하기 위한 시도로 볼 수 있지만 제주 이주 현상을 설명하는 변별적 특성으로 삼을 수 있는지는 의문이다. 예를 들면 이주 동기를 기존과는 다른 새로운 삶을 살기 위해서라고 한 응답은 문화예술(31.9%)과 귀농귀촌(29.4%)이 크게 다르지 않았다.[2] 이주 동기에서 변별성을 갖지 못하는 분류 체계를 사용하고 있는 것은 역설적으로 문화 이주라는 용어 자체가 엄밀한 개념 규정에서 사용되기보다는 현상적 측면을 지칭하는 임의적 정의로 사용되고 있음을 보여준다.

문화 이주라는 용어를 따져보기 위해서는 우선 현재 제주정착주민 지원 조례(이 조례는 2017년 7월 제주특별자치도 정착 주민의 지역공동체 조성을 위한 조례로 개정되었다.)에서 규정하고 있는 정착 주민에 대한 정의와 귀농귀촌법의 이주민 규정의 차이를 살펴볼 필요가 있다. 현재 조례로 귀농·귀촌 이주를 포함해 타 시도에서 전입해 오는 이주민들에 대한 지원을 제도화하고 있는 광역자치단체는 제주도가 유일하다. 기존 법령에서 정착 주민이라는 용어는 북한 이탈 주민의 정착 지원을 위한 법적 용어로 사용되고 있을 뿐이다. 우선 제주정착주민지원 조례에서 규정하고 있는 용어의 의미부터 살펴보자.

'정착 주민'이란 외국 혹은 타시도에서 장기간 거주하다가 제주특별자치도로 이주하여 제주자치도에 주소를 두고 실제 거주하면서

---

1) 제주도, 《제주특별자치도 정착 이주민 실태조사 및 정착지원 방안 연구》, 2014.
2) 위의 연구, 77쪽.

지역주민으로서 생활하는 사람으로 제주의 문화와 생활에 익숙하지 않은 사람을 말한다. **3)**

제주정착주민지원 조례에서 규정하고 있는 '정착 주민'의 개념은 기존의 귀농귀촌법의 귀농귀촌인에 대한 정의보다 포괄적이다. 귀농귀촌법은 귀농인과 귀촌인을 구분하여 다음과 같이 정의하고 있다.

1. '귀농귀촌 귀농어업인'이란 농어촌 이외의 지역에 거주하는 〈농업·농촌 및 식품산업 기본법〉 제3조제2호에 따른 농업인과 〈수산업·어촌 발전 기본법〉 제3조제3호에 따른 어업인이 아닌 사람이 대통령령으로 정하는 농어업인이 되기 위하여 농어촌 지역으로 이주한 사람으로서 대통령령으로 정하는 기준에 해당하는 사람을 말한다.
2. '귀촌인'이란 〈농업·농촌 및 식품산업 기본법〉 제3조제2호에 따른 농업인과 〈수산업·어촌 발전 기본법〉 제3조제3호에 따른 어업인이 아닌 사람 중 농어촌에 자발적으로 이주한 사람으로서 대통령령으로 정하는 사람을 말한다.

제주정착주민지원 조례는 기존의 귀농귀촌에서 규정하고 있는 귀농·귀촌 이주와 타 시도에서 전입해온 "제주의 문화와 생활에 익숙하지 않은 사람"까지 포괄하고 있다. 타 시도의 귀농귀촌 지원 조례 대

---

3) 제주특별자치도 정착주민 등 지원에 관한 조례 제2조 1항.

부분은 귀농귀촌지원법에서 규정하고 있는 귀농귀촌인의 개념을 준용하고 있다. 귀농귀촌이라는 용어가 농어촌 지역에 국한되는 개념이라면 제주 정착이주민은 이보다 더 포괄적인 개념이라고 할 수 있다.

원래 정착이주민이라는 용어는 다문화, 북한 이탈주민들의 정착지원을 보장하기 위한 법적 용어로 사용되었다. 제주의 경우에는 다문화·북한 이탈주민에게 통용되던 정착이주라는 용어를 새롭게 정의하면서 일종의 제도적 개념으로 사용되고 있다. 제주정착이주민지원조례에서도 확인할 수 있듯이 "제주의 문화와 생활에 익숙하지 않은" 타 시도 전입 주민들을 모두 정착이주민으로 분류하고 있다. 이는 다분히 포괄적 개념 규정이라고 할 수 있다.

정착주민지원 조례 이외에도 제주도는 이주민들이 제주에 안정적으로 적응할 수 있도록 관련 지원 조례를 제정했다. 귀농귀촌지원 조례, 제주거주 외국인 지원 조례, 다문화가족 지원 조례 등이 그것이다. 이러한 조례들은 이주 유형의 다양성을 보여주는 것이라고 할 수 있다. 특히 타 시도에서는 귀농귀촌 지원 조례가 사실상 정착 주민 지원 조례의 성격을 지니고 있는 데 비해 제주는 별도의 정착주민지원 조례까지 제정하고 있다.

이주민 지원 조례의 등장은 제주 이주가 기존의 이주 현상과 다른 특성을 지니고 있음을 전제로 하고 있다. 그동안 제주 유입인구의 증가 현상에 대해서는 제주 이주, 제주 이민, 문화 이주 등 다양한 용어가 함께 사용되어 왔다. 이주의 사전적 용어가 다른 지역으로 옮아가서 사는 사람, 또는 다른 지역에서 옮겨와 사는 사람을 지칭한다고 할 때 타 시도 유입 인구에 대한 포괄적 지원이 가능하도록 하는 조례가 등장하게 된 사회적 배경을 살펴볼 필요가 있다.

귀농귀촌지원법과 제주정착주민지원 조례

제주 이주 현상을 설명하기 위해 종종 사용되는 문화 이주의 정확한 개념은 무엇인가. 앞서 살펴보았듯이 제주정착주민지원 조례에는 "제주지역의 문화와 생활에 익숙하지 않은 자"라고 규정하고 있다. 이러한 규정은 제주문화가 타 시도의 문화와 다르다는 인식을 전제하고 있다. 제주문화는 타 시도의 그것과 다르며 '이주민들의 유입=이질적 문화의 유입'이라는 인식을 조례에서도 확인할 수 있다. 제주 정착 주민에 관한 기존 연구들은 이러한 문화적 차이를 상수로 인식하면서 도민과 정착 주민 간 상생협력 방안을 모색하기 위한 접근을 시도하고 있다.[4]

제주 이주 현상이 두드러지게 된 배경에는 한국사회의 탈중심화와 이로 인한 주변 지역의 가치 상승이 자리 잡고 있다. 한국의 근대화는 서울 중심주의 강화라는 결과를 초래했다. 이러한 중심의 강화는 기실 식민주의 내면화가 가져온 공간적 모순이라고 할 수 있다. 물론 이러한 공간적 모순은 한국의 문제만은 아니다. 유럽 역시 근대화 과정을 거치면서 중심-주변의 위계가 뿌리 깊게 자리 잡고 있다. 이를테면 롤랑 바르트의 다음과 같은 지적은 유럽 사회의 중심-주변의 위계를 잘 지적하고 있다.

> 이를 넘어서서 우리 도시의 중심은, 중심이 진실의 장소가 되는 서구의 형이상학의 기본적 흐름과 일치하면서 풍요로움이라는 특징을 가진다. 이 특별한 장소에 문명의 전체 가치가 모여들고 응축된다. 영

---

4) 제주도, 《제주특별자치도 정착이주민 실태 조사 및 정착지원 방안 연구》, 2014.

혼성(교회), 권력(사무실), 돈(은행), 상품(백화점), 언어(카페와 산책로)가 모여 있는 것이다. 시내 중심가로 가는 것은 사회적 '진실'을 만나는 것이며, '현실'의 멋진 풍요로움에 참여하는 것이다.[5]

근대화 과정을 거치면서 서울은 전통과 현대가 공존하는 공간이 되었다. 식민지 수탈과정에서 서울은 수탈의 대상이기도 하였지만 역설적으로 제국의 대리인이자 내부 수탈의 당사자이기도 했다. 일본-제국이라는 외부의 수탈자가 사라져버린 이후 서울은 내부의 공간을 폭력적으로 구획하면서 스스로의 영향력을 키워왔다. 이러한 서울의 성장은 공간의 평등성을 왜곡한 결과였다. 지금도 서울은 여전히 권력과 부를 독점하고 있다. 이러한 독점의 역사는 뿌리 깊다. 역사적 기원의 유구함만이 문제가 아니다. 왜곡을 왜곡으로 인식하지 못하고 왜곡 그 자체를 당연시하는 태도가 더 큰 문제다. 2004년 헌법재판소가 신행정수도법을 위헌이라고 판단했을 때 그 근거로 제시한 것이 관습헌법이었다.[6]

행정수도 이전은 서울 중심주의로 인한 폐해를 극복하고 실질적인 지방분권을 실시하기 위한 제도적 차원에서 모색되었다. 서울과 수도권에 권력과 부가 집중되면서 나타나는 문제들을 해결하기 위한 방

---

5) 롤랑 바르트, 김주환·한은경 역, 《기호의 제국》, 산책자, 2008.
6) 당시 헌법재판소의 결정요지는 다음과 같다. "서울이 우리나라의 수도인 것은 조선시대 이래 600여 년간 우리나라의 국가생활에 관한 당연한 규범적 사실이 되어왔으므로 우리나라의 국가생활에 있어서 전통적으로 형성되어있는 계속적 관행이라고 평가할 수 있고(계속성), 이러한 관행은 변함없이 오랜 기간 실효적으로 지속

2부 지역, 새로운 미래를 상상하다

법으로 국회와 청와대를 이전하는 문제가 논의되었던 것이다. 하지만 이러한 시도는 헌법재판소의 관습헌법에 따른 수도의 성격 규정으로 인해 좌절되었다. 신행정수도이전 위헌 판결에서도 알 수 있듯이 우리 사회에서 서울 중심주의는 견고하다.

2000년대 이후 실시되고 있는 귀농귀촌에 대한 국가적 지원은 역설적으로 서울이라는 가시적 공간의 폭력이 가져온 서울 중심주의를 극복하기 위한 방법적 차원의 성격이 짙다. 농촌과 농업인구의 지속적인 감소 현상은 귀농귀촌이라는 새로운 인적 자원에 대한 지원 정책으로 이어졌다. 귀농귀촌 지원과 관련한 법령에서는 국가 차원의 지역개발과 농촌 주민의 삶의 질 개선이라는 목적을 명문화하고 있다. 농림식품부의 도시민 유치 지원사업, 농촌지역 시군의 인구 유입정책 지원, 귀농자에 대한 자금 지원과 각종 지원조직과 교육체계 마련이 대표적이다.[7]

기존의 지원정책은 농촌 인구 유입과 지역 개발을 위한 제도적 유인책 마련에 중점을 두고 있다. 즉 지속적인 농촌인구의 감소 현상으로 인한 지역의 인력·산업구조를 변모시키기 위한 방법으로서 귀농

되어 중간에 깨어진 일이 없으며(항상성), 서울이 수도라는 사실은 우리나라의 국민이라면 개인적 견해 차이를 보일 수 없는 명확한 내용을 가진 것이며(명료성), 나아가 이러한 관행은 오랜 세월간 굳어져 와서 국민들의 승인과 폭넓은 컨센서스를 이미 얻어(국민적 합의) 국민이 실효성과 강제력을 가진다고 믿고 있는 국가생활의 기본사항이라고 할 것이다. 따라서 서울이 수도라는 점은 우리의 제정헌법이 있기 전부터 전통적으로 존재하여온 헌법적 관습이며 우리 헌법조항에서 명문으로 밝힌 것은 아니지만 자명하고 헌법에 전제된 규범으로서, 관습헌법으로 성립된 불문헌법에 해당한다." 헌재 2004헌마554, 2004헌마566.

7) 강대구, 〈귀농·귀촌의 현황과 정책 과제〉, 《농촌지도와 개발》 제17권 4호, 2010.

욕망의 섬, 비통의 언어

귀촌 이주를 장려하고 있다. 그렇다면 제주정착주민 지원 정책은 기존의 귀농귀촌 지원 정책과 어떤 차이를 보이고 있는가. 이를 위해 우선 관련 조문을 검토해 보자. 2005년에 제정된 귀농귀촌법은 모두 27조로 구성되어 있으며 2014년에 제정된 제주정착주민지원 조례는 모두 22조이다. 우선 법과 조례의 목적 부분은 다음과 같다.

귀농귀촌법	제주정착주민지원 조례
제1조(목적) 이 법은 귀농어·귀촌 활성화 및 지원을 위한 사항을 정함으로써 귀농어업인 및 귀촌인의 안정적인 농어촌 정착을 유도하여 농어촌의 지속가능한 발전에 이바지함을 목적으로 한다.	이 조례는 제주특별자치도로 이주한 정착주민의 안정적 적응을 통해 도민과 정착주민 간 상생 협력을 촉진하여 정착주민의 정주환경 개선 및 지원에 관한 사항을 규정함을 목적으로 한다.

귀농귀촌법은 귀농어업인과 귀촌인의 안정적인 농어촌 정착을 유도하고 이를 통해 농어촌의 지속가능한 발전을 목적으로 하고 있다. 이에 비해 제주정착주민지원 조례는 정착 주민의 안정적 정착이라는 점에서는 유사하나 주민 간의 상생협력 촉진과 정주환경 개선 및 지원을 명문화하고 있다.

귀농귀촌법	제주정착주민지원 조례
제3조(국가 등의 책무) 국가와 지방자치단체는 귀농어업인과 귀촌인이 안정적인 농어촌 생활을 영위할 수 있도록 필요한 제도와 여건을 조성하고 이를 위한 시책을 수립·시행하여야 한다.	제3조(도지사의 책무) 제주특별자치도지사(이하 "도지사")는 정착주민이 제주 지역사회에서 더불어 살아갈 수 있는 환경과 평화롭게 공존할 수 있는 토대 마련에 필요한 제도와 여건을 조성하고 이에 필요한 각종 시책을 수립·시행하여야 한다.

국가와 지방자치단체장의 책무를 명문화하고 있는 제3조의 규정은 귀농귀촌법과 제주정착주민지원 조례가 그 목적이 크게 다르지 않음

을 보여준다. 귀농귀촌법 제5조에서는 귀농어업인과 귀촌인의 안정적인 농어촌 정착 및 농어업 경영기반 조성을 지원하기 위해 5년마다 귀농어귀촌지원종합계획을 수립해야 한다고 규정하고 있다. 제주정착주민지원 조례도 정착주민 지원을 위해 정주환경 개선 등을 위한 기본계획수립(제6조), 정착주민 데이터 작성(제8조), 정착주민지원위원회 설치(제11조), 정착 주민 지원센터 운영(제19조) 등의 지원 사업을 할 수 있도록 규정하고 있다. 이러한 규정은 귀농귀촌법의 지원 규정과 크게 다르지 않다. 다만 제주정착주민지원 조례는 보다 구체적으로 지원 사업의 종류를 세분화하고 있다. 조례에서 정하고 있는 사업 내용은 다음과 같다.

① 정착정보 원스톱 서비스 지원 등 정주관련 각종 정보제공 사업

② 정착주민에 대한 창업, 취업 등 지원 사업

③ 정착주민에 대한 주거, 문화, 교통, 의료, 안전 등 정주환경 개선 사업

④ 제주이주 희망자를 대상으로 한 사전 현장 답사 기회 제공 사업

⑤ 마을주민과의 상생 협력 지원 등 지역사회 중심의 정착지원과 네트워크 강화 사업

⑥ 교육·문화·체육행사 개최 등 정착주민 제주융화프로그램 운영 사업

⑦ 정착주민의 재능, 기술 및 경력의 활용을 통한 지역사회 발전 참여 촉진 사업

⑧ 정착주민에 대한 제주도민 환대 제고를 위한 사회분위기 조성 사업

앞서 살펴본 것처럼 귀농귀촌법과 제주정착주민지원 조례는 기존의 귀농귀촌 지원 제도와 다른 선주민들과의 상생 협력 등을 분명히 하고 있다. 이는 조례가 경제적 개발과 이익 창출의 관점보다는 사회통합을 우선하고 있음을 보여준다. 즉 귀농귀촌지원법이 농어촌 발전을 위한 인력 활용과 지원이라는 경제적 관점에서 접근하고 있다면 제주정착주민지원 조례는 정착지원과 정주환경 개선은 물론 사회문화적 측면에서 지원 정책의 방향을 설정하고 있다.

문화 이주라는 용어 사용의 문제점

앞서 살펴보았듯이 현재 제주정착주민지원 조례는 사회문화적 관점에서 이주 현상을 바라보고 그에 대한 지원 정책을 담고 있다. 이주의 대상과 현상에 대한 이러한 관점은 타 시도의 이주정책과 근본적인 차이를 보인다. 현재 타 시도의 귀농귀촌 지원 조례는 대부분 귀농귀촌지원법을 준용해 지원 정책을 세분화하고 있다. 이는 농촌 인구감소가 지역의 생산가능인구의 감소로 직결되는 상황에서 정부의 귀농귀촌 지원 정책이 귀농귀촌 이주자들에 대한 관리와 지원이라는 큰 틀에서 벗어나지 못하고 있음을 보여준다.

이러한 차이는 2000년대 이후 제주 이주 열풍이 기존의 귀농귀촌 이주와 다른 패턴을 보이고 있다고 인식하고 있기 때문이다. 이는 제주문화의 정체성을 상대주의적 관점에서 바라보고 있다는 점을 의미한다. 즉 제주 이주민의 증가를 제주 문화의 정체성과 충돌할 수 있는 이질적 존재들의 유입으로 바라보고 있는 것이다. 하지만 이러한 인식이 제주만의 현상이라고 보기는 힘들다.

기존 귀농귀촌 현상에 대한 연구들에서는 생계형 귀농이주 외에 다양한 형태의 이주 유형들을 분석하면서 농촌생활에 대한 선호, 이상적인 삶의 실현, 건강에 대한 관심, 도시생활의 청산과 새로운 삶의 모색 등이 나타나고 있음을 지적하고 있다. 즉 귀농귀촌이 단순히 경제적 요인에 의한 이주에서 도시적 삶의 대안을 모색하기 위한 '라이프 리셋'의 형태로 변모하고 있음에 주목하고 있다. 이러한 귀농귀촌 유형의 변화는 결국 경쟁과 효율이라는 도시적 삶의 문화를 탈피하고자 하는 흐름들이 나타나고 있음을 보여준다.

이러한 귀농귀촌 이주의 변화는 단순히 도시적 삶을 이식하는, 도시적 삶의 연장이 아니라 새로운 삶의 문화를 희구하는 시대적 변화가 반영된 것이다. 농산어촌에 젊은 귀농귀촌인들이 증가하고 이들이 다양한 문화적 삶을 영위하는 방식은 제주뿐만 아니라 전국에서 다양한 형태로 등장하고 있다. 지리산과 섬진강 주변에서 새로운 삶을 살아가는 사람들을 다룬 공지영의 《지리산 행복학교》에서는 이러한 대안적 삶의 형태를 모색하는 이주민들의 사례들을 확인할 수 있다. 동네밴드를 결성하고 시인과 함께 문화 강좌를 진행하는 이들의 삶의 방식은 그 자체로 새로운 문화현상이라고 할 수 있다. 이러한 점에서 본다면 최근 귀농귀촌의 새로운 형태는 문화 이주적 성격을 띠고 있다고 할 수 있다.

이에 비해 제주 이주 현상을 설명할 때 종종 등장하는 문화 이주라는 용어는 그동안 젊은 문화예술인들의 제주 이주라는 현상적 측면을 설명하기 위해 사용되어 왔다. 즉 귀농귀촌 현상의 하위 범주로 문화 이주라는 용어를 사용하기 시작한 것이다. 일종의 보통명사처럼 문화 이주라는 용어가 통용되고 있는 것이다. 과연 문화 이주는 학문적 개념으로 사용될 수 있는 것일까. 우선 문화 이주라는 용어에 대한 이주민들의 반응부터 살펴보도록 하자. 조랑말박물관 관장을 지냈던 지금종은 문화 이주에 대해 다음과 같이 말하고 있다.

> 그런데 '문화이민자'는 적확한 표현일까? 이 말은 문화예술인들이 이주했다는 걸 의미하는가? 아니면 문화적 이유로, 혹은 문화활동을 위해 이민을 했다는 걸까? 모호한 표현이다. 아마도 근래 지칭되는 제주 '문화이민자'의 경우는 예술의 활성화와 접근성, 즉 예술활동을 위한 인프라와 환경이 좋아서 이주를 하는 일반적인 문화 이주 사례와는 다르다는 측면에서 후자보다는 전자에 가깝지 않을까 싶다. (중략)
> 따라서 제주로 '문화 이주'가 활발한 근본적 원인은 좁은 의미의 문화가 아니라 넓은 의미의 문화적 이유에서 찾아야 할 것이라고 생각한다. 생태적 가치의 확산, 무한경쟁 사회에서의 탈주, 느린 삶과 아름답고 쾌적한 자연환경 추구 등 '삶의 방식'의 전환을 꿈꾸는 것이 핵심으로 보인다. [8]

'문화 이민'과 '문화 이주'라는 용어를 혼용하고 있는 이 글에서 지금종은 '문화 이주'의 개념을 문화예술인들의 이주가 아닌 대안적 삶의 문화를 모색하기 위한 이주라고 규정하고 있다. 문화 이주를 생태적

---

8) 지금종, 〈제주 문화이민에 관한 몇 가지 짧은 생각〉, 제주문화예술재단, 《삶과 문화》 32호, 2012.

가치의 추구와 무한경쟁 사회에서 탈주하고자 하는 삶의 모색이라고 바라볼 때 제주 이주-귀농귀촌을 포함한-는 생태적 가치와 무한경쟁 사회에서 탈주하고자 하는 새로운 삶의 가치 추구라는 점을 보여준다. 귀농귀촌과 문화예술인 이주를 구분하여 이주 동기를 조사한 기존 연구 결과에서도 이주 동기 중 가장 많은 부분을 차지하고 있는 것이 "기존과 다른 삶에 도전하고 싶어서"라는 응답이었다.[9] 삶의 방식을 전환하고자 하는 것이 이주 동기의 가장 큰 원인이라는 점을 감안할 때 문화 이주를 단순히 문화예술인들의 이주로 국한하여 설명하는 것은 제주 이주 현상을 단편적으로 접근할 가능성이 있다.[10]

제주정착주민지원 조례에서 규정하고 있는 '제주 문화와 생활에 익숙하지 않은 자'라는 정착 주민에 대한 정의 역시 정착 주민을 대상화하고 있음을 보여준다. 즉 제주 정착 주민들은 제주문화에 대한 이해가 낮으며 때문에 제주문화와 생활에 동화되어야 할 존재로 여기고

---

9) 제주도, 앞의 연구.

10) '문화이주' 용어의 문제점은 이미 기존 연구에서도 지적하고 있다. 제주문화예술재단이 수행한《제주의 문화다양성-문화예술가의 제주이주 현황조사》에는 문화이주자라는 용어에 대해 다음과 같이 지적하고 있다. "'문화이주자'는 그 기원이 정확하지 않으나 정책 담당자들과 언론 종사자에 의해 편의적으로 만들어져 확산되고 있는 용어다. 용어 자체가 경계와 정체성이 불분명한 집단을 하나의 범주로 묶음으로써 오히려 개인적 다양성을 간과하고 분리감과 위화감을 조성하는 부정적 효과를 야기할 수 있다. 그러나 제주도로 이주하는 예술 분야 종사자들이 급증하고 있는 현실을 정의하고 이해하는 데 있어 '문화이주자'라는 용어는 그 명백한 한계에도 불구하고 '한시적인 효율성'을 가지고 있다. 현재 '제주도로 이주한 예술분야 종사자'에 대한 기초연구는 전무한 상황에서 '문화이주자'라는 용어는 편의적으로, 그러나 광범위하게 사용되고 있다." 제주문화예술재단, 2013.

있는 것이다. 이러한 인식은 사회통합적 관점에서 이질적 문화의 유입이 사회문화적 위협요소가 될 수 있다고 보는 것이다. 즉 제주문화의 특수성과 변별성을 상대화하면서 타 문화의 유입과 그로 인한 제주 정체성의 해체에 대한 위기의식이 반영된 것이다.[11]

2000년대 들어 인구 유입의 가속화와 중국인 관광객의 증가는 제주의 가치가 새롭게 발견되었다는 긍정적 인식과 함께 문화적 긴장과 갈등을 초래할 수 있다는 위기의식을 낳게 했다. 제주인구 100만 시대를 대비하기 위한 대규모 도시개발 계획의 수립과 함께 중국 관광객의 유입으로 인한 경제 효과에 의문을 제기하는 양상이 동시에 나타나게 되었다.[12] 이는 이주 인구의 유입이 제주 경제의 양적 성장을 견인하는 동시에 제주 고유의 정체성을 훼손할 수도 있다는 양가적 감정의 소산이라고 할 수 있다.

제주 이주 현상을 분석하기 위해서는 이러한 지역의 반응을 고려할 필요가 있다. 이주민 증가에 대한 양가적 입장이 혼재하고 있는 상황에서 문화 이주라는 용어를 사용하는 것은 이주 현상의 일면만을 편의적으로 해석할 가능성이 있기 때문이다. 문화예술인들의 이주를 설명하기 위한 한시적 개념으로 사용한다고 하더라도 이러한 개념적 사용이 과연 지역의 문화적 변화 양상을 포괄할 수 있을지도 의문이

---

11) 물론 제주문화가 육지부의 문화와 다르다는 점은 동의한다. 언어가 그러하고 인문환경 역시 뭍의 그것과 사뭇 다르다. 하지만 이러한 문화적 변별성이 제주만이 지닌 특수성인지에 대해서는 면밀하게 따져볼 필요가 있다.

12) '제주 인구 100만 대비 대규모 도시개발 추진' 뉴스1, 2016. 7. 6. '제주도 중국관광객 하루 1만명 빛 좋은 개살구' 한겨레, 2013. 7. 26.

다. 문화 전달은 문화 전달의 주체와 객체가 명확히 구분되지도 않을 뿐더러 그 수용 방식 또한 상호적 성격을 띠고 있기 때문이다. 또한 문화라는 용어조차도 대단히 포괄적이다. 문화에 대한 정의는 가) 지적, 정신적, 미학적 발달의 전체적인 과정 나) 국민, 시대, 집단 또는 인간 전체의 특정한 생활 양식 다) 예술활동의 실천이나 그로부터 탄생되는 작품 등 다양하게 규정할 수 있다.[13]

제주정착주민지원 조례에서 '제주 문화와 생활에 익숙하지 않은 자'를 이주민으로 정의하고 있는 것에서 알 수 있듯이 '문화'는 제주 정착 주민 지원의 중요한 요소로 작용하고 있다. 지원 조례에 따르면 제주 이주 자체가 넓은 의미의 문화 이주라고 할 수 있다. 때문에 문화 이주가 제주 이주를 총칭하는 개념인지 아니면 정착 주민 중에서 직업적 분류에 따른 현상적 측면을 설명하기 위한 개념인지 명확히 구분되어야 할 필요가 있다. 또한 이러한 구분 이외에도 문화 이주라는 용어의 사용이 이주민 증가로 인한 제주문화의 정체성 훼손 혹은 왜곡에 대한 대항적 담론으로 사용되고 있는지도 함께 고찰할 필요가 있다.

문화 '이주'에서 '문화'적 삶의 변화로

2000년대 이후 제주국제자유도시특별법이 제정되면서 제주사회는 국제자유도시라는 목표를 구현하기 위한 정책들을 펼치게 된다.

---

13) 레이먼드 윌리엄스, 김성기·유리 역, 《키워드》, 민음사, 2010.

'국제자유도시'라는 개념 설정에서도 알 수 있듯이 이 법은 기업의 자유로운 활동을 위한 각종 규제 완화를 목적으로 하고 있다. 신자유주의적 시장 질서를 우선시하는 이 법의 적용은 '특별자치'라는 고도의 자치권을 부여받았음에도 불구하고 제주의 사회문화적 토대를 근본에서부터 뒤흔든 결정적 원인이 되었다. 개발과 성장을 최우선 목표로 삼으면서 난개발뿐만 아니라 지역 공동체의 생존도 위협받게 되었다. 이러한 국제자유도시 추진에 따른 문제점은 그동안 지역사회에서 다양한 방식으로 제기되어 왔다.

2016년 4·13 총선에서 국제자유도시의 목적 조항이 정치적 의제로 등장한 것은 시민사회 진영의 문제 제기가 반영된 결과이다. 이미 제주도의회에서도 제주국제자유도시라는 비전의 수정을 요구하는 목소리가 등장하고 있는 점을 감안한다면 신자유주의적 질서를 이식하려는 중앙정치와 제주 정치권의 야합은 지역 갈등의 원인이 되었다고 할 수 있다.

앞서 제주 이주가 도시로 상징되는 자본주의적 삶의 태도에서 벗어나 '라이프 리셋'을 추구하려는 현상을 보이고 있다는 점을 감안한다면 문화 이주, 문화 이주자들의 삶의 태도는 제주 내부가 적극적으로 받아들여야 하는 하나의 양식이라고 볼 수 있다. 개발과 성장지상주의를 벗어나 제주 공동체의 지속가능한 모델을 모색하기 위한 참고지대로서 문화 이주를 적극적으로 수용할 필요가 있는 것이다. 하지만 기존의 문화 이주는 '이주'라는 형식에만 집중해왔다. 문화예술인 이주자들이 증가하면서 그들이 생산하는 새로운 문화 향유와 매개의 역할에 주목하면서 오히려 지금-여기 제주가 지향해야 하는 문화적 가치는 외면해 왔다. 제주 공동체적 질서를 위협하는 문화의 이질성이라는 통합의 관점에서 문화 이주를 상대화한 측면이 많다.

이주자들을 제주문화에 대한 이해가 낮은 타자로 인식하면서 사회 통합을 위한 관리 대상으로 여겨왔다. 이러한 인식이 또 다른 배타성을 초래할 수 있다는 점에서 문화 이주라는 용어는 제주 이주 현상을 설명하는 광의의 개념으로 확대하여 접근할 필요가 있다. 즉 제주 이주 현상에 담겨 있는 대안적 삶의 가치를 제주 사회가 적극적으로 수용하고 이를 통해 제주공동체의 새로운 비전을 제시할 수 있는 방법론으로 활용할 필요가 있다.

장소와 기억의
고고학

- 원도심이라는 문학

장소, 기억의 고고학

기억이 없는 장소는 하나의 점이다. 장소는 지도 위의 위치나 번지로 존재하지 않는다. 장소는 독립적으로 존재할 수도 없다. 오히려 과거와 현재, 일상과 일탈, '나'와 '너'의 존재가 뒤섞인 관계 속에서 존재한다. 장소 안에 있다는 것은 하나의 소속이며 동일시라고 말하는 것도 바로 이러한 장소의 특성 때문이다.[1]

하나의 장소를 기억한다는 것은 장소를 공유하는 것이다. 그것은 장소에 켜켜이 쌓인 시간을 '함께 바라보는 것'이며 장소에 기록된 기억의 현장을 '함께 방문하는 일'이다. 오늘 우리가 문학의 이름으로 길을 걷는 일은 장소에 새겨진 기억의 흔적들을 함께 바라보고 방문하는 일이다. 그것은 하나의 사건이며 어떤 징후이다.

---

1) 에드워드 렐프, 김덕현 외 역, 《장소와 장소상실》, 논형, 2005, 116쪽.

함께 걷는다는 것은 함께 기억한다는 것이며 함께 기억하는 것은 과거를 공동체의 이름으로 소환하는 행위다. 원도심으로 이사를 온 이후부터 틈날 때마다 도시를 걷곤 한다. 이른 아침일 때도 있고 한낮의 부산함이 가득한 거리를 걸을 때도 있다. 때로는 한밤 취객의 비틀거림만이 길게 늘어진 거리를 걷기도 한다. 밤의 거리는 도시의 내장과도 같다. 대낮에 감춰두었던 도시의 속사정들이 하나둘 얼굴을 내밀기도 한다. 용담에서 전농로를 거쳐 칼 호텔로, 거기서 남문로와 중앙로를 따라 다시 서문로로. 산책은 언제나 중구난방이다. 목적도 없고 이유도 없다. 그저 걸을 뿐이다.

혼자서 하는 산책이지만 가끔은 그 거리를 걸었던 수많은 걸음을 생각하기도 한다. 아주 먼 옛날 이 거리를 걸었던 사람들. 자신의 단단한 두 발로 땅을 디디며 살아갔던 사람들. 어쩌면 거리는 수많은 걸음의 과거들이 쌓인 지층과도 같다. 거리를 걷는 일은 먼지 쌓인 지층을 헤치며 과거의 흔적을 줍는 일일지도 모른다.

오늘 문학의 이름으로 제주의 원도심을 걷는 일은 거리에 쌓였던 수많은 발자국들을 발굴하는 일이다. 이름하여 거리의 고고학. 세월의 지층을 걷고 과거의 맨 얼굴을 함께 바라보고 방문하는 일, 그것이 오늘 우리가 거리를 걷는 이유이다.

관덕정

오늘 산책의 출발은 바로 관덕정이다. 관덕정은 제주에서 가장 오래된 건물 중 하나이다. 세종 30년(1448년) 제주 목사 신숙청이 군사

훈련을 위해 지었다. 관덕이라는 말은 유교 경전 《예기》편에 '사자소이관성덕야(射者所以觀盛德也: 활을 쏘는 것은 높고 훌륭한 덕을 쌓는 것이다.)'라는 구절에서 유래했다고 한다. 조선시대부터 제주의 중심지였고 1980년 신제주 개발이 본격화되기 전까지는 제주의 중심부였다.

김석범의 장편 소설 《화산도》의 첫 장면은 중심인물인 남승지가 조천면에서 신작로를 따라 관덕정 차부까지 오는 장면으로 시작한다.

지붕이며 엔진 덮개, 유리창까지 온통 먼지를 뒤집어쓴 버스는 낮게 늘어선 집들 사이를 천천히 나아갔다. 길 가던 사람들이 차를 피해 한쪽으로 비켜섰다. 이윽고 오른쪽으로 늘어선 집들이 길모퉁이의 이발소에서 끊기자 갑자기 넓은 광장이 펼쳐졌다. 하지만 신작로는 왼쪽으로 늘어선 집들을 따라 서쪽을 향해 일직선으로 뻗어 있다. 오른쪽 길모퉁이에 있는 이발소 근처에 신작로와 직각으로 교차되는 길이 나 있었고, 왼쪽으로 나 있는 완만한 오르막길이 남문길이었다. 오른쪽으로 난 길은 광장을 지나 바다로 통했다. 그 길과 신작로 사이에 방금 건너온 하천 쪽으로 통하는 C길이 있다. 모퉁이에 자리한 삼각형 모양의 이발소는 신작로와 광장, 그리고 상점이 밀집해 있는 C길과 면해 있어서 눈에 잘 띄었다. 시장에 가려면 버스를 내려 신작로를 거슬러 올라가는 것이 지름길이지만, C길을 통해서도 갈 수 있었다. 광장 뒤편 소나무 숲을 배경으로 공자사당 풍의 붉은 단청이 벗겨져 거무스름해진 관덕정(觀德亭) 건물이 부드럽게 휘어진 추녀를 흐린 하늘에 펼친 채 서 있었다. 신작로 오른쪽에 펼쳐진 광장의 모습이 남승지의 시야에 한눈에 들어왔다. 관덕정을 사이에 두고 신작로와 평행한 길이 또 하나 뻗어 있었다.

2부 지역, 새로운 미래를 상상하다

그 길과 광장에 인접하여 여러 관청과 경찰서가 늘어서 있었는데, 모두 1, 2층짜리 건물들로, 수백 년의 역사를 지닌 관덕정 건물이 아직껏 주변을 압도하며 당당하게 서 있었다.[2]

신작로와 칠성로, 남문길까지, 마치 거리를 직접 보고 있는 것처럼 묘사하고 있다. 제주성내로 들어온 남승지의 시야에 "수백 년 역사를 지닌 관덕정 건물"이 포착된다. 김석범은 《화산도》뿐만 아니라 단편 〈관덕정〉을 쓰기도 했다. 소설 속에서 좌익혐의로 고문을 받다 처형 당한 사람들의 신원을 확인하기 위해 경찰은 그들의 목을 잘라 대나무 상자에 넣어둔다. 그 상자를 들고 다니며 신원을 확인하는 노인이 주인공으로 나오는 소설이다. 인상적인 부분은 소설 첫머리에 관덕정 계단 위에 앉아 있는 노인을 경찰이 끌어내릴 때 노인이 "관덕정 광장"이라고 말하는 대목이다.

해방이 되자 관덕정은 제주도청과 미군공보원으로, 그리고 제주감찰청, 제주법원 등으로 사용되었다. 지금은 목관아지 복원이 이루어져 그 흔적을 찾아볼 수 없다. 자료에 따르면 연희각은 1917년 제주도청으로, 그 이후에는 제주도경찰국이 들어서 있었다. 홍화각은 옛 제주지방법원, 좌우위랑은 제주 우체국이 자리를 잡았다.[3] 오일장도 관덕정에서 열리곤 했다. 관덕정은 그야말로 제주 행정과 상권의 중심지였다. 그러다보니 자연스럽게 관덕정 광장은 제주 역사의 중요

2) 김석범, 김환기·김학동 역, 《화산도》 1권, 보고사, 2015, 28~29쪽.
3) 제주도, 《제주도지》 하, 1982, 664쪽.

욕망의 섬, 비통의 언어

한 무대로 등장하게 된다.

1901년 신축항쟁 때도 1947년 3·1절 발포 사건도 모두 관덕정 광장이 무대가 되었다. 이러한 역사적 사실을 감안한 듯 노인이 "관덕정 광장"이라고 말하자 사람들은 술렁거리기 시작한다.

> 관덕정 광장…… 사람들은 서로 얼굴을 마주보았다. 8·15해방 직후 인민위원회 사무소가 이 건물에 있었던 시절이 인민의 광장으로서 절정에 다다랐던 때였고, 그후 미군이 이 건물을 폐쇄하자, 관덕정 광장이라는 이름도 서서히 사용되지 않게 되어버렸다. **4)**

김석범의 소설에서 관덕정은 중요한 배경으로 등장하곤 한다. 이 소설에서 김석범은 관덕정을 인민의 광장이었다고 말한다. 인민이라는 용어에 거부감을 느끼는 이도 있겠지만 사실 인민이라는 단어는 People의 번역어일 뿐이다. 해방기의 소설들을 읽어보더라도 국민, 시민보다는 인민이라는 단어가 폭넓게 사용되고 있었음을 알 수 있다. 그러던 것이 분단 이후 북한에서 사용하고 있다는 이유만으로 남한에서는 금기시되어 버린 것이다. 인민의 광장은 지금으로 치면 국민의 광장, 시민의 광장쯤으로 이해될 수 있겠다. 관덕정을 인민의 광장이라고 부르고 있는 것은 관덕정이 단순히 조선 시대의 역사적 건축물이라는 상징을 넘어서고 있음을 보여준다. 관덕정을 중심으로

---

4) 김석범, 〈관덕정〉, 《까마귀의 죽음》, 소나무, 1988, 142쪽. 여기서 인민위원회 사무소가 관덕정에 있었다고 말하고 있지만 사실 인민위원회는 (구)나사로 병원 자리에 있었다.

한 광장은 이를테면 폴리스식 정치, 시민 참여의 열린 소통이 이루어지는 장소라는 의미를 지니고 있다는 뜻일 것이다. 관덕정 광장은 식민지 시기뿐만 아니라 해방 이후에도 제주의 중심 지역이라는 역사적 의미를 지니고 있는 곳이라고 할 수 있다.

여기서 잠시 김석범의 《화산도》를 살펴보자. 《화산도》는 전형적인 부르주아 아들인 이방근과 해방 후 일본에서 귀국하여 좌익운동에 참여하는 남승지를 중심으로 이야기가 전개된다. 소설에서는 이 두 인물을 중심으로 남로당 제주도당 부위원장인 강몽구, 친일파였지만 해방 후 갑자기 좌익으로 돌아선 유달현, 미군정청 통역으로 일하다가 제주도청 총무과장을 지내게 되는 양준오, 한라신문 기자로 봉기 이후 산으로 향하는 김동진 등이 등장한다. 흔히 《화산도》를 제주 4·3 항쟁을 다룬 거대한 서사시라고 표현하기도 하는데 사실 《화산도》는 제주의 거리들, 그것도 관덕정을 중심으로 한 거리들이 사실상 소설의 주인공이라고 해도 틀린 말은 아니다.

소설 속 주요 인물들은 관덕정을 중심으로 무근성, 동문로, 남문로, 서문로를 무대로 서로 관계를 맺고 있다. 이방근의 집은 소설 속에서 북국민학교 뒤편에 자리 잡고 있고 유달현은 남문로, 김동진은 병문천 너머 한내 마을에, 양준오는 기상청 건물 뒤쪽, 지금으로 치면 동초등학교 부근에 자리하고 있다. 《화산도》는 작가가 마치 작정을 하고 제주의 거리를 재현하기로 한 것처럼 장소에 대한 구체적 묘사가 돋보인다. 마치 발자크의 소설을 읽다보면 파리의 거리가 손에 잡힐 듯이 그려지는 것처럼 소설을 읽다보면 해방기 제주의 거리 풍경이 생생한 질감으로 다가온다. 조금 길지만 이방근이 측후소 뒤편에 자리 잡은 양준오의 집을 찾아가는 대목을 살펴보도록 하겠다.

이방근은 별이 가득한 밤하늘 아래를 걸으며, 자신이 지금 아무런 감동도 없이 기계적으로 양준오의 하숙집을 향해 가고 있다는 느낌이 들었다. (중략)

잡화점이 있는 네거리에서 관덕정 광장으로 통하는 길로 곧장 가지 않고 왼쪽으로 돌았다. 부두 쪽으로 흘러가는 냇가로 통하는 길이었다. 길이라고는 해도 인가 돌담에 둘러싸인 어디서나 볼 수 있는 어두운 골목길이었다. 가는 통나무 끝에 백열등을 달아 놓았을 뿐인 빈약한 가로등 하나가 달랑 서 있었다. 어둠의 포위망을 밀어 내는 힘이 너무 약했다. (중략)

냇가로 나왔다. 순간 시야가 트인 강 주변은 상류 쪽 하늘에 걸린 달빛으로 그을린 듯이 밝았다. 만조가 얕은 여울에 차올라 조용했다. 바닷바람이 부드럽게 불어왔다. 냇물 가득히 별이 총총한 밤하늘을 비추고, 잔잔한 은빛 파도가 끝없는 빛을 만들어 내고 있었다. 갑자기 물고기가 뛰어오를 것만 같았다.

왼쪽방파제의 불빛과 그 너머 등대 불빛이 보였고, 파도가 밀려드는 어두운 밤바다의 수런거림이 냇물을 타고 희미하게 들려왔다. (중략)

맞은편 물가에 돌계단이 어렴풋이 보이고, 계단을 올라간 높은 곳에 벽돌로 만든 기상대 건물이 시커멓게 솟아 있었다.

이방근은 냇가로 난 길을 따라 바다와는 반대인 오른쪽으로 돌아서, C길로 통하는 다리를 건너, 다시 좀 전에 냇물 너머로 올려다보았던 기상대 앞으 돌아왔다. 기상대의 바다 쪽 옆 절벽 아래 길을 올라가면 산지포(山地浦), 건입리(健入理), 동동(東洞)이 나온다. 동문교를 지나는 신작로로도 갈 수 있지만, 이쪽이 지름길이었다. (중략)

한참을 걷자 길이 넓어지고 산지가 나왔다. 포장이 되지 않아 먼

지가 나는 울퉁불퉁한 이 넓은 길에서 달빛이 비치는 땅바닥만 바라
보자니, 문득 인가가 없는 황야에 나온 듯한 착각에 빠졌다.

이방근은 바다 쪽으로 걷다가 모두가 초가지붕인 시골집들이 늘
어선 골목으로 들어갔다. (중략)

이방근은 골목을 따라 바다 쪽으로 걷다가 막다른 곳에 가까운 어
느 집 앞에 멈춰 섰다. 문이 없어 안뜰과 도로가 이어져 있는 집들
가운데, 쪽문을 두 개 맞추어 놓은 듯한 작은 문이 눈에 띄었다.[5]

북국민학교 뒤편 북신작로에 자리 잡은 자신의 집에서 나온 이방근
은 칠성로를 거치지 않고 산지천 쪽으로 발걸음을 옮긴다. 측후소 쪽
오르막길을 올라 양준오의 집을 찾아가는 이방근의 동선은 지금이라
도 찾아갈 수 있을 정도로 자세하게 그려지고 있다. 이러한 묘사는 소
설 곳곳에서 만날 수 있다.

김석범의 《화산도》가 그리고 있는 해방 이후 관덕정 광장의 풍경은
어떨까.

광장 맞은편에는 전에 버스를 내린 정류장 곁 차고와 제일은행, 그
리고 식산은행의 초라한 건물이 늘어서 있었다. 문득 식산은행 1층
과 2층 사이에 현수막이 걸려 있는 게 눈에 띄었다. 검정과 파랑색
페인트로 쓰인 '국제연합 조선위원단을 열렬히 환영한다'는 글귀가
바람에 펄럭이고 있었다. 작년(1947년)의 국제연합 제2회 총회에서

---

5) 2권, 116~119쪽.

한반도 문제를 결의한 이후, 12월부터 내걸린 '환영' 표어의 하나였
다. **6)**

　식산은행은 지금은 사라진 제일은행 건물 자리이다. 현재는 병원으
로 바뀌었다. 식산은행에 내걸린 국제연합 조선위원단 환영 현수막
은 해방 이후 새로운 나라를 어떻게 만들 것인가를 둘러싸고 벌어졌
던 갈등을 상징적으로 보여준다. 함석헌은 해방을 도둑처럼 찾아왔
다고 했었다. 관덕정 광장은 오랫동안 제주인들의 삶의 중심이었다.
하지만 식민지와 해방기를 거치면서 제주 사람들은 관덕정 광장을 빼
앗겼다. 그 빼앗긴 광장을 메운 것은 폭력적 진압의 성과를 자랑하는
권력이었다. 관덕정 광장은 광장으로서의 기능을 잃어버리고 권력의
폭력성을 전시하는 공간으로 변모해버렸다. 그 슬픈 역사의 현장을
서정적으로 그려내고 있는 것이 현기영의 《지상에 숟가락 하나》이
다. 관덕정 광장에 '전시된' 이덕구의 시체를 기억하며 현기영은 다음
과 같이 쓰고 있다.

　　관덕정 광장에 읍민이 운집한 가운데 전시된 그의 주검은 카키색
　　허름한 일본군 차림의 초라한 모습이었다. 그런데 집행인의 실수였
　　는지 장난이었는지 그 시신이 예수 수난의 상징인 십자가에 높이 올
　　려져 있었다. 그 순교의 상징 때문에 더욱 그랬던지 구경하는 어른
　　들의 표정은 만감이 교차하는 듯 심란해 보였다. 두 팔을 벌린 채 옆

6) 1권, 91쪽.

2부　지역, 새로운 미래를 상상하다

으로 기울어진 얼굴. 한쪽 입귀에서 흘러내리다 만 핏물 줄기가 엉겨 있었지만 표정은 잠자는 듯 평온했다. 그리고 집행인이 앞가슴 주머니에 일부러 꽂아놓은 숟가락 하나, 그 숟가락이 시신을 조롱하고 있었으나 그것을 보고 웃는 사람은 없었다.

그리하여 그날의 십자가와 함께 순교의 마지막 잔영만을 남긴 채 신화는 끝이 났다. 민중 속에서 장두가 태어나고 장두를 앞세워 관권의 불의에 저항하던 섬 공동체의 오랜 전통, 그 신화의 세계는 그날로 영영 막을 내리고 있었다. [7]

장두 이재수부터 이덕구까지. 관덕정 광장은 관권의 불의에 저항해 온 제주 공동체의 역사를 증거하는 곳이었다. 그것을 현기영은 "민중 속에서 장두가 태어나고 장두를 앞세워 관권의 불의에 저항하던 섬 공동체의 오랜 전통"이자 "신화의 세계"라고 말하고 있다. 그렇다. 관덕정 광장은 제주의 신화가 탄생한 항거의 공간이자 관권이 제주 민중을 탄압한 폭력의 현장이었다.

칠성로와 동백다방

한국전쟁이 발발한 이후 제주에는 수많은 피난민들이 몰려들었다. 1951년 말 피난민은 15만 명이나 되었다. 제주도청이 1982년 펴낸

---

7) 현기영, 《지상에 숟가락 하나》, 실천문학사, 1999, 83~84쪽.

《제주도지》에서는 이러한 피난민의 입도에 대해 "이들(피난민·인용자)의 대거 입도는 폐쇄적이던 제주도민들에게 이제까지 의식을 개방시키고 문화를 개혁, 발전시키는 데 결정적인 계기를 만들었다."고 평가한다. 제주도민의 폐쇄성을 일반화시키고 피난민에 의해 제주 문화가 개혁 발전되었다는 다소 수동적인 입장을 취하고 있다는 점은 불만이다. 문화는 어느 일방에 의해 '전수'되는 것이라기보다는 상호 영향성을 맺으면서 변화한다는 점에서 일방적 영향만을 강조하는 서술은 실증적으로 좀 더 따져볼 대목이다. 하지만 15만 명이나 되는 피난민들의 입도는 제주 문화가 낯선 것들과 만나게 되는 계기가 되었다. 피난민 중에는 국어학자 장지영, 소설가 계용묵, 시인이자 아동문학가인 장철수, 화가 이중섭도 있었다. 제주에 피난 왔던 언론인 곽복산은 제주신문 편집국장을 지내기도 하였다. 피난민들과의 교류가 활발하게 이루어졌음을 알 수 있다.

전란의 와중에서도 문인들은 문학에 대한 열정을 불태우기 시작한다. 소설가 계용묵은 제주문학을 거론할 때 빼놓을 수 없는 인물이다. 오래전이지만 지금은 세상을 떠나신 양중해, 최현식 선생님을 직접 만나서 당시의 이야기를 집중적으로 들었던 적이 있다. 신참 기자 시절에 '제주문단야사'라는 기획을 맡았을 때의 일이다. 지금 생각하면 취재를 할 때 녹음을 해두었었다면 의미 있는 자료가 될 수 있었을 텐데 하는 아쉬움이 든다. 오래전 취재 수첩과 당시 썼던 기사들을 중심으로 동백다방과 계용묵에 대한 이야기를 할까 한다.

피난 온 계용묵은 제주시 삼도1동 제주극장 인근에 터전을 잡는다.

계용묵은 칠성로 동백다방으로 매일같이 출근했다. 계용묵의 동백다방 사랑은 피난 중에 올린 자녀의 결혼식도 그곳에서 할 만큼 각별

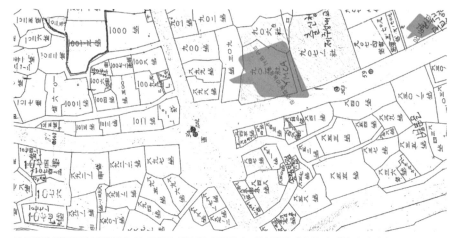

오른쪽이 제주극장 자리이다. 그 아래가 삼도1동 903번지, 피난 당시 계용묵이 머물던 집이다. 바로 옆이 YMCA 자리이다.

현재 903번지

현재 지적도에서는 도로변 건물이 903번지로 되어 있지만 옛 지적도에서 확인하면 YMCA 바로 뒤편이 903번지로 되어 있다.(Daum 지도에서 인용)

욕망의 섬, 비통의 언어

했다. 다방 이름을 지어준 것도 바로 계용묵이었다. 제주극장 인근에서 관덕정 우생당을 들러 동백다방으로 출근, 차도 마시고 민생고도 해결하는 것이 피난지에서의 계용묵의 일상이었다. 계용묵의 차값과 밥값을 해결해 준 것은 우생당 사장 고순하의 몫이었다고 한다. 당시 문학청년들 사이에서는 계용묵을 만나려면 우생당, 동백다방을 찾아가면 된다는 말이 돌 정도였다. 1999년 '제주문단야사' 취재 당시 만났던 양중해 선생의 회고담은 이렇다.

"계용묵 씨는 우생당에 없으면 동백다방에 가면 됐다. 계용묵 씨가 있던 동백다방은 당시 오현고 학생들을 중심으로 한 문학청년들로 항상 만원이었다."

1999년 양중해 선생은 대학을 퇴임한 이후 제주문화원장으로 재직 중이었다. 탑동 해변 공연장에 자리 잡은 제주문화원에 찾아가서 1950년대 제주 문단의 이야기를 청해 들을 때 가장 먼저 꺼냈던 이야기가 바로 '계용묵과 동백다방'이었다. 그만큼 당시 학생이었던 양중해 원장의 기억에 계용묵과 동백다방은 크게 각인되었다. 계용묵 선생의 아내가 양담배를 팔았다는 사실도 그때 직접 들었던 이야기이다. 당시를 양중해 선생은 이렇게 회고했다.

"지금 칠성통 부근에서 계 선생의 부인이 호구지책으로 좌판을 벌여 양담배를 팔고 있었다. 계 선생은 부인이 자리를 비우는 잠깐 사이 좌판을 지켰던 적이 있었다. 하지만 소리를 지르며 호객은 차마 못하고 누가 좌판을 가져가는 일이 생기지 않도록 멀찌감치 서서 지켜보기만 했다."

2부 지역, 새로운 미래를 상상하다

이처럼 제주문학을 이야기할 때 칠성로는 빼놓을 수 없는 곳이다. 제주 우체국을 지나 산지천 입구까지 동서 약 1.5km의 구간인 칠성로는 식민지 시기부터 근대적 의미의 상점이 들어서기 시작했다. 제주에서 처음으로 형성된 상권이라고 할 수 있다. 신제주 개발 이전까지만 해도 이곳은 제주의 '명동'이었다. 제주 최초의 다방인 '파리원'과 유명한 상점이었던 '갑자옥', 최초의 목욕탕인 일출목욕탕도 이곳을 중심으로 들어섰다. 서울에서 내려온 유명인사들이 찾았던 화신여관도 바로 칠성로에 있었다.

1964년 제주에서 영화 〈해녀〉가 촬영된 적이 있었다. 감독은 60년대 멜로 영화를 주로 만들었던 박영환이었고 각본은 전범성이 맡았다. 신필림이 제작을 맡은 이 영화에는 당시 최고의 배우였던 최은희, 최지희, 박노식, 허장강 등이 출연하였다. 1964년 제주 촬영을 위해 최은희, 최지희가 제주를 찾았을 때 그들이 묵었던 곳이 바로 화신여관이었다. 당시 제주신문은 "대통령 부럽지 않은 시민의 다정한 환영 속에서 칠성통 화신여관에 숙소를 잡자 여관 주변은 금세 인산인해"였다고 보도하였다.

칠성로를 이야기하다 보니 김석범의 《화산도》를 다시 언급하지 않을 수 없다. 《화산도》의 주인공들도 칠성로를 누비며 해방기의 혼란을 온몸으로 겪는다. 소설 속에서 이방근과 양준오는 이방근의 집에서 좁쌀 청주를 나란히 마시고 난 뒤 칠성로로 향한다. 그들이 가는 곳은 칠성로의 고급 카바레 '신세기'이다. 신장 개업한 제주도 유일의 호화 카바레 '신세기'에서 이방근은 서청 패거리들과 시비가 붙어 한바탕 싸움을 치르게 된다. 서청. 서북청년단의 약칭이다. 제주 4·3 당시 경찰보다 더 무서웠던 서북청년단 패들을 소설 속에서 이방근은

사진에 보이는 2층 건물이 서청 본부가 있었던 곳이다.(Daum 지도)

흠씬 패준다. 물론 이 일 때문에 하룻밤 유치장 신세를 지게 되고 그곳에서 남로당 제주도당 부위원장 강몽구를 만나게 된다.

　서북청년단이 제주에 처음 모습을 나타낸 것은 1947년 '3·1절 발포사건' 직후의 일이었다. 그해 4월 제2대 제주도지사로 내려온 유해진이 자신의 경호원 격으로 7명의 서청 단원을 데리고 온 것이 처음이었다. 서청 제주도지회가 공식적으로 출범한 것이 1947년 11월 2일이었다. 서북청년회 본부가 자리 잡고 있었던 곳도 바로 칠성로 언저리였다.(일도1동 1385-3)

　칠성로에서 문학의 열정은 피어났다. 당시 제주에 서점은 우생당과 신창사 두 군데뿐이었다. 문학에 대한 갈증으로 목말라 했던 문학청년들에게 피난 문인들은 그야말로 오아시스 같은 존재였다. 당시의 분위기는 김영돈의 회고에서도 잘 나타나 있다.

2부 지역, 새로운 미래를 상상하다

계용묵 선생은 동백다방을 터전으로 언제나 허허로웠다. 〈동백다방〉이라는 다방명도 계 선생이 지은 것으로 안다.

〈동백〉을 중심으로 계용묵 선생 둘레에는 최현식 양중해 이기형 고영일 강통원 강군황 김성주 김영돈 등등이 날마다 땅거미 질 무렵이면 모여 앉아 보라빛 같은 화제를 놓고 오손도손 하였었다. **8)**

제주문학을 이야기할 때 빼놓을 수 없는 인물이 있다. 바로 우생당 사장 고순하이다. 1950년대 제주에는 우생당과 신창사 두 군데의 서점이 있었다. 우생당 고순하 사장은 문화에 대한 관심이 남달랐다. 《신문화》와 《흑산호》의 출판 비용을 부담한 것도 고순하 사장이었으며, 제주 학생 문인들의 동인지인 《별무리》의 인쇄비용을 댄 것도 그였다. 우생당은 제주문학 초창기 출판자본의 역할을 담당한 제주문학의 산파였다.

다방, 한짓골, 사인자

한짓골 초입에 자리 잡은 우생당은 1950~60년대 제주문학의 든든한 후원자 역할을 했다. 이 당시의 제주문학을 동인지 문학이라고 부른다. 그만큼 많은 학생, 청년들이 동인을 결성하고 문집을 발행했던 때였다. 이들 문학청년들은 문학의 밤 행사를 열어 시낭송회와 작품

---

8) 김영돈, 〈50년대 제주문단 산보(1)〉, 《제주문학》 제3호, 1974.

발표를 하곤 했다. 발표 공간이 많지 않았던 터라 구 신성여고 강당, 구 YMCA 강당(구 나사로 병원)이 문학청년들이 애용하던 장소였다. 신성여고 강당에서는 문학 행사뿐만 아니라 학술 행사도 열렸다. 1955년 제주대학교 국어국문학회 제1회 연구발표도 신성여고 강당에서 열렸다. 이날 연구발표는 문학의 밤 행사도 겸해서 열렸는데 대학생뿐만 아니라 중고등학생들도 참여하여 대성황을 이루었다.[9]

우생당에서 남문으로 이어지는 길을 한짓골이라 하는데 칠성로가 1950~60년대 문화의 중심지 역할을 했다면 이곳은 1970~80년대 청년 문화를 꽃피웠다고 할 수 있다. 1968년 남양문화방송이 개국하자 칠성로를 중심으로 형성되었던 다방과 서점이 이곳에 생기기 시작하면서 자연스럽게 문화의 중심지가 바뀌게 된다. 현재 이디아트가 입주하고 있는 건물의 2층은 소라다방이, 3층은 사인자 서점이 자리 잡고 있었던 곳이다. 1980년대 대학을 다녔던 이들은 한짓골의 추억을 하나씩은 가지고 있을 것이다. 1980년 남양문화방송이 연동으로 사옥을 옮긴 이후 이곳에는 남양미술회관이 생기고 관덕정 맞은편 동인 미술관에서는 극단 수눌음이 제주도 최초의 마당극을 공연하기도 하였다. 이곳은 서점의 거리이기도 했다. 사인자 서점뿐만 아니라 에덴서점, 대동서점 등이 하나둘씩 자리를 잡기 시작했다. 이 중에서 가장 오랫동안 그 명목을 유지했던 서점은 사인자이다. 80년대와 90년대 초반까지 제주에서 대학을 다녔던 이들이라면 이곳을 기억할 것이다.

사인자는 제주도 최초의 사회과학서점이었다. 1982년 문을 연 사

---

9) 현용준, 《한라산 오르듯이》, 도서출판 각, 2003, 273쪽 참조.

인자 서점은 단순한 서점이 아니었다. 불온도서로 낙인찍혀 시중에서 구하기 힘든 책들을 경찰 당국 몰래 돌려보며 사회의식을 키웠던 곳이었다. 그야말로 제주도내 사회운동의 이론적 자양분 역할을 했던 곳이라고 할 수 있다. 이산하의 장시 '한라산'이 실린《녹두서평》을 돌려보던 곳도 바로 이곳이었다.**10)**

1980년대 제주문화운동이 힘차게 터져 나오고 새로운 형태의 제주문학이 탄생할 수 있었던 배경에는 사인자와 같은 사회과학서점이 있었다.

지금은 제주문학의 중추적 역할을 하고 있는 작가들을 키운 것이 바로 이 한짓골이다. 사인자 서점에서 책을 보고 약속을 잡은 이들은 아라골, 장터, 객주촌, 백록골, 미송 등 한짓골 인근에 자리 잡고 있었던 술집으로 향하곤 했다. 이들 술집에서 80년대의 울분을 토로하며 청년의 사명을 깨달았던 이들도 이제 50대가 되었다.

박목월과 떠나가는 배

제주읍에서는
어디로 가나, 등뒤에
수평선이 걸린다.
황홀한 이 띠를 감고

---

10) 제민일보, 2001. 1. 15. 1982년 문을 연 사인자 서점은 2001년 경영난으로 문을 닫게 된다.

때로는 토주(土酒)를 마시고

때로는 시를 읊고

그리고 해질녘에는

부두에 들리고

먹구슬나무 나직한 돌담 문전에서

친구를 찾는다.

그럴 때마다 나의 등뒤에는

수평선이

한결같이 따라온다.

아아 이 숙명을. 숙명 같은 꿈을.

마리아의 눈동자를

눈물어린 신앙을

애절하게 풍성한 음악을

나는 어쩔 수 없다.

(박목월, 〈배경〉)

　1950년대 제주에 왔던 박목월은 제주읍에서는 어디에서나 등 뒤로
수평선이 걸린다고 했다. 지금에야 탑동이 매립되고 높은 빌딩이 들
어서 있지만 당시만 해도 그런 건물은 찾아보기 힘들었다. 시에서처
럼 어디서나 등 뒤로 수평선이 걸리던 곳이 바로 제주의 거리였다. 박
목월과 제주는 보다 특별한 인연이 있다. 1999년 제주문화원에서 양
중해 선생을 만났을 때 선생은 조심스럽게 박목월 선생의 사랑 이야
기를 들려주었다.

　1950년대 후반 박목월 시인이 20대 여성과 제주를 찾았다. 서문통

여관에 잠시 몸을 맡기고 있던 박목월은 어느 날 칠성로 남궁다방에 자리를 잡고 앉아 있었다. 당시 남궁다방은 동백다방과 함께 제주 문학청년들의 아지트였다. 남궁다방을 드나들던 문학청년들 중에는 양중해 시인도 있었다. 당시 20대인 양중해 시인은 평소 흠모하던 박목월 시인을 단숨에 알아보았다. 양중해 시인은 당시의 만남을 이렇게 토로했다.

> "남궁다방에 갔을 때 다방 한구석에 쓸쓸한 표정으로 앉아 있는 박목월 시인을 봤다. 제주에 피난 왔을 때 뵌 적이 있어 금세 선생을 알아볼 수 있었다. 인사를 하고 자리에 앉으니 박목월 시인이 경상도 악센트로 '어디 어촌에 파묻혀서 몇 개월간 쉬고 싶다.'고 말했다."

청년 양중해의 주선으로 박목월은 용두암 부근(서한두기 부근)의 초가집을 찾았다. 그때서야 시인은 혼자서 제주에 온 것이 아니라는 사실을 고백했다. 나이 어린 소녀와 함께 제주를 찾은 것이었다. 박목월 시인은 그녀를 '열아'라는 이름으로 불렀다. 이들은 20여 년의 나이 차이에도 불구하고 오누이처럼 때로는 연인처럼 자신들의 사랑을 키우고 있었다. 소녀는 당시 모 대학의 학생이었다.

이미 혼인을 하고 자식까지 두고 있었던 시인과 여대생의 사랑은 그야말로 불륜이었다. 용서받을 수 없는 사랑이었지만 시인은 여학생을 끔찍이도 사랑했던 모양이다. 그렇게 몇 달을 제주에서 보내면서 박목월은 청년 양중해와는 친구처럼 지내기 시작했다. 그러던 어느 날 박목월 시인의 거처로 찾아간 양중해에게 시인은 "지금쯤 원효로 내 집에도 석양이 지고 있을 것이다."라고 말한다. 아마 소녀와 자신의 사랑이 석양을 향해 달려가고 있음을 안 것은 아니었을까. 박목월은 서울 집에 대한 그리움을 토로하기 시작한다.

그러던 어느 날, 아침 일찍 여학생이 무근성 양중해의 집으로 찾아온다. 박목월 시인이 함께 아침을 먹자고 청한 것이었다. 양중해는 이른 아침의 느닷없는 식사 초대에 왠지 모르게 불안해졌다. 시인의 아침 밥상은 전날 제사라도 지낸 것처럼 푸짐했다. 어려운 살림에 그렇게 아침상을 차려낸 것을 보고 양중해는 자신의 예감이 틀리지 않았음을 느꼈다. 왜 이런 아침상을 차렸는지 궁금했지만 차마 물어볼 수 없었다. 분위기가 너무 침울했기 때문이다. 한참 동안 말이 없던 시인이 힘없이 말을 했다.

'소녀가 집으로 가게 됐다.'는 것이었다. 그런데 시인은 서울로 가지 않는다는 것이다. 사정은 이랬다. 소녀를 찾기 위해 소녀의 부친은 백방으로 수소문을 한 끝에 제주까지 찾아왔고 마침내 시인과 소녀의 짧은 사랑은 막이 내리게 된 것이었다. 그런데 여기에는 몇 가지 다른 이야기도 전해진다. 소녀를 찾은 소녀의 부친이 한바탕 난리를 치고 소녀를 데려갔다고도 하고 그냥 소녀를 만나 조용히, 지극히 점잖게 데리고 갔다고도 한다. 또는 박목월 시인의 아내가 직접 제주를 찾아왔다고도 한다. 1999년 취재 당시 양중해 원장은 소녀의 부친이 찾아왔던 것으로 기억하고 있었다.

소녀는 시인을 제주에 홀로 남겨두고 떠나는 것이 안쓰러웠던지 장작을 마련하고 손수 김치까지 장만해 놓았다. 제주 청년에게 '자신이 떠나더라도 시인과 함께 식사라도 하길 바란다.'는 말도 어렵게 했다. 소녀는 연락선에 몸을 싣고 시인과 청년은 소녀가 탄 연락선을 하염없이 쳐다보고만 있었다. 고동 소리를 울리며 연락선은 천천히 제주항을 떠나기 시작했고 떠나는 연락선을 바라보며 시인은 수평선 너머 배가 사라질 때까지 자리를 뜨지 않았다.

연락선이 수평선 너머로 사라지자, 시인은 청년에게 '소주 한잔 하고 싶다.'는 말을 했다. 그들이 향한 곳은 한국투자신탁 부근의 술집. 청년 양중해는 그날의 광경을 자신의 시에 담는다. 그것이 바로 '떠나가는 배'이다.

풍경과 기억에 대한 몇 가지 이야기들

제주 원도심은 이야기를 품고 있는 장소들이다. 수많은 걸음들이 쌓이고 쌓여 만들어낸 이야기들은 장소를 더욱 풍부하게 만들고 있다. 장소는 기억을 품고 기억은 장소를 새롭게 발견한다. 풍경과 기억에 대한 사유를 풍부하게 해줄 벤야민의 이야기로 짧은 산책을 마칠까 한다.

"어떤 마을이나 도시를 처음 볼 때 그 모습이 형언할 수 없고 재현 불가능하게 보이는 까닭은, 그 풍경 속에 멂이 가까움과 아주 희한하게 결합하여 공명하고 있기 때문이다. 아직 습관이 작동하지 않은 것이다. 일단 어디가 어딘지 분간하기 시작하면 그 풍경은, 마치 우리가 어떤 집을 들어설 때 그 집의 전면이 사라지듯이 일순간 증발해버린다. 그 풍경은 아직 우리가 습관적으로 늘 하듯이, 꼼꼼하게 살펴보는 일로 인해 과도하게 무거워지지 않은 상태다. 우리가 그곳에서 한번 방향을 분간하게 되면 그 최초의 이미지는 다시는 재생할 수 없게 된다."

(발터 벤야민,《일방통행로》)

"기억은 지나간 것을 알아내기 위한 도구가 아니라 오히려 매개물 (medium)이라는 사실을 언어가 의미하고 있다는 것은 오해의 여지가 없다. 옛 도시들이 흙에 뒤덮여 파묻혀 있는 땅이 매개물이듯, 기억은 체험된 것의 매개물이다. 파묻힌 자신의 과거에 다가가고자 하는 사람은 발굴 작업을 수행하는 사람과 같은 태도를 취해야 한다. 무엇보다도 그는 거듭해서 동일한 사태로 되돌아가는 것을 주저하지 말아야 한다. 발굴할 때 흙을 흩뿌리는 것처럼 그 사태를 흩뿌려야 한다. 그리고 발굴할 때 땅을 헤집듯이 그 사태를 헤집어야 한다. 왜냐하면 '사태들'이란 조심스레 탐색할 때 비로소 발굴의 목적이었던 바로 그것을 내보이는 지층들에 다름 아니기 때문이다. 즉 '사태들'은 이미지들이다. 이 이미지들은 모든 이전의 관계망에서 떨어져나와 우리들이 후에 얻게 된 통찰의 냉정한 방에 놓여 있는 귀중품들이다. 마치 수집가의 갤러리에 놓여 있는 상반신의 조각들인, 토르소처럼. 물론 발굴 작업을 할 때 계획에 따르는 것은 유용할 것이다. 그러나 어두운 대지 속으로 조심스레, 손으로 더듬듯 삽질을 하는 것 역시 필수불가결하다. 만일 발굴된 물건들의 목록에만 신경을 쓰고 옛것이 보관되어 있던 장소를 오늘날의 대지에 표시하지 못하는 사람이 있다면 그는 가장 소중한 것들을 놓치는 셈이다. 그렇듯 진정한 기억들은 어떤 사실을 보고한다기보다는 그 기억들이 떠오르게 된 바로 그 장소를 표시해야 한다. 따라서 진정한 기억은 기억을 하는 사람의 이미지를 엄격한 의미에서 서사적으로 그리고 랩소

디적으로 전달해야 한다. 좋은 고고학적 보고서는 발굴된 물건들의 출처뿐 아니라 그것이 발굴되기 위해 탐색되었던 이전의 지층들에 대해서도 보고하고 있는 것처럼 말이다."

(발터 벤야민, '발굴과 기억', 〈사유 이미지〉,《일방통행로 사유이미지》, 182쪽.)

욕망의 섬, 비통의 언어

3
부

—

지역의 언어와 지역의 상상

변방의 시선으로 건져 올린
찬란한 일상

- 김수열, 《물에서 온 편지》

1.

김수열은 제주 문화판의 만형님 격이다. 그가 《실천문학》으로 시단에 나온 때가 1982년이었다. 등단 이후 첫 시집 《어디에 선들 어떠랴》를 내기까지 김수열은 문화운동가라는 이름으로 청춘의 한때를 치열하게 보냈다. 지금까지 첫 시집을 시작으로 해서 《물에서 온 편지》까지 6권의 시집을 내놓았다. 과작(寡作)까지는 아니지만 그의 시력(詩歷)에 비하면 다작(多作)이라고는 할 수 없다. 하지만 제주에서 문화운동 한 자락에 발을 걸치고 있는 사람이라면 그의 과작을 탓할 수만은 없다. 그는 마당극 연출가로, 또 교육운동가로, 제주 4·3 문화운동의 최일선에서 목소리를 높였다. 평생 몸담았던 학교를 그만둔 후 한 호흡 쉴 법도 하지만 그는 여전히 그 큰 키로 전위의 깃발을 들고 있다.

김수열은 2011년 오장환 문학상을 수상했을 때 "영원한 변방의 시인이고자 한다."고 밝힌 바 있다. 스스로를 '변방의 시인'이라고 말하는 이유는 무엇일까. 먼저 그의 수상 소감 일부를 들어보자.

> 저는 영원한 변방의 시인이고자 합니다. 나고 자란 곳이 변방이고 앞으로 살다 묻힐 곳도 변방이기 때문입니다. 보고 들은 것도 변방이고, 울고 웃고 먹고 싸고 마시고 게워낸 곳도 변방이기 때문입니다. 하여 제주 4·3 항쟁은 제 문학의 근간이고 지금의 '강정'은 제 문학의 오늘입니다. (중략) 그때나 지금이나 섬사람들은 섬의 언어로 울고 분노하고 섬의 언어로 하소연하고 왜자깁니다.[1]

"나고 자란 곳이 변방이고 앞으로 살다 묻힐 곳도 변방"이라고 이야기하는 것에서 알 수 있듯이 제주는 그의 삶의 총체이자, 자신의 신체에 새겨진 경험의 총합이다. 그는 "섬 사람들의 언어로 울고 분노"하겠다고 고백한다. 그의 고백은 변방이라는 사회적 언어가 그의 시작(詩作)의 동인(動人)임을 보여준다. 그래서 김수열의 시를 이해하는 일은 변방을 이해하는 일이다. 우리는 그렇게 김수열을 통해 변방이 만들어낸 시대의 언어와 만나게 된다.

가장 내밀한 순간에도 그는 변방의 언어를 잊지 않는다. 옥타비오 파스가 "언어로부터 말을 뿌리째 뽑아내는 상승 혹은 적출(摘出)의 힘"과 "말을 다시 언어로 복귀시키는 중력의 힘"을 이야기하면서 집단으

---

1) 김수열, 〈변방의 시 사람의 문학〉, 《실천문학》, 2011. 11.

로서의 공용어와 만나는 시어의 결별과 복귀를 이야기하듯이 그의 시는 개인의 언어가 아닌 사회의 언어가 빚어내는 시의 힘을, 시의 진정을 보여준다.

그는 자신의 시를 "거추장스러운 데가 많"다고 말한다. ('알몸의 시') 벌거벗은 몸으로 첼로를 연주하는 나탈리 망세를 언급하면서 "파격"이 없다고 고백한다. 그러면서 그는 자신의 시가 "가려야 할 데가 많"다고 말한다. 스스로 자신의 시를 "거추장스"럽다고 하는 시인의 고백은 무슨 의미일까.

형식적 파격이 곧 시가 된다고 믿었던 때가 있었다. 기존의 문법을 부수고 새로운 언어의 세계를 획득하는 것이 시의 영역을 확장할 수 있다고 생각하기도 했다. 그런 기준으로 보자면 그의 시에는 '파격'이 없다. '창안'이 없다.

하지만 그는 파격을 취하는 대신 변방이 만들어낸 시대의 언어와 마주하면서 중심이라는 단단한 벽에 숨겨져 있던 존재들을 '발견'한다. 지그문트 바우만은 그의 대표작인 《액체근대》에서 밀란 쿤데라의 《소설의 기술》 한 대목을 인용하면서 사회학과 사회학적 글쓰기에 대해서 이야기한 바 있다. 바우만은 시인의 글쓰기란 언제나 무엇인가를 숨기고 있는 거대한 벽에 부딪히는 일이라는 쿤데라의 발언을 되새긴다. 바우만은 시는 '창안'하는 것이 아니라, '발견'하는 것이라는 쿤데라의 발언에 동의하면서 사회학 연구 역시 숨어 있는 것들을 '발견'해야 한다고 말한다.

김수열의 시편들을 읽으면서 바우만을 새삼 떠올리는 것은 김수열의 시들이 가공의 노작(勞作)이 아니라, 발견의 시선에서 나오고 있음을 확인했기 때문이다. 벽에 부딪히는 것이 시인의 숙명이라고 할 때

욕망의 섬, 비통의 언어

시인은 벽의 존재를 자각하는 자이며, 벽 너머의 세계를 꿈꾸는 자이다. 우리는 언제나 거대한 벽 앞에서 서성거리는 존재이다. 우리 앞에 놓인 그 벽은 단단하고 높다. 벽을 넘어서는 일은 불가능해 보이기만 한다. 때론 벽의 존재 자체에 대해 무감각하기까지 하다. 마치 태초부터 벽이 있었던 것처럼 말이다. 벽은 자명한 진실의 얼굴을 한 채 우리 앞에 놓여있다. 벽 앞에서는 어떠한 의심도 용납되지 않는다. 우리는 그 단단한 절망과 무기력을 내면화한 채 살아간다. 하지만 시인은 벽에 부딪힘으로써 벽의 존재를 드러낸다. 벽을 넘어설 수 없는 무기력함을 알면서도 벽에 끊임없이 도전하는 것, 존재하지만 존재하지 않는 비존재의 존재들을 드러내는 응시의 역동성으로 김수열은 시를 밀고 나간다.

벽을 넘어설 수 없다는 존재의 무기력함을 알면서도 끊임없이 벽과 부딪히고 벽 너머에 대한 갈망에 사로잡힌 존재가 시인이라면 김수열의 시편들은 강고한 벽에 부딪혀 피 흘리는 존재들과 마주한다. 그는 때로는 무기력하고 나약함으로 벽과 마주하며 벽 너머를 훔쳐보고 싶다는 너머에 대한 갈증으로 시의 언어를 고른다.

그런 점에서 김수열의 시를 읽어가는 일은 거대한 벽 앞에서 무너진 낱낱의 개별, 그 낱개의 그림자를 들추면서 습하고 축축하고, 때로는 비루함 속에서 살아왔던 문장들을 건져 올리는 일이라고 할 수 있다.

보말이 보말이주, 보말을 뭐렌 고라?

고메기? 난 몰라, 우리 동네선 그자 보말

물 싸민 갯것이 강 그거 잡아당

솥단지에 낭 개끔 부각헐 때꼬지 솖앙

이불바농으로 눈 멜라져가멍 토다아장 그걸 따내영

딱지도 때내곡 또시 고는 채에 낭

손으로 박박 문대기믄 요물은 남곡 똥은 헤싸지곡

똥 헤싸진 물에 곤쏠 불린 걸 낭 보글보글 끓을 때

보말 요물 넣곡 당근 송송 썰어 넣곡 마늘쫑 쫑쫑 썰어 넣곡

다시 바질바질 끓으민 약헌 불에 맞칭 촘지름 넉넉허게 낭

휘휘 저시믄 그게 보말죽이주

배추김치에 참깨 절인 것에 혼번 먹와봐, 잘도 코시롱허여

무싱거? 깅이죽? 거 쓸데어신 소리 마랑

요레 아장 보말이나 파라

마, 바농!

('보말' 전문)

    시인은 보말(표준어로 굳이 말하자면 고둥쯤 되겠다.)을 앞에 두고 나이 지긋한 노파와 마주 앉아 있다. 노파와의 대화를, 제주어 그대로 드러내고 있는 '보말'은 제주어를 이해하기 힘든 뭍사람들에게 '번역'이

필요할지 모른다. 번역의 불가능성을 감수하면서도 제주어를 포기하지 않는 것은 변방의 언어가 변방의 시대를, 변방의 역사를 드러내기 때문이다. 보말죽이 끓어가는 장면을 생생하게 그려내면서 무심한 듯 내뱉는 "요레 아장 보말이나 파라"(여기 앉아서 고둥이나 까라)는 말은 섬의 역사를 온몸으로 견뎌온 자들만이 할 수 있는 섬의 언어이다.

'보말'처럼 이번 시집에서는 표준어라는 획일화된 언어와 기꺼이 불화하겠다는 의지를 곳곳에서 확인할 수 있다. 그는 이미《빙의》를 비롯해서 전작에서도 제주어를 전면에 내세운 바 있다. 그는 단순히 소재로서 제주어를 다루지 않는다. 그것은 섬의 삶들이 아로새겨진, 섬의 내밀한 속살이 가득한 이방의 언어를 '지금-여기'의 자리에 새겨놓고자 하는 의지의 소산이다.

전쟁 나고 얼마 어신 때라났수다 군인들이 들이닥쳔 효돈 사람 볼목리 사람 다시 불러 모았덴 헙디다 며칠 가두었단 어느 야밤에 맨들락허게 벗긴 채 발모가지에 듬돌 돌아매고 배에 태완 바당더레 나가더라 헙디다 범섬 돌아 나가신디 배만 돌아오더라 헙니다 퍼렁헌 달빛만 돌아오더라 헙디다

그해 가을 범섬 바당 갈치는 어른 기럭지만이 컸덴 헙디다 하도 컨 징그러완 먹을 수가 없었덴 헙디다 그 후젠 갈치만 보면 가슴이 탕탕 튀더라 헙디다

('갈치' 전문)

제주 4·3 항쟁을 이야기하고 있는 '갈치'는 섬의 언어가 섬의 역사를 이야기하는 최고의 수단이라는 사실을 그대로 보여준다. 제주섬은 '절멸'에 가까운 비극을 경험했다. 그리고 그 비극은 오랫동안 말할 수 없었다. 그는 섬의 언어와 마주하면서 섬의 신체에 각인된 기억을 드러낸다. "발모가지에 듬돌" 매어진 채로 수장되었던 섬사람들. 그 시체를 먹으며 "어른 기럭지만이" 커 버린 갈치는 차마 먹을 수 없었다. 갈치만 보아도 "가슴이 탕탕 튀"던 비극의 현재성을 섬의 언어가 아니면 어떻게 이야기할 수 있을까.

섬의 언어는 비극을 증언하는 동시에 섬의 구체적 일상들을 드러내기도 한다. 이를테면 "해짓골 올빼미 형은/멜철 들어 물이 싸면 탑바리 원담에/족바지 들고 멜 거리레 갔다"('원담' 중)고 이야기하면서 이제는 매립되어 사라진 탑동 바다의 풍경과 그 속에서 살아갔던 제주 사람들의 일상을 그려낸다. "이레 화르르륵 저레 다울리라/저레 화르르륵 이레 다울리라"라면서 "작대기 들고 바당물 탕탕 치"던 '멸치잡이'의 장면들은 풍성한 섬의 입말로 되살아난다. 섬의 일상들은 제주어를 통해 비로소 환하게 빛난다.

제주어는 한때 "불가촉 천민의 말"이자 "공민권을 박탈당한 언어"[2]였다. 김수열은 표준어의 외부에서 비존재로 존재했던 제주어를 '발견'하면서 변방의 일상을 구체적으로 빚어낸다. 고집스럽게 보이기까지 하는 제주어의 등장은 일테면 표준어의 획일화에 맞서는 저항의 수단만이 아니라 시가 "민중의 목소리"이며 "선민의 언어이고 고독한

---

[2] 송상일, 〈'살아진다'의 부정과 긍정〉, 《돌할으방 어디 감수광》, 동광문화사, 1984.

욕망의 섬, 비통의 언어

자의 말"³⁾이라는 사실을 자각하고 있기 때문이다. '고부'는 이러한 날것 그대로의 "민중의 목소리"를 잘 드러낸 작품이다.

> 예순 살짝 넘긴 며느리가 여든 홀쩍 넘긴 시어매한테 어무이, 나, 오도바이 멘허시험 볼라요 허락해주소 하니 그 시어매, 거 무신 씨나락 까먹는 소리여, 얼릉 가서 밭일이나 혀!
>
> 요번만큼은 뜻대로 허것소 그리 아소, 방바닥에 구부리고 앉아 떠듬떠듬 연필에 침 발라 공부를 허는데, 멀찌감치 앉아 시래기 손질하며 며느리 꼬라지 쏘아보던 시어매 몸뻬 차림으로 버스에 올라 읍내 나가 물어물어 안경집 찾아 만 원짜리 만지작거리다 만오천 원짜리 돋보기 사들고 며느리 앞에 툭 던지며 허는 말, 거 눈에 뵈도 못따는 기 멘허라는디 뵈도 않으믄서 워지 멘헐 딴다? 아나 멘허!
>
> ('고부' 전문)

예순을 넘긴 며느리가 오토바이 면허 시험을 보겠다고 이야기하자 시어머니는 밭일이나 하라며 타박한다. 며느리 나이도 육십을 넘긴 지 오래라 책 한 줄 보는 게 쉽지 않을 터. "몸뻬 차림으로 버스에 올라" "만오천 원짜리 돋보기"를 내던지며 시어미는 무심한 듯 한 마디한다. "아나 멘허". 며느리와 시어머니만 등장하는 이 시에서는 '남편/아들'의 존재는 드러나지 않는다. 일찌감치 세상을 떠났을 수도 있다. 4·3 때일 수도 있고 고된 바닷일에 파도가 그 생목숨을 앗아갔는지도 모른다. 그렇게 두 여인만 살아, 신산한 삶들은 무뚝뚝한 민중의

---

3) 옥타비오 파스, 김홍근·김은중 옮김, 《활과 리라》, 솔, 1998.

언어로 다시 생명력을 얻는다. 그렇게 민중의 언어는 섬의 역사를 함께 기억하는 공용어로 등극한다. 민중의 언어가 '기억의 공용어'가 되는 찬란한 전환의 순간이다.

3.

내밀한 개인의 세계를 버리는 대신 공용어의 가능성을 타진하고 있는 그의 시가 제주 4·3에 천착하는 것은 어찌 보면 당연한 일인지 모른다. 오랫동안 마당극 연출가로 활동하면서 누구보다도 앞장서서 제주 4·3의 진실을 드러내고자 했던 그였다. 그렇기에 제주 4·3은 그의 시의 단단한 토대이다.

검은개 들이닥쳐 냄새 킁킁 맡더니
구장댁 마당 구석에서 한가로이 놀고 있는
실한 어미닭에 눈이 갔다

저걸 잡으라

구장 어른, 어쩔 수 없이 어린 딸에게
고갯짓을 했고
검은 개 꾸역꾸역 닭 한 마리 먹어치우더니
거칠고 길게 개트림을 했다

욕망의 섬, 비통의 언어

어미 잃은 병아리 열다섯

왼 종일 어미 찾아 삐약삐약 헤매더니

채 사흘이 가기 전

알에서 깬 지 열흘도 되기 전

싸그리 죽었다

무자년 겨울이었다

('죽은 병아리를 위하여' 전문)

인용한 시는 제주 4·3의 비극을 알레고리의 방식으로 그려내고 있다. 섬사람들은 경찰을 "검은 개"라고 불렀다. "검은 개"는 "마당 구석에서 한가로이 놀고 있는" "어미 닭"을 잡아먹었다. "어미 잃은 병아리"는 "알에서 깬 지 열흘도 되기 전"에 "싸그리 죽"어버렸다. 무자년 초토화 작전은 말 그대로 섬 전역에 대한 폭력적 진압이었다. 이 시는 담담한 어조 뒤에 슬픔을 애써 참으며 그날의 참상을 증언한다.

김수열 시의 뿌리는 제주 4·3에 닿아 있다. 비극의 역사는 생명의 삼투압으로 꽃을 피운다. 슬픔으로 피어나는 꽃들의 언어는 잃어버린 수형인들, 살아서 돌아오지 못하는 죽음들과 마주한다.

거기 형님이 계시다 한다

큰형님 둘째 형님이 계시다 한다

재판도 없이 끌려와 관덕정 1구서 감방

삼형제 나란히 수감되고 나란히 압송되었다 한다

이리호 타고 목포까지는 같이 갔다 한다
나이 어린 당신은 트럭 짐칸에 실려 인천으로 가고
두 형님과는 그렇게 헤어졌다 한다
어디로 가느냐 물을 새도 없었다 한다

1년을 선고 받고 믿기지 않았다 한다

누구는 10년이고 누구는 15년인데
하도 고마워 눈물도 나지 않았다 한다

형량 마치고 고향 돌아온 후
꾹꾹 눌러 쓴 형님의 엽서 한 장 받았다 한다
목포에서 김천으로 이송되었다는
내복하고 양말 좀 보내달라는

그게 마지막이었다 한다
지금도 소식조차 모른다 한다
행불인 명단에 이름 석 자 올리는 일 말곤
할 수 있는 게 아무것도 없었다 한다

봉아름 지나 명도암 지나 거친오름 가는 길
거기 형님이 안 계시다 한다
큰형님도 둘째 형님도 안 계시다 한다
행불인 묘역에 표석 두 개

나란히 쓸쓸히 앉아있을 뿐

안 계시다 한다
아무도 안 계시다 한다
('거친 오름 가는 길' 전문)

제주 4·3을 이야기하고 있는 그의 시편들에서 주목할 것은 서술의
방식이다. 앞서 살펴본 '갈치'도 그렇거니와 '거친 오름 가는 길'도 모
두 '헙디다' 혹은 '한다'라는 전언(傳言)의 방식을 취하고 있다. 이러한
방식에서 시인은 말하는 자가 아니라 듣는 자이다. 비극을 경험한 세
대들의 말을 들으며 그는 자신의 언어가 아니라 그들의 말로 이야기
한다. "헙디다"와 "한다"라는 전언의 방식에서 중요한 것은 말하는 자
의 기억이다. 이를 통해 시인은 말하는 자의 언어를 옮겨 적는 것이 비
극을 가장 잘 전달할 수 있음을 자각한다. 증언을 전달함으로써 시인
은 과거와 현재를 매개한다. 과거의 기억은 그렇게 현재로 스며든다.
이를 '스며듦의 시학'이라고 명명할 수 있을 것이다.
   이러한 '스며듦의 시학'이 지향하는 바는 분명하다. 그것은 과거를
과거라는 시간성에 고정시키지 않겠다는 태도이며 과거를 현재적 관
점에서 재해석하려는 운동의 근거로 삼겠다는 의지이다. 이러한 운
동성을 잘 보여주는 것은《화산도》의 작가 김석범의 입을 빌려 제주
4·3의 현재적 과제를 이야기하는 '경계의 사람-김석범'이다.

나는
남쪽 사람도 북쪽 사람도 아니요

그러니까 나는 무국적자요

나는

분단 이전 조선 사람이요

제주4·3도 마찬가지요

반 토막 4·3은 4·3이 아니란 말이요

온전한 4·3은

통일된 조국에서의 4·3이요

그러니 제주4·3은 곧 통일인 거요

4·3을 한다는 거?

저기, 저, 저 백비, 저걸 일으켜 세우는 거요

('경계의 사람-김석범' 전문)

시인은 단호한 어조로 제주 4·3을 '한다'라고 이야기한다. 그렇게 4·3은 기억의 문제가 아니라 행위의 문제로 치환된다. 4·3 특별법이 제정되고 대통령이 사과까지 했지만 제주 4·3의 문제는 여전히 현재진행형이다. 그렇기에 제주 4·3은 증언이라는 형식에 갇혀 있어서는 안 된다. 오히려 현재를 추동하는 강력한 힘으로, 현재의 모순과 대결하는 저항의 참조점이 되어야 한다. "백비를 일으켜 세우는" 것이라는 진술은 제주 4·3을 "한다"라는 행동의 철학을 단적으로 보여준다.

욕망의 섬, 비통의 언어

4.

　민중의 언어로, 제주 4·3의 현재적 가능성을 타진하고 있는 이번 시집에서 단연 절창은 '물에서 온 편지'이다. 시 전문을 먼저 보도록 하자.

　　죽어서 내가 사는 여긴 번지가 없고
　　살아서 네가 있는 거긴 지번을 몰라
　　물결 따라 바람결 따라 몇 자 적어 보낸다

　　아들아,
　　올레 밖 삼도전거리 아름드리 폭낭은 잘 있느냐
　　통시 옆 멀구슬은 지금도 잘 여무느냐
　　눈물보다 콧물이 많은 말젯놈은
　　아직도 연날리기에 날 가는 줄 모르느냐
　　조반상 받아 몇 술 뜨다 말고
　　그놈들 손에 끌려 잠깐 갔다 온다는 게
　　아, 이 세월이구나
　　산도 강도 여섯 구비 훌쩍 넘었구나

　　그러나 아들아
　　나보다 훨씬 굽어버린 내 아들아
　　젊은 아비 그리는 눈물일랑 그만 접어라
　　네 가슴 억누르는 천만근 돌덩이

이제 그만 내려놓아라

육신의 칠 할이 물이라 하지 않더냐

나머지 삼 할은 땀이며 눈물이라 여기거라

나 혼자도 아닌데 너무 염려 말거라

네가 거기 있다는 걸 내가 볼 수 없듯

내가 여기 있다는 걸 네가 알 수 없어

그게 슬픔이구나

내 몸 누일 집 한 채 없다는 게 서럽구나 안타깝구나

그러니 아들아

바람 불 때마다 내가 부르는가 여기거라

파도 칠 때마다 내가 우는가 돌아보거라

물결 따라 바람결 따라 몇 자 적어 보내거라

죽어서 내가 사는 여긴 번지가 없어도

살아서 네가 있는 거기 꽃소식 사람소식

물결 따라 바람결 따라 너울너울 보내거라, 내 아들아

('물에서 온 편지' 전문)

제주 4·3 당시 많은 사람들이 수장(水葬)되었다. 제주항 인근 옛 주정공장에 갇혀있던 사람들은 제주 앞바다에서, 한국전쟁 당시 예비검속으로 잡혀간 이들은 성산포 바다에서 불귀의 객이 되어 버렸다. 당시 아버지를 잃은 강완철 씨는 다음과 같이 증언한 바 있다.

아버지가 제주읍으로 압송된 후 면회를 다녀온 어머니에 의하면 모진 고문을 당해 온 몸에 멍이 들었다고 합니다. 곧 풀려난다고 하던 분이 그후 소식이 없어 백방으로 알아보니, 1950년 7월 16일 새벽 1시께 아버지를 포함해 20여 명을 태워 산지항을 떠난 배가 오후에 빈배로 돌아왔다고 했습니다. 몸에 돌을 매달아 바다에 빠뜨렸다는 겁니다. **4)**

이 시는 몸에 돌이 매어진 채 차가운 바닷물 속에서 목숨을 잃은 아버지를 화자로 내세우고 있다. "산도 강도 여섯 구비 훌쩍 넘"어버린 60년 만에, 슬픔의 언어로 쓰여진 편지가 비로소 아들에게 보내졌다. "나보다 훨씬 굽어버린" 아들에게 보내는 사연은 "육신의 칠할이 물이"니 "나머지 삼할은 땀이며 눈물이라 여기"라며 오히려 살아있는 자를 위로한다. 하지만 위로가 슬픔의 눈물마저 닦을 수 있는 것은 아니다. 죽음은 영원한 결별이며 "네가 거기 있다는 걸 내가 볼 수 없"고 "내가 여기 있다는 걸 네가 알 수 없"는 아픔이기 때문이다. 바다는 "죽어서" 조차 "번지" 없는 곳이다. 그곳에서 번지를 알 수 없는 뭍으로 보내는 사연은 통한의 "꽃소식"이고 "사람소식"이다. 그렇게 과거와 현재는 바다를 건너 만난다. **5)** 이 만남의 슬픔은 제주 4·3이 여전히 현재의 문제이며, 섬의 신체에 각인된 현재적 일상이라는 사실을 잘 보여준다.

---

4) 제민일보 4·3취재반, 《4·3은 말한다》5, 전예원, 1998.

5) 이 시가 처음 발표되었을 때는 공교롭게도 세월호 참사가 있었던 2014년 5월경이었다. 시인이 주정공장 터에서 해원 상생굿을 하면서 시를 낭독할 때 많은 이들이 눈물을 흘렸다. 그것은 4·3과 세월호가 지극한 슬픔으로 바다를 가득 채웠기 때문이었다.

5.

섬의 언어로, 섬을 말하지만 그의 시는 섬에, 섬의 아픔에 매몰되지 않는다. 오히려 그의 시는 섬을 이야기함으로써 생의 보편에 다가서고자 한다. 그에게 섬은 닫혀 있지만 한없이 열려 있는 공간이다. 닫힘과 열림의 역설 속에서 그의 시는 "섬에서 멀어진다는"것이 "다시 섬에 가까워진다는 것"임을, "섬바람과 만나 섬언어로" "섬이야기"를 듣는 일이 결국 섬의 보편과 마주하는 일임을 보여주고 있다. ('비양도에서 한나절' 중) 그런 점에서 그의 시는 섬을 이야기하되 섬에 갇히지 않고, 섬의 언어를 발견하되 섬의 언어에 매여있지 않다. 그렇기에 그의 시는 섬의 시이되 섬만의 시가 아니다. 단단하게 고정되어 있는 현재적 일상의 너머를 탐색하는 '발견의 시'이며 현재에 결박된 언어를 자유롭게 하는 '해방의 시'이다.

망각에 저항하는
말들의 귀환

– 고시홍의 《물음표의 사슬》이 묻고 있는 것

망각에 대한 저항과 기억의 공유

   기억이 없다면 존재도 없다. 이 말은 기억되지 않는 사건들은 존재하지 않는 것이라는 말로 이해할 수 있다. 오카 마리는 그것을 "말하여지지 않은 것-말할 수 없는 것-은 사건으로 존재하지 않는다."고 말한다.[1] 기억의 전제는 말이다. 말의 기억과 기억의 말을 함께 나눔으로써 과거의 사건은 역사라는 몸을 얻게 된다.

   고시홍의 《물음표의 사슬》은 망각에 저항하고자 하는 말들의 기록이다. 이를 위해 작가는 기록의 공유를 전면에 내세운다. 작가의 말에서 그가 고백했듯이 그의 아버지는 2연대 군인으로 토벌에 참가했다

---

1) 오카 마리, 김병구 역, 《기억/서사》, 소명출판, 2004.

가 한국전쟁 당시 세상을 떠났다. 4·3의 광풍을 관통한 그의 개인사는 제주 4·3에 대한 천착으로 이어졌다. 고시홍의 표현을 빌리자면 "무차별한 폭력의 사슬에 묶인 군상"들이 그의 소설 속 주인공이다.

제주 4·3을 다루는 이유는 무엇일까. 단순한 가족사 때문일까.《물음표의 사슬》에 실린 작품을 읽어가다 보면 이러한 물음의 해답을 얻을 수 있다. 그것은 바로 망각에 대한 저항이다. 5·18 광주항쟁 당시 진압군으로 참여했던 아버지의 행적을 회고하는〈망각의 곡선〉의 다음 대목에 주목해 보자.

> 그런데 인간이 망각의 동물이란 것도, 고통스럽고 불행한 과거는 잠재의식 깊숙이 감추고 행복한 정보만 하드디스크에 저장하려는 본능에서 비롯된 말이 아닐까.
> (〈망각의 곡선〉, 53쪽.)

인간은 불행을 기억하려 하지 않는다. 불행했던 순간을 기억하는 것은 고통을 현재로 소환하는 일이기 때문이다. 과거의 고통이 잊히지 않는다면 인간의 고통은 영원할 수밖에 없다. 그래서 인간은 때로 기억을 왜곡하기도 하며 외면하기도 한다. 〈비망록-죽어서 말하다〉에서는 비극을 외면하는 마을 사람들이 등장한다. 4·3을 피해 일본으로 떠났던 김종선은 죽기 전에 동네 친구 문규택의 죽음에 대한 죄책감으로 비망록을 남긴다. 하지만 마을 사람들은 '문규택 사건'을 '금시초문' 또는 '빨갱이들이 조작한 거짓말'로 치부한다. 집단적 외면과 정면으로 마주하는 것은 김종선이 죽어가면서 남긴 비망록이다. 비망록을 따라가다 보면 문규택을 희생자로 삼아 산사람과 군인들, 양쪽으로부터 핍박을 피해간 마을의 숨겨진 과거가 드러난다.

이처럼 고시홍의 소설들은 망각에 저항하며 과거를 현재의 이름으로 소환한다. 잊어버리고 싶은 과거를 통해 그가 보여주고 싶었던 것은 무엇일까. 그가 보기에 망각은 죽음에 대한 외면이다. 그는 폭력의 사슬에 묶여 사라져간 죽음들을 기억하고자 한다. 낱낱의 죽음들은 그 자체로 개별적이지만 그 죽임의 배경은 보편적이다. 죽음을 기억함으로써 사건의 외부에 존재하는 타자들은 사건 속으로 들어온다. 지극히 개인적인 비극들에 대해 말하는 순간 모든 개별성은 휘발된다. 그리고 그 자리를 보편의 기억들이 차지하게 된다. 이러한 보편의 기억들을 우리는 역사라고 이름 부를 수 있다면 고시홍의 소설들은 역사의 외부에 존재해야만 했던 비극의 순간을 역사의 신체에 고통스럽게 각인한다. 따라서 그의 소설을 읽는 것은 마치 문신과도 같은 한 땀, 한 땀 살갗을 뚫어가며 새긴 기억의 무늬들과 만나는 일이다.

기억하지 않는다면 사건은 없어지고 존재도 사라진다. 존재하지만 존재하지 않는 것처럼 되어 버리는 것. 제주 4·3 당시에 수많은 죽음들이 기억하지 않으면 존재하지 않았던 것들이 되어버린다는 사실을 고시홍은 소설을 통해 아프게 되묻고 있다.

비극의 현재성에 대한 물음

그런데 이러한 기억의 무늬들은 단순히 박제화된 과거로 우리 앞에 등장하지 않는다. 기억의 문신들은 현재형으로 새겨진다. 과거의 기억이 현재와 만나면서 그의 소설은 폭력의 근원과 폭력의 반복을 문제 삼는다. 제주 4·3과 강정마을을 교차하면서 폭력의 문제를 묻고 있는 〈물음표의 사슬〉은 대물림되는 제주 땅의 비극의 현재성을 생생히 드러낸다.

4·3의 비극을 온몸으로 겪어낸 할머니는 비몽사몽 간에 그날의 비극을 사설로 풀어낸다. 주인공 '나'는 할머니의 사설을 들으면서 해군기지 건설로 몸살을 앓는 강정의 오늘과 정면으로 마주한다. 이 작품에서 제주 4·3은 단순히 과거의 일로만 치부되지 않는다. 할머니의 사설이 과거의 기억을 현재적 역사로 불러들인다면 강정 마을의 현재는 그러한 비극이 반복되고 있음을 보여준다.

> 온갖 날벌레들이 불빛 주변으로 날아들다 추락했다. 내 할머니 같은 고향마을의 임종을 지켜보는 것 같았다. 강정 마을이 지상에서 사라질지도 모른다는 불안감이 엄습했다. 아니, 제주섬 전체가 하나의 거대한 목마장이었듯 어쩌면 제주섬 전체가 지구촌의 충혼묘지로 둔갑할는지 모른다.
>
> (〈물음표의 사슬〉, 72쪽.)

제주 4·3은 제주 땅에서 살았던 모든 사람들에게 절멸의 공포로 다가왔다. '휘발유를 뿌려서라도 진압해야 한다.'고 말했던 권력자들의 언어는 결국 반공국가에 대한 저항을 용납하지 않겠다는 선언이었다. 권력은 제주 사람들을 '공산주의 독균'에 감염된 '종자'들로 여겼다. 병리학적 발상은 '절멸'을 정당화했다. 권력은 제주 사람들을 마치 원인 모를 질병에 걸린 좀비처럼 취급했다. 제주 사람들은 반공국가 건설을 위해 '박멸'되어야 할 존재들이었다. 제주 사람들은 국민이 아니었

다. 국민이었다면, 최소한 국민으로 제주 사람들을 여겼다면 제주 4·3
의 비극은 그토록 참혹할 수 없었다. 때문에 제주 4·3 당시의 죽음들
은 끔찍하기 그지없었다. 기억하고 싶지 않고, 기억해서는 안 되는 죽
음들. 어쩌면 제주 사람들의 삶이란 이러한 강요된 망각과 싸워야 했
던 것인지도 모른다.

　이런 점에서 제주 4·3 진실 규명의 역사는 망각을 거부하고 국가의
기억에 저항해 온 기억 투쟁의 과정이다. 제주 4·3특별법 제정과 대
통령의 공식 사과로 이어진 제주 4·3의 진실 규명사는 그 자체로 사라
진 기억을 역사의 보편에 기입하고자 했던 지난한 싸움의 결과일 것
이다. 고시홍의 소설들이 망각에 저항하며 과거를 끊임없이 기억하
고자 하는 것도 바로 이러한 맥락의 일환이다.

　하지만 이러한 시도들은 단순히 과거를 기억하는 것에 머물지 않는
다. 고시홍은 한 걸음 더 나아가 과거에 행해졌던 숱한 폭력의 근원이
무엇인지를 묻고 또 묻는다.

　　　나는 온몸에 소름이 돋는 충격에 휩싸였다. 수많은 현수막에 박힌 물
　　음표와 느낌표의 의미가 함축된 행위예술로 각인되었다. 열림과 닫
　　힘, 막힘과 뚫림, 흐름과 고임, 멈춤과 나감, 넘어짐과 일어섬, 나눔과
　　합침, 웅변과 침묵, 그리고 왜, 어떻게…… 물음표와 느낌표의 차이
　　는 무엇일까. 나는 우두커니 선 채, 달빛이 쏟아지는 '구럼비 동산'너
　　머 바다 위에 구축함처럼 정박해 있는 범섬에 시선을 박았다. 원인
　　불명의 수수께끼 같은 병마에 신음하는 할머니의 환영이 떠올랐다.

　　(〈물음표의 사슬〉, 72쪽.)

"원인 모를 수수께끼 같은 병마"란 결국 국가라는 이름으로 행해진 폭력의 현재성이 무엇인가를 묻는 일이다. 그는 명백한 가해자인 국가가 반성하지 않는다면 폭력은 언제든지 되풀이될 수 있다는 사실을 이 작품을 통해 보여준다. 이러한 국가의 반성은 대통령의 사과라는 형식으로서 완성되는 것이 아니다. 그것은 오히려 '국가란 무엇인가', 그리고 '국민은 누구인가'라는 근대 국가가 형성된 이후 끊임없이 되풀이되어 온 국가의 문제를 드러낼 때 비로소 드러난다.

작가의 시선에 해군기지 찬성과 반대의 현수막들이 들어온다. 그 현수막에 새겨진 수많은 구호들. 저항과 당위의 문구들 속에서 그는 웅변과 침묵, 나눔과 합침이라는 갈등의 현재성과 직면한다. 무엇이 진실이고 무엇이 허위인가를 묻기보다는 진실을 둘러싼 기억의 갈등, 그것을 발생시킨 근본적 책임이 누구에게 있는 것인가라고 묻는다. 제주 4·3도 강정 해군기지도 결국 제주 공동체가 만들어낸 갈등이 아니었다. 이 모든 갈등은 국가라는 이름으로 제주 공동체를 폭력의 사슬로 옭아매었기 때문이다. 국가의 폭력이 아니었다면 제주 공동체는 공동체의 질서 안에서 존재하였을 것이다.

스스로의 몸에 새긴 저항의 문신들

그가 제주 4·3을 대하는 태도는 단순히 희생의 양상을 드러내는 것에 국한되지 않는다. 낱낱의 비극을 밝히면서 그는 망각에 저항하고자 한다. 이러한 저항을 그는 '역사복원'이라고 이름 부른다.

나는 선사시대의 유물, 유적을 발굴하는 고고학자가 되어 칠백여 년의 지층에 파묻힌 역사 복원에 몰입했다.

(〈작은 모스코바〉, 280쪽.)

〈작은 모스코바〉는 마을지 편찬 작업에 나서면서 제주 4·3에 대한 증언을 채록하는 '나'의 이야기를 다루고 있다. 오랜 작업 끝에 마을지 《한뫼오름》을 발간하지만 마을지 편찬은 또 다른 갈등을 일으킨다. 마을지 편찬이 끝난 직후 일어난 갈등의 양상을 전하는 다음의 대목을 살펴보자.

누구는 왜 4·3 당시 아무런 죄도 없이 토벌대에 잡혀가 개죽음을 당한 희생자 명단을 돼지 잡듯 몽땅 까발려 후손들에게까지 치욕적인 유산을 물려받게 했느냐고 울분을 토했고, 누구는 자기 이장 때 업적이 누락된 게 있다 하고, 누구누구는 개발위원회, 역대 조합장, 부녀회장 명단에서 자기 이름이 누락됐거나 이름이 틀렸다고 대거리를 놓았고, 누구는 고택윤 사장 부친의 회고담이 다른 사람의 서너 배나 지면을 차지한 이유가 뭐냐고 따졌고, 인명록 프로필에서 빠진 사람들은 이구동성으로 먹물 먹은 연놈들만 마을의 명예를 빛낸 사람들이냐? 농사짓고 물질 하며 보릿고개 넘으며 자식들 글공부시킨 한궤리 이민 모두가 자랑스러운 인물이라고 주장했고, 왜 똑 같은 광고비를 냈는데 누구는 한뫼오름 꼭대기 같은 데 넣고 나는 곶자왈 같은 덤불 속에 처박았느냐…….

(〈작은 모스코바〉, 283~284쪽.)

기록을 둘러싼 갈등 중에서 주인공을 가장 곤혹스럽게 한 것은 '4·3 당시의 기억을 왜 까발리느냐' 하는 지적이었다. 기록하지 않으면 기억되지 않는다는 것을 알기에 주인공은 기억을 기록하고자 노력했다. 사실을 기록하는 일을 스스로 '역사 복원'이라고 이름 붙일 정도로 자부심을 느꼈던 주인공이었다. 하지만 이러한 책임감과 자부심은 한순간에 무너졌다. 이에 대해 작가는 "또 다른 진실 공방"이 시작됐다고 토로한다. 그것을 그는 "기억과 기록, 진실과 이념의 충돌"이라고 말한다.

망각에 저항하는 기록자의 곤혹스러움을 토로하는 이 대목에서 우리는 기억과 기록의 차이, 기억하고 싶은 않은 것들을 기록하는 일의 지난함을 엿볼 수 있다. 그것은 망각에 대한 저항이 그 자체로 쉽지 않은 일임을 보여준다. 그럼에도 고시홍은 기록자의 입장을 포기하지 않는다. 그는 기억이 기록과, 진실이 이념과 충돌하는 것을 "바람과 구름의 마찰"이라고 이야기한다. 구름은 바람에 따라 모습을 바꾼다. 바람의 세기에 따라 구름의 형태는 달라지지만 구름의 본질은 바뀌지 않는다. 기억도 마찬가지일 것이다. 시대가 변하면서, 그리고 기억하는 자의 입장에 따라 기억은 변하고 왜곡된다. 기억은 구름처럼 변해간다. 누구는 제주 4·3을 '폭동'으로, 누구는 '항쟁'으로, 누구는 '무고한 희생'으로 기억한다. 하지만 분명한 것은 이렇게 변해가는 기억의 본질은 변하지 않는다는 것이다.

분명한 것은 이것이다. 사건은 분명히 발생했고 죽음의 비극은 사실이다. 구름 같은 기억을 기록하지 않는다면 진실은 멀어진다. 기록하는 일을 '역사 복원'이라고 부르는 것은 이러한 기록의 중요성을 명확하게 인식했기 때문이다. 기록을 둘러싸고 다시 갈등이 벌어진다

하더라도 누군가는 기록해야 한다. 구름처럼 변하는 기억의 본질과 정면으로 마주해야 한다. 외면하고 싶고, 숨기고 싶은 기억이라 할지라도 기록해야만 한다. 그것이 제주 땅에 가해진 폭력의 역사를 되풀이하지 않는 일이기 때문이다. 그런 점에서《물음표의 사슬》은 기록자의 힘겨운 운명을 선택한 자가 스스로의 몸에 새긴 저항의 문신들이다. 외면할 것인가, 함께 역사의 신체에 기억을 새길 것인가. 고시홍은 '지금-여기'의 자리에서 묻고 있다.

사월을 산다는 것이 아닌
한다는 것의 의미
‒ 제주 4·3 69주기 추념 시집《사월 어깨너머 푸른 저녁》

이것은 '울음의 번역'이다

이것은 번역의 흔적이다. 기억이 언제나 남아 있는 자들의 몫이라면 여기에 쌓아올린 모든 문장은 죽은 자들이 흘렸던 울음의 흔적이다. 바짝 마른 건천에 남아있는 피의 흔적으로 찍은 고통의 문장들이다. 고통으로 지은 탑 아래에서 우리는 오늘도 말없이 옷깃을 여민다. 침묵 앞에서 울지 않을 자 누구인가.

"울음은 힘이 세서 너를 쓰러뜨릴 수도 있"다고 할 때 우리에게 남아있는 일은 "울음의 주인이 될 때까지" 기다리고 기다리는 일일 터. 그 "울음의 번역"(이정록, '누군가 울면서 너를 바라볼 때')이란 결국 울음을 상대화하지 않고 울음의 중심으로 힘껏 걸어가 우리가 울음이 되어버리는 일이다. 제주 4·3을 노래하는 일은 결국 울음을 타자의 울음으로 남아있지 않게 하는 문장의 실천이며 울음이 온몸에 넘쳐흐르게 만드는 통곡의 연대이다. 그 연대의 통곡이 일흔 편의 시로 우리 앞에 놓여있다. 하필이면 일흔 편이다. 그날로부터 예순아홉을 지난 지금, 일흔 편의 시는 통곡의 울림으로 우리를 흔든다. 그것은 일흔 해를 앞서 우는 울음이며 일흔 해를 잊지 않겠다는 약속의 문장이다. "수직으로 쌓은 고난의 역사"(김병택, '그 오름에 올랐을 때')를 외면하지 않겠다는 다짐으로 오르는 길의 시작이다.

그 길에서 우리는 "산 자와 죽은 자 옷 바꿔 입는 4월"(양순진, '실어증')의 경이와 마주한다. 무릇 4월이란, 제주에서의 4월이란 죽은 자의 계절이다. 죽은 자가 말하고, 죽은 자가 일어나 다시 우리 앞에 피 흘리는 죽음의 순간을 목도해야 하는 순간이다. 그 죽음의 순간 앞에서 남아있는 자들은 언어의 침묵을 배운다. 침묵으로 더 크게 울리는 땅의 울림을 온몸으로 느낀다. 그것은 황홀한 여명조차도 "누군가의 피를 받아 마셨기 때문"(김광렬, '검붉은 여명 속에서-4·3을 떠올리며')이라는 깨달음으로 우리의 마른 몸을 두드린다.

비극의 일상과 일상의 비극

일흔 편의 시편들은 비극의 일상과 일상의 비극 사이에 놓여있다. 비극의 일상이란 이를테면 이런 것이다.

그런데 왜
무자년 그때의 권세들은
이 섬을 빨갱이 섬이라고

온통 불싸지르고 무차별 살육의 총칼을 휘둘렀는가

왜! 왜! 왜!

(김승립, '붉은 섬' 중에서)

예순아홉 해 전의 살육을 잊지 않는 일, 그 살육의 원인을 아프게 묻고 또 묻는 일은 비극의 흔적을 문신처럼 신체에 새겨놓지 않으면 불가능하다. 고통은 과거형이 아니다. "왜! 왜! 왜!"라는 외침은 현재적 일상에 수놓인 울음의 흔적을 외면하지 않겠다는 다짐이다. 그것은 과거를 마주하겠다는 선언이며 과거를 잊어서는 안 된다며 스스로에게 던지는 명령이다. 비극의 일상 속에서 시는 괴로운 숙명으로 피어난다. 그래서 제주의 봄꽃을 아름답다고 말해서는 안 된다. 꽃은 아름다움으로 피어나는 것이 아니라 고통으로 땅을 물들이며 비극을 증언한다. 제주 땅 곳곳에 피어나는 꽃들은 피의 흔적이며 피의 발화(發花)이다. 그래서 사월을 기억하는 일은 "사람들이 오랫동안 비명으로 닦아 투명"(현택훈, '유리의 세계')하게 빛나는 "유리의 세계"와 마주하는 일이다.

비극의 일상을 기억하는 일이, 피어나는 꽃들이 발산하는, 피의 냄새를 투명하게 받아들여야 하는 일이라면, 일상의 비극을 산다는 일은 무엇인가. 그것은 사월이 사월로 끝나지 않는다는 사실을 깨닫는 일이다. 사월의 비극이, 사월의 무참함이, 지금도 계속되고 있다는 현실의 부조리를 증언하는 일이다.

포크레인과 덤프트럭이 달라붙어 강바닥을 뜯어먹는

남한강

신륵사 앞 조립식 여강선원에서

딱정벌레 한 마리와 포크레인 한 대의 무게를 생각한다

쇠똥구리 한 마리와 덤프트럭 한 대의 무게를

부러진 미루나무 한 그루와 대통령의 무게를

풀 한 포기와 청와대의 무게를

흙탕물에 떠 있는 오리 한 마리와 국회의원 한 사람의 무게를

지렁이 한 마리와 전철 한 량의 무게를

칠점풍뎅이 한 마리와 자동차 한 대의 무게를

들꽃 한 송이와 절이나 교회 한 채의 무게를

스님이 잠시 놓아둔 지팡이를 짚고 기우뚱 서서

(공광규, '뭐가 더 무거울까' 전문)

'포크레인'이 강바닥을 파헤치고 '덤프트럭'이 쇠똥구리와 오리와, 지렁이와, 칠점풍뎅이와 들꽃 한 송이를, 그 생명의 생애를 흔들 때 우리는 안다. 사월의 무참함이 아직도 끝나지 않았음을, 사월의 비극이 여전히 일상을 위협하고 있음을. 그래서 시는 노래할 수 있다. 비극의 일상과 일상의 비극을, 그 사이에서 흘러가는 피의 흔적을.

부정의 언어로 푸르른 진실

숲에 신당 있다

나이테는 신의 지문이다

아니다 신들의 섬에 왔지만 물질을 하는 해녀들의 주름과 나이테
가 더 근친이다
　해풍을 빗질하는 나무의 내면이 무늬가 되기까지의 역사가 마냥
아름다운 것만도 아니다

　나무의 진실은 차라리 반골에 더 가깝다
　온 몸에 非자를 단 것은 결코 우연이 아니다.

　(중략)
　나무는 아직 내게 어떤 말도 걸어오지 않았다
　비자나무는 여전히 아니다로 푸르다
　(손택수, '비자나무는 아니다' 중에서)

　비자나무 숲에서 시인은 "해풍을 빗질하는 나무의 내면이 무늬가
되기까지의 역사가 마냥 아름다운 것만도 아니다"라고 말한다. "나무
의 진실"은 "차라리 반골"이며 그래서 온통 몸에 "非"자를 두르고 푸르
게 빛난다. 제주가 온통 '아니다'라고 말하던 때, 그날의 선택을 떠올
리며 시인은 '부정(否定)의 진실'과 마주한다. 온통 푸름으로 가득한 숲
에서 부정의 진실을 외면하는 일은 불가능에 가깝다. 과거와 현재와
미래가 그 부정의 진실 안에서 한 몸으로 자란다는 사실을 알기 때문
이다. 사월 제주의 숲은 "여전히 아니다로 푸르"다는 도저한 부정의
언어가 가득하다.
　시인에게 남아있는 일이란 어쩌면 그 부정의 언어를 잉태한 남루한
뼈마디를 어루만지는 일일 터. 그렇게 죽은 자와 산 자가 숲에서 부정

의 언어로 하나가 된다. 그것은 과거가 과거가 아니고 현재가 현재가 아니며 미래가 미래가 아니라는 각성의 순간이다. 숲의 진실은 어쩌면 이런 것이리라. 과거가 현재를, 현재가 미래를, 미래가 과거를 품고 자라나는 "몸져누운 대지에 침을 놓는 한의"와도 같은 침엽의 침술을 온몸으로 받아들이는 것. 온몸의 통증으로 아프게 숲이 되는 것. 그렇게 시인은 숲에서 시를 버리고 아픔으로 숲과 하나가 된다. 시인은 "아무 말도 걸어오지 않"은 침묵의 언어를 배우면서 스스로 숲이 되어버린다.

사월은 침묵의 언어를 온몸으로 아프게 받아들이는 계절이다. 침묵의 함성이 가득한 대지의 강을 문장의 힘으로 건널 때 사월은 비로소 침묵으로 우리에게 온다. 그 침묵 속에서 우리는 푸르른 진실의 함성이 가득한 대지와 하나가 되며 그렇게 역사를 산다. 사월이 아픈 이유는 비극을 잊어버리지 않기 때문이 아니다. 사월은 비극을 살기 때문에 아픈 것이다. 그 통렬한 아픔으로 숨을 내쉬어야만 하는 그 통증의 현재성이 우리를, 매번 아프게 한다. '아니다'라고, '아니다'라고 외치며 서 있는 나무의 푸르른 진실이 곧 우리의 진실이며, 살아지는 일의 모든 것이기 때문에, 사월은 차라리 아프다.

사는 것이 아니라 하는 것

4·3을 한다는 거?
저기 저, 저 백비. 저걸 일으켜 세우는 거요
(김수열, '경계의 사람-김석범' 중에서)

"4·3을 한다는" 것의 의미는 무엇일까. 시인은 김석범의 입을 빌려 백비를 일으켜 세우는 것이라고 말한다. 제주 4·3 평화공원 한 켠에 누워있는 백비. 아무것도 쓰이지 않았고 아직 제대로 세워지지 않은 비석. 4·3을 "하는 것"이 백비를 일으켜 세우는 일이라고 할 때 그것은 4·3이, 박제된 추모의 대상이 아니라는 사실을 보여준다. 죽은 자는 말이 없고 죽음을 추모하는 일은 오로지 산 자들의 몫이다. 하지만 진실이 거세된 추모는 연약하다. 흔히 제주 사람들은 4·3을 살아왔다고 한다. 하지만 이때의 삶이란 단순히 '살아진다'의 의미가 아니다. 그것은 'doing'이자 'acting'이며 운동성으로서의 삶이다.

4·3을 한다는 것은 4월 제주 땅에서 울려 퍼졌던 수많은 목소리들의 진실과 마주해야 한다는 사실을 의미한다. 산으로 올랐던 사람들, 봉홧불을 들었던 목소리들의 불꽃을 과거의 흔적으로 남기는 일이 아니라 현재라는 신체에 아프게 새겨놓아야 하는 일. 그것이 바로 4·3을 한다는 일의 의미일 것이다. 백비를 일으켜 세우는 일은 그래서 매년 사월을 기억해서는 안 되며 사월을 '해야' 한다는 깨달음의 채찍이다. 과거가 현재에게, 현재가 미래에게 끊임없이 다그치는 진실의 매질이다. "반 토막 4·3은 4·3이 아니란 말이요"라는 김석범의 말을 받아쓰면서 시인은 스스로에게 혹독한 매질을 그치지 않는다. 하지 않으면 살 수밖에 없는, 운동이 거세된 삶을 거부하려는 다짐의 각명(刻銘)이다. 그 다짐은 "세상을 세상답게 만들고 싶었던 사람의 아들"(이종형, '십자가 진 사내')이 흘렸던 피가 오늘의 대지에 스며드는 순간이다. "피 끓는 제주 사름이믄 다 일어서는 마당에/나 혼자 앉앙 죽을 수만은 없어수다"(김경훈, '상산(上山)')라면서 산으로 올랐던, "좋은 세상 만들엉/보리 베기 전엔 꼭 돌아오쿠다"라고 다짐했던 그들의 약속을, 오

늘의 이름으로 새겨놓는 일이다.

사월, 다시

　다시 사월이다. 사월의 제단 앞에 여기 일흔 편의 시가 놓여 있다. 피의 흔적을 외면하지 않는 시의 울림이 사월의 하늘에 가득하다. 그 울림은 기억의 과녁을 겨냥한다. 문장은 사월의 중심으로 한 발짝 들어간다. 예순아홉 해에도, 일흔 해에도 시는 늘 중심을 겨냥할 것이다. 그 중심에서 우리는 늘 과거와 만나며 현재와 미래가 단단하게 매어진 매듭의 언어를 쌓을 것이다. 그렇게 사월은 왔고 또 사월은 올 것이다. 그래서 일흔 편의 시들은 사월의 언어로 환하게 빛날 것이다. 슬픔이 찬란한 칼날처럼 반짝이는 순간 우리는 언제나 사월과 마주할 것이다. 그렇게 사월은 계속될 것이고 우리는 사월을 다시 '하게 될' 것이다. 시의 언어로, 시의 문장으로 사월을 쌓고 사월을 '하면서' 우리의 삶을 사월로 가득 채울 것이다. 예순아홉 해에는 일흔 편의 시로, 일흔 해에는 일흔한 편의 시로, 그렇게 쌓고 쌓으면서 사월을 살 것이다.

슬픔의 뿌리가 피워 올린
짙은 서정의 비명

– 이종형,《꽃보다 먼저 다녀간 이름들》

슬픔의 뿌리와 통점의 감각

모든 슬픔의 가지들은 하나의 뿌리를 지니고 있다. 바람이 불 때마다 울리는 슬픔의 목소리들은 땅속 비명의 뿌리가 피워낸 열매들이다. 세상의 모든 슬픔들이 저마다의 사연을 지니고 있지만 따져보면 그 슬픔의 가지는 하나의 뿌리로 얽혀진 한 생명의 비명이다. 슬픔을 노래한다는 것은 지상의 나뭇가지에 맺어진 슬픔의 열매가 아니라 땅속 깊은 뿌리의 비명과 공명하는 일이다. 보이는 아픔이 아니라 보이지 않는 비명의 근원을 들여다보는 일. 시(詩)의 눈이 근원을 지향할 때 슬픔은 개별의 아픔이 아니라 모두의 비명으로 우리의 심장을 울린다.

이종형의 시편들은 슬픔의 열매가 아닌 슬픔의 뿌리를 지향한다. 제주 4·3과 강정과 베트남을 노래하는 그의 서정이 곰삭은 슬픔의 향기를 피워내는 이유도 여기에 있다. 그는 개별의 슬픔을 개별이 아닌 하나의 비명으로 얽히고 얽힌 뿌리의 아픔으로 인식한다. 그 얽힘의 근원을 이해하는 열쇳말은 '통점'이다. 1948년 10월 이후 벌어진 이른바 '초토화 작전'의 희생지였던 조천읍 목시물굴을 찾았던 그는 "사나흘 족히 앓"으며 신체에 각인되는 비극의 감각을 생생하게 느낀다. 그이유를 "좁디 좁은 입구"를 "낮은 포복으로 엉금엉금 기어간 탓에 생긴/통점 때문만은 아니"다라고 말한다. 지독한 몸살의 이유를 좁은 동굴 바닥을 기어가며 생긴 육신의 아픔 때문만이 아니라고 말하지만 '통점'이야말로 현재라는 신체의 고통이 과거의 비극과 마주하는 계기이며 신체의 기억으로 과거의 현재성을 통렬하게 깨닫게 만든 결정적 원인이다. '통점' 인식은 4·3이라는 과거의 사건에만 국한되지 않는다. 강정 해군기지 건설의 폭력성을 상징하는 구럼비에서 그는 다시 한 번 '통점'의 감각을 되새긴다.

> 통점을 되짚어보는 겨울 바닷가
> 피할 수 없는 절망과의 대면이거나
> 참을 수 없는 분노와 적의를 잠깐 멈추고
> 상처투성이 제 몸을 혀로 핥고 있는
> 철망 너머 넓적바위를
> 겨울 햇살이 물보라처럼 날아와 보듬어 안고 있다.
> ('구럼비 가는 길' 부분)

강정의 구럼비 바위는 해군기지 건설 과정에서 사라졌다. 일상의 풍경을 한순간에 지워버린 폭력 앞에서 그는 "통점을 되짚어"본다. 그가 느끼는 통점은 "피할 수 없는 절망과의 대면"이나 "참을 수 없는 분노와 적의"라는 즉자적 대응이 아니다. 그것은 풍경이 사라진 자리에서 하나의 풍경으로 자리 잡으며 "풍경의 일부가 되"는 신체성의 회복에 대한 염원으로 이어진다. 그의 '통점' 인식은 과거를 현재로 소환하는 힘이며, 빼앗긴 지역의 신체를 되찾고자 하는 의지이다. 과거를 과거로 여기지 않고 현재를 과거와 분리하지 않기 위한 이러한 통점 인식은 그 모든 아픔과 비극의 연원이 개별의 비명이 아니라 하나의 비명이며, 세월의 지층을 뚫고 나오는 한 뿌리의 슬픔이라는 자각으로 이어진다.

뿌리의 힘으로 밀어올린 슬픔의 서정

그의 시편들에는 제주 4·3을 소재로 한 작품들이 여럿 등장한다. '山田', '통점', '山田 가는 길', '바람의 집', '십자가 진 사내', '각명비', '도령마루', '무등이왓 팽나무' 등이다. 이 시편들에서 드러난 제주 4·3은 비극의 재현 혹은 진실 규명의 자리에서 다소 벗어나 있다. 그렇다고 그의 시편들이 4·3을 소재적으로 접근하고 있는 것은 아니다. 시가 현재의 언어로 발화되는 현재적 시간의 예술이라고 할 때 그의 시는 4·3이라는 과거의 강에서 발원한 비명과 마주한다. 과거를 신체적 현재성으로 환기하는 그의 시편들은 제주 4·3을 현재라는 시간성으로 옮겨온다.

> 깨진 솥 하나 있었네
> 누군가는 버렸다고 하고, 누군가는

떠나면서 남겨두었다고 하네

어느 겨울
솥을 가득 채운 눈雪을 보았네, 문득
갓 지은 보리밥이 수북한 외할머니 부엌의 저녁이 떠올랐네
山田의 깨진 솥은, 그해
뜨거운 김을 몇 번 내뿜었을까
달그락거리며 솥바닥을 긁던 숟가락은 몇이었을까

겨울이 수십 번 다녀가고
수천 번 눈이 내리고, 얼고, 녹아 흘렀어도
그날의 허기가 가시지 않았네

아직 식지 않았네
('山田' 전문)

　한라산 중턱 이덕구 산전으로 오르며 시인의 시선은 깨진 솥단지에 주목한다. 솥단지 안에 가득 쌓인 눈은 눈칫밥으로 지내야 했던 시인의 유년을 떠올리게 한다. 보리밥 수북이 쌓였던 외할머니의 부엌은 허기진 배를 채우던 산전의 혹독한 겨울을 환기시킨다. 녹슨 솥단지에서 "아직 식지 않"은 그날의 허기를 떠올리는 시인의 감각은 제주 4·3과 곡절 많은 유년의 삶이 다르지 않음을, 그리고 굶주린 배를 움켜쥐며 싸웠던 혁명 전사들의 죽음이 죽음으로 끝나지 않았음을 말한다. 시인은 '녹슨 솥단지'를 보며 그들의 죽음이 비극적 종말이 아니었

음을 죽음으로 스러져간 그들의 선택이 현재의 신체에 흘러내리는 생명의 근원임을 자각한다.

'산전(山田)'을 소재로 한 또 다른 작품 '山田 가는 길'은 이러한 그의 인식을 극명하게 보여준다. '산전(山田) 가는 길'에서 그는 "아래턱이 떨어져 나간 노루의 두개골을" 줍는다. 한때 살아있었으나 이제는 백골로 남은 노루 뼈는 산으로 오를 수밖에 없었던 젊은 혁명 전사들의 "팽팽한 근육"을 떠올리게 한다. "배낭 위에 고이 얹힌 뿔"을 지고 가면서 시인은 "뜨거운 피가 돌고 있"음을 자각한다. 이는 과거를 생생한 현재적 신체성으로 인식하고 있음을 보여준다. 제주 4·3을 일상적 신체의 감각으로 인식하는 이 대목은 오키나와 전투 이후 오키나와 내부에서 일상화된 전장과 일상에 내재된 폭력에 대한 저항이 가능한지를 묻는 도미야마 이치로의 사유와 맞닿아 있다. 도미야마 이치로는 《전장의 기억》에서 오키나와 전투 이후 오키나와를 문제 삼으면서 국민이라는 이름의 동질화가 일상을 폭력적으로 재구성하고 있음을 지적한 바 있다. 전쟁의 감각이 과거의 기억 속에 박제된 것이 아니라 일상화된 신체성으로 자각할 수밖에 없다고 할 때 제주 4·3 역시 계기적 기억이 아니라 일상에 내재된 상시적 감각으로 인식될 수밖에 없다. 제주 4·3을 다룬 이종형의 시가 성취하고 있는 바는 바로 이 점이다.

에드워드 사이드가 엘리엇을 인용하면서 과거의 과거성과 과거의 현재성을 언급한 것처럼 그의 시는 4·3을 과거가 아니라 현재라는 시간을 구축하고 규정하는 근원으로 인식한다. 그렇기에 그의 시는 4·3을 이야기하되 대지의 저 밑에서 오랫동안 뿌리의 힘으로 밀어올린 현재적 서정으로 표현한다. 그렇기에 제주 4·3이 강정으로, 베트남으로 뻗어갈 수 있다.

한 뿌리의 슬픔, 한 뿌리의 비명

4·3 시편들에 이어서 주목할 수 있는 것은 베트남 학살을 다룬 시편들이다. 그중에서 단연 돋보이는 작품은 '카이, 카이, 카이Khai, khai, khai'이다. 한국인 참배객을 태운 버스를 한 사내가 가로막으며 베트남어로 "말하겠다, 증언하겠다"고 소리친다. 이 장면을 목격하면서 시인은 "미안하다는 사죄의 말조차 감히 건네지 못하"면서도 "제주의 4월"과 "맹골수도의" "아이들을" 기억해 낸다.

> 카이, 카이, 카이Khai, khai, khai
>
> 내 말 좀 들어달라고
>
> 카이, 카이, 카이Khai, khai, khai
>
> 나도 말 좀 하게 해달라고
>
> ('카이, 카이, 카이Khai, khai, khai' 부분)

말이 있되 말하지 못하고, 입이 있되 입을 열지 못하던 억압의 세월이 "카이, 카이, 카이,Khai, khai, khai"를 외치는 베트남 사내의 비명 소리를 통해 드러난다. 시인은 그 슬픔과 한의 뿌리가 결국 하나의 뿌리라는 사실을 통렬하게 깨닫는다. 그런데 이러한 감각은 단순히 반성적 시선에 멈추지 않는다. 제주 4·3과 베트남이 겪어야 했던 비극의 근원이 다르지 않다는 사실을 그는 신체적 감각으로 인식한다. 이러한 인식을 잘 보여주는 것이 '눈과 손'이다.

> 그대는 앞을 보지 못하고

나는 앞을 보지만 그 세월 너머를 보지 못하고

그대는 맑은 얼굴로 천진하게 웃지만
바라보는 나는 그냥 뭉클해지고

(중략)

수류탄에 몸이 찢긴 어미 옆에서
울다 울다 지친 어린 눈동자에 화약 스며들었던 그날 이후
가난한 마을이 키워낸 아이 도안 응이아여

기억한다는 것은 그런 것이지
소망한다는 것은 바로 너의 손바닥 같은 것이야

나도 그대처럼 먼 곳까지 바라볼 수 있는 눈을 가지고 싶었네
말없이 마주 잡은 손
촉촉한 그 감촉만으로도 세상의 마음을 읽어내는
천수관음의 손바닥을 가지고 싶었네

('눈과 손' 전문)

　베트남에서 시인은 눈이 먼 사내를 만난다. 제국의 폭력을 온몸으로 증언하는 사내와 마주하면서 "촉촉한" "감촉"으로 "세상의 마음을 읽어내는" "천수관음의 손바닥"을 "가지고 싶"다고 말한다. "앞을 보지 못하"는 사내와 "앞을 보지만 그 세월 너머를 보지 못하"는 시인이

신체적 동일성을 획득하는 이 부분은 제주 4·3이, 베트남이 하나의 뿌리로 얽혀 있음을, 그래서 그 비명의 주체가 둘이 아니라 하나임을 보여준다. 이러한 신체성의 획득은 제주 4·3의 새로운 시적 성취라고 해도 과언이 아닐 것이다.

작지만 큰 문학,
세계를 품다
– 김동윤,《작은 섬 큰 문학》

제주에서 글쓰기를 업으로 삼는 사람들에게 4·3은 하나의 '숙명'이다. 제주에서 태어난 사람이라면 4·3과 만나지 않을 수 없고, 4·3과 만난다는 것은 비극을 언제나 현재의 신체에 각인하는 일이기 때문이다. 그런 점에서 어쩌면 제주의 작가들은 과거의 울음을 자신의 몸에 새기는 자들이라고 할 수 있다. 글을 쓴다는 것은 단순히 자신의 생각과 감정을 언어를 통해 표출하는 행위가 아닐 것이다. 그것은 언어를 통해 하나의 세계와 마주하는 일이며 동시에 하나의 세계를 만들어가는 일이다.

제주 4·3 문학의 빛나는 성취 중 하나인 현기영의 〈순이삼촌〉은 단순히 제주 4·3의 비극을 증언하는 작품이 아니다. 현기영은 '순이삼촌'의 비극적 죽음을 "30년 전의 해묵은 죽음"이었다고 말하면서 그날 토벌대의 "구구식 총구에서 발사된 총알이 30년의 우여곡절한 유예를 보"낸 후에야 순이삼촌의 "가슴 한복판을 꿰뚫었"음을 고백한다.

이러한 고백은 제주 4·3의 진실을 외면했던 '나'의 세계가 '순이삼촌'의 세계와 만나는 방식이 무엇인지를 보여준다.

작중인물인 '나'는 철저하게 서울사람이고자 노력했던 인물이다. '나'는 제주의 말을 버리고 서울말을 몸에 익히고자 노력했다. '나'는 제주라는 세계를 지우고 서울로 대변되는 중앙의 세계에 편입되고자 했다. 하지만 고향 제주에서 '나'는 '순이삼촌'의 죽음과 마주한다. 그러면서 '나'는 자신의 몸에 새겨졌던 서울의 세계성이 얼마나 허위로 가득 차 있는지를 깨닫는다. 이러한 각성은 결국 '나'가 제주의 세계를 자신의 신체로 복원하는 과정을 통해 '순이삼촌'의 가슴을 관통한 비극의 순간을 재현해 낸다. 그런 점에서 〈순이삼촌〉은 서울의 세계가 은폐한 제주의 세계, 그 낱낱의 진실을 강렬한 신체적 감각으로 증언하는 '몸의 문학'이라고 할 수 있다.

제주 4·3을 만나는 것은 결국 우리의 몸이 과거를 기억하는 방식이며, 우리의 신체를 통해 과거를 현재의 일상으로 드러내는 작업일 것이다. 오랫동안 제주 4·3문학의 성과를 비판적으로 검토해왔던 김동윤의 《작은 섬 큰 문학》 역시 몸으로 기억하는 제주 4·3 문학의 현장성을 그대로 드러내고 있다. 모두 3부로 구성되어 있는 이 비평집은 제주 4·3문학이 걸어온 길을 비판적으로 검토하면서 제주 4·3문학이 어디로 가야 하는가를 성실하게 고찰하고 있다.

'제주 4·3문학과 동아시아', '격랑 속의 제주와 4·3문학', '오늘의 4·3문학과 제주문학' 등 모두 3부로 구성되어 있는 이 비평집에서 눈에 띄는 대목은 제주 4·3문학의 영역을 확장하기 위한 실천적 글쓰기의 방법으로 동아시아를 사유하고 있다는 점이다. 그동안 제주 4·3문학은 제주 사람들의 몫이라고 여겨져 왔다. 물론 제주 4·3문학은 4·3을 직간접적으로 체험한 제주인들에게는 숙명 같은 작업이다. 하지만 제주 4·3은 단순히 제주라는 국한된 지역에서 발생한 우연한 사건의 소산이 아니다.

제주 4·3은 해방 이후 분단을 초래한 미국의 동아시아 정책, 그리고 제주 4·3 이후 벌어진 미국의 패권 쟁투가 만들어낸 지극히 의도된 학살이었다. 그동안 제주 4·3의 성격을 규정하고 그 실체적 진실을 드러내기 위한 작업은 여러 차원에서 진행되어 왔다. 사학계의 성과도 일정 부분 축적되어 왔다. 무엇보다 중요한 것은 정부 차원에서 작성된《제주 4·3 진상조사보고서》(이하 진상조사보고서)이다.《진상조사보고서》는 꼼꼼한 자료조사와 증언 자료들을 통해 제주 4·3의 실체적 진실을 진일보한 시각으로 보여주고 있다. 하지만 이러한 성과에도 불구하고《진상조사보고서》는 그것이 작성될 당시, 분단국가인 대한민국이 처해있는 시대적 한계를 동시에 보여준다.

《진상조사보고서》가 제주 4·3의 명예회복과 이후 진행된 대통령의 공식사과, 제주 4·3 추념일 지정에 매우 큰 영향을 미친 것은 사실이다. 하지만《진상조사보고서》는 미완의 작업이다. 제주 4·3을 항쟁이 아니라 '사건'이라는 유보적 명칭으로 부르고 있다는 점은《진상조사보고서》의 한계를 단적으로 보여준다.《진상조사보고서》작성 이후 마치 제주 4·3의 문제가 '해결'된 것처럼 생각하는 이들도 적지 않았다. 하지만 지난 10년 동안 보수정권을 거치면서 극우 세력의 제주 4·3 흔들기는 계속되었다. 아직도 제주 4·3은 제대로 된 이름조차 없는 '사건'으로 추념되며 기억될 뿐이다.

이러한 상황 속에서 제주 유일의 국립대학인 제주대학교의 사학과조차도 지난 10년 동안 제주 4·3과 관련한 주목할 만한 연구 성과를 내놓지 못하고 있다. 지역 사학계의 '직무유기' 속에서 제주 4·3과 관련한 연구는 오히려 문학 쪽에서 풍부하게 이뤄져 왔다고 할 수 있다. 김동윤의 작업은 항상 그 앞자리에 서 있었다.

이번 펴낸《작은 섬 큰 문학》은 문학 연구자이자 비평가로서 그가 걸어왔던 고군분투의 결과이며 제주 4·3을 새롭게 이해하고자 하는 문학적 응전의 결과물이다. 현기영의 제주 4·3 소설을 탈식민지의 관점에서 새롭게 해석하고 있는 〈4·3 소설에 나타난 탈식민의 문제-현기영의 경우〉와 〈4·3 소설과 오키나와전쟁소설의 대비적 고찰-김석희와 메도루마 슌의 경우〉는 이러한 연구 성과를 보여준다.

2015년 뒤늦게 한국 독자에게 그 모습을 보인 김석범의《화산도》는 제주 4·3문학 연구를 한 차원 끌어올리는 계기를 제공했다. 재일(在日)의 자리에서 제주 4·3을 이야기했던 김석범은 제주 4·3을 해방 이후 벌어졌던 통일독립운동의 일환으로 이해하면서 4·3에 대한 새로운 시각을 보여주고 있다. 김동윤은 이러한 김석범 문학을 독해하면서 제주 4·3문학이 국민국가의 경계를 넘어설 수 있는 세계문학의 가능성을 지니고 있음을 타진한다. 이러한 시도들은 그간 다소 정체되어 왔던 제주 4·3문학, 나아가 제주 4·3 연구 영역을 확장하는 작업이라고 할 수 있다.

또한 〈4·3 소설에 나타난 독립적 자치주의-김석희의 〈땅울림〉론〉과 〈2000년대 4·3문학의 양상과 의미〉 등이 실린 2부 '격랑 속의 제주와 4·3문학'은 제주가 겪어 온 구체적 역사의 맥락 속에서 제주 4·3문학을 독해하는 진지한 노고의 결과라고 할 수 있다. 김동윤은 이 책에서 지역의 역사는 지역의 언어로 구축되어야 한다는 점을 누구보다도 진중한 자세로 이야기하고 있다. 오랫동안 제주 사람들이 제주 4·3을 이야기할 수 없었다는 사실을 상기한다면 이런 그의 태도는 잃어버린 말의 복원을 통해 제주의 세계를 구축해가는 작업이라고 할 수 있을 것이다.

1부와 2부가 담론적 차원에서 제주 4·3문학의 가능성을 타진하고 있다면 3부 '오늘의 4·3문학과 제주문학'은 제주 4·3문학의 현장을 누비는 성실한 비평의 시선을 보여주고 있다. 그는 여기에서 운동의 차원에서 제주 4·3과 마주했던 김수열과 강덕환 시인을 비롯해 고시홍, 현길언, 조중연 등 제주 4·3문학의 선후배 그룹들을 두루 살피고 있다. 제주 4·3문학뿐만 아니라 제주어 글쓰기의 가능성을 모색하고 있는 양전형의 제주어 시집, 《게무로사 못 살리카》도 비평적 탐구의 대상으로 삼고 있다.

김동윤은 그동안 《제주문학론》(2008), 《기억의 현장과 재현의 언어》(2006), 《4·3의 진실과 문학》(2003) 등 제주문학의 안과 밖을 종횡무진으로 뛰어다니며 그 결과물들을 선보인 바 있다. 이제 얼마 없으면 그는 새로운 문학적 가능성을 타진하기 위해 일본 오키나와로 갈 계획이다. (제주대학교 국문과에서 학생들을 가르치고 있는 그는 대학 안식년을 맞아 오키나와에 1년간 체류할 계획이다.) 제주 4·3문학에 대한 그의 비평적 작업이 제주를 넘어 오키나와로 확장되고 있다. 제주를 넘어, 동아시아 문학으로서 제주 4·3문학을 기입하려는 그의 비평적 시도가 다시 독자들과 만날 날이 멀지 않았다. 그때 그가 보여줄 비평의 언어는 또 다른 제주 4·3문학의 가능성을 열어가는 새로운 시작이 될 것이라고 믿어 의심치 않는다.

풍경의 발견과
서정의 확대

― 김영란,《꽃들의 수사》

1

습관이 된 풍경은 일상이 된다. 일상화된 풍경은 우리에게 감흥을 주지 않는다. 달리 말하자면 일상화된 풍경은 주체의 외부에 존재한다. 외부의 존재로, 하나의 배경으로 존재하는 풍경을 자각하는 것은 낯익은 것을 낯설게 느끼는 것이며 일상화된 감각의 시신경을 외부 세계로 확장하는 일이다.

그런 점에서 풍경이 서정의 대상이 되는 것은 풍경을 '발견'하는 일다. 이때 발견된 풍경은 일상적 풍경과 전혀 다른 의미를 지니게 된다. 일찍이 벤야민이 이야기했듯이 일상으로 존재하는 풍경은 증발된 풍경이며 존재하지 않는 것이나 다름없다. 풍경을 지우는 것이 습관이라면 풍경을 발견하는 것은 서정의 몫이다. 서정은 낯선 일상으로 초대하는 하나의 계기가 된다.

김영란의《꽃들의 수사》에서 풍경은 서정으로 포착되고 발견된다. 그런 점에서 김영란의 서정을 우리는 '발견된 풍경의 서정'이라고 이름 지을 수 있다. 벤야민의 다음과 같은 지적을 되새겨보자.

> 어떤 마을이나 도시를 처음 볼 때 그 모습이 형언할 수 없고 재현 불가능하게 보이는 까닭은, 그 풍경 속에 멂이 가까움과 아주 희한하게 결합하여 공명하고 있기 때문이다. 아직 습관이 작동하지 않은 것이다. 일단 어디가 어딘지 분간하기 시작하면 그 풍경은, 마치 우리가 어떤 집을 들어설 때 그 집의 전면이 사라지듯이 일순간 증발해버린다. 그 풍경은 아직 우리가 습관적으로 늘 하듯이, 꼼꼼하게 살펴보는 일로 인해 과도하게 무거워지지 않은 상태다. 우리가 그곳에서 한번 방향을 분간하게 되면 그 최초의 이미지는 다시는 재생할 수 없게 된다.[1]

풍경에 대한 최초의 강렬한 기억은 습관이 되는 순간 낯익음의 자리로 옮아간다. 이러한 점에서 본다면 서정이 풍경을 발견하는 일은 익숙함과 결별하는 것이며 낯선 주체의 자리로 자아를 배치하는 일이다.

분홍빛

한 자락이

---

1) 발터 벤야민, 김영옥 외 역,《일방통행로, 사유 이미지》, 길, 2007, 120쪽.

날아가 길이 되듯

텅 빈 하늘 한쪽

휘파람새로

와서 울듯

한 생(生)이

까맣게 익어

톡톡 튀는

저것 봐,
('꽃들의 수사' 전문)

풍경으로 존재하는 꽃은 삶의 성숙을 보여주는 낯선 실재이다. 꽃
이 꽃이 아니고, 낯선 실재의 모습으로 포착되는 순간, 서정은 탄생한
다. 김영란의 작품을 관통하는 서정의 질료들은 바로 이러한 낯선 주
체의 시야에 포착된 새로운 풍경들이다. 그런 점에서 김영란의 서정
은 낯선 순간에 "톡 톡 튀는" "꽃들의 수사"이다.

김영란의 작품에 등장하는 "꽃"들은 "내 영혼의/눈이 부신 팡파
르"('나팔꽃')이며 어찌할 줄 모르는 사랑의 감정으로 되살아오는

"너"('자주달개비')이기도 하다. 다양하게 변주되는 꽃의 은유는 결국 그의 서정이 풍경을 주체의 자리에서 재해석하려는 강렬한 욕망의 소산이라는 점을 보여준다.

2

김영란의 서정은 익숙한 풍경, 습관이 된 풍경을 '재발견'한다. 이때 발견은 필연적으로 반성적 성찰을 동반하게 된다. 낯익은 것을 낯설게 자각하는 것, 그것은 풍경의 생경함으로 세상에 말을 거는 그만의 방식이다.

> 오늘의 허용치만큼
> 바다도 빗장을 풀고
> 한계 넘는 음역 어디
> 비릿한 파도소리
> 수평 끝 저문 하늘에
> 칸나 꽃이 피었네
>
> 등대와 등대 사이로
> 문득 번진 그리움
> 눈매 고운 열사흘 달
> 등 뒤로 와 기대면
> 바다도 머릿결 곱게

포구에 와

안기네

저만큼 등대 따라

하나둘 돌아오네

더 큰 자유를 위해

외로움 키우던 불빛

애월리 나직한 포구에

키높이는 초록등

('애월포구' 전문)

　제주 포구의 풍경만큼 익숙한 것이 있을까. 제주인의 삶의 한 부분을 떠맡았던 포구의 삶이란 이제는 잊힌 추억과도 같은 것이다. 일상의 흔적이 사라지고 이제는 쇠락한 과거의 기운마저도 사라진 자리에서 시인은 '칸나 꽃'을 본다. 붉은빛으로 물드는 '칸나 꽃'은 저물어가는 태양의 흔적이다. 노을은 일상이지만 노을이 '꽃'이고 '그리움'이고 '외로움 키우던 불빛'이 될 때 그것은 서정의 시야에 발견된 '사건'이다. 풍경의 은유를 가능하게 하는 서정의 힘은 바로 이러한 순간에서 비롯된다. 다음의 시들을 보자.

　적당히 살란 말 되레 내겐 욕이라던

골수까지 파 먹힌 어지럼증 어머니

혈소판 근육을 풀고 병상 위에 누우셨네

무의미 연명치료 중환자실 넘나들던

한올 정신에도 버선 찾아 챙기시던

수평 끝 젖은 하늘에 무너지던 숨비소리

새벽별 스러지듯 눈인사 남기시고

한 생애 무게만큼 호흡도 낮추시고

신창리 저무는 바다에 순비기가 되셨네
('그 여름 순비기' 전문)

　김영란 식 '풍경의 은유'는 어머니의 죽음이라는 비극마저 절창으로
뽑아낸다. 풍경은 단순히 풍경의 자리에 놓여 있는 것이 아니다. 풍경
은 서정의 주체에 의해 발견됨으로써 새로운 은유의 세계는 확장된
다. "신창리 저무는 바다에 순비기"가 고통 끝에 생을 마감한 어머니
가 될 수 있는 것도 이 때문이다. 김영란 식 서정의 세계는 풍경의 재
해석만으로 그치지 않는다. 김영란의 시 세계에 중요한 것은 이러한
풍경의 발견이 타자에 대한 이해로 확장된다는 데 있다.

굽은 길 돌아가다 우연히 만난 여자
마음껏 모국어로 지르고 싶던 한 마디
서북풍 낯선 바람 속 흩날리는 눈발 속

길 잃고 혼자 걷는 개펄같이 저문 날들
잊어버린 안부가 절뚝이며 오고 있다
발목이 다 묻히도록 눈길 걸어오고 있다

혼자서 외로운 날 아열대성 꿈을 꾸리
생애 첫 겨울옷 영혼마저 무겁게 해
갓 스물 베트남 새댁 고향 떠난 저 후투티

주름진 사투리들 언제 밝게 펴질까
환한 길 찾아가랴 막힌 길 돌아가랴
나직이 우는 뱃고동 느엔티흐헝 느엔티흐헝

('겨울 후투티' 전문)

  이번 작품집 후반부의 첫머리를 장식하는 '겨울 후투티'는 서정의
세계가 타자에 대한 이해로 확대되는 김영란 식 서정의 확대를 보여
준다. 이국의 땅으로 시집 온 베트남 새댁을 바라보는 주체의 시각은
단순한 동정과 연민으로 그치지 않는다. 시인은 베트남 새댁의 이름
인 '느엔티흐헝'을 '뱃고동 소리'로 전치한다. 이러한 효과는 이 시를

타자적 감상으로 머물지 않고 주체와 타자의 감성적 교류의 장으로 인도한다. 타자의 이름을 부를 때 우리는 타자의 고통과 상처에 대해 공명한다. 단지 이름을 부르는 것이 아니라 그 이름의 억양을 울음소리로 전치함으로써 서정의 울림이 확장되는 것이다. 이러한 점에서 '겨울 후투티'는 김영란 시의 특징을 잘 보여준다.

목울대 뜨겁게 풀어
너만 너만 부르고 싶어
꿈 같은 코리안 드림
축 처진 가슴에다
삼년 째 제주사투리
아래아(·)를 높인다

("'마부하이' 휘파람새' 중에서)

코리안 드림을 꿈꾸며 타국에 온 필리핀 여인 '리젤'을 등장시키고 있는 이 작품에서도 이국의 인사말이 전면에 등장한다. 이는 타자적 세계에 대한 깊은 공명의 시선을 보여준다. 서정의 세계가 타자의 세계로 확대될 때 서정은 외부와 무한히 교류하며 새로운 세계, 새로운 서정에 대한 전망을 보여주는 계기로 작용한다. 그리고 이러한 전망은 풍경을 단지 현재적 풍경에 국한해서 다루는 것이 아니라 역사적 풍경으로까지 확장하게 된다.

욕망의 섬, 비통의 언어

4

서정의 세계에서 출발한 김영란의 작품은 주체의 자각 대상을 현재적 풍경에서 역사적 풍경으로 확장한다. 서정이 단순히 감성을 자극하는 것만을 의미하지 않는다는 점에서 이러한 시도는 서정의 또 다른 확대이다. 김영란은 현의합장묘에서 동백이 붉은 이유를 "생목숨/결딴 내듯/툭,/지고 마는//치명의 붉은 낙화"라고 노래한다. 역사의 현장에서 풍경은 현재와 과거를 잇는 가교가 된다. 현재적 일상을 넘어서는 이러한 서정의 상상력은 김영란의 시가 단순히 시조라는 장르적 특성에 국한되지 않음을 보여준다. 김영란은 시조의 형태적 한계를 넘나들며 현재적 풍경과 역사적 풍경을 가로지른다.

그리운 것들은 등 뒤에 서 있었다

시레기 엮듯 포승에 묶여 서 있는 사람들 절망의 깊이만큼 굽은 허리 노상 암청색인 거친오름 하늘로 바람까마귀 한 무리 불안하게 날고

흐릿한 그림자 하나 고개 들어 뒤를 본다

뿌리 약한 나무 낯선 바람에 떨고 있다

살아 있어 불안한 눈빛 그리움에 흔들려 꿈인 듯 생시인 듯 대명천지 눈부신 햇살 찌르듯 파고들어 소리 없는 비명이다

등 뒤로 멀어져가는 그리운 얼굴들

이 길의 끝은 어디일까
어디로 끌려가는 것일까
다시 올 수 있을까
초점이 흐려진다

죽음의 언덕 오르며
나를 보는 저 슬픈
눈

('그리운 것들은' 전문)

　"그리운 것들"이 "등 뒤에 서 있었다"고 할 때 그것은 현재적 일상이 놓쳐버린 역사이다. 아픔도 일상이 되면 고통이 사라지듯 비극의 역사도 세월의 퇴적층에 묻혀 '일상'이 되어버렸다. 하지만 시인은 이러한 매몰된 일상과 역사를 풍경의 한 부분으로 포착한다. 이때의 풍경은 현재와 과거를 매개한다. 제주 4·3 평화공원이 자리 잡고 있는 거친오름 일대. 역사적 풍경을 주체가 일깨워주지 않는다면 그것은 그저 일상에 불과하다. 시인은 이러한 일상을 풍경의 자리로 옮기며 그것을 현재와 과거의 소통의 수단으로 삼고 있다. 이러한 시도들은 과거의 비극을 현재의 자리로 옮겨와서 기억하는 기억의 서정이며 과거를 현재의 이름으로 소환하는 소환의 서정이다.

　제주섬 바람소리엔 뼈 맞추는 소리가 난다 일어나 아우성치는 이

백육 마디마디 사월의 제단 앞에선 산목숨이 죄만 같아

('삽시(揷匙)' 중에서)

    제주에서 바람은 일상이다. 어제도 오늘도, 그리고 내일도 바람은 불 것이다. 그렇게 불어오는 바람 속에서 제주인들은 살아갈 것이고 늙고 죽어갈 것이다. 삶과 죽음의 길이 하나이듯, 과거와 현재의 길은 오늘의 현장에서 소통한다. 습관화된 풍경을 새롭게 발견하고 그것을 현재와 과거가 소통하는 서정의 현장으로 소환하는 것 그것이 김영란 식 서정의 세계가 보여주는 풍부한 삶의 언어라고 할 수 있다.

목소리(들)의
귀환

- 김수열, 허영선, 장일홍의 시와 소설들

지역 문학과 지역의 목소리

　태초에 목소리가 있었다. 성경에서 이야기하고 있듯이 창조주가 만들어낸 우주적 질서 또한 목소리에서 비롯되었다. 로고스라는 질서의 탄생이 신의 목소리라면 문학의 목소리는, 바흐친의 말을 빌리자면, 다성성의 집합체이다. 어쩌면 문학이란 시정의 숱한 웅성거림을 언어라는 형태로 발화하는 것인지도 모른다. 미처 제 목소리를 가지지 못한 웅성거림에 귀 기울이면서, 또는 소리이되 끝내 전달되지 못하는 소리들을 세계의 양지로 건져 올리는, 그 고단하고 지리한 작업들이 문학의 다른 이름인지도 모른다. 그런 점에서 문학은 소리의 발견이며 소리의 발명이다.

　80년대 이후 활발하게 진행되었던 지역문학 담론은 사실 한국문학이라는 단일한 언어체계에 도전하는 소수자들의 목소리에 주목한 결과이기도 하다. 먹는 입이 아니라 말하는 입이라는 존재에 대한 자각은 문학의 언어를 추동하는 강력한 동인이 되었다. 개별적이고 구체적인 목소리들을 주체의 자리로 기입하기 위한 과정에서 발견한 언어가 바로 지역의 언어였다. 이때 지역의 언어는 단순히 방언을 의미하지 않는다. 그것은 한국이라는 국가 지형에서 존재하되 존재하지 않았던, 지역의 목소리이자, 지역의 함성이었다.

들뢰즈의 "소수적인 문학이란 다수적인 언어 안에서 소수적인 언어로 만들어진 소수자의 문학"이라는 표현은 결국 이데올로기의 자동화를 거부하는 목소리들의 저항을 말하는 것이기도 하다. 모든 문학은 문학사의 문제가 아니라 민중의 문제라는 명제가 도출되는 이유도 바로 이 때문이다.

지역문학을, 잃어버렸던, 잊고 있었던 목소리들을 발견하는 하나의 양식으로 정의할 수 있다면, 지역문학은 정치적이다. 이때 정치적이라는 표현은 언어예술의 양식 대신 정치적 견해를 내세운다는 의미가 아니다. 지역문학은 태생적으로 중심과 주변이라는 위계, 중심이라는 권력에 의해 망각을 강요당했던 지역의 구체적 기억들을 언어적 감각으로 마주할 수밖에 없다. 그것은 구조의 문제인 동시에 정치의 문제이다.

다시 돌아온 목소리(들)

2017년은 그동안 제주문학의 한 축이었던 중견 작가들이 귀환한 해로 기억될 것 같다. 김수열·허영선 시인이 각각《물에서 온 편지》와《해녀들》을, 희곡작가로 출발했던 장일홍이 제주 4·3을 다룬 소설《산유화》를 펴냈다. 오랫동안 독자들과 함께해 왔던 그들의 귀환은 반갑기 그지없다. 이 반가움은 그들의 문학과 함께한 세월이 그만큼 오래되었다는 뜻이기도 하지만 그들이 '여전히' 문학의 언어를 '꾸준히', '성실히' 발화하고 있다는 의미이기도 하다.

그렇기에 우리는 기억한다. 그들의 몸에 한 땀 한 땀 새겨진 봉제의 흔적들, 제주의 기억과 목소리들로 수놓인 섬의 자수(刺繡)들을. 우리는 그것을 오랫동안 읽고 더듬었다. 우리의 몸에 와서 새겨진 그들의 언어들은 우리의 몸 안에서 또 다른 언어로 피어나기도 했다. 그렇게 그들의 시간은 우리의 시간이었고, 그들의 목소리는 우리의 웅성거림이었다. 그들의 언어가 우리의 말이었고, 그들의 말이 우리의 웅성거림이 되었다.

먼저 김수열 시인의 목소리들을 들어보자. 표제작 '물에서 온 편지'가 그려내는 지독한 서정의 슬픔도 절창이지만 시집에서 눈길을 끄는 것은 생생한 제주의 언어들로 빚어낸 제주적 일상의 재현이다. 시집에서 제주의 언어를 절묘하게 다룬 시들이 여러 편 보이지만 그중 단연 돋보이는 것은 '보말죽'이라는 시이다.

보말이 보말이주, 보말을 뭐셴 고라?
고메기? 난 몰라, 우리 동네선 그자 보말

물 싸민 갯것이 강 그거 잡아당
솥단지에 낭 개끔 부각헐 때꼬지 솖앙
이불바농으로 눈 멜라져가멍 토다아장 그걸 파내엉
딱지도 때내곡 또시 고는 채에 낭
손으로 박박 문대기믄 요물은 남곡 똥은 헤싸지곡
똥 헤싸진 물에 곤쏠 불린 걸 낭 보글보글 끓을 때

보말 요물 넣곡 당근 송송 썰어 넣곡 마늘쫑 쫑쫑 썰어 넣곡

다시 바질바질 끓으민 약헌 불에 맞청 춤지름 넉넉허게 낭

휘휘 저시믄 그게 보말죽이주

배추김치에 참깨 절인 것에 혼번 먹어봐, 잘도 코시롱허여

무싱거? 깅이죽? 거 쓸데어신 소리 마랑

요레 아장 보말이나 파라

마, 바농!

(김수열, '보말죽' 전문)

    아마 시인은 섬의 바다 어디쯤에서 인생의 신산함을 주름에 켜켜이 새겨 넣은 노인을 만나고 있었을 것이다. 우연한 기회에 보말죽 한 그릇을 먹을 기회를 얻은 시인에게 노인은 제주의 언어로 보말죽을 끓여낸다. 거침없이, 생생한 언어의 질감으로 끓여내는 보말죽. 제주의 말이 아니고서는 도저히 설명할 수 없는 레시피의 향연. 그 생생한 대면의 순간에서 시인은 딴청을 피워본다. 작은 바닷게를 으깨서 끓여내는 깅이죽을 떠올린다. 하지만 이러한 딴청의 순간, 노인의 말 한마디가 죽비처럼 일깨운다. 보말죽을 먹으려면 '바농'으로 보말을 까야되는 수고로움이 먼저라면서 툭 던지는 '마, 바농'이라는 말. 한순간의 허투도 허용할 수 없는 이 단말마는 제주의 언어만이 빚어낼 수 있는 현재성이다. 오로지 현재적 시간을, 때로는 고되고, 지루한 노동의 현재를 견뎌내야만 보말죽 한 그릇이라도 온전히 먹을 수 있다는 삶의 진리가 이 한마디에 담겨 있다. 그렇다. 지금이 문제다. 과거가 아니고, 미래는 더더욱 아니다. 과거는 오로지 현재성의 시간에서 호명되

어야 한다. 미래는 바로 그 시간의 지층들이 빚어내는 현재의 연속이다. 엘리어트가 이야기했던 과거의 과거성과 과거의 현재성이, '마, 바농!'이라는 말 한마디에 응축되어 있다. 시를 읽어갈 때 그 팽팽한 긴장과 응축의 순간들은 섬의 언어로, 시인의 언어로, 다시 우리의 언어로 재발견된다. 섬의 입말이 아니라면 '보말죽'은 탄생할 수 없다.

김수열 시인이 섬의 언어로 섬과 마주한다면 허영선은 섬의 기억, 바닷속 깊이 자맥질해 들어갔던 해녀들이 생생한 신체적 감각으로 대면했던 삶의 언어로 섬과 마주한다. '해녀들' 연작은 오랫동안 해녀 할망들과 인연을 맺지 않았으면 탄생할 수 없었다. 어느 것 하나 소홀할 수 있을까. 하지만 그중에서도 해녀 항쟁의 주역이었던 해녀 김옥련의 일대기를 다룬 시는 허영선의 시가 건져 올린 섬의 목소리이다. 그 빛나는 울림을 잠시 들어보자.

　　　죄명은 소요랍니다
　　　기어코 이름 붙지 않았습니다

　　　문패 없는 바다에서 무자맥질한 죄
　　　한목숨 바다에 걸고 산 죄는
　　　있습니다만,
　　　또 하나 죄라면

　　　전복 해초 바다 물건 제값 달란 죄
　　　악덕 상인 파면하란 죄
　　　바다는 우리 밭, 호미 들고 빗창 든 죄

돌담 위로 난바다 식민의 바람 편향적으로 불 때

죄 없이 죄인 된 스물둘 소녀회 회장

꽁꽁 팔 묶여

꿈마저 호송당했습니다

그때 알았습니다

캄캄한 동굴 같은 감옥에서

갇힌 물은 때론 죽음 같은 고문 되는 것

우리 혈맥 다 끊어도 우리 사랑 막지 못한다,

사랑 없는 숨비질은 죽음이란 것

버티고 버텼습니다 뼛속 물의 힘으로

그해 겨울에서 봄까지

소금꽃 얼음꽃 물 아닌 감옥에서 피웠습니다

끝끝내 살아남아 이룬 것 하나

바락바락꽃

(허영선, '해녀 김옥련1' 전문)

　해녀 김옥련은 '소요죄'로 체포되었다. "죄 없이 죄인 된" "스물둘"의 그녀는 "꿈마저 호송당"해야 했던 그날을 아프게 떠올린다. "캄캄한 동굴 같은 감옥"의 체험에서 그녀는 물의 세계, 물과 인간이 함께 빚어내는 세상의 진실을 깨닫는다. 그것은 '세상이란 인간의 것만이 아니며, 물의 것도 아니다'라는 깨달음이다. 오히려 물과 인간이 한 몸으로 어우러지면서, 그렇게 서로가 서로의 몸으로 스며드는 것이라는 사실을 '해녀 김옥련'은 감옥에서 "소금꽃 얼음꽃 물 아닌 감옥에서 피워"내는 신체적 경험으로 자각한다. 그렇게 물은 영원히 열려 있음을 지향함으로써 완전해진다. 그렇게 완전한 세상 속에서 그녀들은 자맥질한다. 하여 인간의 목숨이란 사랑 없이는 존재할 수 없는 것임을, 그렇게 한없는 열림의 세계에서 그녀가 "끝끝내 살아남아 이룬 것"이란 "바락바락꽃"을 피워내는 일이었다.

바락이라는 부사와 꽃이라는 명사의 결합. '바락꽃'은 부사의 세계가 명사의 영토로 건너가 만들어낸, 새로움의 대지에 피워낸 꽃이다. 그것은 해녀(들)이 말하는 존재라는 자각으로 빛나는 꽃이다. 고통의 순간, 그녀들은 스스로 언어가 되고 꽃이 되었다. 그동안 제주 해녀를 소재로 한 문학 작품이 제주 해녀를 대상화하거나 신비화하는 이중의 오류를 반복해왔다면 '바락꽃'이라는 조어(造語)는 이중의 오류를 동시에 배반한다. 이 배반은 통렬하고 찬란하다. '해녀들'에 와서야 해녀들은 그들의 목소리를 가지게 되었다. 김수열이 섬의 언어로, 섬의 목소리와 만났다면 허영선은 자신의 자리를 비워둠으로써 해녀들의 목소리들과 만난다. 다시 돌아온 그들의 목소리들을 들을 수 있어 2017년 겨울은 따뜻해질 것이다.

4·3, 그리고 서사의 가능성

장일홍의 소설 《산유화》는 제주 4·3을 다루고 있다. 소설은 1947년

욕망의 섬, 비통의 언어

2월부터 시작해서 제주 4·3의 전개과정을 충실히 따라간다. 작가 스스로 제주 4·3 예술의 세계화를 염두에 두고 창작한 만큼 제주 4·3에 대한 이해의 기본은 충분히 갖추고 있다. 특히 김달삼, 이덕구, 박진경, 김익렬 등 실존 인물들을 그대로 내세우면서 제주 4·3의 전모를 드러내려는 시도를 하고 있다. 김달삼, 이덕구, 박진경이 같은 국민학교 출신이라는 설정은 해방 이후 건국 과정에서 등장한 다양한 정치적 주체들의 욕망을 들여다보기 위한 설정이라고 볼 수 있다. 작가 스스로 고백하고 있듯이 "제주 4·3을 제주에서 세계로 옮기는 미래지향적 해법"을 위한 장치라고 보인다. 오랫동안 희곡 작품을 써왔던 그가 소설을 쓰게 된 이유도 4·3이라는 역사적 비극을 박제화된 과거의 산물이 아니라 현재적 시점에서 끊임없이 이야기되는 '이야기의 현재성'에 주목한 때문이기도 하다. 다만 제주 4·3의 모든 것을 한 권에 담으려고 시도하면서 많은 서사들이 압축된 것은 아쉽다.

제주 4·3 문학에서 시가 거둔 성과는 그 양과 질 모두에서 풍성하다. 소설 역시 마찬가지다. 현기영의 〈순이삼촌〉을 시작으로 해서 현길언, 오성찬, 고시홍, 오경훈, 조중연 등이 4·3을 소재로 작품을 써왔다. 하지만 그동안 시에 비해서 소설 분야에서 4·3에 대한 깊이 있는 시각과 언어예술의 조탁을 겸비한 작품은 많지 않았다는 것이 사실이다. 장일홍의 《산유화》가 4·3소설의 새로운 가능성의 지대를 보여줄 수 있을 것인가. 실존 인물을 등장시키고, 제주 4·3의 전모를 한 권에 압축적으로 담기에는 4·3의 역사적 부피가 클 수밖에 없다. 새로운 서사의 가능성, 그리고 4·3문학의 갱신을 위한 문학적 고투의 과정이라고 이해하고 싶다.

슬픔도
백 년 동안

- 故 문충성 시인을 기리며

1.

모든 애도는 뒤늦은 후회다. 죽음은 되돌릴 수 없다. 죽음은, 환원 불가능한 이별이기에, 아프다. 우리가 아파하는 이유는 죽음이 유일한 이별이자, 영원한 결별임을 알기 때문이다. 세상의 모든 '나'가 '나'로 태어나 '나'로 죽을 수밖에 없음을. 그 철저한 개별의 경험이 죽음이기에, 우리는 겨우 울음으로, 애도할 뿐이다.

우리는 한때 몸으로 만나, 몸으로 기억을 나눴다. 기억은 그렇게 '나'와 '너'라는 개별을 '우리'라는 이름으로 소환했다. 내가 당신을 만나

인용된 시는 〈제주바다 1〉, 〈수평선 2〉, 〈수평선 3〉, 〈제주 섬엔 까치가 살지 않았다〉, 〈섬 하나가 문딱〉, 〈우리는 때로 우리를 토벌했습니까〉.

는 것, 당신을 만나 나와 당신이 우리라는 아픔과 우리라는 기쁨으로 함께 불리고 기억되는 순간을, 세월 속에 지층처럼 새겨 넣은 적 있었다. 삶이란, 겨우, 그런, 가느다란 지층의 무늬를, 함께 쌓아가는 일인 지도 모른다. 그런데, 오늘, 그 나눔의 대상이었던 하나의 신체가, 영, 원, 히, 소멸했다. 그 갑작스러운 소멸 앞에서 한때 우리였던, 그리고 영원히 우리였을 거라고 믿었던, 그 수많은 우리들의 애도란, 그가 남긴 지상의 문장 하나를 줍는 일일 뿐. 그것밖에 할 수 없어서, 그것밖에 할 줄 몰라서, 아프고, 또 아프다.

2.

"제주 사람이 아니고는 진짜 제주바다를 알 수 없다"

그가 세상에 던진 문장은 '제주'였다. 처음도, 마지막도 그의 문장은 '제주'였다. 그가 던진 '제주'는 '허상(虛像)의 거부'로 이해되었다. 그의 첫 시집 《제주바다》에서 해설을 쓴 김주연은 이를 "소박한 자연으로

서의 제주바다, 그리고 시인 관념의 막연한 허상적 사물로서의 제주
바다가 완강하게 거부되고 있다"고 말한 바 있다. 그럴 만도 했다. 제
주바다가 "원래 싸움터였다"라고 했던 그였다. 구체적 삶이 거세된 채
소비되는 제주를 그는 거부했다. "바다가 어둠을 여는" 게 아니라, "어
둠이 바다를 열었"고 "빛이 바다를 열었"다. 그것은 어둠과 바다, 바다
와 빛의 "싸움"이었다. 그에게 제주는 단단한 실체였고 확신이었다.
그렇기에 그는 이렇게 쓸 수 있었다.

> 누이야 바람 부는 날 바다로 나가서 5월 보리 이랑
> 일렁이는 바다를 보라 텀벙텀벙 너와 나의 알몸뚱이 유년이 헤엄
> 치는
> 바다를 보라 겨울날
> 초가지붕을 넘어 하늬바람 속 까옥까옥
> 까마귀 등을 타고 제주의
> 겨울을 빚는 파도 소리를 보라
> 파도 소리가 열어놓는 하늘 밖의 하늘을 보라 누이야

삶을 부여잡고 그는 써내려갔다. 제주에 발 딛고 살았던 삶들이 그의 시에서 하나씩 생명을 얻어갔다. 제주의 바다가, 돌이, 바람이, 나무가, 그리고 그 모든 섬에서의 삶이 시의 몸으로 태어났다. 22권의 시집. 쉼 없이 써내려간 그의 시력(詩歷) 안에서 그는 그만의 섬을 만들어갔다. 그렇게 우리는 그가 만들어낸 시의 섬을 걷는다.

3.

"제주 섬에 태어나 수평선을 넘어본 사람은 안다 어디를 가나 제주 사람은 수평선을 벗어나지 못하고 산다"

섬에 살아본 사람들은 안다. 수평선이 얼마나 큰 절망인지를. 저 선을 넘고 싶어서, 저 선을 넘지 못해서 섬은 좌절이었고 절망이었다. 섬사람들의 숙명이란 어쩌면 문신처럼 새겨진 수평선을 벗어던질 수 없다는 데 있는 것인지 모른다. 숙명이란 지독한 삶의 무게를 거부하고 싶어도 거부할 수 없다는 데 있다. 그는 그것이 섬의 운명이며 삶

이라는 사실을 말하고 있다. 하지만 그 숙명은 좌절의 숙명이 아니다. 절망의 눈물이 아니다. 수평선을 넘어갈 수 없다는 한계에 대한 자각은 더욱 아니다. 그것은 "수평선이 있어 해가 뜨"고 "해가" 지는 섭리의 긍정이다. 그가 수평선을 벗어나지 못한다고 한 이유는 섬을 거스르지 않는 섬의 삶이 수평선의 숙명임을 알았기 때문이다.

4.

"제주 섬엔 까치가 살지 않았다 바다 건너 몇 년 전 웬 신문사에서 까치 몇 마리 제주 섬에 살게 했다"

까치가 섬에 '이식'됐다. 한 신문사의 떠들썩한 이벤트가 있었다. 호들갑스러움을 시인은 견딜 수 없었다. "제주 섬엔 맹수들이 없었고 까치도 살지 않았"다. "이렇게 없는 것이 제주 섬의 큰 자랑이었"던 제주였다. 까치가 제주섬에 오고 "관광호텔, 비행기, 자동차, 고스톱, 컴퓨터"도 "말하는 호랑이, 늑대, 이리" 들도 모두 사는 제주가 되어 버렸다고 시인은 탄식한다. 그 탄식의 의미를 우리는 안다. 개발이라는 이름으로 '이식'된 욕망의 발원이 무엇인지, 우리는 안다. 텅 빈 충만으로 가득하던 제주를 '결여의 섬'으로 명명한 것은 뭍의 힘 있는 자들이었다. 제주바다를 싸움터라고 인식했던 시인이었다. "제주 섬엔 까치가 살지 않았다"는 발언은 그들의 제주가 아닌 섬의 제주, 섬사람들의 제주가 사라지고 있음을 거부하겠다는 선언이다.

5.

"섬 하나가 몬딱 감옥이었주마씸"

섬의 운명을 알았기에, 섬사람들의 제주를 지키고자 했기에 그는 결국 제주 4·3을 만날 수밖에 없었다. 어린 시절 누구보다 생생한 기억을 지니고 있었던 그였다. 그래서 그는 썼다. "섬 하나가 몬딱 감옥"이었다고. "건너가지 못허는 바당은 푸르당 버"쳤고 "보는 사람 가슴까지 시퍼렁허게 만들었"다고. 섬의 시선과 뭍의 폭력이 부딪히는 전장(戰場)이 바다였다. 그 시퍼런 바다를, 건너고 싶어도 건널 수 없는 바다를, 그는 시퍼런 아픔으로 기억해 낸다. 섬 하나가 전부 감옥이었고 섬 하나가 전부 죽음이었다는 사실을 그는 투박한 제주어로 이야기한다. "무싱거 마씸"이라는 단답형의 대꾸조차 불가능했던 세월, 제주는 길고 긴 감옥의 세월을 견뎌야 했다. 무심한 듯 내뱉는 제주어가 아니면 이 무참한 세월을 어떻게 전할 수 있었을까.

6.

"우리는 때로 우리를 토벌했습니까"

우리는 당연히 우리였다. 우리는 한 번도 우리라는 사실을 의심받지 않았다. 해방이 되고 미군이 진주하고 38선이 그어졌다. 식민지 백성이었던 우리는, 해방 이후 독립된 나라의 백성이라는 사실을, 너나없이 우리가 될 것이라는 사실을 의심하지 않았다. 그것은 자명하고도 지극히 당연한 일이었다. 하지만 우리는 우리가 아니었다. 그들이

보기에 제주는 우리가 아니었고, 우리로 인정할 수 없는 '그들'이었다. '그들'이라는 호칭에는 '빨갱이'라는 낙인이 함께 불타고 있었다. 그렇게 우리는 '그들'로, '빨갱이'가 되어갔다. 그 공동체의 분열을 그는 이렇게 쓰고 있다.

> 우리는 때로 우리를 토벌했습니까
> 우리는 때로 우리를 습격했습니까
> 제주 섬에 산다는 이유 하나만으로도
> 산폭도가 되고 빨갱이가 되고
> 산간 마을들 불탔습니까 그 섬마을 사람들
> 총에 맞고 죽창에 찔려 죽임을 당했습니까 비록
> 그 비참한 삶이 지난 세기 1940~50년대뿐이었겠습니까.

우리가 아니었기에 국민이 아니었다. 우리가 아니었기에 보호받지 못했다. 우리가 아니었기에 우리는 죽어야 했다. 그 공동체의 분열을 그는 "우리가 때로 우리를 토벌했습니까"라는 물음으로 아프게 보여주었다.

7.

제주바다를 말하고, 제주바다를 그리워하던 시인은 세상을 떠났다. 남은 자들의 애도란 겨우, 그가 남긴 문장을 읽는 일일 터. 하지만 그 '겨우'의 힘이 결국 기억하게 할 것임을 우리는 믿는다. 그가 남긴 문장들이 그의 몸이라고 여기며 우리는 오늘도 읽을 것이다. 그렇기에 우리의 애도는 아직 끝이 나지 않았다. 오늘도, 내일도 그의 시가 있는 한 우리의 애도는 계속될 것이기에. 그리고 이제 수줍은 고백 하나 해야겠다. 당신이 만든 시의 숲을 함께 걸어서 행복했다고. 삼가 고인의 명복을 빈다.

고향으로 돌아온
'재일' 2세의 삶

― 김창생,《제주도의 흙이 된다는 것》

"출생지를 선택할 수 없었던 것은 내 일생의 한이었다. 적어도 눈 감는 장소는 스스로 택하고 싶었다."

"출생지를 선택할 수 없었던 것"이 "한(恨)"이었다는 고백의 의미는 무엇일까. '태 사른 땅'이라는 말이 있다. '태 슨 땅 내불지 못한다.'는 제주어처럼 고향은 태어났다는 이유만으로 그리움의 원천이다. 그렇기에 태어난 곳을 원망한다는 말은 쉽게 이해할 수 없다. 이를테면 우리는 한 번도 태어난 곳과 고향을 분리해서 생각해본 적 없다. 태어난 순간 어머니에게 배웠던 모어(母語)는 그대로 모국어(母國語)가 되었고 우리가 태어난 곳은 '태 슨 땅'이었다.

하지만 '재일(在日)', 자이니치의 문제로 시선을 옮겨보면 이 문제는 단순하지 않다. 모어로서의 조선어와 모국어로서의 일본어. 일본에서의 삶은 이중언어생활을 일상에서 감내해야 하는 일이다. 해방과 분단이 만들어낸 자이니치의 문제를 우리는 오랫동안 잊어왔는지 모른다. 하지만 제주 사람들은 1920년대부터 오사카로 향했다. 오사카에 생기기 시작한 방적공장과 고무공장의 노동자로, 일본에서 신산(辛酸)한 삶을 시작했다. 낯선 땅에서 그들은 악착같이 일했고, 아이를 낳고 기르고, 그리고 그 세월만큼 그리움의 나무를 마음 한 켠에 심어 놓았다.

재일 2세로 오사카 이카이노에서 열한번 째 막내딸로 태어난 김창생은 한동안 일본 이름으로 학교를 다녔다. 오사카 조선고급학교에 편입하면서 '김창생'이라는 본명을 찾은 그녀는 소설을 쓰기 시작했다. 한국에 번역된 단편 〈세 자매〉에는 남편과 이혼하고 어린 딸을 데리고 살아가는 주인공이 부모의 묘를 고향에 마련하기까지의 사연이 그려져 있다. 김창생은 소설만이 아니라 오사카 이카이노에 자리 잡은 조선인 여성들의 삶을 다룬 《나의 이카이노》를 쓰기도 했다. 김석범의 《화산도》에서는 오사카 이카이노를 '조선의 원형, 고향의 원형'이 살아있는 곳으로 그리고 있다. 고향을 떠나 일본으로 향했지만 일본에서 또 다른 고향을 꾸려갔던 재일 조선인들의 삶의 양상들을 이 작품은 그리고 있다.

오랜 기간 일본에서 살았던 김창생은 2010년 일본에서의 삶을 정리하고 고향 제주로 돌아왔다. 앞서 그의 고백처럼 출생지를 선택할 수는 없었지만 눈감는 곳은 스스로 선택하기 위한 결단이었다. 디아스포라의 삶에서 고향으로 돌아온 그에게 고향은, 고향의 언어들은 마치 어린아이처럼 다시 배워야 하는 것들이었다. 《제주도의 흙이 된다는 것》(전망, 2018)은 그동안 제주에서의 삶을 일기처럼 써왔던 글들을 모은 것이다.

오사카에서 2박 3일 제주행 티켓만을 쥐고 고향으로 향했던 그의 삶도 이제는 8년이 지났다. 그와 함께했던 남편은 병환으로 세상을 떠났다. 시간이 흘러갈수록 제주시 해안동의 작은 집에는 오랜 세월 일본에서 품었던 그리움의 가지들이 하나씩 늘어만 갔다. 마치 스스로를 채찍질하듯 써내려갔다는 책의 내용은 디아스포라를 경험했던 그가 고향에 돌아와 느낀 4·3과 제주의 현실이 가득하다. 제주에 돌아와 처음 조상 묘에 벌초를 하는 감회에서 무명천 할머니의 고단한 삶과 촛불집회 참석까지 그의 글에는 제주에서의 삶의 모습들이 솔직하고 담백하게 그려져 있다. 제주에서 보냈던 그의 일상은 제주 4·3과 겹쳐져 있다. 현기영의 〈순이삼촌〉과 3·1 발포사건의 진원지 관덕정 광장, 영화 지슬, 그리고 강정에 이르기까지 그의 시선은 제주의 과거와 현재를 관통한다.

제주로 돌아온 이후 그는 부단히 제주 4·3의 현장을 돌아다녔다. 김경훈, 최상돈 등 제주문화예술 바닥에서 잔뼈가 굵은 후배들은 그를 어머니처럼 따랐다. 그의 딸 또한 일본에서 연극을 하고 있어서 그는 제주의 배우들과도 친분이 깊다.

1922년 기미가요마루(君大丸)가 제주와 오사카의 뱃길을 이은 후부터 제주와 오사카의 바다는 제주인들의 삶의 흔적들로 채워졌다. 그 속에서 재일 2세와 3세들은 자라났다. 분단의 모순은 일본에서도 이어졌다. 남과 북을 선택해야만 했다. 조선적을 유지한 이들도 있었다. 남과 북도 아닌 조선. 그들의 삶은 분단이 아니라 분단을 넘어 통일된 조국에서 살고 싶다는 작은 희망이었는지도 모른다.

제주의 마을 어디를 가더라도 재일교포들의 흔적을 쉽게 찾을 수 있다. 재일제주인들은 민족적 차별 속에서 힘든 노동을 하면서도 언제나 고향을 생각했다. 학교를 세우고, 마을회관을 만들고, 도로를 깔았다. 고향의 발전을 위해서라면 언제든지 작은 정성을 보탰다. 박정희 군사정권이 들어서고 남과 북의 이념적 대치가 심해질 때면 일본에 살고 있었던 재일조선인들의 대립도 덩달아 심해졌다. 분단은 한반도에만 있는 것이 아니었다. 경제개발계획을 성공시키기 위해 재일교포 자금이 필요했던 박정희 정권은 그들의 자발적 원조를 이용했다.

윤건차는 《자이니치의 정신사》에서 자이니치로 산다는 것은 북한, 남한, 일본이라는 세 개의 국가를 둘러싼 갈등·균열·억압을 일상으로 감내해야 하는 일이라고 말한다. '재일(在日)'의 자리는 그만큼 식민지, 분단이라는 현대사의 모순과 맞닿아 있다. 어쩌면 '재일'을 이해하는 일은 쉽지 않을지 모른다. 하지만 '재일'의 삶을 들여다보면 거기에는 우리 현대사의 질곡마다 등장했던 제주인들의 고단한 삶이 담겨 있다.

학살의 땅을 피해 일본으로 밀항할 수밖에 없었던 사람들, 돈을 벌기 위해 배를 타야만 했던 사람들. 죽음은 피했지만 그들을 기다린 것은 일본 경찰이었다. 밀항의 루트는 제주에서 부산을 거쳐 일본으로 가는 것이 보통이었다. 국가와 국가의 경계를 넘어, 경계인의 삶을 살아야 했던 그들의 삶은 결국 식민과 분단이 만들어낸 디아스포라의 눈물이었다. 그러한 삶의 흔적들은 그의 글에서도 잘 드러난다.

1960년대에서 70년대는 내가 일본학교를 다니다가 조선고교에 편입하고, 민족단체에서 일했던 시기이기도 하다. 북은 사회주의 조국으로 남은 군사독재 체제하에 있다는 도식적인 사고 방식에서 한

걸음도 빠져나갈 수 없었던 시기였다. 북보다도 부모님이 태어난 고향인 제주도가 훨씬 멀고 아득하게 느껴진 시기였다. 재일 1세들이 태어나고 자란 고향 땅이 지금도 가난하다는 이유로, 귤 묘목을 계속 보내고 있었다는 사실을 전혀 알지 못했다. 1세들이 일본사회에서 생활 기반을 마련하고자 했던 일은 얼마만큼 고된 것이었을까. 일본으로 건너온 이래 한 번도 제주도에 돌아오지 못하고 빈곤 속에서 생을 마감한 부모님이었다. 열한 번째 막내딸인 내가 지금은 제주도 귤밭의 한 귀퉁이에서 살아가고 있다. 인생의 불가사의가 아닐까 생각한다. 아니, 고마움일 것이다.

분단 체제와 남북의 대립. 고향 제주는 북조선보다 더 먼 곳이었다. 하지만 그의 부모 세대들은 고향에 감귤 묘목을 계속 보냈다. 그렇게 보내진 감귤 묘목은 열매를 맺어 제주 사람들의 삶이 되었다. 일본과 제주는 그렇게 감귤 묘목으로 하나의 뿌리임을 확인했다. 낯선 이국에서의 삶은 고통 그 자체였다. 오사카에는 호로몬 야키라는 음식이 있다. 우리 식으로 말하면 곱창, 대창 구이쯤이다. 일본으로 간 재일 제주인들은 일본인들이 먹지 않고 버리는 내장으로 음식을 만들어 팔았다. 호로몬 야키는 '재일'을 상징하는 음식이었다. 그렇게 버티고 버티면서도 결국 가난을 벗어나지 못해 고향으로 돌아오지 못한 부모들. 지금은 세상에 없는 부모 대신 그들이 보낸 감귤 과수원의 한 켠에 김창생이 살고 있다.

1951년생이니 우리 나이로 예순여덟이다. 그는 예순 해를 일본에서 자이니치로 살다가 이제는 고향으로 돌아왔다. 제주 4·3과 강정, 그리고 제주개발특별법을 반대하며 스스로 목숨을 끊은 양용찬 열사에 이르기까지 그의 글은 제주의 역사와 함께 개발과 성장의 신화가 만들어낸 모순의 복판을 겨냥한다. 일본과 제주를 동시에 살아왔던 그의 시각은 어쩌면 우리가 잃어버렸던, 아니 잊고 싶었던 우리 안의 허위를 드러내는 것인지도 모른다. 그런 점에서 그의 글은 한 재일조선인의 귀향 보고서인 동시에 우리의 오늘을 되돌아볼 수 있는 아픈 성찰의 바늘이다.

슬픔으로 벼린
환한 칼날
– 메도루마 슌, 곽형덕 역, 《어군기》

메도루마 슌은 한국에서도 잘 알려진 작가이다. 《물방울》, 《브라질 할아버지의 술》, 《혼 불어넣기》 등의 작품이 이미 한국에서도 번역, 출간된 바 있다. 처음 메도루마 슌이 한국에 소개되었을 때의 관심은 두 가지 정도였다. 오키나와의 현실을 우치난추(오키나와인을 지칭하는 오키나와어)의 눈으로 바라보고 있다는 것과 현실을 직조하는 소설적 방법의 기발함이 그것이다. 그중에서도 방점은 '기발한 상상력'에 찍혀 있었다. 메도루마 슌에게 아쿠타가와 상을 안겨준 〈물방울〉은 주인공의 엄지발가락에서 물이 흘러나오는 설정으로 환상과 현실을 넘나드는 소설적 상상력을 보여주었다.

하지만 메도루마 슌은 단순히 환상적 리얼리즘이라는 형식적 측면에서 '소비'될 수 없는 작가이다. 재일조선인, 오키나와인 등 일본의 소수자 작가들이 일본 사회에 등장하면서 일본 문학계는 스스로의 외연을 확장해갔다. 이러한 확장의 이면에는 일본 내 소수자들을 일본

문학계 혹은 담론장의 중심에 포획하려는 욕구가 자리 잡고 있었다. 서경식은 이를 '자기위안의 카타르시스', '다수자에게 치유를 제공하는 상품'으로 소비되었다고 비판하기도 했다. 이러한 지적은 일본 문학계가 안전하게 관리 가능한 차원에서 오키나와 작품을 선별했음을 보여준다.

메도루마 슌은 일본 본토로부터 관리되지 않는 문학적 전복의 가능성을 보여준다. 예를 들면 메도루마 슌이 발표한 짧은 소설 〈희망〉은 오키나와 미군 주둔 문제를 다루면서 미군의 아이를 유괴하는 내용을 담고 있다. "지금 오키나와에 필요한 것은 수천 명의 데모도 수만 명의 집회도 아니다. 미국인 아기 한 명의 죽음이다."라는 도발적 선언을 전면에 내세운 〈희망〉을 일본 문학계가 수용할 수 없었던 것은 당연한 일일지 모른다. 그동안 한국에서도 메도루마 슌의 수용 역시 일본 주류 문학계의 관습을 받아들인 경우가 적지 않았다. 일본 문학 자장의 선별 구도를 답습하면서 한국의 독자들은 메도루마 슌의 작품이 지닌 전복의 불온성을 만날 수 없었다.

이번에 번역 출간된 《어군기》에는 메도루마 슌의 초기 작품들이 실려 있다. 그에게 전국적인 명성을 안겨준 〈물방울〉이 1997년도 작품이라면 여기 실린 작품들은 1980년대 발표되었던 소설들이다. 《어군기》에는 〈물방울〉 이전 메도루마 슌 소설의 출발 지점을 살펴볼 수 있는 〈평화거리라 이름 붙여진 거리를 걸으면서〉 등을 비롯해 7편의 중단편이 담겨 있다. 이로써 메도루마 슌의 작품 대부분은 한국에서 번역되었다. 〈물방울〉에서 보여준 상상력이 단순히 형식적 차원에서 비롯된 것이 아니라는 사실을 그의 초기 소설을 읽어보면 단박에 알아차릴 수 있다.

메도루마 슌의 상상력은 금기에 도전하는 오키나와의 문학적 응전을 철저히 우치난추의 시선으로 그려내기 위한 방법적 고투의 일환이다. 잘 알려져 있듯이 오키나와는 1879년 '류큐 처분' 이전까지 독립국가였다. 메이지 정부는 민족통일과 근대화를 명분으로 오키나와를 일본 본토에 편입시켰지만 오키나와는 '일본이면서 일본이 아닌' 변경의 지대였다. 일본제국주의 팽창 과정에서도 오키나와는 여전히 차별의 대상이었다. 제2차 세계대전 당시 일본 제국은 본토 방어를 위한 제물로 오키나와를 선택했다. 오키나와 전투로 본토 출신 군인 6만5천여 명, 오키나와 출신 군인 3만여 명, 민간인 9만4천여 명이 희생당했다. 종전 후 오키나와는 미군정 정부가 지배하였고 동아시아 패권의 쟁투 현장이 되었다. 1972년 오키나와 반환 이후에도 일본 내 미군의 80% 이상이 오키나와에 주둔하고 있다. 지금도 미군 기지 문제는 오키나와의 현안이다.

오키나와 타임스 기자를 지낸 가와미츠 신이치는 오키나와에 산다는 것을 이렇게 표현한 바 있다. "오키나와에서 태어나서 오키나와에서 사회생활을 하고 있어도 이곳은 '조국'도 아니고 '모국'도 아닌 부재의 공백지대로, 일본국에 편입됨으로써 비로소 '조국'과 '모국'이라는 개념이 성립된다는 것이다." 가와미츠 신이치의 이러한 발언은 오키나와가 직면하고 있는 비극의 문제가 단순히 과거의 경험이 아니라 실존을 위협하는 현재적 일상이라는 사실을 잘 보여준다.

메도루마 슌의 작품은 '일본이면서 일본이 아닌', 비존재의 존재 지대로서 오키나와의 역사와 만나게 한다. 이번 작품에서 단연 압권은 일본 황태자의 오키나와 방문을 다루고 있는 〈평화거리〉이다. 오키나와 전투에서 남편과 어린 아들을 잃고 '평화거리'에서 생선을 팔고

욕망의 섬, 비통의 언어

있는 우타는 황태자의 행렬이 평화거리를 지날 때 그들의 차량에 뛰어들어 차창에 '똥칠'을 한다. 치매를 앓고 있는 노파의 돌발 행동으로 읽힐 수 있지만 여기에는 오키나와 전투의 비극에 대해 침묵하는 세대와 천황의 전쟁 책임을 묻고자 하는 전후 세대의 시선이 교차하면서 희생의 수동성에서 벗어나고자 하는 문학적 응전의 양상을 보여준다. 전후 오키나와의 평화가 얼마나 위선적인가를 우타의 행동으로 보여준 것이다. 작품집의 해설을 쓴 고명철은 이를 '문학적 보복과 문학적 행동주의'라고 명명하고 있다.

제2차 세계대전을 거치면서 동아시아에서 발생한 국가 폭력은 국가라는 공동체의 분열을 지역의 신체에 각인시켰다. 오키나와 전투에서 제국의 군인들이 오키나와인들에게 행사한 폭력은 일본이라는 공동체가 얼마나 쉽게 균열될 수 있는지를 보여주었다. 대만의 2·28과 제주 4·3항쟁 역시 마찬가지이다. 단 한 번도 국민임을 의심하지 않았던 사람들에게 국가는 비국민이라는 낙인을 새겼다. 그런 점에서 본다면 오키나와는 제주와 광주와 다르지 않다. 동아시아의 역사는 '비국민의 신체'를 탄생시켰고 이러한 신체의 기억은 오랫동안 지역의 정체성을 형성해온 토대가 되어왔다.

지금 우리가 메도루마 슌을 읽어야 하는 이유는 어찌 보면 비국민이라는 차별적 존재의 탄생을 외면하지 않기 위해서일지도 모른다. 그것은 외부적 차별에 대한 저항이기도 하지만 우리 내부의 차별적 시선에 대한 성찰을 동시에 밀고 나가지 않으면 안 된다는 깨달음을 주기 때문이다. 메도루마 슌은 일본/오키나와라는 이분법적 구도로 오키나와의 비극을 이야기하지 않는다. 오키나와의 역사에서 그들의 내부에서 보여줬던 편성과 저항의 다양한 갈래들에 주목하면서 대만,

여성, 혼혈인에게 가해졌던 폭력의 현재성을 드러낸다.

〈어군기〉, 〈마아가 본 하늘〉은 오키나와 내부에서 일어났던 복귀론과 반복귀론의 대립을 오키나와 파인애플 공장에 계절 노동자로 온 타이완 여공과 오키나와 현지인들 사이의 차별적 구조와 중첩하면서 제국의 차별을 내면화하는 오키나와의 식민성을 정면으로 비판한다. 특히 〈마아가 본 하늘〉은 오키나와인과 대만인 여성 사이에서 태어난 '마아'라는 혼혈인을 전면에 등장시키면서 오키나와 공동체가 타자들을 억압하는 방식을 보여준다. 작품의 말미에 오키나와의 순수성을 지키고자 하는 공동체의 폭력성은 '마아'라는 존재를 통해 여실히 드러난다. 이러한 소설적 형상화를 통해 메도루마 슌은 일본 본토를 향한 비판과 동일한 힘으로 오키나와 공동체의 모순을 읽어낸다. 메도루마 슌의 작품은 오키나와가 경험한 비극의 현재성을 슬픔으로만 다루지 않는다. 오히려 슬픔을 벼려서 날카롭고도 위태로운 칼날을 만들어낸다. 그렇게 슬픔으로 빚어낸 날 선 칼날을 들고 메도루마 슌은 일본 본토와 오키나와를 동시에 겨냥한다.

메도루마 슌은 오키나와 문학의 현재적 고민을 로컬적 시각에서 읽어낼 수 있도록 한다는 점에서 강고한 서울 중심의 문학장 혹은 국민문학의 중심으로부터 벗어나는 문학적 상상력을 고양시킨다. 한국의 근대성은 기실 미국 중심의 새로운 제국주의의 편성 과정에서 생산되었다. 이러한 편성 과정 속에서 주변에 대한 중심의 폭력은 자명한 것으로 인식되기도 했다. 이러한 점에서 본다면 메도루마 슌의 작품이 우리에게 던지는 질문의 의미는 적지 않다. 은폐된 내부 식민의 문제와 직면하고 이를 통해 불온한 문학적 상상력의 지대를 확장해 나갈 수 있는 참조지대로 메도루마 슌을 읽을 필요가 여기에 있다고 할 수 있다.

불가능의 가능성과
공감의 서사

- 김연수, 《원더보이》

불가능의 가능성

인간은 '나'로 태어나 '나'로 죽는다. 우리가 알 수 있는 유일한 진리
는 삶이 죽음에 맞닿아 있다는 것이다. 삶은 '단독'의 종말을 향해 나
아간다. 외면하고 싶지만 우리가 던질 수 있는 화살은 하나다. '나'가
'너'로 죽을 수 없듯이 한 번 던진 화살은 되돌아오지 않는다. 삶은 견
고한 불가능의 연속이다. [1]

---

1) 그러므로 죽음은 불가항력이다. 무수한 불가항력에서 우리가 할 수 있는 일이란
지극한 슬픔의 정서를 쌓아올리는 일이다. 그렇다. 오래전 우리의 믿음은 불가능
과 불가항력에 바쳐졌다. 그날이 오기 전까지. 세계의 바다에서 황망하게 죽어간
'나'들을 목격하기 전까지는. 상식과 합리의 세계가 무너져 버린 그날과 마주하기
전까지는. 이 글은 슬픔의 바다를 건너기 위한 뒤늦은 독서이자 미완으로 끝나버
린 숱한 '나'들의 세상을 마주하기 위한 야전(夜戰)이다.

《원더보이》는 던져버린 화살이 아니라 던질 수 있었던 화살에 대해 묻는다. 그 물음은 '단독'의 종말만이 존재하는 세계에 대한 의문이며 불가능을 가능으로 만들려는 시도이다. 그것은 벤야민의 말을 비틀어 이야기하자면 유일한 '입법권자'이자 '집행권자'로 군림하던 세계의 질서가 뒤틀리면서 또 다른 질서가 우리 안으로 틈입하는 순간이다.

따라서 김연수가 소설의 첫 번째 장을 "1984년, 우주의 모든 별들이 운행을 멈췄던 순간을 기억하며"(9쪽)[2]로 시작하는 것은 불가피하다. "열다섯 살이 되던 해, 나는 시간이 멈출 수도 있다는 사실을 알았다."라고 말할 때 그것은 던져진 화살이 아니라 던져질 수도 있었던, 어쩌면 다르게 던져졌을지도 모르는 화살에 대해 묻는 것이다. 한 치의 망설임도 없는 이 문장에서 중요한 것은 "알았다"라는 서술어의 세계다. 시간이 멈춰질 수도 있다고 '상상'하는 것이 아니라 그것이 실재라고 '인식'하는 순간, '상상'이 '인식'의 세계로 건너온 '행위'의 순간, 시간은 전혀 다른 체계 안에서 흘러간다. 뉴턴의 물리학에서 양자역학의 세계로, 불가능의 세계에서 가능의 세계로.

이런 점에서《원더보이》는 '불가능의 가능성'을 타진하는 소설이다. '가능'의 역학을 위해 김연수는 '그'의 세계가 아니라 '나'의 세계를 선택한다. 그것은 부지(不知)의 1인칭의 세계에서 전지(全知)의 3인칭의 세계로 나아가는 것이며 '나'의 '디에게시스'와 '그/그들'의 '미메시스'의 경계를 무너뜨리는 시도이다. 1인칭의 세계 안에 갇혀있는 제한된

---

2) 김연수,《원더보이》, 문학동네, 2012. 이하 인용은 쪽수만을 명기한다.

욕망의 섬, 비통의 언어

화자(narrator)를 3인칭의 세계로 옮겨놓는 '불가능의 가능성'. 이를 위해 그는 선행적 시간을 뒤틀고 환상의 시공간으로 우리를 인도한다. 누구라도 한번은 4조5299억7028만3395번 다시 태어나고 우주의 모든 별들을 헤아릴 수 있는 순간으로. 그때 한 치의 의심도 없이 견고하게 버티고 있던 세계의 질서가 무너져 내린다.

말하는 '나'와 말할 수 있는 '나'

"원더보이"가 된 소년의 능력은 과연 무엇인가. 그것은 전지(全知)의 능력을 가지는 것이다. 다른 사람의 생각을 읽는 것은 '나'라는 제한된 화자의 자리를 전지(全知)의 자리로, '나'라는 1인칭을 '그/그들'의 3인칭으로 옮겨놓는 것이다. '나'는 말하는 사람인 동시에 말할 수 있는 사람인 것이다. 다시 말하자면 '나'는 나에 대하여 말하는 사람인 동시에 '그/그들'의 세계를 재현(representation)하는 자이다.

'나'가 나의 세계에 대해 말하는 것은 지극히 당연하다. 하지만 '나'가 나에 대해 이야기하며 동시에 '그/그들'의 세계를 재현한다는 것은 거칠게 말하자면 1인칭의 화자가 3인칭 화자의 시선을 동시에 획득하는 것이며 지상의 시선이 우주의 시선을 가지는 것이다. 근대 소설이 공고히 지켜왔던 서사의 규범을 흔드는 이러한 전략을 가능하게 하기 위해서 김연수는 타인의 생각을 읽는다는 '경이(wonder)'를 선택한다.

내가 알지 못하는 타인의 생각은 인식 불가능의 영역이다. 인식 불가능의 영역에서 대상은 존재 이전의 자리에 놓여있는 것이다. 인식할 수 없는 것들은 세계 안에서 무존재로 존재한다. 타인의 생각을 읽는 '나'의 '경이'는 존재 이전, 무존재로 존재하는 것들을 인식하는 일이고 활자화하는 것이다. 바흐친의 말을 빌리자면 '나'는 생각의 형상을 포착하는 사람이다. 말해지지 않는 것들이 활자화되는 순간, 그것은 비로소 말해질 수 있는 것이 된다. 그러나 말할 수 없는 것이 말해진다는 것은 그 자체로 음험하고 위태롭다. 말할 수 없는 것이 말의 형체를 얻는다는 것은 '말'의 형체를 무화(無化)해왔던 '세계-권력'의 균열을 의미하기 때문이다. 그런 점에서 '나'의 '경이'를 선취하고 독점하기 위한 '권 대령'의 등장은 불가피하다. '권 대령'은 형체를 얻어서는 안 되는 숱한 말들을 억압하고 길들이는 자이다. 억압의 체제를 유지하기 위한 질서 유지자로서 '권 대령'은 '나'의 '경이'를 자신의 세계 속에 편입시키려 한다.

80년대는 "대자보처럼 내 몸 안에 검고 붉은 자음과 모음이 가득한 것 같았"던 시대였고(133쪽) 말이 육체성을 획득하지 못한 채 풍문으로만 떠돌았던 시대였다. 오로지 자백만이 승인되던 시대에서 '나'의 '경이'는 고통 그 자체이다. "그 겨울 내내 고문실에 들어갈 때마다 나는 고문당하는 사람들과 마찬가지로 죽음의 고통 속에서 허우적거렸다."는 진술이 바로 그것이다.

'나'와 '그들'에게 행해졌던 고문은 무엇인가. 고문은 오직 하나의 질서만을, 그 유일성을 신체에 폭력적으로 새겨놓는 일이다. '입법권자'가 자신이 창안한 질서를 타인의 신체에 폭력적으로 각인시키는 것이다. 이 도저한 비윤리성 앞에서 '나'의 말은 '권 대령'으로 상징되는 '자백의 질서' 안에서 왜곡되고 변질된다. 하지 않은 것, 기억나지 않은 것을 자백하는 것은 자신의 삶이 그 안에서 폭력적으로 편성되는 일이기 때문이다.

앞서 《원더보이》가 불가능의 가능성을 타진하는 소설이라고 할 때, 권력에 의해 변질되고 왜곡된 '나'는 복원되어야만 한다. 그리고 이 복원의 가능성은 비윤리적 강압에도 불구하고 끝내 사라지지 않는 '나'의 세계, "내장의 가장 밑바닥에서부터" 끌어 모은 "허연 것들"이 있기 때문에 가능하다. 그것은 바로 세계의 질서가 "지울 수 없는" "저마다의" "삶의 순간들"이다. 개별자를 지우고 세계 질서의 유일성으로 환원시키는 비윤리적 권력의 작동에도 지워지지 않는 개별적 삶의 순간들. 그것은 "가장 행복했던 기억"이며 "자기가 개나 돼지나 혹은 곤충이나 벌레가 아니라는 사실을 일깨워주는 일들"이며 "가슴이 터지도록 누군가를 꽉 껴안아 다른 인간의 심장에 가장 근접했던 순간들"이다. (98쪽)

단일하고 유일한 질서를 강요하는 '자백의 어법'에 맞서 '나'의 말을 지키기 위한 노력은 의식적일 수밖에 없다. 아빠가 "세월이 아무리 흐른다고 해도 잊어서는 안 되는 일들을 적어두는" '비망록' 적기에 열중하는 것은 그러한 노력의 일환이다.

> 무엇을 적느냐고 물으면 아빠는 잊어서는 안 되는 일들을 기록한다고 대답했다. 기억하지 않으면, 혹은 기록하지 않으면 인생의 모든 일들은 흔적도 없이 사라진다는 듯이. (…) 아무리 말이 안 되는 생각일지라도 수첩에 모두 적었다. 이뤄질 가능성이 없는 몽상들, 두 눈을 뜨고 바라보는 꿈들, 문장으로 만들 수 있을 뿐 아무런 현실성도 없는 소망들. 지금까지 한 번도 일어나지 않았고, 앞으로도 일어나지 않을 게 분명한데도 그런 몽상과 꿈과 소망을 수첩에 적는 이유가 나는 궁금했다. (119쪽)

아빠의 '비망록'에는 "이뤄질 수 없는 몽상들"만 잔뜩 적혀있다. '몽상과 꿈과 소망'은 '지금-여기'에서는 불가능한 일이다. 또 다른 세계가 존재한다면, 지금-여기(뉴턴의 물리학)가 아닌 '너머'의 세계(양자역학)가 존재한다면 아빠의 '비망록'은 몽상과 꿈을 실현하는 구체적 기반이 될 수 있다. 이 지점에서 소설은 양자역학의 그 유명한 '슈뢰딩거 고양이의 역설'을 등장시킨다. "죽은 반쪽의 고양이는 바닥에 쓰러져 있"고 "산 반쪽의 고양이는 여전히 서 있"는 삶과 죽음의 역설적 동거를.

양자역학은 여러 가능성을 부정하지 않는다. 의식이 존재를 결정하기 때문이다. 슈뢰딩거의 고양이는 살거나 죽은 상태 모두를 가지고 있는 것이 아니라, 뚜껑을 열기 전에도 살고 있거나, 죽은 단 하나의 상태로 존재한다. 죽은 고양이와 살아 있는 고양이가 서로 다른 우주에 동시에 존재하기 때문이다. **3)**(평행우주 혹은 다중우주의 서사적 소환)

공감의 서사와 우주의 비밀

'원더보이'가 되는 것은 "특별한 능력을 소유"하는 일이며 그것은 "매 순간 삶이 놀라움으로 가득해지는 일"이다. '원더보이'가 된 '나'는 그 누구도 "짓밟거나 파괴할 수 없"는 자기 안의 "놀라움"을 간직하게 된다. (87쪽) 이 "놀라움"을 변질 불가능한 '심층'이라고 명명할 때, 그

---

3) 미치오 카쿠, 박병철 역,《평행우주》, 김영사, 2006 참조.

'심층'이 맞닿는 것은 '공감'과 '공감의 전달'이다. '나'가 자신의 '경이'에 대해 "죄 없는 사람들이 고통의 순간에 떠올리는 아름다운 추억들을 함께 느끼는 게 무슨 초능력이란 말인가?"라고 반문할 때(135쪽) 강토이자 희선 누나는 이렇게 말한다.

> 그건 네게는 다른 사람의 마음을 그대로 느끼는 능력뿐만 아니라 남들에게 네 마음도 그대로 전해주는 능력, 그러니까 교감과 동조의 능력이 있기 때문이지. 나는 왜 네게 그런 능력이 생겼는지 알아. 사고가 일어났을 때, 너는 어떤 빛을 봤다고 했어. (135쪽)

'원더보이'의 정체는 바로 '공감'의 능력을 가진 자이다. '경이'는 "간절히 원하"면 타자와 내가 "닮아갈 수 있다"는 믿음이며, 타자의 고통을 '나'의 고통으로 그리고 그 고통을 또 다른 타자에게 전달해 줄 수 있는 능력이다. 레비나스가 '나'라고 부를 수 있는 신체적 존재가 타자와의 관계에 들어서는 과정을 '존재론적 모험'이라고 규정할 때[4] 이러한 '공감'의 능력은 '나'의 말이 '그/그들'의 세계로 모험을 감행하는 순간이라고 부를 수 있을 것이다.

《원더보이》는 공감의 가능성이 극한으로 확장할 때 어떠한 일들이 벌어질 수 있는지를 보여준다. 그런데 이 '경이'는 생득적(生得的)인 것이 아니다. "다른 사람의 생각을 읽을 수 있다는 것과 그 생각을 이해한다는 것은 다른 문제"이기 때문이다. (147쪽) "타인의 생각을 읽을 수

---

4) 강영안,《타인의 얼굴-레비나스의 철학》, 문학과지성사, 2009, 116쪽 참조.

있"는 능력을 다른 우주의 존재를 인식하는 순간이라고 할 때 "타인의 생각을 이해한"다는 것은 새로운 우주의 질서, 그 '비의(秘意)'를 '이해'하는 순간이다. '공감'의 무한 확장을 위해 소설은 '무공 아저씨'와 '희선 누나'를 등장시킨다.

"오 년 동안 단학을 수련한 끝에" "우주의 비밀을 깨닫게" 된 '무공 아저씨'는 '우주의 비밀'을 묻는 '나'에게 "산은 더욱 산이 되어야만 하고 물은 더욱 물이 되어야만 한다는 것", 그것이 "우주의 비밀"이라고 말한다. 흡사 선문답 같은 이러한 답변은 다음의 진술에 의해 또다시 의미를 부여받게 되는데 그것은 1980년대에 대한 비판인 동시에 '국가'에 대한 '우주적' 비판이다.

> 마찬가지로 대통령은 더욱 대통령이 되고 법관은 더욱 법관이 되어
> 야만 하는 거야. 대통령이 사기꾼이 되고 법관이 권력의 시녀가 되
> 면 안 된다는 거야. 그래서 이 나라는 잘못된 거야!(148쪽)

'살인마'를 살인마라고 이야기할 수 없는, 진실의 말이 육체성을 획득하지 못한 시대, '살인마'가 대통령이 되고 '권력의 시녀'가 '법관'이 되는 '위장의 정치학'이 군림하던 시대가 바로 80년대였다. '나'의 디에게시스가 아닌 오직 '자백의 디에게시스'만이 존재하던 시대. 이러한 점에서 본다면 '무공 아저씨'의 입을 빌려 말하는 '우주의 비밀'이란 '순리'가 파괴된 우주에 대한 고백인 동시에 '순리'의 우주적 복원을 꿈꾸는 일일 것이다.

그런데 여기서 주목할 것은 이러한 '순리'의 복원이 '너머'의 우주적 질서를 무조건적으로 수용하는 것은 아니라는 점이다. 새로운 우주

가 등장한다는 것은 날마다 창조되는 것이며 날마다 종말을 맞는 것이다. "매일매일이 새로운 시작이었고 또 새로운 끝"인 삶. (151쪽) 들뢰즈의 어법으로 이야기하자면 우주의 탈영토화와 재영토화의 무한 반복인 것이다. 그래서 '나'가 꿈에서 "우주와 내가 숨을 두고 서로 실랑이를 벌이"며 "숨쉬는 법을 새로 배"우는 일은 "숨을 둘러싸고 벌어지는 우주와 나의 한판" "무승부"의 세계인 것이다. (149쪽)

이렇게 '경이'의 능력을 수련하게 된 '나'는 "누군가에게 집중하면 그 사람의 마음을 얼마든지 읽을 수 있"게 되었을 뿐만 아니라 "더 느리게 숨을 쉬고, 더 많은 감각으로 이 세상을 받아들이면 그만큼 더 천천히 시간이 흐른다는 사실을 발견"하기에 이른다. (152쪽) "나의 시간과 다른 사람의 시간이 서로 다르게 흐른다"는 것을 아는 것은 우주의 시간이 단일한 것이 아니라는 것을 인식하는 것인 동시에 새로운 우주의 질서가 뉴턴의 물리학의 세계로 틈입하였다는 것을 의미한다. (뉴턴과 양자역학의 불가능한 공존의 가능성)

우주의 비의(秘意)란 그런 것이다. 서로 다른 질서의 공존을 인지하고 이해하는 것. 무존재/존재의 경계를 허물어뜨리고 새로운 존재의 출현 가능성을 인정하는 것. 하나의 세계가 또 다른 세계와 만날 수 있다는 것을 인정하고 그 만남이 만들어내는 수많은 가능성의 세계를 받아들이는 것. 그 무한 반복과 무한 출현의 비밀을 기꺼운 마음으로 바라보는 것. 받아들이고 바라보되 휩쓸리지 않고 매몰되지 않는 것. "매일매일이 새로운 시작이고 또 새로운 끝"이라는 것. 이러한 우주의 비의(秘意)는 슬픔이 위로가 되는 역설을 만들어낸다.

강토 형이 내 손을 잡았다. 넌 나하고 있으면 돼. 강토 형이 말했다.

나는 맞잡은 두 손을 바라봤다. 그 손으로 온기가 전해졌다. 그리고 나의 슬픔이 전해졌다. 강토 형이 더욱 힘을 줬다. 그러자 이번에는 강토 형의 슬픔이 내게 전해졌다. 강토 형은 누구이며, 무엇을 원하며, 지금 그에게 없는 것은 무엇인지, 고스란히 전해졌다. **두 개의 슬픔이 합쳐졌으니, 고통받아야 마땅했지만 그 순간 나는 위로받았다.** (159쪽)

타자의 아픔과 '공감'할 때 '나'는 위안을 받는다. '공감'은 자아를 치유한다. '공감'의 '경이'는 '나'와 '그/그들'의 경계를 무너뜨리고 '현재'와 '미래'의 경계마저 허물어뜨린다. 이러한 경계 지우기는 '나'가 "두 겹의 눈"을 갖게 되는 것으로 형상화된다. "두 겹의 눈"이란 무엇인가. 그것은 "고통과 분노와 축복과 경이로 이글이글 타오르는 현재의 젊은 눈동자"인 동시에 "멀찌감치 물러나 관망하는 미래의 늙은 눈동자"(159쪽)이다. '나'가 "두 겹의 눈"을 갖게 되는 순간 '현재'와 '미래'는 하나의 무대에 동시 출현한다. 이는 '나'의 디에게시스와 '그/그들'의 미메시스가 하나의 연극 무대에 동시에 상연되는 연극의 시간이며, 부지(不知)의 1인칭과 전지(全知)의 3인칭이 동시에 '나'를 바라보는 '응시'의 시점을 획득하는 것이다. 이러한 불가능이 가능해지는 것은 바로 '공감'의 '경이'가 있기에 가능한 것이다. '공감'은 어떠한 불가능도 가능의 무대 앞에 세우는 힘을 가지고 있다. 그리고 그 불가능의 역설을 이해하고 사랑하는 것, 그것이 바로 《원더보이》가 말하는 '경이'의 세계이다.

"사람들의 고통을 온전히 이해하고" "다른 사람들에게 그대로 전달할 수 있는 능력"이란 결국 "누군가를 대신해서 그들에 대해서 이야기하는 것"이며 "그 이야기를 통해서 다시 그들을 사랑하는 일"인 것이다. 이처럼 불가능을 가능하게 만드는 우주의 비의(秘意)란 결국 하나의 세계와 또 다른 세계를 넘나드는 일의 가능성을 믿는 것이며 N개의 우주가 만들어내는 무한의 '행(行) 걸침'을 기꺼이 받아들이는 일이리라.

> 인생이란 한강과 같은 것이라고. 해가 지는 쪽을 향해 그 너른 강물이 흘러가듯이, 인생 역시 언젠가는 반짝이는 빛들의 물결로 접어든다. 거기에 이르러 우리는 우리가 아는 세계와 우리가 알지 못하는 세계 사이의 경계선을 넘으리라. 그 경계선 너머의 일들에 대해서 말하면 사람들은 그게 눈을 뜨고 꾸는 꿈 속의 일, 그러니까 백일몽에 불과하다고 말하겠지만, 그렇기 때문에 단 한 번도, 그 누구에게도 내가 본 그 수많은 눈송이들에 대해서 말한 적이 없지만, 나는 알고 있었다. 시간이 지나면 인간은 누구나 아이에서 어른으로 자라고, 결국 생의 마지막 순간에 이르러 그 빛들을 경험한다는 사실을. (199쪽)

"생의 마지막 순간에 이르러" 우리는 우주의 비의(秘意)를 경험한다. 그것은 지(知)의 세계와 무지(無知)의 세계 사이의 경계가 허물어지는 순간이다.

또한 '공감'은 또 다른 국가를 상상할 수 있는 원천으로 작용한다. 1980년대가 '나'의 디에게시스조차 용납하지 않았던 시대였다는 사실을 상기한다면 이것은 80년대의 질서를 무너뜨리는 위험한 월경(越境)의 시작이다. "권력의 무자비한 폭력에 대해서는 경외하면서도 타인의 고통에 대해서는 애써 눈을 감"을 수밖에 없었던 시대에 타인의 고통에 '공감'하는 것은 또 다른 국가, 또 다른 우주를 꿈꾸는 출발선에 우리를 서게 한다.

왜냐하면 이 나라에서는 타인의 고통에 공감하는 것 자체가 탄압의 대상이고 이적행위니까요. 그러니 고통받는 사람들은 더욱 고독해질 수밖에요. 어떻게 그럴 수가 있나요? 국가는 왜 자기 안에 고통이 있다고 말하는 사람을 적으로 간주하는 건가요? 그게 아니라면 가난하고 핍박받는 사람들의 고통에 공감하는 사람들을 이적행위자로 몰 이유가 없지 않아요? 우리에게는 이런 국가 말고 다른 국가를 선택할 권리가 없는 건가요? 만약 그런 권리가 우리에게 없다면, 무자비한 국가 폭력에 겁을 먹고 타인의 고통에 눈을 돌리는 사람들에게 우리가 할 수 있는 일이 과연 무엇일까요? 그건 타인의 고통을 공포보다 더 강하게 느끼게 만드는 일이에요. (190~191쪽)

'공감은' 또 다른 국가를 선택할 수 없는 것인가라고 묻는 구체적 물음으로 우리 앞에 다가온다. 이제 선택의 자리가 문제인 것이다.

기억의 창조-'경이'로 향하는 길

《원더보이》의 전반부가 '공감'의 '경이'가 만드는 불가능의 가능성에 대한 이야기라고 한다면 그 뒤는 기억의 복원 혹은 창조를 시도하는 불가능의 가능성을 향해 나아간다. 이것은 개인을 동일한 자장 안에 포획하려는 권력의 전체성을 돌파하는 방법으로 채택된 것이라 할 수

욕망의 섬, 비통의 언어

있다. 타자를 동일한 전체로 환원하고 과거를 동일한 기억으로 수렴하는 권력을 돌파하기 위해 기억은 새롭게 재편되어야 하며 때로는 창조되어야 하는 것이기 때문이다. 소설의 중반부에 가서 작가는 화자를 달리하여 남장을 하게 된 강토/희선의 이야기를 들려준다.

여기서 잠시 소설의 서사를 따라가 보자. 1974년의 서울, 권력에 반기를 들었던 사람들이 사형을 당하자 감옥 안에서 그들과 만났던 젊은 시인은 그가 들었던 말을 완전히 외울 때까지 되뇐다. 숱한 반복 속에서 기억된, 죽은 자들의 말들을 시인은 어렵게 구한 종이에 적는다. 진실을 전하려는 자와 진실을 부정하는 권력의 대결은 결국 기록이 압수되면서 권력의 승리로 끝이 나는 듯했다. 하지만 얼마 후 사흘에 걸쳐 젊은 시인의 기록이 신문에 발표되고 만다. 감찰에 나선 정보부는 내무부에서 파견된 이사관을 조사하지만 별다른 혐의점을 찾지 못한다. 하지만 신문에 발표된 시인의 글에 오식이 발생한 이유를 궁금해하던 정보부는 이사관의 집을 압수수색한다. 그 과정에서 2층 딸의 방에서 오식된 글자에 빨간색 사인펜으로 동그라미가 그려진 신문 기사를 발견하게 된다. 동그라미를 연결하자 그것은 기억의 천재 이수형의 이름이 된다. 이사관은 자신의 사무실을 찾은 이수형에게 시인의 글을 보여준 것이다. 이수형은 그것을 통째로 외웠고, 자신의 기억력을 희선에게 과시하기 위해 몇 개의 글자를 바꾼 것이다. 이로써 이수형이 정교하게 기억했던 기억이 수형과 수형의 부친, 희선을 파멸로 내몬다.

기억 속 저장공간 중에서 가장 정교했던 것은 '1974년 기억의 서울' 이었어. 그는 광화문 네거리에서 종로 5가까지의 거리를 통째로 머

릿속에 넣은 거야. 그건 일 년에 걸쳐서 아주 공들여서 만든 가상의 거리였어. (76쪽)

일 년에 걸쳐 만들어낸 기억의 거리에는 "반체제 세력에게 고급정보를 제공하는 정부 내 관리들의 명단과 그들이 유출한 정보들, 수배자들의 뒤를 봐주고 있던 종교인들과 자금을 대주던 기업가들에 대한 정보"에 이르기까지 국가의 질서를 위협하는 모든 정보들이 담겨 있었다. 수형은 "취조실에서 자신이 기억하는 모든 것을 털어놓았"고 그것은 끔찍한 결과를 초래한다. "수많은 사람들이 그의 말 때문에 정보부에 끌려가 고초를 겪"었고, "한 달 만에 풀려난" "그를 기다린 것은 아버지가 죽었다는 소식이었"다.

끔찍한 비극 앞에 이수형이 선택한 것은 자신의 기억을 부수는 일이었다. 수형의 기억 속에서 폐허가 되어버린 1974년. 수형은 1974년 이후로는 자신조차도 기억하지 않으려 몸부림친다. 하지만 1980년 봄. 수형과 희선이 다시 만난다. "정보부에 끌려가기 전에 만났던 사람들 중에서 그가 잊지 않으려고 애쓴 유일한 사람" 희선은 그에게 "다시 기억의 서울을, 이번에는 완전히 새로운 1980년 기억의 서울"을 만들자고 제안한다. 희선은 "기억한다는 것, 그 자체를 두려워했"던 수형을 설득하고 그들은 다시 주말마다 광화문 네거리에 서서 1980년 기억의 서울을 새롭게 만들기 시작한다. (280~281쪽)

하지만 이들의 시도는 1980년 여름, 그날의 일 때문에 중단되고 만다. "光州 일원 데모 事態"라는 여덟 글자가 신문 1면에 실린 그날. "우리가 믿고 소망하고 사랑하는 것들이 얼마나 연약"하고 "곧 사라지게 돼 있"는지 "언제나 무너지고 무서지고 잊힐 뿐"이라는 좌절만이 부패한 안개처럼 가득하던 그해. 수형은 1980년 기억의 서울 대신 1980년 기억의 광주를 유인물로 뿌리고 체포되고 고문당하고 생을 마친다.

다소 장황하게 이야기를 진행했지만 수형과 희선이 1980년의 서울을 새롭게 만들어가는 것은 단순히 기억을 복원하는 행위가 아니다. 과거의 반복이나 복기가 아니라 완전히 새로운 1980년의 서울을 창조하는 행위이다. 그것은 말해지지 않은 것들을 말하는 것인 동시에 기억을 동일하게 편성하려는 권력의 자장을 뒤흔드는 것이다. 또한 개인이 단단한 세계의 질서를 뒤흔들 수 있는 '선택'의 주체라는 것을 말해주는 것이다. '나'가 꿈 속에서 엄마와 만나는 장면은 바로 이러한 선택이 '경이'의 세계로 나아갈 수 있는 전제라는 것을 일깨워준다.

> 이렇게 두 팔을 펼쳐봐. 네 몸은 종이처럼 가벼워질 거야. 눈을 감고 너를 끌어올리는 거대한 힘을 느껴보거라. 우리 머리 위 몇만 미터에서 부는 우주의 바람을 상상해. 그 바람을 타고 거대한 봉우리를 넘어간다고 생각하는 거야. 모든 건 너의 선택이라는 걸 잊지 말아라. 원하는 쪽으로 부는 바람을 잡아타면 되는 거야. 절대로 네 혼자 힘으로 저 봉우리를 넘겠다고 생각해서는 안 돼. 혼자서는 어디도 갈 수 없다는 걸 기억해. 너를 움직이게 하는 것은 바람이란다. 너는 어떤 바람을 잡아탈 것인지 선택할 수 있을 뿐이야. 불타는 저 도시는 우리의 기억이 머무는 곳. 그리고 이쪽은 우리가 평생 오를 봉우리. 끝내 한 번은 넘어야만 하는 검은 봉우리란다. (300~301쪽)

"우리의 기억이 머무는" 우주, 그리고 "우리가 평생 한 번은 넘어야만 하는 검은 봉우리"를 상상하고 그 둘 사이를 자유롭게 떠다니는 것. 세상의 우주와 우주의 세상의 행간에서 자유로운 비행을 하는 것, 그리고 그러한 비행의 순간 타인과 함께 하는 것. 자유로운 비상과 공감의 가능성을 믿는 것. 그것이 바로 《원더보이》가 보여주는 '놀라운 세계'인 것이다.

그럼에도

앞서 《원더보이》는 우리가 던질 수도 있었던 또 다른 화살에 대해 이야기한다고 했다. 우리는 소설에서 타자의 슬픔에 '공감'하는 화살의 궤적과 마주한다. 화살은 '경이'의 과녁을 정조준한다. 여기에서 우리는 질문 하나를 던져볼 수 있다. 그것은 왜 하필 '경이'인가라는 물음이다. 이것은 왜 '공감'은 '경이'의 영역에서 작동하는가라는 문장으로 바꿔 말할 수 있을 것이다.

환상은 환상으로서만 존재한다. 이 동어반복의 문장 앞에 '왜'라는 질문은 용납되지 않는다. 환상이 질문을 받아들이는 순간, 환상은 그 스스로 현실 세계에서의 작동 불가능을 고백하는 것일 터이기 때문이다. '공감'을 이야기하기 위해 환상의 세계로 월경해버린 것은 의도하든 의도하지 않았든 '공감'이 환상을 통해서만 가능하다는 것을 고백하는 것이며 환상이 아니고서는 사실을 이야기할 수 없다는 것을 드러내는 것이다. 현실을 돌파하기 위해 환상을 소환할 때 자칫 그 환상이 또 하나의 닫힌 세계가 될 수도 있다는 것을 염두에 두지 않는다면 그것은 또 하나의 닫힌 세계, 불가능의 세계를 반복하는 것이다. 문학의 무기가 사실과 환상이라고 할 때 그것은 서로 교차하는 열린 공간

이어야만 한다. 《원더보이》가 내세우는 월경의 알리바이가 '경이'가 아니고서는 공감할 수 없는, 공감이 '경이'가 되어버린 시대, 혹은 '경이'로서라도 '공감'하고자 하는 당대의 한계와 욕망이라고 할지라도 그것은 언제나 당대의 질료에서 환상의 과녁을 향해 날리는 화살이어야만 할 것이다. 그렇다면 이제 우리는 다음의 물음에 답해야 한다. 우리가 던질 수 있는 화살은 과연 남아있는가. 우리는 어떤 화살을 던져야 하는가.

종횡무진의 '식도락',
삶을 노래하다

– 강우식,《꽁치》

'먹는다'라는 섭생의 굴레

우리는 늘 먹는다. 혼자서 먹기도 하고 함께 먹기도 한다. '먹는다'는 행위는 생존의 조건이자, 섭생의 굴레이다. '먹다'라는 서술어가 발화될 때 우리는 '먹는다'라는 행위를 통해서만 우리의 신체가 지속할 수 있다는 사실을 자각한다. '먹고사니즘'이라는 말이 의미하는 것처럼 '먹는다'라는 행위는 단독의 서술어로 존재하지 않는다. 우리가 '먹는다'라는 서술어를 발화하는 순간 그것은 종종 삶의 구체성, 삶을 가능하게 하는 수많은 조건들을 환기시킨다.

그런 점에서 강우식의 《꽁치》는 단순히 음식을 시의 제재로 삼고 있지 않다. 그가 음식을 대상으로 삼을 때 그것은 단순한 대상이 아니라 섭생의 굴레를 살아갈 수밖에 없는 실존의 자리로 옮아간다.

포도를 가볍게 보지마라/방울방울 눈물이 맺혀 있다./어떤 눈물이든 사연이 있다는 얘기다./알알이 눈물과 기도와/가난과 용서와 겸허함과 사랑이 있다./드넓은 들에 불어오는 바람의 따스한 입김과/흙의 부드럽다 못해 견고한 너그러움과/초록 잎새를 닮은 희망과/끊으래야 끊을 수 없는 인연의 줄기로/뼈대를 만들고 짠 피와 살이다./완벽한 너무나 완벽한 우주다/그 속에 하나님이 있으시다./하나님의 피와 말씀이 있다./대저 오늘 우리가 입에 대는 음식이란/저 포도와 다름없나니/먹는 것 앞에서 지나치게/자신을 드러내 뽐내지 말며 죄짓지 말 일이다./가끔은 하늘의 천둥과 벼락이/우리들 세상의 무슨 계시처럼/왜 머리칼이 곤추서도록 때리고/시퍼런 바다의 파도는 온몸이 전율토록/흰 이를 드러내며 허리를 꺾는지/그 무언의 말씀과 헌신의 소리를 들을 일이다./포도와 다름없는 모든 일용할 양식에/오늘도 감사의 두 손을 모을 일이다.

('포도' 전문)

포도는 단순히 대상으로 존재하지 않는다. 포도는 "알알이 눈물과 기도", "가난의 용서와 겸허함과 사랑"이 담긴 하나의 "우주"로 존재한다. 그에게 음식은 섭생을 가능하게 하는 존재로서만 인식되지 않는다. 음식은 그 자체로 우주이며, 삶의 구체성의 순간들과 마주하는 비의(秘意)를 간직한 물(物)의 총합이다. 그렇기에 포도에는 "하나님이", "하나님의 피와 말씀"이 담겨 있다. 그에게 음식은 생의 섭리를 구명(究明)하기 위한 물(物), 그 자체이다. 일견 식상해 보이는 "포도와 다름없는 모든 일용할 양식에" "감사의 두 손을 모"으는 행위가 고루해 보이지 않는 것도 이 때문이다.

그는 오로지 인간의 미각을 만족시키기 위한 대상으로 음식을 바라보지 않는다. '먹방'을 넘어 '쿡방'이 대세가 되어 버린 요즘, '어떻게 하면 맛있게 먹을 것인가'라는 말초적 관심이 아니라 삶과 죽음, 에로스와 타나토스가 내재된, 그래서 음식 그 자체가 아니라 음식에 담긴 삶을 노래하는 것. 그것이 그가 음식을 전면에 내세우고 있는 이유다.

이러한 관점은 그의 시집 말미에 실린 '여적(餘滴)'에도 잘 나타나 있다. 잠시 그의 말을 들어보자.

> 맛은 역사다. 먹고 마시는 일상의 축적이다. 맛은 그리하여 생기지만 꽃의 절정과 같은 최상의 맛은 찾지 마라. 맛의 끝은 어떤 먹거리에도 없다. 음식이라는 짐승에게서 자족의 기본을 배워야 한다. 그런데 인간은 보다 간교하고 영리하여 맛보기 위해서 입에 넣고 그 맛의 감고신산을 혀로 느끼며 즐기고 또 그것도 미진해 온갖 산해진미를 포만지도록 먹고 다시 윽윽 악악 깨악질 하는 작태를(그래서 천벌을 받은) 로마시대의 유적 폼페이의 귀족 집 벽화에서 보고 알았다.
>
> ('여적' 중에서)

그에게 음식은 맛을 느끼기 위한 대상이 아니다. 음식의 맛에는 인간의 역사와 일상이 집적되어 있다. 맛의 극치를 탐닉하는 대상이 아니라 맛에 담긴 삶을 노래하기 위해 그는 음식을 전면에 내세운다. 그래서 그의 시는 '먹는다'라는 행위에 담긴, 섭생의 굴레를 벗어날 수 없고 그렇게 지속될 수밖에 없는, 삶의 존재론적 한계를 노래하고 있다.

삶의 비의(秘意)를 노래하는 '썩음'의 시학

> 맞춤하게 늘어진 엄니의 젖이다//뚜껑이 덮인 그릇은//귀두의 테
> 가 분명한 아버지의 물건이다//음과 양이 상하 잘 조화를 이룬 그릇
> 속의//성스러운 밥을 내가 먹고 커왔다.
>
> ('밥그릇' 전문)

밥그릇은 "맞춤하게 늘어진 엄니의 젖"이자 "귀두의 테가 분명한 아
버지의 물건"이다. 그 "물건"에서 나와 "늘어진 젖"을 먹으며 우리는
자랐다. 삶이란 그런 것이다. 아비와 어미의 교합으로 세상에 나온 생
(生)이란 에로스의 결과물인 동시에 어쩔 수 없이 타나토스로 옮아가
야 하는 존재이다. '밥그릇'은 단순히 밥을 담는 그릇이 아니다. 삶과
죽음이 공존하는 '성스러운' 물(物)이며, 삶을 가능하게 한 원초성이
다. 음식을 담아내던 그릇이 그러할 터인데 아내와 함께하던 밥상, 아
내가 생전에 자주 내어놓던 '물미역'은 어떠한가. 아내가 살아있을 때
에는 "손도 안 대던 물미역을" 아내가 세상을 떠난 뒤에 홀로 먹을 때
그는 아내의 생존을, 아내와 함께했던 삶을 함께 '먹는다'.('물미역')

음식은 사랑이다. 음식은 죽음이다. 삶은 에로스와 타나토스의 시
소에 매달려 있다. 삶의 평형이란 어쩌면 "철퍼덕 뜨거운 번철에 퍼질
러 누워서" "속까지 다 까발린 누울 댁이 해물파전밖에 더 있는가"('해
물파전')라며 노래하는 '에로스'의 순간과 "서로 한물간 팔자인데 냉동
이면 좀 어떠랴"라며 늙음을 받아들이는 세월의 무상을 견디는 것이
다. 삶은 산다는 일의 지난함과 먹고사는 일상의 번잡함을 버텨내는
것이다.

일상이란 그런 것이다. 산다는 일은 "하필이면 밥 먹다가 살아 있다는 것이 이제는/저승 간 사람들과 인연이 더 많이 걸리는 연륜"('밥을 먹다가')이며 "세월 속에서도 잘 삭혀 익혀야 되는" "썩은 냄새"('밥을 먹다가')를 풍기는 일이다. '썩는다는 것'은 '숙성'이다. 사랑도 "몸서리쳐지도록 시큼 새콤"한 "묵은지"('묵은지')이다. 썩어가는 것이 삶이고, 썩음을 견뎌내는 것이 사랑이다. 그 사랑의 냄새는 "최고급 향수"의 냄새가 아니라 "시큼"하고 "새콤"한 "묵은지 냄새"이다. 묵은지 같은 사랑, 묵은지 같은 인생. 음식은 그 썩음의 향내와 함께하는 일이고, 그 썩음의 섭리를 견뎌내는 일이다.

음식은 썩음으로써 비로소 섭생을 가능케 하고, 사람도, 사랑도 썩음의 과정 없이 존재할 수 없다. '썩는다'는 것은 자기를 버려야 가능한 일일 터. 음식이 음식의 형태를 버려야 하듯이, 삶도 삶의 형식을 버려야 비로소 삶의 진실에 가닿을 수 있다. 그런 점에서 《꽁치》 시편은 '썩음의 시학'으로 써내려간 삶의 비의(秘意)들이라고 할 수 있다.

> 튀겨졌다고 해도/재빨리 꺼내야 제 맛을 즐길 수 있다./맛을 낸다는 것이 착각의 연애 같으다.//사람도 저와 같다./다시마는 스님의 입에 가면서도/"다시 갈고(摩) 닦으라"는 계율 같은 것인가.//다시마를 단순히 맛만으로 튀긴다고/보지 마라, 나 같은 중생도 그 튀김에서/제 부피대로 부풀어 오르는 사물의 이치와/불과 기름의 오묘한 중용을 터득한다.
>
> ('다시마튀김' 중에서)

불을 만나 제 몸을 튀겨내는 '다시마튀김'을 보며 그는 "제 부피대로 부풀어 오르는 사물의 이치"를 자각한다. 이때 다시마는 다시마가 아니다. 불과 기름이라는 화염(火焰)을 만나 썩어갈 때 다시마는 다시마 튀김으로, "불과 기름의 오묘한 중용"을 일깨우는 존재가 된다. 그렇게 우리네 삶도 버티고 견뎌내야 한다는 것을 그는 말하고 있다. 그리고 그 견딤의 과정이야말로 에로스로 시작된 우리의 삶이 걸어가야하는 일임을 이야기하고 있다.

기억으로 차려낸 일상의 순간들

논산은 신병훈련소에 입대하여/일과처럼 맞아야 잠자던 시절이/기억의 저편에 작대기 하나로 서 있었다./내 마음속의 이를 악문 멸과 분노를/고요히 잠재우고 다시 논산이 좋아진 것은/탑정호수에서 먹은 붕어찜 때문이다./사랑하면 음식도 따라 달라지는지/붉은 고추장 꽃이 핀 붕어찜이 있었다./사랑은 초콜릿에만 깃든 게 아니라/비리고 비린 붕어에도 깃들어 있었구나./냄비 속에서도 붕어가/꽃잎처럼 붉게, 붉게 물들어 가며/맵고 알싸한 고춧가루로 끓는구나./뜨거운 불 속에 죽어가면서도/사랑 때문이라면 죽어도 좋아하는/살신성애(殺身成愛)의 헌신이여./그 사랑에 만세 부를 수 없는 나는/속옷 벗고 은가락지 찬 꼴로/붉은 혀가 들통날까 봐/시치미 떼고 먼산 바라기를 하고 있었다.

('붕어찜' 전문)

'붕어찜'을 먹을 때 그는 훈련병 시절의 한때를 기억해낸다. 분노 없이는 상기할 수 없는 처참한 기억의 공간이 논산 훈련소이다. 하지만 그 논산의 기억은 '붕어찜'의 맛으로 다시 호명된다. 처참했던 기억마저 잠재우는 것, 그것이 맛이 가진 힘이다. 오로지 미각의 쾌락만이 전부가 되어 버린 시대에 그는 맛의 진정한 힘을 잔잔히 노래한다. 이때 맛은 단순히 음식에만 국한되는 것이 아니다. 어린 시절 "동상 든 손가락에 머물"던 고드름의 맛까지도 환기된다. 음식은 미각의 대상만이 아니다. 맛의 기억은 삶의 구체적 순간을 환기하며 기억의 성찬을 차려낸다.

> 화혼까지 가자던 아내의 시간이 멈췄다./죽지 못해서/혼자 차려 먹는 밥상//밥과 국/누군가 혼자 산다고 보내준 김치./멸치퐈리고 추볶음/생일처럼 더해 먹는 가지나 호박 무침.//밥 한술 입에 떠 넣고/오물거리는 내 몰골 너무 빈티 나/숟가락 탁 놓고 연극처럼/차라리 죽는 게 낫지…//가까운 친구들을 만나면/박사보다 더 높은게 밥 사라며/곡기 끊으면 죽는다고 걱정해주면/그래 내 일찍 죽어/마누라 곁에 가려고 그런다/불경 읽듯이 되뇌다가도/하기야 그 말이 옳긴 옳지.//차라리 무슨 교회의/천사무료급식소에나 가 밥을 빌까./그 짓도 죽는 날까지 못할 거 같고//고작 위로 아닌 위로는/멸치만은 우리나라에서 제일이라는/남해 죽방림 멸치인데 하며/젓가락을 넣었다 뺐다 한다.
>
> ('소박한 밥상' 전문)

아내가 죽은 뒤 혼자서 차려낸 밥상. 그 밥상에서 그는 아내의 부재를 몸서리치도록 자각한다. 기억이 차려낸 밥상 앞에서 그는 "젓가락을 넣었다 뺐다"만 반복한다. 그는 밥상 앞에서 머뭇거린다. 그의 머뭇거림은 '먹는다'라는 서술어가 단독으로 존재하지 않는다는 것을 의미한다. '먹는다'라는 행위에는 삶의 구체성들로 쌓아올린 기억이 존재한다. 그가 마주한 밥상은 아내와 함께한 일상의 시간들이다. 그 시간의 축적 앞에서 그는 차마 젓가락을 들지 못한다. "남해 죽방림 멸치"라는 위로 아닌 위로를 던지면서도 그는 아내의 부재를 일상으로 받아들여야 하는 현실과 마주한다. 그 밥상 위에 얼마나 많은 삶들이 펼쳐졌던 것일까. 우리는 알지 못한다. 하지만 밥상을 앞에 둔 부부의 일상은 얼마간 짐작 가능하다. 신혼의 열정과 중년의 안정을 지나 노년의 자리로 시간은 흘러왔다. 그리고 그 시간의 어느 순간 아내가 먼저 세상을 떠났다. 그리움은 밥상 하나로 남아 화자 앞에 놓여있다. 밥상 하나로 차려낸 그리움. 그 기억의 애잔함 앞에서 어찌 눈물을 흘리지 않을 수 있을까.

혼자서 차려낸 밥상 앞에는 "꽃 피고 새 울어 춘정이 무르녹는 봄에는 포경수술"을, "모든 사물들이 성숙해지는 여름에는 항문수술", 그리고 "가을에는 하필이면 쓸개 없는 놈이 되는 담석 수술", "겨울은 분에 맞지 않게 식탐했다고 하나님께서 내리신 위암수술"을 차례로 건더내야 했던 시인의 일상이 놓여있다. 삶의 매 순간 아프지 않았던 때가 있었던가. 그 고통의 순간, 그리고 고통을 함께하며, 위로를 던지던 아내와의 갑작스러운 이별. 그렇게 그는 밥을 먹으며 기억과 마주한다.

음식은 단순히 섭생을 위해서만 먹는 것이 아니다. 음식을 함께하는 일은 삶을 함께하는 것이고, 삶의 기억을 공유하는 순간이다. 그가 음식을 노래할 때 우리는 한 끼의 뜨거운 밥과 국으로 차려낸 밥상을 함께 먹으며 삶을 공유한다. 삶은 그런 것이다. 밥을 함께 먹으며 그 밥상 위에 놓인 음식을 나눠 먹을 때 우리는 미각의 힘으로 시간을 우리의 신체에 기입하는 결정적 순간을 경험한다. 그 절절한 신체성이 있기에 우리는 함께할 수 있다. 그에게 음식은 이러한 신체성을 각인하는 매개이며 기억으로 쌓아올린 신체의 구체적 감각을 일깨우는 존재들이다.

음식의 맛, 삶의 맛

그렇기에 시인에게 음식의 맛과 삶의 맛은 다르지 않다. 음식의 맛을 아는 일은 삶의 맛을 아는 일이다. 오랫동안 병을 앓아왔던 그가 '차 맛'에 대해 노래한 다음의 시를 보자.

> 차 맛을 모른다는 것은 물맛을 모른다는 거와 진배없다/맹물 맛이 물맛이겠거니 막 살은 내가/위암에 걸려서야 세상에서/상수약선(上水若善)의 진실을 깨달았다/물이 명줄 잇는 생명이듯이/차 맛도 여기서 벗어나질 못한다/고향 근처의 오대산에는/신라 때부터의 우통수(于筒水) 샘도 여태껏 있어/스님께 귀한 차 대접을 받은 바 있으나/이 또한 내가 가까이 다가가기는 첩첩산중이다/처음과 끝이 다르지 않은 물맛을 언제 깨치랴/(중략)//여리고 여린 잎들의 중생의 바다에서/우려내는 그윽한 초록빛 향은/갓난아기의 천진함인 양 격없이 맑다/늘 은은히 감도는 차 한 잔의 운치는/생의 굽이마다 격조를 잃지 않으려 했던/아내의 옅은 살 냄새이기도 하다
>
> ('차 이야기')

삶의 질곡을 경험한 자만이 진정한 차의 맛을 알 수 있다. 물맛이 거기서 거기겠거니 생각했던 그가 "상수약선(上水若善)의 진실"을 알게 된 이유는 '차 맛'이 결국 "물이 명줄 잇는 생명"과 같다는 깨달음 때문이다. 물이 삶의 조건이듯이 차 한 잔에도 삶이 담겨 있다. 차 한 잔에서 삶을 이야기하고, "생의 굽이마다 격조를 잃지 않"았던 "아내의 옅은 살 냄새"를 맡는 것은 단순히 아내에 대한 그리움 때문만이 아니다. "아내의 살 냄새"는 관능을 넘어서 일상을 함께해온 시간의 침전물이 풍기는 삶의 냄새이다. 그가 말하는 '차 맛'은 단순히 미각의 차원에 머물지 않는다. 음식의 맛이란 결국 시간을 일깨우는 미각 그 자체라는 사실을 그는 말하고 있다. 음식의 맛, 삶의 맛이 다르지 않음을, 음식의 맛이 삶의 맛과 함께하는 것이며 음식과 삶이 다르지 않음을 그는 노래하고 있다. 그렇기에 《꽁치》는 읽기보다는 맛보아야 한다. 맛의 성찬으로 차려낸 삶의 밥상에 동석하는 기쁨이 이 시집에 있다.

어둠으로 말하는 작가,
정영창

어둠으로 말하는 작가

　정영창의 그림은 어둠으로 말한다. 먹으로 그려낸 흑백의 선명한 명암들을 응시할수록 어둠은 환하게 빛난다. 정영창의 작품을 처음 봤을 때 유독 눈에 띄었던 것도 바로 어둠이었다. 2011년 한국에서 번역된 《서승의 동아시아 평화기행》이라는 책에는 정영창이 그린 서승의 초상화가 책날개에 그려져 있다. 그림 속에서 혹독한 고문 끝에 스스로 불을 뒤집어 쓴 과거의 흔적이 그대로 남은 서승의 얼굴을 볼 수 있었다. 오랜 세월도 지울 수 없었던 고통의 흔적이 어둠 속에서 도드라져 보였다. 독일에서 활동하는 그의 이력을 찾아보고, 몇 번의 귀국 전시회 소식을 지상(紙上)에서 본 것이 전부였지만 그때 받은 생경함은 잊히지 않았다.

　서승의 초상화를 다시 보게 된 것은 예술공간 이아에서 열린 기획

전시회에서였다. 44점의 작품을 감상하는 일은 고통스러웠다. 그의 작품은 관습적인 미학적 감수성의 체계를 뒤흔든다. 그의 그림 앞에 서면 우리가 생각하는 아름다움이란 고통의 망각으로 쌓아올린 모래 성과도 같다는 생각이 들 수밖에 없다. 언제부터인가 예술이 고통을 말하지 않게 되었다. 문학도 마찬가지다. 익숙한 감성을 나열하는 것만이 최선이라는 듯 최근의 소설에서는 고통조차도 개인적 체험의 울타리를 넘지 못한다. 공감이 사라진 자리에 치졸한 감성만이 넘쳐난다. 현실을 다루되 현실에서 은폐된 부조리에는 다가가지 못하는 언어는 얼마나 무력한가. 그 무력의 증거들 속에서 우리는 어쩌면 너무 쉽게 살고 있지는 않은가.

정영창의 작품들은 마치 깜깜한 어둠의 장막을 찢고 우리가 잊고 있었던, 어쩌면 잊고 싶었던 고통의 기억들을 보여준다. 서승, 정대세, 윤상원, 문규현 등 우리 현대사의 질곡을 관통했던 이들의 얼굴을 그는 정면으로 응시해야 한다고 말한다. 지구 저편에서 지금도 자행되고 있는 수많은 폭력의 희생자들, 피를 흘리고 죽어간 낱낱의 죽음은 그의 작업으로 생생한 현실로 떠오른다. 그가 농밀한 색채로 그려낸 얼굴들은 현실이되 현실이 아니라고 도리질 쳤던 우리의 믿음을 산산조각 내버린다. 어둠은 그렇게 무력한 일상을 한순간에 삼켜버린다.

은폐된 폭력과 마주하는 기억의 언어들

그의 작품들은 어둠으로 쌓아올린 기억들이다. 그렇기에 그가 그려낸 얼굴들을 바라보는 것은 은폐되어 있던 폭력과 마주하는 일이다.

기억은 그렇게 어둠으로 스며들고 스며듦으로 인해 우리는 잊고 있었던 고통을 자각한다. 정영창의 작품 앞에서 우리는 온몸으로 어둠에 스며들고 그렇게 잊고 싶었던 기억을 만난다. 독일에서 활동하고 있던 작가는 먹으로 사람들의 얼굴들을 그려내기 시작한 계기를 오키나와를 방문했을 때라고 고백하고 있다. 일본 본토에서 유일하게 지상전이 벌어졌던 섬, 오키나와. 기록에 의하면 당시 본토 출신 군인 6만 5000여 명, 오키나와 징집병 3만 명, 민간인 9만4000명이 희생됐다고 한다. 이 밖에도 조선인 군부와 위안부 1만여 명도 당시 전투과정에서 희생당했다.

흔히 조선인 위안부 문제가 공식적으로 거론되기 시작한 때가 1991년 8월 14일 고(故) 김학순 할머니의 증언이 불거지면서부터라고 알려져 있다. 하지만 1991년 10월 오키나와에서 쓸쓸히 사망한 조선인 위안부 출신 배봉기 할머니의 존재는 잘 알려져 있지 않았다. 배봉기 할머니는 1만 명이 희생된 오키나와 전투에서 살아남은 몇 안 되는 조선인 위안부 출신이었다. 고국으로 돌아오지 못한 채, 한국어도 잊어버리고 오키나와에서 살아가야 했던 배봉기 할머니의 존재가 알려진 것은 1972년 오키나와가 일본으로 반환된 이후였다. 오키나와가 일본에 반환되면서 배봉기 할머니는 불법체류자 취급을 받고 강제퇴거 대상이 되었다. 3년의 유예기간 안에 신고하면 특별 체류 허가를 내주는 조치가 취해졌고 배봉기 할머니는 당연히 특별 체류 허가를 신청했다. 그 과정에서 오키나와에 끌려왔던 조선인 위안부의 실체가 드러나게 되었다. '패전'의 기억 속에서 잊혔던 피해자의 생생한 삶은 일본 사회에 적지 않은 파문을 던졌다. 평생 가위로 자신의 목을 찌르고 싶다면서 자신의 삶을 저주했던 배봉기 할머니의 사연은 국내에서 번역된 《빨간 기와집》에 잘 드러나 있다.

동아시아 비극의 역사를 관통하는 오키나와에서 작업의 모티프를 얻었다고 고백하는 작가의 발언은 의미심장하다. 그것은 그의 작업이 잊고 있었던 기억과 마주하기 위한 예술적 선언이자, 실천이라는 점을 잘 보여준다. 생각해보면 동아시아의 역사는 어둠의 연속이었다. 식민과 전쟁의 역사는 인간의 존엄성을 근본적으로 회의하게 만들었다. 살아남은 것이 오히려 죄악이었던 시절, 동아시아 민중들은 암흑의 시대를 건널 수밖에 없었다.

그 어둠의 정체는 민중들이 겪어야 했던 낱낱의 역사(history)들을 대문자 역사(History)에서 배제해 갔던 강요된 망각의 어둠이었다. 오랫동안 은폐되었던 타자의 고통은 차마 볼 수 없는 어둠의 저편에서 홀로 숨죽이고 있었다. 그런 점에서 정영창의 작업들은 예술의 힘으로 어둠을 응시하려는 시도들이다. 어둠을 바라보면서 어둠이 숨겨버린 기억은 우리 앞에 하나의 얼굴로 등장한다.

그렇게 함으로써 그의 작품들은 은폐된 폭력의 사연들을 드러낸다. 잊혔던 이름들은 어둠의 장막을 걷고 현실의 세계로 옮겨진다. 잊혔던 얼굴은 현실의 질감을 얻는다. 누군가는 그의 그림이 보여주는 선명한 명암의 대비에서 빛의 질감에 먼저 반응할지도 모른다. 하지만 우리가 발견하는 빛은 어둠이 있기에 비로소 광채를 얻는다. 그런 점에서 그의 작품은 빛이 아니라 어둠을 말하기 위한 것인지도 모른다. 그의 작품은 우리를 둘러싼 현실이 얼마나 두터운 어둠으로 둘러싸여 있는지를 보여준다. 그의 작품 속에서 생의 질감을 얻은 얼굴들은 현실의 부조리에 눈을 감고, 명백한 사건조차도 마치 없었던 것처럼 여기는 우리의 무신경을 질타한다. 세월호가, 야스쿠니가, 미국의 침공으로 생명을 잃은 이국의 청년이 그렇게 생생한 어둠의 향연 속에서 오히려 눈부시게 빛난다.

생생히 살아나는 기억의 얼굴들

한나 아렌트는《혁명론》에서 모든 사유는 기억으로부터 시작된다고 말한 바 있다. 정영창의 작품을 보면서 우리가 우리의 경험을 반복해서 말하지 않는다면 그것은 물거품같이 사라지고 말 것이라는 한나 아렌트의 지적을 상기할 수밖에 없었다. 기억하지 않는다면 기억되지 않는다. 동어반복 같지만 이것이 진실이다. 우리가 무엇에 대해 기억하지 않는다면 그것은 일어나지 않는 사건이며, 존재하지 않았던 현실이 되어 버린다.

제주 4·3을 기억하는 것조차 불온시되었던 시대에 4·3은 어디에도 존재하지 않는 사건이었다. 3만 명이라는 낱낱의 죽음들을 말하지 않는 순간 죽음이라는 명백한 사건조차 증발하고 만다는 것을 우리는 이미 경험했다. 우리가 그 죽음을 말하기 시작한 순간, 죽음은 현실이 되고 사건은 기억의 부피를 지닌 생생한 과거로 기입된다.

그의 작업이 오늘을 사는 우리에게 던지는 의미가 바로 여기에 있다. 기억하지 않으면 과거는 사라진다는 것을 그는 흑백의 언어로 말하고 있다. 그가 그려낸 얼굴들은 단순한 인물화가 아니다. 고통으로 일그러진 과거를 증언하는 증언의 얼굴이며, 과거를 은폐하려는 현실의 부조리에 파열음을 내는 기억의 얼굴들이다.

그 얼굴들 앞에서 우리는 비로소 잊혔던 이야기들과 만난다. 재일

욕망의 섬, 비통의 언어

조선인(자이니치)으로 조선과 일본, 어느 곳에도 소속되지 못한 경계인의 삶을 살아가는 서승의 삶이, 광주 5·18민중항쟁에서 마지막까지 저항하다 세상을 떠난 윤상원 열사의 고통이 그렇게 우리에게 말을 건네기 시작한다. 때로는 고통스럽지만 그렇기 때문에 오히려 더 귀 기울여야 하는 이야기들. 그 숱한 이야기들의 웅성거림. 살아남은 자들은 정영창의 손에서 되살아난 얼굴들의 이야기를 들을 수밖에 없다.

어둠으로 써내려간 기억의 신호

　정영창의 작품은 어둠으로 써내려간 기억의 신호들이다. 그 신호 앞에서 우리는 때론 분노하고, 때론 눈물을 흘린다. 나의 고통이 나만의 것이 아님을, 타인의 고통이 그들만의 것이 아님을, 그렇게 고통은 어둠으로 함께 스며들어 하나의 눈물로, 하나의 기억으로 불타오르는 것임을 깨닫는다. 식민의 역사가, 해방 이후 고착된 분단의 역사가, 패권을 일삼는 미 제국의 역사가 그의 작품을 통해 아프게, 그러나 생생하게 현실의 뼈대를 입고 우리 앞에 등장한다. 현실의 부조리를 깨뜨리기 위해서는 부조리를 자각하는 것이 먼저라는, 자명하지만 잊고 있었던 진실을, 그는 아프게 그려내고 있다. 그렇게 그의 작품은, 타자의 고통에 눈감을 것을 강요하는, 망각이라는 권력의 실체를, 정면으로 응시해야 한다는 것을, 환한 어둠의 역설로 증언하고 있는 것이다.

골방의 예술에서
길 위의 예술로

    대학에서 자리 잡는 데 실패한 발터 벤야민(1892~1940)이 생존의 수단으로 삼은 것은 글쓰기이다. 지금으로 치면 비정규직 자유기고가로 활동했다. 일간지, 잡지, 라디오 등 다양한 매체에서 글을 쓰면서 받은 원고료가 그의 생계 수단이었다. 글쓰기를 생계로 삼으면서 그의 글은 변화한다. 벤야민 연구자인 최성만은 이를 "비의적 문체와 문헌학적 연구방식에서 벗어나게 됐다."고 평가한다. 지금도 그렇지만 대학에서의 글쓰기는 제도권의 양식화된 형태로 일종의 정전 취급을 받는다. 이에 비해 다른 종류의 글쓰기는 그때도 일종의 잡문쯤으로 여겼다. 하지만 공교롭게도 벤야민의 글쓰기가 가장 효과적으로 사회에 영향을 미치게 된 것은 그가 제도권을 벗어나면서부터다. 착수금 조로 받은 원고료로 파리와 모스크바를 여행하면서 그는 자유롭게 당대의 문화를 언어로 표현하였다. 비평에 대한 벤야민의 뛰어난 성찰을 단적으로 보여주는 "비평가는 문학투쟁의 전략가"라는 표현 역시 그때의 소산이었다. 그의 문장은 골방을 벗어나 길 위에서 얻은 것들이었다.

　나 역시 그렇지만 문학가를 포함한 예술가들은 골방을 사랑한다. 예술이란 술자리에서 얻어지는 우연한 결과물이 아니라 골방의 시간을 견뎌내는 인고의 산물이라고 믿기 때문이다. 얼마간 맞는 말이다. 생계를 위해 예술을 하지 말고 예술 그 자체에 복무하라. 그럴듯하지만 이 말은 중요한 한 가지를 놓치고 있다. 조지 오웰은 그의 글쓰기의 동력을 '정치적 목적'이라고 말한 바 있다. 그는 정치적이라는 말의 의미를 이렇게 정의한다. "여기서 '정치적'이라는 말은 가장 광범위한 의미로 사용되었다. 이 동기는 세상을 특정 방향으로 밀고 가려는, 어떤 사회를 지향하며 분투해야 하는지에 대한 남들의 생각을 바꾸려는 욕구를 말한다." 그러면서 그는 이렇게 덧붙인다. "어떤 책이든 정치적 편향으로부터 진정으로 자유로울 수 없다. 예술은 정치와 무관해야 한다는 의견 자체가 정치적인 태도인 것이다."

　조지 오웰의 이 말은 예술이 단독자로 존재하는 것이 아니라는 사실을 자각해야 한다는 선언이다. '예술'이 아닌 '예술-정치'. 예술이라는 이름으로 제거된 정치를 드러내는 일이 문학가, 더 나아가 예술가의 일이라는 사실을 말하고 있다. 벤야민이 길 위에서 문장을 얻었듯 예술이 은폐된 일상의 억압을 드러낼 때 우리는 하나의 어려움과 직면한다. 그것은 예술과 정치의 긴장 관계를 어떻게 견딜 것인가 하는 점이다. 예술이라는 단어 뒤에 소거된 정치를 복원할 때 흔히 빠지게 되는 '정치적 과잉' 때문에 그것을 예술로 만들어내는 일은 쉽지 않다. 정치가 곧 예술이 아니듯, 예술은 단독자로서 예술이 되는 것도 아니다. 정치를 가장 예술적으로, 예술을 가장 정치적인 방식으로 드러내는 일이 우리가 지향하는 '예술-정치'가 아닐까.

김수영이 이야기했듯이 모든 문화는 불온하다. 그가 문화의 불온성을 이야기한 것도 문화에 결락된 정치의 그림자를 보았기 때문일 것이다. 그렇다면 제주에서 '예술-정치'를 실현하기 위해서는 무엇이 필요할 것인가. 아마도 변방성에 대한 새로운 해석이 그에 대한 해답이 될 수 있을 것이다. 2000년대 이후 제주가 핫 플레이스로 주목을 받으면서 많은 문화이주민들이 제주로 향했다. 지역에서의 예술은 지역의 역사와 문화에 대한 깊은 이해를 바탕으로 해야 한다. 제주에 온지 채 1년도 되지 않은 사람들이 제주에 관한 책들을 쏟아내는 일들을 보면서 과연 그들이 바라본 제주는 무엇인지 궁금했다. 제주문화가 다양해지고 있다는 평가도 있었다. 하지만 다양성이 왜곡의 다른 이름이라면 문제가 심각해진다.

짧은 경험을 바탕으로 한 그들의 결과물에는 서울의 시각이 깊게 배어 있었다. 그들의 입장에서 보면 제주는 여전히 결여된 섬이었다. 그리고 결여를 채울 질료는 그들의 아이디어와 활동에서 나올 수 있다는 자신감이 은연 중 배어 나와 있었다. 문화이주민에 대한 배타적 시선이 아니냐고 반문할 수 있을 것이다. 외부인들이 제주인들을 말할 때 흔히 이야기하는 배타성이 과연 실체가 있는 것인지, 아니면 만들어진 상상의 소산인지는 따져볼 필요가 있다. 김연수가 쓴 〈그 상처가 칼날의 생김새를 닮듯〉이라는 단편이 있다. 1980년 광주항쟁을 경험한 소시민이 경상도로 이주하면서 겪는, 우리 사회의 차별과 배제의 문제를 다루고 있는 작품이다. 전라도 사람이라는 이유로 감당해야 했던 일상의 폭력은 결국 배타성이 특정 지역의 전유물이 아니라 우리 사회 내부에 깊이 만연된 어쩌면 보편적 태도라는 점을 보여준다. 제주만 소위 '육짓것'에 대한 배타성이 뿌리 깊게 박혀 있는 것은 아니다.

예술이 일상에 은폐된 억압을 폭로해야 한다는 조지 오웰의 고백을 염두에 둘 때 지역의 예술은 자명하다고 믿었던, 상상된 '사실'에 주목해야 한다. 이때 필요한 것이 변방성에 대한 새로운 자각이다. 어느 술자리에서 제주에는 그리스 신화 못지않은 신화가 있는데도 그것을 활용한 문화상품이 부족하다는 말을 들은 적이 있었다. 제주를 소재로 한 영화, 뮤지컬 등이 다양하게 쏟아져 나와야 한다는 취지의 발언이었다. 문화예술에 어느 정도 조예가 있는 사람도 그렇고 제주지역의 공무원들도 종종 이런 말을 한다. 그러면서 그들은 제주를 소재로 한 이야기의 원형을 공모해야 한다고 목소리를 높인다.

제주문화를 이야기하지만 그들의 말에는 정작 문화가 없다. 문화는, 문화예술은 그런 식으로 발화되지 않는다. 제주문화에 대한 애정을 감추지 않지만 그들의 시각에는 중앙의 그럴듯한 예술작품과 비교할 만한 작품이 제주에는 '결여'되어 있다는 결여의 시선이 담겨 있다. 변방의 문화를 중심의 문화로 성장, 발전시켜야 한다는 발언에는 중심-주변, 서울-변방이라는 식민주의적 시선이 내재되어 있다. 이를테면 낙후된 지역을 발전시켜야 된다는 20세기의 성장주의 담론을 문화의 이름으로 포장한 것뿐이다. 변방은 결여의 공간이 아니라 오히려 중심이 가지지 못한 창조의 상상을 실현할 수 있는, 중심으로부터 자유로운 생성의 공간이라는 사실을 그들은 알지 못한다.

여기서 우리는 지속적인 식민주의적 위계를 일상으로 경험해야 했던 제주 사람들이, 그것을 숙명으로 체념하지 않고 새로운 저항의 생산 동력으로 삼았던 사실을 기억할 필요가 있다. 19세기 양제해가,

3부 지역의 언어와 지역의 상상

1901년의 이재수가, 1948년의 이덕구가, 그러한 저항의 문화를 증언하고 있다. 문화는 중심을 지향하지도 않고 중심을 지향해서도 안 된다. 방향 없음의 방향. 끊임없이 중심을 해체하는 유쾌한 상상력을 지속적으로 밀고 나가는 것이 바로 문화예술의 힘이다. 신영복 선생은 변방이 아니라 변방의식이 필요하다면서 다음과 같이 말한 바 있다. "변방의식은 세계와 주체에 대한 통찰이며 그렇기 때문에 변방의식은 우리가 갇혀 있는 틀을 깨뜨리는 탈문맥이며 새로운 영토를 찾아가는 탈주 그 자체이다." 중심에 대한 열등의식으로서의 변방이 아니라 새로운 창조를 생성하는 힘으로서의 변방. 아마도 그것이 제주문화, 나아가 지역 예술가들이 가져야 할 태도가 아닐까.

골방에 갇혀서 중심을 지향하는 결여의 예술이 아니라 거리에서, 광장에서 우리의 일상이 은폐하고 있는 차별과 배제를 증언하는 거리의 정치, 거리의 예술이 필요한 이유도 여기에 있을 것이다. 벤야민이 비평가를 '문학투쟁의 전략가'라고 이야기하였듯이 우리의 예술도 예술과 정치의 긴장을 전략적으로 실현하는 예술투쟁의 전략을 고민해야 한다. 그것이 제주의 예술이 놓아버린 '예술-정치'를 예술적인 방식으로 전복하는 일이 될 것이다.

욕망의 섬, 비통의 언어

저항의 섬
제주에서 밝힌 촛불

광장, 민주주의 실험실

　2016년 11월 19일 제주시청 민원실 앞 도로에 사람들이 모여들기 시작했다. 주최 측이 마련한 알루미늄 은박지 위에 앉은 사람들의 손에서는 하나둘씩 촛불이 켜지기 시작했다. '박근혜 퇴진', '새누리당도 공범이다'가 적힌 손팻말도 함께했다. 제주지역 예술가들도 퍼포먼스와 공연으로 힘을 보탰다. 민주당 제주도당, 국민의당 제주도당 당직자들도 총출동했다. 제주에서 촛불이 시작된 것은 10월 29일. 처음 300여 명의 시민들로 시작된 촛불의 함성이 3주 만에 5천 명으로 불어났다. 시민들의 참여 열기를 반영하듯 제주지역 인터넷 언론인 '제주의소리'는 이날 집회를 인터넷으로 생중계했다. 첫 생중계였다. 날이 갈수록 행사규모는 더 커졌고 짜임새도 더해졌다. 본격적인 행사에 앞서 박연술 씨가 커다란 화선지에 붓으로 '하야'라는 글자를 써 내려갔다. 춤과 서예가 곁들어진 퍼포먼스였다. 사람들은 환호했고 박수로 화답했다.

　단상에 오른 임문철 신부는 "지금은 혁명의 시간이다. 뒤집고 엎어야 한다. 깡그리 부수고 새로 시작해야 한다."고 목소리를 높였다. 임문철 신부는 제주 4·3중앙위원회 위원으로 활동하는 등 제주 지역 현안 문제에 대해 지속적으로 참여의 목소리를 내 온 '현장의 신부'이다. 임 신부의 입에서 '혁명의 시간'이라는 단어가 뜨겁게 타올랐다. 제주시청 민원실 앞 도로는 이미 사람들로 가득 찼다. 인근 6차로 도로 일부에도 사람들이 자리를 잡았다. 제주시청 민원실 앞 도로는 평소 광장으로 사용되지 않는다. 제주에는 사람들이 모일 만한 광장이 없다. 제주시청 어울림 마당에 조금 여유로운 공간이 있다. 하지만 사람들이 모이기에는 옹색하기 짝이 없다. 제주시청에서 각종 집회가 열리는 이유는 이곳이 제주에서 가장 유동 인구가 많기 때문이다. 제주시청 앞으로 6차로가 남북 방향으로 길게 뻗어 있고 그 뒤로 '제주의 대학로'라고 불리는 골목이 있다. 20대는 물론이고 회사원들도 저녁이면 이곳을 찾는다. 제주시청 한쪽 벽면에는 90년대 제주 지역 예술가들이 제주삼성신화를 소재로 그린 대형 벽화가 그려져 있다. 집회가 열릴 때면 이 벽화가 그대로 무대의 뒷 배경이 된다. 4차 집회까지는 제주 시청 어울림 마당에서 행사가 열렸다. 무대도 변변치 않았다. 뒤쪽에 자리 잡은 사람들은 출연자들의 얼굴을 제대로 볼 수도 없었다.

　집회가 계속되고 사람들이 모이자 주최 측은 인근 제주시청 민원실 앞 도로를 집회장소로 신고했다. 19일 열린 5차 집회도 이 장소에 열렸다. 새로운 광장을 만들어낸 것은 오로지 시민의 힘이었다. 첫 집회가 열린 지 3주 만에 시민들은 광장을 만들고 광장의 언어를 탄생시켰다. 이날 집회는 말의 축제이자 말의 환희였다. 무대 위에 오른 뮤지션들은 노래로, 시민들은 자신들의 언어로 민주주의를, 정의를 이야기했다. 대한성공회 제주성당의 성요한 신부는 자작곡인 '닭그네 하야송'을 불러 청중들의 박수를 받았다. 최근 시국 상황을 급히 반영해 만든 듯 성 신부는 미리 적어 놓은 가사를 자주 쳐다봤다. 경쾌한 기타 반주에 맞춰 성 신부는 노래를 시작했다.

내려가라 할 때 내려가라/끌어내리기 전에/청와대가 닭장인 줄 착각하지 마라/들어가라 할 때 들어가라/잡아 처넣기 전에(닭장에)/청와대가 니 집인 줄 착각하지 마라/세월호 7시간 동안 어디서 뭘 한 거니/아이들이 죽어갈 때 도대체 뭘 한 거니

객석에서 마이크를 건네받은 제주여중 1학년 장효빈 양은 "김진태 의원의 '촛불은 촛불일 뿐이다'라고 한 말이 저를 여기에 나오게 했다."고 울분을 쏟아냈다. 수능을 마친 고3 여학생 한 명은 "오늘은 제가 맘 놓고 이야기할 수 있는 시간"이라면서 "광화문은 가지 못했지만 여기에서 외치고 싶다. 전국의 고3들아 일어나라."고 목소리를 높였다. 단상에 오른 대학생, 여성들도 저마다 자신의 생각을 자신의 언어로 마음껏 표현했다.

그것은 자발적이고 조직화된 분노의 힘이었다. 권력은 국민이 위임한 권한을, 선출되지 않은 '비선(秘線)'에게 '무상 임대'했다. 그들이 분노한 이유는 국민주권이 침해당했기 때문이다. 하지만 보다 더 근원적인 것은 자신의 언어를 가지지 못한 권력의 무기력함과 무망함, 무책임의 순간을 목도했기 때문일 것이다. 민주주의 사회에서 권력

은 언어로 통치한다. 정치행위가 말로 이뤄진다는 것은 그들의 말이
국민에게 위임받은 언어를 행사한다는 정치적 함의가 전제되어 있음
을 의미한다. 광장에서 밝혀진 촛불들은 우리가 위임한 언어를 우리
들의 손으로 되찾아오겠다는 수백만 언어들의 발화였다. 말하는 입
을 가진 인간이라는 선언이었다.

　내가 나의 언어를 가지고 있다는 자각은 타자의 언어가 존재한다는
사실을 자각하게 한다. 나의 언어가 존재하는 방식으로 타자도 언어
를 소유한다는 것은, 결국 세상은 수많은 언어들로 조직되었다는 사
실을 인지하는 것인 동시에 나의 세계가 타자의 세계와 만나는 공명
을 가능하게 한다. 권력이 언어를 장악하려 할 때 우리들은 우리들의
언어로 맞서왔다. 독재(Dictatorship)란 어쩌면 권력의 언어를 강제하려
는(Dictate), 다시 말하자면 권력의 언어를 받아쓰게 만드는 억압의 방
사일 것이다. 그런 점에서 권력은 가장 먼저 언어를 탄압하며, 언어를
획일화한다.

　이날 광장에서 울려 퍼진 목소리들은 권력이 시민에게 있음을 알리
는 '언어'들의 분출이며 공명이었다. 그것은 새로운 코뮌의 가능성을
보여주는 거대한 실험의 시작이었다. 지그문트 바우만은 분노를 털
어내는 방법이 거리를 점거하는 것이고 시민들은 새로운 민주주의 발
견과 실험을 위해 거리로 나선다고 말한 바 있다. 그는 도심의 광장은
정치적 행동을 발견하고 검증하는 "야외실험실"이라고 규정했다.[1] 민

---

1) 지그문트 바우만·카를로 보르도니, 안규남 역, 《위기의 국가》, 도서출판 동녘,
　2014, 58쪽.

주주의가 실험의 과정이라는 사실을 시민들은 스스로 발견하고 깨달았다. 이날 집회를 주최한 단체는 '박근혜 정권 퇴진 제주행동'이었다. 하지만 집회를 완성한 것은 수많은 시민의 목소리와 함성이었다.

'박근혜 게이트'의 문이 열리자 제주의 시민단체들은 발빠르게 움직였다. 11월 17일 제주지역 100여 개 단체가 참여한 '박근혜 정권 퇴진 제주행동'이 그 결과물이었다. 제주지역에서 단일 사안에 대해 이렇게 많은 시민단체들이 모여 한목소리를 낸 것은 지난 1991년 제주도개발특별법 저지 범도민회 결성 이후 25년 만의 일이었다. 1991년 제주도민들은 제주의 환경을 돈벌이의 수단으로 만드는 제주도개발특별법에 반대하며 조직적인 저항을 펼쳤다. 제주도민들이 1991년 제주도개발특별법에 반대했던 이유는 하나였다. 1987년 6월 항쟁에서 전국적으로 울려 퍼졌던 구호가 '호헌철폐', '독재타도'였다면 제주에서는 '개발반대'가 또 하나의 구호로 등장했다. 먹돌 해변이 아름다웠던 제주시 탑동은 개발과 성장이라는 명분을 앞세운 자본권력에 의해 콘크리트로 덮였다. '개발반대'는 탑동매립의 상처를 가슴으로 아파했던 제주도민들의 자발적이고 자생적인 함성이었다.

25년의 세월이 흘러 이제 제주지역의 모든 단체들이 '박근혜 퇴진'을 위해 한목소리를 내기 시작했다. 제주지역에서는 2006년 제정된 제주국제자유도시특별법 개정이 필요하다는 목소리가 높아지고 있는 상황이었다. 관광객이 늘어나고 사람들이 제주로 이주하면서 정작 제주의 환경은 망가져가는 상황을 눈으로 보면서 제주도민들은 '국제자유도시'가 허상이라는 사실을 깨닫기 시작했다. 지난 4월 총선에서도 제주국제자유도시특별법 개정이 이슈가 될 정도로 제주도민들은 부동산 폭등과 난개발로 인한 삶의 위기를 몸으로 느끼고 있었다.

박근혜 게이트는 가뜩이나 중앙정부와 지방자치단체에 대한 반감이 높았던 제주지역의 민심에 불을 질렀다. 박근혜 게이트 이전 제주지역의 주요 이슈 중 하나는 한라산 국립공원 턱밑에 중국 자본이 6조2800억 원을 들여 대규모 관광단지를 개발하겠다는 오라관광단지 개발 사업이었다. 제주도의회 강경식 의원(무소속)은 제주도청 관계자들이 이 사업을 "청와대 관심 사항"이라고 밝혔다고 폭로했다. 최순실의 조카인 장시호가 박근혜 대통령 퇴임 이후에 제주에서 머물 계획이었다고 말한 사실이 알려지면서 시민들은 이 사업에 청와대와 최순실이 개입한 것 아니냐는 의혹을 제기하기도 하였다.

집회 현장에서 만난 홍명환 씨(표고농장 운영)는 "박근혜도 문제지만 오라관광단지 개발도 문제"라며 목소리를 높였다. 촛불의 함성이 박근혜 퇴진 이후를 향하는 것은 시간문제처럼 보였다. 최남단 서귀포에서도 11월 25일 시민 600여 명이 촛불을 들었다. 시민들은 제주시에서 열리는 촛불집회에 참여하기 위해 제주와 서귀포를 오고가는 희망버스를 자발적으로 운영하기도 하였다. 그것은 제주가 여전히 '잠들지 않는 남도'라는 사실을 증명하는 작은 불씨였다.

거리에 다시 새겨진 저항의 역사

제주도민들의 참여 열기는 광화문 촛불집회 참여자 수로도 알 수 있다. 11월 12일 열린 광화문 촛불집회에는 1천여 명의 제주도민들이 참여했다. 저비용 항공사의 항공료를 기준으로 계산해도 왕복 항공료만 1억 원이 들었다. 자기 주머니를 털고 생업도 잠시 접고 서울

욕망의 섬, 비통의 언어

로, 광화문으로 향하려는 제주도민들의 민심이 어느 정도인지를 확인할 수 있었다. 수많은 목소리들이 제주시청 광장에서, 광화문에서 울려 퍼졌다. 우리의 목소리는 고립된 개인의 실천이 아니었다. 목소리를 외면하고 목소리에 눈감은 권력을 향해 외치는 신체들의 행진이었다.

강정의 싸움을 계기로 만들어진 코뮌의 힘이 박근혜 게이트를 계기로 거대한 촛불의 함성으로 이어지고 있었다. 11월 26일, 겨울비도 제주도민들의 함성을 막지 못했다. 청와대에서 비아그라와 팔팔정 등의 의약품을 구매했다는 기사가 나간 직후였다. 제주음악인들도 시국선언에 동참했다. 음악인들은 이날 시국선언 콘서트 '설러불라'를 열었다. '설러불라'는 제주어로 '그만두라', '하지 마라'는 뜻을 담은 말이다. 이날 콘서트에는 사우스 카니발, 뚜럼브라더스, 강산에, 방승철, 묘한, 러피월드, 조성일밴드, 조성진밴드, 나무꽃, 밴드 홍조, 조약골, 김신익, 권순익, 오버플로우, 태희언, 비니모터 등이 참여했다. 난장이었다. 빗속에서 벌어진 한판 축제였다. 무대에 오른 음악인들은 제주에서의 함성이 광화문, 청와대까지 울려 퍼지길 빈다고 말했다. 이날 집회에서 한 참가자는 "나라를 세운 곳에서 대체 무얼 세운 거냐! 박근혜와 부역자들을 모조리 구속 수사해라!"라는 손팻말을 직접 제작해서 들고 나오기도 했다.

겨울비도 제주의 촛불을 꺼뜨리지는 못했다. 우비를 입고 촛불을 든 시민들은 동요하지 않았다. 시민들의 발언 신청은 계속되었고 그들의 말은 광장에 울려 퍼졌다. 30대 직장인이라고 밝힌 한창훈 씨는 박근혜 성대모사까지 하며 대통령 하야를 촉구해 큰 웃음을 주기도 했다.

노란색 우비를 입고 참석한 서귀포 삼성여고 2학년 고채원 양의 발언은 특히 눈길을 끌었다. 고 양은 "지금 시국 속에서 무엇이 진실인지, 거짓인지 혼란스럽다."면서 발언을 시작했다. 그는 "아직 쓰여지지 않은, 그러나 앞으로 쓰여질 역사 위에 우리가 서 있다. 박근혜 하야라는 목표를 위해 달려가야 한다. 오랜 시간 타오르는 촛불이 우리다. 시간이 지나면 지는 꽃이 되지 말자."면서 발언을 마쳤다. 그의 말은 시민들의 귀에 오래 남았다. 우리가 타오르는 촛불이며, 우리가 서 있는 이 자리가 역사라는 말에 시민들은 박수를 보냈다.

광장에서 쏟아진 말들은 '지금-여기' 우리의 힘으로 사회를, 정치를, 우리의 문화를 우리의 손으로 만들어가자는 선언이었다. '박근혜 게이트'에 대한 분노만이 아니었다. 시민들은 지금 우리 삶의 총체로서 우리가 아직 경험하지 못한 새로운 문화를 거리에 새겨넣고 있었다. 그렇게 새겨진 자국마다 빗줄기들이 흘러내렸다. 그것은 권력과 자본의 언어가 아니라 시민의 언어로 만들어가는 저항의 문화들이 대지에 스며드는 감격의 순간이었다.

생각해보면 제주섬이야말로 저항을 온몸으로 써 내려간 역사를 지녀왔다. 1901년 이재수가 그렇고, 1948년의 이덕구가 그러하다. 현기영은 《지상에 숟가락 하나》에서 제주 4·3항쟁의 지도자 이덕구의 시신이 관덕정 광장에 전시되었던 순간을 이렇게 쓰고 있다. "관권의 불의에 저항했던 섬 공동체의 신화가 무너져 내리고 있다." 제주의 역사는 그 자체로 권력의 불의에 맞서 분연히 일어난 수많은 저항의 연속이었다. 17일 열린 '박근혜 퇴진 제주행동본부' 출범 기자회견이 관덕정 광장에서 열린 이유도 여기에 있었다. 그것은 불의한 권력에 맞선 제주의 역사를 잊지 않겠다는 다짐이었다.

그람시가 말했던가, 지금 필요한 것은 "개인의 개별적인 '독창적' 발견도 몇몇 '천재적' 철학자들에 의해 발견"되는 철학이 아니라 "모든 사람이 철학자"라는 실천철학이라고. '제주행동본부'가 만들어졌지만 그것은 구심이 아니었다. 무대와 음향장비를 협찬하고, 기꺼이 자신들의 노래를 광장에서 들려준 제주의 음악인들이, 그리고 마음껏 광장의 언어를 발산한 제주의 시민들 모두가 주인공이었다. 모든 시민이 각자의 언어로 말하고, 각자의 방식으로 표현하는 역사의 시작이었다. '여기 지금, 우리가 민주주의다'라고 말하는 함성이 제주 땅을 울린 역사의 현장이었다.

집회 현장에서 제주 오현고 2학년 현명엽 군은 "중학생 때까지의 꿈이 법조인이었는데 세월호 사건이 터지고 법조인, 정치인이 아무런 힘도 쓰지 못하는 것을 목격하면서 꿈을 바꾸게 되었다."고 말했다. 그는 "우리나라가 엉망진창이 되는 것은 대기업에 편중된 자본과 그 자본과 결탁한 정치인들 때문"이라며 "대기업 자본이 우리 사회를 병들게 하고 있다면 내가 그 자본을 굴려보자는 마음으로 경영인을 꿈꾸게 되었다."고 말했다. '박근혜 퇴진'을 외치면서 제주의 거리에는 수많은 말들이 폭죽처럼 터져나갔다. 마치 1948년 4월 봉홧불이 제주의 오름에 올랐던 것처럼 광장에, 거리에 모인 시민 하나하나가 환하게 불 밝힌 오름들이었다.

청소년, 대학생, 직장인도 시국선언 참가

광장에서의 실험은 어른들의 전유물만이 아니었다. 교복을 입은 청소년들은 촛불 집회가 열릴 때마다 앞자리를 메워나갔다. 그들은 SNS를 이용해 서로 연대하였다. 11월 12일 '제주지역 청소년 시국선언'이 발표됐다. 이날은 4차 촛불집회가 예정된 날이었다. 오후 3시부터 제주시청 어울림 마당에는 교복을 입은 청소년들이 모여들기 시작했다. 이날 시국선언에 참여한 학생들은 제주지역 30여 개 중고등학교 학생 346명. 신성여고 1학년 강미미 양을 비롯한 9명의 대표는 당당한 목소리로 "제주의 청소년 자신들이 대한민국 민주주의를 회복시키는 출발점이 될 것"이라고 선언했다. 망설임도 없었다. 에둘러 말하지도 않았다. 학생들은 2014년 세월호 참사를 언급하며 "가라앉는 세월호 속에서 울부짖는 학생들을 방치해 소중한 생명을 잃게 했고 진상규명조차 제대로 하지 않은 채 사건을 덮기에 급급했다."면서 박근혜 대통령을 비판했다. 세월호 참사는 그들에게 하나의 역린이었다. 아이들을 구하지 않는 나라, 책임지지 않는 나라, 최소한의 진실조차 가로막는 국가에 대한 분노는 컸다. 집회에 참석한 많은 학생들의 발언 중에서 공통점이 있다면 바로 세월호 참사였다. 국가가 국민을 구조하지 않았다는 사실, 그 '국가 없음'의 상황을 그들의 상식으로는 이해할 수 없었다.

청소년 시국선언을 들은 어른들의 반응은 한결같았다. "부끄럽다. 그리고 참 대단하다." 어른보다 나은 아이들의 모습을 보면서 어른들은 부끄러움과 격려가 뒤섞인 박수를 보냈다. 청소년들은 세월호 참사뿐만 아니라 국정교과서, 고(故) 백남기 농민을 언급하며 이른바 한국식 민주주의에 대해 사망선고를 내렸다. 학생들의 선언은 기성세대가 만들어놓은 민주주의가 아니라 새로운 민주주의가 필요하다는 사실을 알리는 함성이었다. 촛불의 기록에서 반드시 기억되어야 할 발언이 있다면 시국선언에 참석한 학생들의 발언이다. 다음은 이날 시국선언에 참석한 제주일고 2학년 고민성 군의 자유발언이다.

2012년 12월 19일, 새누리당 소속의 "준비된 여성대통령" 박근혜가 대한민국 대통령으로 당선되었습니다. 국내 최초 여성대통령이라는 타이틀과 박정희를 향한 기성세대의 향수를 도약대 삼아 뛰어오른 현 정권은 대한민국 정치사의 새로운 페이지를 나름의 방식으로 장식하고 있습니다.

2014년, 싱그럽게 육박하는 생명들이 바다 속에서 제 빛을 잃어갈 때, 국가는 그들을 구조하지 않았습니다. 2015년, 왜곡된 역사관을 담은 '국정교과서'를 배급하여 후세대의 올바른 사고를 가로막으려는 움직임이 있었습니다. 그리고 2016년, 국가폭력에 의해 희생된 백남기 농민을 둘러싼 일련의 사건들은 국민들에게 한국식 민주주의에 대한 깊은 회의감을 가슴 깊은 곳에 불어넣었습니다. 위안부 문제에 대한 한일의 협의가 할머니들께 준 지울 수 없는 상처 역시 언급할 필요가 있습니다.

21세기 최악의 정치스캔들로 기억될 최순실 게이트는 거듭되는 실망 속에서도 간신히 붙잡아내던 민주주의에 대한 일말의 희망마저 무참히 짓밟았습니다. 그리고 늘 사건을 황급히 무마하려는 기만적 변명으로 민심의 도화선에 불을 질렀습니다. 말하자면, 현 정부는 역사 속 자신들의 챕터를 대중의 탄식과 분노로 장식하고 있는 셈입니다.

이처럼 박근혜 정부의 지난 몇 년간을 조망해보면, 대한민국은 과연 살기 좋은 나라인가라는 물음에 그저 한숨을 지을 수밖에 없습니다. 그럼에도 마냥 좌절하고 체념할 수는 없기에, 국민들은 의기투합하여 진실을 향한 투쟁을 이어갑니다. 박근혜와 최순실을 중심으로 한 부패한 커넥션을 향한 정의로운 심판과 이상적인 민주사회의 진정한 실현을 염원하는 수많은 촛불들 속에서, 저희 청소년들 역시 눈을 형형하게 빛내며 함께 싸우고 있습니다.

그런 측면에서 오늘 발표되는 제주도 청소년 시국선언문은 고무적입니다. 뜻을 같이하는 제주도 청소년 모두가 머리를 맞대고 일궈낸 이 선언문은 우리 역시 마냥 펜과 자습서만을 붙들고 있을 수는 없음을, 결국 청소년들 역시 여느 성인들과 다를 바 없이 함께 연대하고 싸워야 할 사람들이라는 것을 시사하고 있기도 합니다. 아울러 소속이나 학력과는 관계없이 모두가 한마음으로 이상적인 사회를 간절히 염원하고 있음을 역설하는 증거이기도 합니다. 다시 말해, 제주도 청소년 시국선언문은 학업성취도와 인맥 등의 외부요소를 뛰어넘어 제주도 청소년 모두가 함께 낸, 거짓된 대통령 박근혜를 향한 일갈의 목소리인 셈입니다.

고백하건대, 총 두 번의 집회에 참여한 저도 어느 순간 현 정치를 비판하는 그 모든 활동에 대한 모종의 회의를 느끼게 되는 순간이 찾아왔습니다. "하야는 없다"는 전제 속에서 자기연민과 변명으로 끈질기게 연명하는 현 정권을 우리가 바꿀 수 있을까라는 물음 앞에서, 전 몇 번이고 판단을 유보했습니다. 자신이 없었습니다. 허나 그 다양한 소속과 나이의 제주 청소년들이 주저하지 않고 시국선언에 동참하는 모습을 보며 어떤 위안을 얻었습니다. 비록 위태로운 세상을 살아가고 있다고 해도, 그곳이 하루아침에 바뀌지 않는다고 해도, 싸워볼 가치가 없는 세상은 아님을 깨달았습니다.

이번 선언 이후로도, 제주도 청소년들은 끝까지 함께 투쟁할 것입니다. 함께 펜을 들고 목소리를 내어, 박근혜 정부의 마지막 장을 함께 써내려갈 것입니다. 물론, 그 긴 부조리극을 종결짓는 구두점은 현직 대통령이라는 자의 하야로 찍게 될 것입니다. [2]

시국선언은 청소년들로만 끝나지 않았다. 예비교사로서 가만히 있을 수 없다며 제주교육대학 학생들도 나섰다. 학생들은 11월 25일 전국교육대학생연합 동맹 휴업 및 공동행동에 동참하면서 "민주주의를 지키기 위해 아이들에게 참된 사회를 물려주기 위해 투쟁하겠다."고 선언했다. 제주대학교 총학생회도 10월 25일 제주대학교 한라터 앞에서 최순실 사태에 대한 진상규명과 정유라의 이화여대 부정입학에 대해 처벌을 요구하며 시국선언을 했다. 다음은 제주도내 각 단체들의 시국선언 일지이다.

○ 10월 25일 제주대학교 총학생회 '최순실 사태 진상규명 및 정유라 이화여대 부정입학 처벌요구'
○ 11월 2일 제주대학교 법학전문대학원 학생 '박근혜 대통령 및 내각 총사퇴 촉구'
○ 11월 3일 제주지역대학교 교수 115명 시국선언 '대통령 하야 촉구'
○ 11월 6일 더불어민주당 서귀포시지역위원회 '박근혜 대통령 사퇴 촉구'

---

2) 당시 현장에 참석했던 나는 이 발언을 미처 다 받아 적지 못했다. 온전한 기록을 위해 미디어제주 11월 13일자의 기사를 참조했음을 밝혀둔다.

○ 11월 7일 민주노총제주본부 '노동자 시국선언문' 발표

○ 11월 10일 제주지역 변호사 33명 '박근혜 대통령 사임 촉구'

○ 11월 13일 제주불교연합회 '박근혜 대통령 퇴진 요구'

○ 11월 23일 의료연대 제주지부 '박근혜 정권 퇴진 촉구'

○ 11월 28일 제주대학교 병원 직원 758명 '박근혜 대통령 퇴진 촉구'

10월 25일을 시작으로 학생, 노동계, 정치권, 종교, 의료계 등 다양한 단체들의 시국선언이 이어졌다. 저항의 섬 제주에서 밝혀진 촛불은 광화문으로 이어졌다. 제주시청 광장을 가득 메운 시민들. 비 날씨에도 어김없이 자리를 지킨 시민들은 서로의 얼굴을 바라보며 우리의 함성이 혼자의 것이 아니라는 사실을 확인했다. 시민들은 촛불을 들고 제주의 대학로 시청 골목을 행진하였다. 좁은 골목 때문에 대오는 길게 늘어졌다. 대열은 끊임없이 이어졌다. 약속 때문에 미처 광장에 모이지 못한 시민들은 술집에서, 카페에서, 미용실에서 박수를 보냈다. 휴대폰을 들고 거리 행진을 촬영하기도 하였다. 그렇게 늦가을 제주의 거리에는 기억을 함께하려는 시민들로 가득 찼다. 360여 개 제주의 오름들이 계절마다 한라산을 향해 인사를 하듯이 그렇게 시민들은 서로의 목소리를 확인하며 각자의 언어로 한껏 부풀어 올랐다.

욕망의 섬, 비통의 언어

일본 도쿄 제주 4·3 69주년
추모모임 참석기

이제 정명을 이야기하자

　2016년 4월 22일 일본 도쿄 닛포리 써니 홀. 500명 넘는 객석이 가득 찼다. 이날은 도쿄 제주 4·3사건을 생각하는 모임(회장 조동현)이 마련한 제주 4·3 69주년 추모 모임이 있는 날이었다. 오후부터 잔뜩 흐렸던 날씨는 저녁이 되면서 갑작스러운 폭우로 변했다. 궂은 날씨였지만 일본에서 제주 4·3의 추모 열기는 뜨거웠다. 한국사회에서 오랫동안 제주 4·3은 금기였다. 박정희 독재정권과 전두환, 노태우 군사정권은 제주 4·3을 '성공한 토벌'로 인식했다. 민간인 희생자의 억울한 죽음을 이야기했다가 중앙정보부나 안기부에 끌려가 치도곤을 당하기도 했다. 억압적인 한국사회에 비해 일본은 그나마 자유로웠다. 김석범 선생의 단편 〈까마귀의 죽음〉이 세상에 나온 때가 1957년이었다. 한국사회의 금단의 벽을 뛰어넘었던 현기영의 〈순이삼촌〉이

발표된 것이 1978년이었던 것을 생각한다면, 남한의 억압체제에서 비껴난 일본에서 제주 4·3 진상규명운동의 불씨가 시작되었다. 제주 4·3 추념식을 처음 시도한 것도 일본이었다. 일본에서 지핀 제주 4·3 진상규명운동의 불은 한국사회로 옮겨 붙었다. 도쿄 닛포리 써니 홀을 가득 메운 500여 명의 관객들은 일본에서 제주 4·3 진상규명운동의 동력이 무엇인지를 다시금 생각하게 하였다.

이날 강연자는 제주에서 민중미술가로, 문화운동가로 30여 년을 치열하게 싸웠던 화가 박경훈 씨였다. 지금은 제주문화예술재단 이사장으로 있지만 이날 강연은 그가 이사장이라는 공식 직함 대신 제주 4·3 진상규명운동 과정을 통해 몸과 마음으로 체험한 제주 4·3의 이야기를 풀어내는 자리였다. 한국어로 발표를 하면 통역(이령경 일본 릿쿄대학 겸임강사)이 자료 화면의 도움을 받아 그의 발언을 일본어로 옮겼다. 통역의 한계와 기술적인 문제로 일본 현지인들에게는 지루할 법도 한 강연이었다. 하지만 2시간 동안의 강연 동안 일본인들은 물론, 재일조선인과 제주에서 추모모임에 참석한 사람들 모두 한치의 미동도 없었다. 그것은 제주에서 공식적인 자리에서는 쉽게 들을 수 없었던 '민중항쟁'이라는 정명(正名)의 문제를 정면으로 언급했기 때문이었다.

박 씨는 먼저 '빨갱이'라는 키워드로 이야기를 시작했다. 한국 사회에서 '빨갱이'라는 단어는 배제와 차별의 억압이 되고 있다는 것이 그의 설명이었다. 사회주의자, 공산주의자들을 '빨갱이'라고 손가락질했던 것은 우리 역사에서 쉽게 찾아볼 수 있다. '빨갱이'라는 손가락질은 공포 그 자체였다. 소설가 이청준은 그 공포를 〈소문의 벽〉이라는 소설에서 '전짓불의 공포'였다고 토로한 바 있다. 툭하면 '종북좌파'라고 손가락질하는 보수 우익들의 버릇은 '빨갱이'라는 낙인찍기에서 비롯되었다. '빨갱이'라는 단어는 '종북좌파'로 바뀐 채 여전히 우리 사회에 존재하고 있다. 심지어 대통령 선거에 나선 한 후보가 "'좌파 후보'들은 안 된다."고 이야기하는 것이 우리 사회의 수준이다. 이명박, 박근혜 보수 정권이 들어서면서 남한 사회의 이념적 경직성은 심화되었다.

이런 현실에서 '빨갱이'라는 단어는 제주 4·3에서도 하나의 금기가 되었다. 매년 4월이면 중산간 이덕구 산전을 찾아 추모의 술잔을 올리는 이들이 있는데도 우리는 항쟁 지도부의 '사상'을, 그들의 '정신'을 애써 무시해왔다.

박 씨는 제주 4·3진상규명특별법의 희생자 규정을 언급했다. 특별법은 희생자를 다음과 같이 정의한다. "희생자란 제주4·3사건으로 인하여 사망하거나 행방불명된 사람, 후유장애가 남은 사람 또는 수형자(受刑者)로서 제3조 제2항 제2호에 따라 제주4·3사건의 희생자로 결정된 사람을 말한다." 이 규정에 따르면 항쟁 지도부들의 위패도 모두 평화공원에 있어야 한다. 하지만 대한민국 정통성을 부정하는 세력은 희생자로 결정할 수 없다는 헌재 판결 이후 우리는 의도적으로 제주 4·3을 '무고한 희생'의 관점에서만 바라보았다. (희생담론의 문제점에 대해서는《제주, 우리 안의 식민지》에서 다룬 바 있다. 최근 이 문제를 본격적으로 다룬 고성만의 연구서《희생자의 정치학》이 일본에서 출간되었다.)

박 씨는 "빨갱이라는 낙인을 정면으로 돌파하지 않으면 4·3의 정명(正名)은 이룰 수 없다."면서 "희생자로 인정받지 못한 32명의 위패까지 각명이 되어야 한다."고 강조했다. 이러한 시각은 제주 4·3의 정명이 시대적 과제로 대두되고 있는 시점에서 이제 지역 사회가 '항쟁'으로서의 제주 4·3의 의미를 논의해야 할 필요성이 있음을 보여줬다.

그동안 제주지역 사회가 4·3의 정명을 이야기했지만 여전히 항쟁은 괄호 안에 가두어져 있었다. 언어가 결국 존재를 증명한다고 할 때 이제는 본격적으로 제주 4·3 무장봉기의 성격에 대해서도 논의할 필요가 있다. 무장봉기는 해방 이후 친일세력을 등용한 미군정의 폭압에 대한 제주도민들의 저항권이라는 측면이 강하다는 것이 박 씨의 설명이었다. 특별법 제정 당시 사건이 아닌 '항쟁'의 의미를 법 안에 담아내야 한다는 의견이 제시되었던 것도 사실이다. 4·3을 '사건'으로 규정한 것은 당시의 시대적 한계가 낳은 타협의 산물이었다.

빨갱이라는 키워드로 시작해 위패, 무장봉기 등의 키워드로 제주 4·3의 이야기를 풀어간 박 씨의 강연을 들은 일본 현지의 반응은 뜨거웠다. 강연에 참석한 김석범 선생은 "속이 다 시원하다."면서 "내년에는 반드시 백비를 일으켜 세워야 한다."고 소감을 밝히기도 했다.

일본, 제주, 그리고 4·3

제주 4·3 진상규명운동사에서 재일제주인들의 역할은 각별하다. 재일 1세대를 비롯한, 2·3세대들은 제주 4·3 진상규명운동의 처음을 열어간 사람들이라고 할 수 있다. 1978년 현기영이 〈순이삼촌〉을 발표했을 때 작가는 기관원에 의해 끌려가 치도곤을 당했다. 해방 직후 자신의 좌익활동에 대한 콤플렉스를 지니고 있었던 박정희는 집권 내내 '반공'을 국시로 내세웠다. 남한이 반공국가라는 병영체제에 숨 막혀하고 있을 때 일본에서는 4·3에 대한 다양한 접근이 시도되고 있었다. 김민주와 김봉현이 함께 쓴 《제주도 인민들의 4·3 무장투쟁사》가 나

욕망의 섬, 비통의 언어

온 것이 1963년의 일이었다. 병영국가의 억압에서 비교적 자유로웠던 일본이었기에 가능했던 일이다.

도쿄와 오사카에서 '제주 4·3을 생각하는 모임'이 결성되면서 4·3진상규명운동은 한층 조직화되었다. 재일제주인뿐만 아니라 일본의 양심적 지식인들도 함께하면서 4·3은 제주의 문제만이 아니라 동아시아, 나아가 세계적인 문제로 인식되기 시작하였다.

도쿄에서 열린 69주년 추념 강연회는 일본에서의 4·3 진상규명운동의 열기를 상징적으로 보여줬다. 대부분이 유료 관객이었다. 2500엔, 원화로 2만6천 원 정도를 내야만 입장할 수 있었다. 제주에서 4·3과 관련한 많은 학술 행사들이 열렸지만 규모면에서 도쿄와 비교할 바가 못 되었다.

처음으로 도쿄 추념 행사를 찾은 제주 4·3특위 위원들도 객석의 반응에 놀란 표정을 지었다. 멀리 시즈오카에서 온 재일 3세도 눈에 띄었다. 강연이 시작되자 무대에는 강연 내용을 번역한 일본어 자막이 대형화면에 비춰졌다. 제주에서 온 박경훈 화가는 그동안 제주에서 금기시되어왔던 '항쟁으로서의 제주 4·3'에 대한 논의의 필요성을 본격적으로 제기했다. 특별법이 제정된 이후 제주에서는 이른바 '희생담론'이 확산되어 갔다. 제주 4·3봉기의 역사적 맥락을 이해하기보다는 '무고한 희생'이라는 인식이 제주사회에 폭넓게 퍼졌다. '희생담론'은 제주 4·3 당시 피해자에 대한 위령과 추모의 논리적 근거가 되었지만 한편으로는 무장봉기의 역사적 의미를 화석화하는 결과를 낳았다. 1948년의 무장봉기를 '좌파모험주의'자들의 독단적 행동으로 인식하면서 무장 세력과 소위 '양민(良民)'을 분리하는 추념의 정치학이 작동되었다. 유족들 사이에서도 소위 '빨갱이'로 낙인찍힌 사람들과 그렇지 않은 이들과의 괴리감도 자리 잡게 되었다.

특별법 제정 이후 언론은 기회가 있을 때마다 '4·3의 완전한 해결'을 과제로 제시했다. 하지만 이러한 명명법은 오히려 과거청산을 지연하는 정치학적 수사에 그치고 말았다. 남아프리카의 과거사 청산 과정에서도 제시되었듯 과거사 청산의 문제는 대략 3가지로 요약될 수 있다. 철저한 진상규명과 가해자 처벌, 피해자에 대한 배·보상이 그것이다. 제주 4·3진상조사보고서 작성은 그 자체로 중요한 의미를 지닌다. 하지만 당시 군인과 경찰, 특히 미군정에 의해 묵인되었던 제주 4·3의 진실을 온전히 드러내기에는 한계가 있었다. 이러한 문제는 진상조사보고서가 작성된 직후부터 제기되었다. 허상수는 진상조사보고서의 성과를 "대규모의 중대한 인권침해(유린)사건에 대한 정부 차원의 위원회에서 공식 의결된 진상조사보고서"라고 의미를 부여한다.(허상수, 〈제주 4·3사건의 진상과 정부보고서의 성과와 한계〉) 그는 이러한 결과가 나올 수 있었던 이유를 "시민사회단체와 언론이 전개해 온 다양한 진상규명 운동과 사회적 투쟁의 성과가 하나의 '사회적 노획물'로서 자리를 잡게 됐"기 때문이라고 평가한다. 하지만 그는 정명(正名) 문제를 거론하면서 가해의 진상이 보다 구체적으로 적시될 필요가 있다고 문제를 제기한다.

이러한 지적에도 불구하고 제주 사회에서는 '희생자'에 대한 국가의 인정에 큰 의미를 부여해 왔다. '4·3의 완전한 해결'이라고 이야기하면서 당시 핵심 가해자였던 미군정의 책임 규명과 피해자 배·보상에 대한 접근은 조심스러웠다.

2018년 제주 4·3 70주년을 맞아 본격적으로 정명(正名) 문제가 제기되고, 미군정의 책임과 피해자 배·보상 문제가 본격화되기 시작했다.

다행스러운 것은 제주 4·3 유족회도 이러한 문제를 공식적으로 언급하고 있다는 점이다. 70주년을 맞아 가장 중요한 것은 역시 제주 4·3의 정명(正名) 문제이다. '폭동', '항쟁', '사건', '사태' 등으로 다양하게 불려온 제주 4·3에 제대로 된 이름을 부여하는 작업은 우리 세대의 몫이 되고 있다.

그렇다면 정명(正名)을 어떻게 할 것인가. 쉽지 않은 문제다. 제주 4·3진상조사보고서가 나왔을 때 4·3운동 진영 내에서도 성과와 한계를 동시에 지적하는 목소리들이 있었다. 극우 세력들은 여전히 진상조사보고서가 '좌익의 시각'에서 기술되었다면서 딴지 걸었다. 분단이 남긴 이데올로기의 낙인이 아직도 우리 사회를 옥죄고 있는 것이 엄연한 현실이다.

22일 도쿄에서 열린 강연은 이러한 현실적 문제를 정면으로 돌파하지 않고서는 4·3 정명(正名)이 요원하다는 것을 보여줬다. 박경훈 씨가 강연에서 '반도-불령선인-빨갱이'라는 배제와 차별의 역사적 기원을 말하면서 "빨갱이가 아니다."라는 수동적 입장에서 벗어나야 한다고 지적한 것은 정명 운동의 지향점이 무엇인지를 잘 보여줬다.

한때 제주 4·3소설을 쓰면서 4·3의 진상을 문학적으로 형상화했던 소설가 현길언이 진상조사보고서를 '좌파적 시각'이라고 비난했던 것을 상기해보자. 그의 소설 〈우리들의 조부님〉은 4·3 때 죽은 아버지의 영혼이 할아버지(이 소설에서 서술자는 아버지의 아들인 '나'이다.)에 빙의되면서 빚어지는 일화를 그리고 있다. 할아버지의 입을 빌린 아버지가 맨 처음 한 일은 손을 씻는 일이었다. 소설 속에서 빨갱이로 몰려 죽임을 당한 인물이 손을 씻는다는 의미는 결국 자신이 '빨갱이가 아니'라는 무죄를 증명하는 상징이다. 죽임을 당한 사람들을 '무고한 희생자'라고 가정할 때 우리는 '빨갱이가 아니다'라는 자기 부정의 한계에 봉착할 수밖에 없음을 소설은 보여준다. 어쩌면 현길언의 '변절'은 '변절'이 아니라 '빨갱이 담론'을 내면화한 자기부정의 결과를 보여주는 것인지도 모른다.

"빨갱이"가 배제와 차별의 언어이고, 이러한 배제와 차별의 언어가 때로는 반도로, 불령선인으로, 그리고 종북좌파로 이어져왔다는 점을 생각한다면 정명(正名)은 이 배제의 구도를 무너뜨리는 것에서 출발해야 한다.

22일 도쿄에서 열린 강연회 직전 대기실에서 만난 소설가 김석범 선생은 이렇게 말했다. "제주 4·3은 해결하는 게 아니야. 4·3은 해방 투쟁이야. 이승만 정권이 정권의 정통성을 유지하기 위해 제주도민들을 죽인 것. 이 문제를 묻지 않으면 안돼." 김석범의 발언은 결국 제주 4·3이 미군정이라는 외세에 대한 항거이자, 친일반공정권을 수립하려는 세력들에 맞선 자기 해방을 위한 싸움이라는 사실을 보여준다. 아흔을 넘긴 노(老) 소설가의 일갈은 제주 4·3 정신을 기리자고 말하면서 그 정신이 무엇인지 이야기하지 않는다면 정명은 이뤄지지 않는다는 꾸짖음이었다.

사족

오사카에서 추념 행사가 열리던 시각 김동일 할머니가 향년 89세의 나이로 세상을 떠났다. 한라산에서, 그리고 지리산에서 두 차례나 체포되어 수감 생활을 하다가 고향 제주에서 살 수 없어 일본으로 건너갔던 할머니. 차가운 겨울 좁은 동굴에서 숨어지냈던 열여섯 소녀는 일본에서 작은 벤또 가게를 하며 일생을 보냈다. 한라산의 매서운 바람에도 우리 세상이 온다고 믿었던 할머니. 통일이 되면 한라산에 그 때 죽어간 동지들의 이름을 새기고 싶다던 할머니는 끝내 그 소원을 이루지 못하고 세상을 떠났다. 제주 4·3의 정신이 해바라기처럼 피어 나길 염원하며 늘 해바라기 한 송이를 가게에 놓아두었던 할머니는 자신의 일생을 모티프로 한 추모 공연이 열리던 그 시각, 한 많은 세 월과 끝내 이별했다. 삼가 고인의 명복을 빈다.

재일제주인,
항쟁을 말하다

– 4·3진상규명 운동사의 오래된 진지, 일본

2018년 4월 21일 일본 도쿄 호쿠토피아 사쿠라 홀. 아흔세 살의 김석범 작가가 1300석을 가득 메운 무대 앞으로 등장했다. 1988년 일본 도쿄에서 첫 4·3추도 기념강연회가 열린 지 30년 만이었다. 1987년 6월 항쟁의 열기는 일본으로도 전해졌다. 한국에서의 민주화 바람은 오랫동안 침묵을 강요받았던 제주 4·3을 조명하자는 움직임으로 이어졌다. 당시 추도 모임의 주축은 63살이었던 소설가 김석범과 《제주도 인민들의 4·3 무장투쟁사》(이하 무장투쟁사)를 썼던 김민주, 이덕구의 조천중학원 제자였던 김동일 등이었다. 시인 이산하가 장편 서사시 《한라산》을 쓸 때 참고했다는 《무장투쟁사》의 저자 김민주는 오랜 투병 끝에 2017년 세상을 떠났다. 평생 '벤또 가게'에 억새와 해바라기를 꽂아 두었던 김동일도 2017년 한 많은 생과 작별했다. 학살의 섬 제주를 피해 일본으로 떠나야 했던 재일제주인들에게 4·3은 잊을 수 없는 기억이었다. 죽음의 그림자를 뒤로 하고 향한 일본행이었다.

가고 싶어도 갈 수 없는 고향이었다. 고향, 제주의 아픔은 그대로 그들의 가슴에 깊은 상처가 되었다.

평생의 동지를 하나둘씩 떠나보내야 했던 작가는 이제 아흔을 넘겼다. 김석범은 30년 전 그날처럼 청중들 앞에 섰다. 1957년 〈간수 박서방〉, 〈까마귀의 죽음〉을 발표한 이후 대하 소설 《화산도》에 이르기까지 그의 작품은 언제나 4·3의 진실을 겨냥했다. 30년 전 일본 도쿄 YMCA 강당에서 열린 강연의 주제는 '제주도 4·3 사건은 무엇이었나'였다. 세월이 지난 지금 김석범은 재일 4·3운동의 동지이자 후배인 문경수 교수(리츠메이칸 대학)와 함께 '제주 4·3항쟁의 정의는 무엇인가'를 놓고 이야기를 나눴다. 사건은 항쟁으로, 사건의 실체를 묻는 질문은 4·3항쟁의 정의로 옮겨졌다.

제주 4·3 진상규명 운동사에서 '재일'(在日)의 위치는 각별하다. 박정희, 전두환, 노태우로 이어지는 군사정권은 '빨갱이'라는 증오의 정치를 확대, 재생산했다. 87년 6월 항쟁 이전까지 4·3을 이야기하는 것은 금기 그 자체였다. 1978년 현기영이 〈순이삼촌〉을 발표하면서 4·3의 비극이 드러나는 계기가 되었지만 진실의 목소리는 억압의 대상일 수밖에 없었다. 하지만 일본은 그나마 자유로웠다. 재일 교포 사회는 분단 모순을 일상적으로 마주해야 하는 현장이었다. 총련과 민단의 대립은 물론 끊임없이 남과 북을 선택할 것을 강요받아야 했던 재일의 역사는 분단이 단순히 휴전선에 머무는 것이 디아스포라의 삶 속에서 뿌리 깊게 자리 잡은 것임을 보여준다. 김석범, 김시종. 제주 4·3 당시 학살의 비극으로부터 빗겨나 있었던 그들에게 4·3은 그래서 계속 써와야 하는 것이었고, 같은 이유로 계속 쓰지 않을 수밖에 없었던 '현재'였다.

김석범, 김민주, 고이삼, 조동현. 자이니치의 삶을 살아야만 했던 그들에게 4·3은 언제나 당대에 던져야 하는 질문이었다. 이들이 지금은 국회의원이 된, 당시 도쿄 유학생이었던 강창일, 그리고 김명식 등과 함께 4·3 진상규명 운동을 시작했던 것도 '재일'이라는 디아스포라의 역설이 있었기에 가능했다.

《화산도》라는 역작을 써낸 김석범 작가와, 일본에서 재일조선인 연구에 매진해왔던 문경수 교수. 소설가와 학자로 분야는 다르지만 그들은 재일의 자리에서 제주를, 한국을 응시해왔던 오랜 동반자였다. 두 사람은 무대에 나란히 앉았다. 청력이 안 좋아진 작가의 옆에는 오랜 시간 김석범의 매니저 아닌 매니저로, 또한 도쿄 4·3을 생각하는 사람들의 대표로, 그 역시 일본에서의 4·3운동의 한복판에 있었던 조동현 회장이 자리했다. 구순을 넘긴 작가는 몇 해 사이에 부쩍 청력이 떨어졌다. 1988년 제주를 찾았을 때만 해도 서울과 제주에서 강단 있는 목소리로 말을 이어가던 작가였다. 몇 해 전까지만 해도 30~40년 나이 차이가 나는 후배들과도 밤새워 대작을 하던 작가였다. 세월은 무심했지만 여전히 그는 4·3을 살고 있었다. 귀가 들리지 않아 대담이 아니라 4·3에 대한 자신의 견해를 설명하는 자리가 되었지만 4·3 항쟁의 본질, 그 역사적 진실의 핵심으로 성큼 걸어가는 작가의 말에는 육체적 쇠약을 뛰어넘는 힘이 들어 있었다.

아흔을 넘긴 지금도 《세카이(世界)》에 연재를 계속하고 있다는 작가는 4·3에 대해 써 둔 글 한 부분을 먼저 읽기 시작했다.

제2차 세계 대전이 끝난 후 최초의 제노사이가 아무도 알 수 없는 닫혀진 섬에서 일어났다. 젖먹이 아이까지, 임신 중인 여인의 배를 갈라, 빨갱이를 멸종시켜야 한다는, 마치 거대한 도마 위에서 생선이나 고기를 발라내듯 살아있는 인간을, 육체의 존재 자체를, 난도질하는 사건이었다. 빨갱이의 말살. 민주주의의 옹호라는 명분을 내걸고 개개인의 몸과 마음을 난도질하는 대량학살이었다. 토벌대는 도마 위에서 주민들의 귀를 잘라내고 코를 잘라냈다. 도요토미 히데요시가 출병하면서 조선인을 학살했던 그 역사가 바다를 넘어서 되풀이된 것일까. 죽음의 폐허가 된 제주도는 인간의 기억도 바람에 실려 공중으로 사라졌고 땅과 바닷속 깊이 묻혀 사라졌다. 섬은 영원한 동토가 되어 기억과 더불어 사라졌다.

기억의 말살에 대해서 김석범 작가는 기억의 타살과 기억의 자살에 대해 이야기해 왔다. 권력의 강압에 의해 침묵을 강요받는 것이 기억의 타살이라면 고통스러운 기억을 스스로 잊어버리는 일이 그가 말하는 기억의 자살이다. 그가 평생을 제주 4·3에 대해 말해왔던 것도 결국 기억의 타살과 자살을 넘어 기억의 부활을 말하기 위함이었다. 그리고 이러한 그의 문학은 함께 기억의 부활을 외쳤던 재일제주인들이 있었기에 가능했던 일인지도 모른다. 김석범 작가는 기억이 없어지면 역사가 없어지고, 역사가 없어지면 인간의 존재는 없다는 자신이 쓴 에세이의 한 대목을 이어서 소개했다.

김석범 작가의 이야기에 이어서 문경수 교수도 제주 4·3 진상규명 운동의 흐름에 대한 나름의 생각을 펼치기 시작했다. 문 교수는 제주 4·3의 희생자를 항쟁지도부, 식민지 권력(군인·경찰 우익), 무력 충돌로 희생된 다수의 도민으로 분류했다. 그러면서 군사정권에서는 두 번째의 경우만 인정되었지만 민주화 이후에는 무력 충돌로 희생된 도민들까지도 명예회복이 되었다고 설명했다. 극소수이기는 하지만 항쟁 지도부들이 명예회복이 되지 못한 것을 언급하면서 그는 남북화해가 진행되고 있기 때문에 모든 희생자에 대한 명예회복이 필요하다고 강조했다. 문 교수의 이야기에 대해서는 김석범 작가도 동의했다.

그들에게 제주 4·3은 모든 희생자에 대한 명예회복, 나아가 남북 화해라는 분단 모순의 해결 과정이기도 했다. '재일'의 자리에 선다는 것은 분단 모순을 일상적으로 경험해야 하는 것을 의미한다. "일본에서 4·3을 한다는 것은 남북화해 없이는 의미가 없다."는 문 교수의 말은 재일제주인들이 제주 4·3을 대하는 인식을 그대로 보여준다. 재일제주인들은 일본 패전 이후 민족적 차별을 겪어내면서도 제주 4·3의 진실을 찾아갔다. 그들의 노력은 생각조차 재단받았고, 침묵할 수밖에 없었던 남한 사회에 커다란 자극을 주었다. 마치 2·8 독립선언이 3·1 만세운동을 촉발시켰던 것처럼, 일본에서 타올랐던 제주 4·3 진상규명의 불길은 뜨겁게 한국 사회로 번져갔다.

'재일'이라는 디아스포라의 시작은 식민의 역사, 분단 모순 때문이었다. 1920년대 제주와 오사카를 이었던 정기 연락선을 타고 오사카로 향했던 수많은 제주인들이 있었다. 양석일의 소설《피와 뼈》에서 그려지고 있는 것처럼 20년대 오사카에 자리 잡은 제주인들은 식민과 자본이라는 이중의 차별을 겪어내면서도 꿋꿋이 자신들의 삶을 이어갔다. 해방 후 고향으로 돌아온 이들도 많았지만 여러 사정으로 일본에 남아있던 이들도 있었다. 《화산도》의 주요 인물, 이방근, 남승지, 양준오는 모두 오사카 이카이노에서 고향 제주의 원형과 마주했던 인물들이었다. 새로운 독립국가 건설에 젊음을 바치기 위해 고향으로 향했던 그들이 목격했던 것은 친일반공 정권의 등장이었고, 미국이라는 새로운 식민의 시작이었다. 독립국가를 열망한 그들은 단선단정 반대를 위해 싸웠다. 그것이 제주 4·3항쟁의 시작이었다.

반공국가를 세우기 위해 제주라는 섬쯤은 '절멸'돼도 좋다고 생각했던 이승만과 미국의 탄압은 대규모 학살극의 원인이었다. 누군가는 학살을 피해 일본으로 향했고, 또 다른 누군가는 남아서 끝내 죽었다. 제주 4·3 당시 제주에 있었던 김시종 시인은 학살을 피해 일본으로 건너간 경우이다. 1949년 5월 밀항선을 타고 일본으로 떠났던 김시종 시인이 고향 제주에 다시 왔던 때는 49년 만인 1998년이었다. 4월에는 그 도피의 부채의식 때문에 제주를 찾을 수 없다고 고백하는 김시종 시인의 마음은 제주 4·3을 대하는 또 다른 '재일'의 시선이 아닐 수 없다.

매년 4월이면 도쿄와 오사카에서 수백 명이 제주를 찾는다. 쉽지 않은 일이다. 1988년 추도행사를 한 이후에 여러 우여곡절을 겪어가면서도 매년 도쿄와 오사카에서 4·3 행사를 치러내는 일 또한 만만치 않은 일이다. 도쿄와 오사카에서 열리는 4·3 행사에 참석해 본 사람들은 놀란다. 제주보다도 더 뜨거운 추념 열기에 놀라고, 재일교포들뿐만 아닌 일본인들의 뜨거운 호응에 다시 놀란다.

21일 도쿄에서 열린 행사에도 1300석 좌석은 이미 동이 났다. 미처 자리를 얻지 못한 관객들은 복도와 계단을 가득 메웠다. 무료도 아니었다. 2500엔. 적지 않은 돈을 내야 하는 유료 강연회였다. 2부 무대를 장식하는 안치환과 자유 밴드의 공연에 대한 기대도 있었겠지만 4·3을 이야기하는 자리에 1400명의 사람들이 찾는다는 것 자체가 재일제주인들의 저력을 보여준다. 그중에는 일본인뿐만 아니라 재일 3·4세도 적지 않았다. 김석범과 문경수의 강연에 대한 청중들의 열기도 뜨거웠다. 뒤이어 이어진 안치환과 자유의 공연 역시 환호를 받았다. '잠들지 않는 남도'를 따라 부르는 관객의 함성은 커져만 갔다. 그것은 분단이 만들어낸 '재일'을 녹이는 뜨거운 눈물이었다. 그 눈물의 힘과 함성이 결국 4·3을 역사가 아니라 오늘의 삶으로 만드는, 그래서 김석범 작가의 표현처럼 '제주 4·3을 산다'는 의미로 다가오게 하는 것이다.

욕망의 섬, 비통의 언어

'신생'의 매혹과
갱신의 매력

문학이란 결코 이미 거기에 있는 것이 아니라,

언제나 반복되어 발견되고 발명되어야 하는 것이다.

– 모리스 블랑쇼, 《도래할 책》.

'신생(新生)'이라는 매혹

  '신생'이란 단어는 진부하다. 오래전 누군가가 짓다 허물어 버린 낡은 흔적처럼. 하지만 '신생'이라는 의미는 매혹적이다. '신생'이란 우리의 탄생이 일회적인 찰나에 불과하지 않음을 뜻한다. 매일, 매 순간 새롭게 태어날 수 있다는 가능성은 죽음으로 향하는 삶의 불가역성을 역동의 힘으로 도전하게 한다. '신생', 이 낡은 단어는 진부한 기표와 매혹의 기의를 한 몸에 지녔다. 진부와 매혹 사이. '신생'의 순간은 어쩌면 그 사이에서 발생하는지도 모른다.

늦은 밤 '신생'이라는 단어를 떠올린다. 생각해보면 우리 모두는 누군가의 몸에서 태어난 새로운 존재들이다. 낡고 허물어진 몸에서 태어난 생명들. 그것은 우리 자신에게로 향하는 최초의 언어이다. 우리의 몸은 그렇게 '반복'되어 '발견'되고 '발명'된다. 윤회가 반복이라면 얼마나 지리한가. 반복되지만 똑같지 않은 삶. 윤회는 매 삶마다의 신생으로 '발견'되고 '발명'되는 새로운 목숨들이다. 반복의 진부와 발견의 매혹 사이. 문학은 그곳으로 향하는 발걸음인지도 모른다. 진부와 매혹 사이를 오고가는, 기웃거림의 흔적들. 읽고 쓰는 일은 흔적을 더듬는 일이다. 그 흔적들 속에서 우리는 각자의 흔적을 각자의 몫만큼 남긴다. 신생이라는 낡은, 그러나 여전한 매혹으로 빛나는 단어.

모리스 블랑쇼는 문학이 사라짐이라는 본질로 향하는 것이라고 했다. 이때 사라짐은 소멸이나 소실이 아니다. 소멸되고 소실됨으로써 새로운 탄생의 토양이 되는 썩어짐. 썩어 없어져야 새로운 탄생, 신생이 가능하다는 사실을 그는 '발견'과 '발명'이라는 언어로 설명하고 있다. 그렇게 우리는 한 걸음씩 신생으로 나아간다. 우리의 죽음을 생성의 가능성으로 가득 차게 하는 힘의 본질로.

이 땅에서 죽어가야 했던 존재들을 생각한다. 1945년 해방 이후 혁명의 열기로 가득 찼던 남도의 끝, 제주. 새로운 나라를 만들고자 했던 혁명 전사들의 열망들. 열망은 뜨거웠고 어눌했다. 처음이 늘 그렇듯, 무수한 시행착오와 오류들로 가득 찼다. 국가는 열망을 인정하지 않았고 그들의 시행착오를 놓치지 않았다. 신생의 가능성이 원천적으로 차단된 죽음의 땅에서 청년 김시종은 밀항을 선택한다. 해방이 충실한 '황국 소년'이었던 김시종을 민족에 대한 자각으로 이끈 첫 번째 죽음이었다면 밀항은 전망이 부재한 죽음, 모든 가능성이 차단된 내던져진 죽음이었다. 그 죽음의 순간, 청년 김시종은 도쿄의 헌책방에서 오노 도자부로(小野十三郎)를 만난다.

오노 도자부로는 누구인가. 그는 1926년《반쯤 열린 창》이라는 시집을 발표하며 아나키즘의 기치를 내걸었던 시인이었다. 프롤레타리아 시인이었던 그가 1953년에 발표한《현대시수첩》은 재일조선인들이 창간한 잡지《진달래》의 동인들에게 지속적인 연구의 대상이었다.¹⁾ 그는 재일이라는 조건에서 시 쓰기에 몰두했던 재일조선인에게 상당한 영향을 끼쳤다. 김시종 역시 오노 도자부로의 자장에 포함되어 있었다. 김시종은《조선과 일본에 살다》에서 도쿄 도톤보리 헌책방에서 우연히 접한 오노 도자부로《시론》과의 만남을 '충격'과 '당혹'이었다고 말하고 있다. "그때의 당혹과 충격은 그 후의 나를 결정했다고 말해도 좋을 정도"²⁾였다는 고백의 이유는 무엇인가. "위안의 욕구로서의 향토는 향토에 값하지 않는다." "인간이 그 인생의 어느 시기에 자신의 사상을 갱신시키는 듯한 의미를 갖는, 토지라든지 풍경이라든가 하는 것과 우연하게라도 만나는 것은 선망의 가치가 있다." 고향에 대한 정감과 정념을 지녔던 김시종의 생각은 오노 도자부로의 문장을 만나 전복된다. 그는 그야말로 부득이하게 만날 수밖에 없었던 일본 땅에서 "서정이 영탄의 정감이 아닌 인간 사유사고 저변을 형성하는 내질 자체"임을 자각하게 됐다고 말한다. 그가 '제국의 땅'에

---

1) 심수경, 〈재일조선인 문예지《진달래》의 오노 도자부로 수용 양상〉,《일본문화연구》64, 2017. 10.
2) 김시종, 윤여일 역,《조선과 일본을 살다》, 돌베개, 2016, 239~242쪽.

서 일본어를 무기로 삼아 일본인의 감성과 사유를 파괴하는 '시 쓰기'를 할 수 있었던 이유가 여기에 있다. '황국 청년'이 '제국의 땅'에서 새롭게 태어난 그 순간. 그것은 영탄의 진부를 벗어나 자기 갱신의 언어를 찾아가는 시인의 탄생이기도 했다. "일본으로 오지 않았다면 한국에서 자유롭게 영탄의 정감을 싸질러대는 역겨운 '서정시인'"이 됐을 것이라는 고백은 서정의 갱신, 서정의 '발견'과 '발명'으로 이어졌다. "나를 만들어내고 부모와 자식 사이를 해쳤던 '일본어'와는 확실히 다른 예지의 일본어가 박혀 있었다."고 토로하는, 그가 만난 신생의 가능성. 그것이 바로 그의 시가 머물렀던 흔적들이다. 지난 10월 여든이 넘은 노구를 이끌고 제주에 온 김시종은 다시 오노 도자부로를 꺼냈다. 시란 "느슨하고 지루한 시간인 일상생활의 바다에 보이는 항상적 저항의 자세"라는 오노의 시론을 설명하면서 그는 익숙해진 일상으로부터 일탈과 그러한 일상과의 마주함을 이야기했다.**3)**

　"항상적 저항"이라는 말은 항상적으로 저항해야 한다는 말이 아니다. 그것은 우리의 일상생활에서 항상 존재하고 있는, 그래서 때로는 진부하기까지 한 저항을 '발견'하고 '발명'해야 한다는 시적 갱신의 필요성을 의미한다. 시를 죽여야 시가 태어난다는 이 도저한 역설. 그렇게 시는 새롭게 '발견'되고 '발명'된다. 그러므로 '읽는다'라는 행위는 '발견'과 '발명'의 흔적들을 더듬는 일이고 진부와 매혹의 사이를 서성이는 걸음들이다.

---

3) 김시종, 〈시는 현실 인식의 혁명〉, 2017 전국문학인 제주포럼 기조강연.

욕망의 섬, 비통의 언어

신생이라는 매혹을 담아내려 했던 잡지들

'신생'이라는 매혹을 점유하려던 시도는 여러 차례 있었다. 먼저 1920년대 발행된 잡지《신생》이 있었다. 《신생》은 1928년부터 1934년까지 간행된 기독교계 종합 월간지였다. 1927년 미국 유학을 마치고 돌아온 유형기가 만들었다. 20년대 후반부터 30년대 전반기까지 기독교 사상계를 이끌었던 잡지였다. 창간호에는 잡지명을 '신생'으로 한 이유를 밝히고 있다. "종교적으로 도덕적으로 인격적으로 학술적으로 신생함이 있어야 하겠다"는 것. 발행처 역시 신생사였다. 식민지 조선의 땅에서 '종교적, 도덕적, 인격적, 학술적' 신생의 가능성을 모색한 이 잡지는 단순한 종교 잡지의 성격에서 벗어나 종합 교양지의 성격을 띠었다. 다분히 민족주의적 정서에 기반한 이 잡지에는 다양한 문예란을 두고 있었다. 특히 전통시가들이 배치되어 있는 것이 이채롭다.[4]

해방 이후에는 불교계가 펴낸 또 다른《신생》이 발간되었다. 1946년 3월에 발간된 이 잡지는 이전 발행된 잡지《불교》를 이어받은 것으로 해방 정국의 혼란을 대하는 불교적 입장이 잘 드러나 있다.

> 우리는 신명(神明)께 성심(誠心)을 빌고 천지(天地)신생(新生)의 정
> 기를 바로 호흡하여 공화(共和)의 대도(大道)를 손잡고 서로 이끌어

---

4) 정인숙, 〈근대 잡지에 수록된 전통 시가의 존재와 그 의미-《신생》을 중심으로〉, 《반교어문연구》제39집, 2015.

정답게 굳세게 나아가지 않으려는가. 광복 조선의 신생의 큰 싹을 기르자. 북도와 우주의 빛이 되고 세계의 사랑이 되게 하자. 신생의 싹! 광복의 조선을! 오 회천(回天)의 대기(大機)를! 조선 역사가 재출발하는 이 광복의 사자(使者)로 전 〈불교〉를 대신하여 〈신생〉의 첫 소리를 이에 외치노라. **5)**

　해방은 세 가지의 깃발과 세 개의 언어가 혼재되던 공간이었다. 태극기, 인공기, 적기가 하나의 시공간에서 휘날렸고 일본어와 조선어, 그리고 점령군의 언어인 영어가 뒤섞였다. 채만식과 염상섭의 소설에서 잘 그려져 있듯이 미군정 진주 이후 시작된 '번역 정치'는 조선반도의 운명을 결정짓는 요소가 되었다. 해방은 식민지 조선의 절대 권력이었던 '제국 일본'의 즉각적 퇴진으로 이어지지 않았다. 해방 이후부터 8월 말까지 145개에 이르는 건준지부가 결성되는 등 다양한 정치적 열망들이 쏟아지면서 '대안 국가'를 모색했지만 여전히 '외세'는 합법적으로 조선반도를 점령했다. 9월 9일 미군 진주 이전까지 조선반도의 치안은 조선에 주둔했던 일본군이 실질적으로 행사하고 있었다. **6)** 9월 6일 여운형을 중심으로 결성된 인민공화국이 미군정에 의해 부인된 이후 나라 만들기를 둘러싼 수많은 열망들이 서로의 힘과 조직으로 대결하고 있었다. 이러한 해방 정국의 모습 속에서 불교계도 새로운 모색을 시도했다. 《신생》은 이러한 종교적 갱신의 열망을

5) 〈권두언〉, 《신생》, 1946. 3.
6) 박찬표, 《한국의 국가형성과 민주주의》, 고려대학교 출판부, 1997.

욕망의 섬, 비통의 언어

담은 잡지였다. 시간적인 차이는 있지만 기독교와 불교계에서 모두 《신생》이라는 이름의 잡지를 발간했다는 점은 흥미롭다.

종교계만《신생》에 매혹되지는 않았다. 제주에서도 해방 이후《신생》이라는 잡지가 발간됐다. 해방 이후 귀향한 제주 출신 지식인들을 주축으로《신생》지가 탄생하게 된다. 새로운 조국 건설과 독립 쟁취에 대한 기대감이 드러나 있는《신생》은 그러나 창간호를 끝으로 종간된다. 창간호가 종간호가 되어 버린 셈이다. 제주에서 발행된《신생》에 대해서는 이미 자세히 연구된 바 있다.[7] 해방 정국의 혼란 속에서 새로운 매체를 간행하려고 했던 당시 지식인들의 고민은 지금 읽어도 의미가 깊다. 식민지 시기에 활동했던 작가의 작품을 소개하면서 지역이라는 한계를 극복하기 위한 문학적 고투들이 행간에 가득하다. '활자도 구비되지 못하고 공장도 정비되지 못한' 상황에서도 한글강습의 필요성을 언급하는 대목들은 모국어의 회복을 지향하려는 로컬 문학의 분투를 짐작하게 한다.

해방 직후 제주의 상황을 알려주는 자료들은 많이 남아있지 않다. 해방 이후 창간된 제주신보도 1947년과 1948년의 자료들만이, 그것도 일부는 멸실된 채, 남아있다. 제주 4·3 항쟁의 와중에서 매체들의 면면이 제대로 이어지지 않은 것이 큰 이유라고 할 수 있다. 해방 이후 문학 관련 자료가 거의 남아있지 않은 상황에서《신생》의 의미는 크다. 김동윤이 지적한 것처럼 "《신생》은 당시 제주문학의 활동을 반영한 중요한 문헌"이다. 1952년 제주로 피난 온 소설가 계용묵을 중

---

7) 김동윤, 〈해방 직후의 제주문학-《신생》을 중심으로〉,《4·3의 진실과 문학》, 도서출판 각, 2003.

심으로《신문화》가 발간되었다는 점을 염두에 둔다면《신생》은 지역 문인들의 주체적 역량을 보여주는 사료적 가치가 충분하다.

특히 여기에는 이영복의 소설 〈야로〉가 실려있는데, 이 작품은 제주어 창작의 가능성을 보여줌과 동시에 해방 직후 제주 사회의 모습을 보여주고 있다. 관덕정→서문다리→정뜨리 비행장→하귀→고내봉→애월까지의 여정을 통해 그려내고 있는 소설 속 장면들은 일본어와 조선어가 뒤섞여 있는 해방 직후의 모습을 그리고 있다. 다만 인쇄 사정으로 중요한 장면들이 삭제되어 아쉬움이 크다.[8] 만약 삭제된 부분들이 남아있었다고 한다면 지역의 입장에서 바라본 해방 정국의 모습을 섬세히 살펴볼 수 있지 않았을까.

문학사에서 해방에 대한 서술은 대부분 경성의 해방에 집중되어 왔다. 김윤식이 이 시기를 '해방공간'이라 명명한 이후 조선문학가동맹과 전국문필가협회 결성 등 좌우익 문학단체들의 대립은 문학사 서술의 중요한 관심이었다. 해방 직후 봉황각에서 열린 '문학자의 자기비판'을 중심으로 해방이라는 역사적 시간을 경유하는 문인들의 자기인식이 중요한 관심이 되었던 것도 이 때문이다. 하지만 생각해보면 해방은 단일한 시공간을 관통한 사건이 아니었다. 이태준이 〈해방 전후〉에서 그리고 있듯이 강원도에서의 해방은 다른 감각으로 다가왔다. '남선'과 '북선'의 사람들이 경험했던 해방의 신체적 감각이 다르

---

8) 김동윤이 이영복의 증언을 통해 밝히고 있는 삭제된 부분의 내용은 다음과 같다. "애월의 사고지점에서 내려 한림까지 1시간 정도 밤길을 걸어가면서 사건이 전개된다. 시국과 관련한 이야기를 나누는데 대부분은 해방 직후 서울과 제주지역에서 전개된 혼탁한 정세를 비판하는 내용이었다." 김동윤, 위의 글.

다고 한다면 지역의 해방 역시 그러할 것이다. 마치 식민지 근대를 관통해 간 경성과 부산의 감각이 다른 것처럼.

해방 직후 제주에서 발행된 《신생》은 지역이라는 신체성에 새겨진 해방의 흔적을 되짚어볼 수 있는 사료적 의미가 있다. 해방 직후 지역이라는 구체적 삶의 공간에서 열망했던 독립국가 건설의 구체적 양상과 해방이라는 격동의 시간 속에 놓인 개별적 구체들의 생생한 목소리들이 여기에 담겨 있다. 해방은 '제국 일본'에 결박된 '신민'의 죽음과 새로운 민족적 주체의 탄생을 동시에 의미한다. 새로운 민족 주체의 탄생에서 중요한 것은 바로 언어였다. 해방 이후 쏟아진 수많은 열망들 중에서 '한글강습'이 눈에 띄는 이유도 여기에 있다. 이는 일본어의 신체를 버리고 한국어 신체로 갱신하는 자기 갱신의 필요성을 인식했기 때문이다.

이러한 자기 갱신이 경성이라는 지역에만 국한된 것이 아니라는 것은 당연한 사실이다. 지역은 지역의 한계와 가능성 속에서 새로운 주체의 탄생을 모색한 자기 갱신의 구체적 장소였다. 그러한 자기 갱신의 열망들이 '신생'이라는 기표를 점유하려 했다. '새살림', '새동무', '새사람', '신경향', '신문예', '신문학', '신세기', '신세대' 등 해방기 쏟아진 수많은 잡지들이 '새로움'을 들고 나온 이유도 바로 여기에 있을 것이다.

'읽다'와 '쓰다'의 사이에서

진부와 매혹의 사이에서 기웃거리는 일, 느리지만 분명한 운동성만이 갱신을 가능하게 한다. 무언가를 읽어내는 일은 바로 이러한 갱신의 흔적에서 또 다른 갱신을 꿈꾸는 일인지도 모른다. 그것은 책이라는 물질성에 갇히지 않은 책의 외부를 지향하는 존재들의 아우성을 '읽는' 행위다. '읽는다'라는 행위에 갇힌 독서가 아닌 '읽다'와 '쓰다' 사이를 가로지르며 운동하는 횡단적 운동으로서의 독서이다. 들뢰즈가 '횡단적 문학'이라고 명명하고 있듯이 '읽다'의 영토와 '쓰다'의 영토를 이동하며 그 둘 사이에 존재하는 수많은 생성의 가능성을 향해 나아가는 발걸음들이다. '사이'가 수많은 생성과 접속을 가능하게 한다면 '신생'은 바로 그러한 가능성 속에서 '가능한' 행위이다.

이렇게 탄생한 '신생'은 무에서 유를 창안해 낸 '새로움'이 아니다. 오히려 무의 상태를 각성함으로써 만들어지는 해석이다. '발견'과 '발명'으로서의 해석. 진부와 매혹 사이에서 수많은 해석들을 '발견'하고 '발명'하는 '발견'의 '새로움'이자 '발명'의 '신생'이다.

모든 주석들은 전복을 예비한다. 미래는 과거가 만들어낸 자명한 결과가 아니다. 모리스 블랑쇼가 이야기했듯 미래는 미래를 넘어서서 도래하는 것이며 현재에 있으면서도 계속해서 도래하는 것이다. 하나의 주석이 또 다른 주석의 가능성을 예비하듯이, '신생'은 또 다른 '신생'의 가능성을 내포한다. 그런 점에서 우리가 어떤 말들을 읽어낼 때 그것은 '읽는다'라는 행위마저도 배반한다. 그런 점에서 '읽는다'는 '쓰다'와 동의어인 동시에 그 둘 모두를 배신하는 행위이다. 모두를 배반함으로써 어떤 것에도 매어있지 않는 가능성을 발견하는 일이다. '신생'의 매혹이, '읽다'와 '쓰다'라는 행위가 매혹적인 이유가 여기에 있다.

우리는 우리를 배신한다. 그것은 우선 우리라는 공동체가 환상적 감각이기 때문이다. 우리라는 공동체의 범주가 가변적이라면 그 환상의 가변은 우리에 대한 배신을 내재한다. 우리라는 발화의 주체는 누구이며 대상은 누구인가. 발화자의 욕망에 따라 범주는 매번 달라질 수밖에 없다. 이 범주의 차이 속에서 중요한 것은 우리가 우리를 배신할 때 우리가 우리를 배제하는 것이 아니라 N개의 우리로 확장되어야 한다는 점이다. 차이를 확인하는 폐쇄적 욕망이 아니라 차이를 인정하는 개방적 상상이 필요하다. 문충성이 '우리가 우리를 토벌했습니까'라고 노래할 때 우리라는 공동체적 감각의 붕괴는 우리의 배반이 아니라 우리의 배제를 문제 삼는 것이다. [9]

신생의 감각은 새로운 탄생의 가능성을 억압하지 않는, 신생에 대한 배반으로 가능하다. '읽다'가 읽는 행위를, '쓰다'가 쓰는 행위를 각각 배반함으로써 새로운 영토를 확장해가듯이 신생은 신생을 배신함으로써 신생의 영토를, 수많은 신생의 가능성을 열어 갈 수 있다. 하지만 이것만으로는 충분치 않다. 확신이 배반의 가능성을 차단하지 않아야 한다. 가능은 확신의 언어가 아니라 '아마도'의 언어이다. 모리스 블랑쇼가 "우연도, 작품도, 사유도, 아마도라는 높이 이외에는 모두 사라져 버리고 없는 것"이라고 말하는 것은 모든 것이 무위라는

---

9) 문충성의 시 전문은 다음과 같다. "우리는 때로 우리를 토벌했습니까/우리는 때로 우리를 습격했습니까/제주 섬에 산다는 이유 하나만으로도/산폭도가 되고 빨갱이가 되고/산간 마을들 불탔습니까 그 섬마을 사람들/총에 맞고 죽창에 찔려 죽임을 당했습니까 비록/그 비참한 삶이 지난 세기 1940~50년대뿐이었겠습니까/제주 바다 수평선 건너온 사람들/그 사람들 핏빛 이데올로기들/10대 나의 소년은 낯선 겁에 질려 말조차 잃어버렸습니까/2연대에 내준 아아, 우리 제주북국민학교/관덕정 근처/칠성통 입구 헌병대 근처 아득히/봉홧불 타오르던 오름들/보입니까 그 처참한 주검들", 〈우리는 때로 우리를 토벌했습니까〉, 《허물어버린 집》, 문학과지성사, 2011.

사실을 증명하기 위해서가 아니다. 그것은 문학이 확신의 편이 아니라 '아마도'라는 가정의 세계를 기웃거리는 존재라는 점을 의미하기 때문일 것이다. 신생의 감각이 신생을 배신하는 일은 '아마도' 신생이 신생이 아닐 수도 있다는 '발견'과 '발명'에 대한 끊이지 않는 회의에서 출발하는 일임을 보여준다. 새로움이 새로움을 회의하는 운동을 멈추는 순간, 새로움은 진부의 한편에서 난파하는 배가 되고 만다. 오로지 자신의 영광을 곱씹으면서 낡아가는 난파선의 운명처럼.

이제 다시, '신생'으로

진부와 매혹의 사이. '신생'은 낡음의 언어를 갱신하는 운동의 가능성을 촉발하게 하는 힘을 지닌다. 그래서 여전히 '신생'은 매혹이며, 갱신의 매력으로 가득하다. 나를 과거의 자장에 가두지 않으려는 힘이 가능한 이유도 신생이라는 매혹의 열정이 있기 때문일 것이다. 우리의 몸은 하나의 몸에서 N개의 몸으로 탄생한다. 매혹만큼 우리의 가슴을 뛰게 만드는 것이 있을까. 죽음이 죽음의 완성으로 끝이 나는 것이 아니라 새로운 생명을 예비하는 썩어짐이라면, 우리는 매일 죽고, 매일 탄생한다. 매일의 죽음이 매일의 탄생으로 가능할 수 있다면 '신생'은 죽음과 부활을 한 몸에 안은 매혹이자 매력이다.

식민지와 해방이라는 시대를 관통하며, 부산과 제주라는 지역을 통과하면서, 신생은 여전한 매혹으로 우리의 가슴을 뛰게 했다는 사실. 그것은 여전히 신생이라는 진부와 매혹의 힘을 우리가 믿기 때문이다. 《신생》이 있기에 신생의 가능성을 가늠하게 하는 새로운 역동의 힘이 지금 우리를 죽게 하고 새로운 우리의 탄생을 만들어 간다. 누군가는 이미 낡아버렸다고 생각하는 주석일 수 있지만 그 낡음이야말로 새로움을 예비하는 항상의 가능성은 아닐까.

그리고, 다시

낡은 사전의 항목을 뒤져가며 단어를 헤아리는 밤은 얼마나 행복한가. 익숙한 단어들이 별안간 새로운 각성의 힘으로 작용하는, 밤의 사유는 자명한 낮의 세계와 대결한다. 자동화된 낮의 세계 안에서 우리의 의식은 소외의 그림자마저 외면하게 만든다. 우리가 '발명'했지만 그 '발명'만이 창안의 전부인 세계 속에서 우리는 그렇게 세계와 결별한다. 우리가 세계와 결별할 때 세계는 우리를 외면한다.

'신생'의 가능성은 결별과 외면의 그림자 안에서 소외된 우리의 존재와 마주하는 일인 동시에 새로운 존재를 탄생하게 만드는 일일 터. 그 낯선 가능성의 극한으로, 현란을 극한 정오의 세계로 향해 가는 일이 바로 신생이라면, 이제 우리 모두 날개를 달고 날자, 날자, 날자. 이상이 수직의 상상력으로 수평의 지평을 끝없이 확장했듯이, 그 끝없는 비행의 순간을 몇 개의 문장으로 함께할 수 있으면 족할 일이다. 건투를 빈다.

욕망의 섬,
비통의 언어

참고문헌
찾아보기

참고문헌

강대원,《제주잠수권익투쟁사》, 제주문화, 2001.

강대원,《해녀연구》, 선진문화사, 1970.

강만생, 〈한말 일본의 제주어민 침탈과 도민대응〉,《제주도연구》3, 1986.

고광명,《재일제주인의 삶과 기업가 활동》, 제주대학교 탐라문화연구소, 2013.

고명철, 〈화마(火魔)의 섬에서 평화의 섬으로 가는 길〉,《제주작가》제14호, 2005. 6.

고승한, 〈제주 해녀의 사회문화적 의미와 가치 변화〉,《제주발전연구》통권 제8권, 2004.

권귀숙, 〈제주해녀의 신화와 실체: 조혜정 교수의 해녀론을 중심으로〉,《한 국사회학》제30집 봄호, 1996.

김경훈,《그날 우리는 하늘을 보았다》, 도서출판 각, 2014.

김광협,《돌할으방 어디 감수광》, 태광문화사, 1984.

김광협,《천파만파》, 현대문학사, 1973.

김동현, 〈로컬리티의 발견과 내부식민지로서의 '제주'〉, 국민대학교 박사학 위논문, 2013.

김동현, 〈지역을 바라보는 두 개의 시선-1960년대 제주를 중심으로〉,《한국 지역문학연구》, 한국지역문학회, 2014.

김두희·김영돈, 〈해녀어장분규 조사연구〉,《제주교육대학 논문집》12, 1982.

김상헌, 김예동 역,《남사록》, 영가문화사, 1992.

金石範,〈私にとってのことば〉,《民族, ことば、文學》, 東京: 創樹社, 1976.

김석범, 김환기. 김학동 역,《화산도》1-12, 보고사, 2015.

김수희,〈독도어장과 제주해녀〉,《대구사학》109, 2011.

김영돈,〈제주 해녀〉, 제주문화자료총서 2《제주의 민속》, 제주도, 1994.

김영돈,《한국의 해녀》, 민속원, 1999.

김영돈·고광민·한림화,《제주의 해녀》, 제주도, 1996.

김영돈·서경림·김범국,〈해녀조사연구〉,《탐라문화》5, 1986.

김영미,《그들의 새마을운동》, 푸른역사, 2009.

김영화,〈현대문학과 제주〉,《탐라문화》, 1995.

김인덕,〈박정희 정부의 경제개발과 구로공단: 해방 이후 재일동포의 국내 경제활동과 관련하여〉,《숭실사학》32, 숭실사학회, 2014.

김종원 외,《한국영화감독사전》, 국학자료원, 2004.

김지연,〈1960년대 제주시단-김광협, 김용길의 작품소고〉,《영주어문》, 영주어문학회, 2004.

김지연,〈김광협의 농민시 고찰-《농민》을 중심으로〉,《영주어문》, 영주어문학회, 2014.

김희철. 진관훈,〈재일제주인의 경제활동에 따른 제주 투자의 변화에 관한 연구〉,《상업교육연구》21, 한국상업교육학회, 2008. 9.

나가노 신이치로,《한국의 경제발전과 재일한국인기업인》, 말글 빛냄, 2010.

문순덕,〈제주학의 연구동향과 과제〉,《제주도연구》제37집, 2012.

박유하,〈스펙터클과 독재-신상옥 영화론〉,《영화연구》49호, 2011.

박찬식,〈제주해녀의 역사적 고찰〉,《역사민속학》, 2004.

杉原達,《越境する民: 近代大阪の朝鮮人史研究》, 新幹社, 1998.

샹탈 무페, 이보경 역,《정치적인 것의 귀환》, 후마니타스, 2007.

서경식, 〈재일조선인이 나아갈 길: '에스닉 마이너리티'인가 '네이션'인가〉,
《창작과비평》26(4), 창작과비평, 1998. 12.

서경식, 임성모. 이규수 역,《난민과 국민 사이》, 돌베개, 2006.

서재권, 〈평란의 제주도〉,《신천지》1949년 9월호.

西川長夫,《〈新〉植民主義論--ゴローバル時代の植民主義を問う》, 박미정
역,《新식민주의》, 일조각, 2009.

석주명,《제주도수필》, 보진재.

水野直樹. 文京洙,《在日朝鮮人: 歷史と現在》, 岩波新書, 2015.

스나미 케스케, 〈60주년 맞은 제주 4. 3 사건: '죽음의 섬' 탈출해 일본에 온
'제주'의 애환〉,《민족21》, 민족21, 2008. 5.

신재준, 〈1963-65년, 박정희 정부의 교포재산반입제도 운용〉,《한국문화》
69, 서울대학교 규장각 한국학연구원, 2015. 3.

안미정, 〈열린 바다 위의 분쟁: 식민지 관행과 해양자유론의 재고찰〉,《일본
학》34, 2012.

안미정, 〈제주해녀에 대한 이미지와 사회적 정체성〉,《제주도연구》15,
1998.

안미정, 〈해방 전후 제주 잠수(해녀)들의 부산 정착의 사회사적 고찰: 지역
간 경계를 넘은 이동과 갈등을 중심으로〉,《탐라문화》37, 2010.

안미정, 〈해항도시의 이주자: 부산시 해녀 커뮤니티의 존재 양상〉,《역사와
경계》89, 2013.

양석일 외, 이한창 역,《재일동포작가 단편선》, 소화, 1996.

양석일, 김석희 역,《피와 뼈》1-3, 자유포럼, 1998.

에드워드 렐프,《장소와 장소상실》, 논형, 2005.

에드워드 사이드, 박홍규 역,《문화와 제국주의》, 문예출판사, 1994.

에드워드 사이드, 박홍규 역, 《오리엔탈리즘》, 교보문고, 2001.

오카다 유키, 〈해방 이후 재일조선인 사회의 '조국'관 형성: 제주 4. 3사건이 미친 영향을 중심으로〉, 연세대학교대학원 석사논문, 2015.

유철인, 〈물질하는 것도 머리싸움: 제주해녀의 생애 이야기〉, 《한국문화인류학》 31-1호, 1998.

이명원, 〈4. 3과 제주방언의 의미작용-현기영의 《순이삼촌》을 중심으로〉, 《제주도연구》 제19집, 2001. 6.

이성준, 〈'제주어 문학'의 가능성과 한계-김광협의 《돌할으방 어디 감수광》을 중심으로-〉, 《배달말》 51권, 2012.

이성훈 편저, 《해녀연구총서》 전 5권, 숭실대학교 한국문예연구소 학술총서, 학고방, 2014.

이정희, 〈한일협정반대운동의 추진과 전개: 운동주체, 운동양태, 이념정향을 중심으로〉, 《글로벌 정치연구》 8권 1호, 한국외국어대학교 글로벌정치연구소, 2015. 8.

이지치 노리코 외, 《제주와 오키나와》, 윤용택. 이창익. 쓰하 다카시 편, 제주대학교 탐라문화연구소. 재일제주인센터, 2013.

이회성, 김숙자 역, 《죽은 자가 남긴 것》, 소화, 1996.

재일동포모국공적조사위원회, 《모국을 향한 재일동포의 100년 족적》, 재외동포재단, 2008.

전범성, 《해녀》, 오리지널·검열본, 신필림, 1964.

정근식·권형택 편, 《지역에서의 4월 혁명》, 선인, 2010.

정선태, 〈표준어의 점령, 지역어의 내부식민지화〉, 《어문학논총》 27집.

제민일보 4·3취재반, 《4·3은 말한다》 5권, 전예원, 1997.

제주도·제주도여성특별위원회, 《제주 여성, 일상적 삶과 그 자취》, 2002.

제주도·제주도여성특별위원회, 《제주여성의 삶과 공간》, 2007.

제주도청, 《제주도》, 1962-1977.

제주도청, 《제주도세요람》, 1937.

제주작가회의 편, 《깊은 적막의 끝》, 도서출판 각, 2002.

제주특별자치도, 《제주문화상징》, 2008.

제주특별자치도, 《제주여성 전승문화》, 2004.

조경희, 〈불완전한 영토, '밀항'하는 일상: 해방 후 70년대까지 제주인들의 일
본 밀항〉, 《사회와 역사》106, 한국사회사학회, 2015. 6.

조관자, 〈'민족주체'를 호출하는 '재일조선인'〉, 《일본학》32, 동국대학교 일
본학연구소, 2011.

조덕송, 〈현지보고, 유혈의 제주도〉, 《신천지》1948년 7월호.

조혜정, 〈발전과 저발전: 제주 해녀 사회의 성 체계와 근대화〉, 《한국의 여성
과 남성》, 문학과지성사, 1988.

조희연, 《동원된 근대화》, 후마니타스, 2010.

좌혜경 외, 《제주해녀와 일본의 아마》, 민속원, 2006.

진관훈, 〈재일제주인들의 고향 제주에의 기증에 관한 연구〉, 《재일제주인의
삶과 제주도》, 제주발전연구원 외 학술세미나 자료집, 2005.

진관훈, 《근대 제주의 경제 변동》, 도서출판 각, 2004.

프란츠 파농(Frantz Fanon), 《Les damnés de la terre》, 남경태 역, 《대지의
저주받은 사람들》, 그린비, 2004.

한림화, 《꽃한송이 숨겨놓고》, 한길사, 1993.

헌법재판소, 《헌재 2001. 9. 27, 2000헌마238 등 판례집 13-2》, 2001.

현기영, 《마지막 테우리》, 창작과비평사, 1994.

현기영, 《바람타는 섬》, 창작과비평사, 1989.

현기영,《순이삼촌》, 창비, 2006(개정판).

현기영,《지상에 숟가락 하나》, 실천문학사, 1999.

현무암, 〈밀항. 오무라수용소. 제주도〉,《재일제주인과 마이너리티》, 제주대학교 재일제주인센터, 2014.

홍명표, 〈본도 출가 해녀의 권익문제〉,《제주도》37, 1968.

《경향신문》.

《고려사》.

《동아일보》.

《매일신보》.

《삼국사기》.

《제주도세요람》.

《제주도지》.

《제주신문》.

《제주신보》.

《조선왕조실록》.

《조선일보》.

《지구적 세계문학》제5호 봄, 글누림, 2015.

《탐라지》.

찾아보기

욕망의 섬, 비통의 언어

찾아보기 _ 인명

찾아보기 _ 작품/작품집/문헌

욕망의 섬, 비통의 언어

453

김동현

문학평론가. 제주에서 태어났다. 제주대학교 국문과와 한신대 문예창작대학원, 국민대 대학원에서 공부했다. 지은 책으로는《제주, 우리 안의 식민지》,《제주, 화산도를 말하다》(공저),《재일조선인 자기서사의 문화지리》(공저) 등이 있다. 한때 지역 신문 기자로 일하기도 했다. 지금은 제주, 오키나와를 중심에 두고 지역 연구를 계속하고 있다. 제주 MBC, 제주 CBS 등 지역 방송 프로그램에서 시사평론가로, 제주민예총에서 정책위원장으로도 활동하고 있다.

욕망의 섬, 비통의 언어

2019년 2월 4일 초판 1쇄 발행

지은이 김동현
펴낸이 김영훈
편집인 김지희
디자인 소요
펴낸곳 도서출판 한그루
　　　 출판등록 제651-2008-000003호
　　　 63256 제주특별자치도 제주시 천수동로2길 23
　　　 전화 064 723 7580 전송 064 753 7580
　　　 전자우편 onetreebook@daum.net 누리방 onetreebook.com

ISBN 978-89-94474-76-2 93810

이 도서의 국립중앙도서관 출판예정도서목록(CIP)은 서지정보유통지원시스템 홈페이지(http://seoji.nl.go.kr)와 국가자료공동목록시스템(http://www.nl.go.kr/kolisnet)에서 이용하실 수 있습니다. (CIP제어번호: CIP2019002650)

값 20,000원